PENSANDO O SÉCULO XX

TONY JUDT
COM TIMOTHY SNYDER

PENSANDO O SÉCULO XX

Tradução
Otacílio Nunes

Copyright © The Estate of Tony Judt, 2012
copyright da introdução © Timothy Snyder, 2012
Todos os direitos reservados

Todos os direitos reservados desta edição à
EDITORA OBJETIVA LTDA.
Rua Cosme Velho, 103
Rio de Janeiro – RJ – CEP: 22241-090
Tel.: (21) 2199-7824 – Fax: (21) 2199-7825
www.objetiva.com.br

Título original
Thinking the Twentieth Century

Capa
Barbara Estrada

Revisão
Eduardo Rosal
Cristhiane Ruiz

Editoração eletrônica
Abreu's System Ltda.

CIP-BRASIL. CATALOGAÇÃO NA PUBLICAÇÃO
SINDICATO NACIONAL DOS EDITORES DE LIVROS, RJ

J86p

    Judt, Tony
        Pensando o século XX / Tony Judt, Timothy Snyder; tradução Otacílio Nunes. – 1. ed. – Rio de Janeiro: Objetiva, 2014.

        Tradução de: *Thinking the twentieth century*
        ISBN 978-85-390-0556-7

        1. Ciência política – História. 2. Ciência política – Filosofia. I. Snyder, Timothy. II. Título.

14-08293
                                                  CDD: 320.09
                                                  CDU: 32(09)

Para Daniel e Nicholas

SUMÁRIO

Prefácio (*Timothy Snyder*) 9

1. O NOME PERMANECE: QUESTIONADOR JUDEU 19
2. LONDRES E LÍNGUA: AUTOR INGLÊS 64
3. SOCIALISMO FAMILIAR: MARXISTA POLÍTICO 93
4. O KINGS'S E OS KIBUTZIM: SIONISTA DE CAMBRIDGE 124
5. PARIS, CALIFÓRNIA: INTELECTUAL FRANCÊS 158
6. GERAÇÃO DO ENTENDIMENTO: LIBERAL EUROPEU ORIENTAL 213
7. UNIDADES E FRAGMENTOS: HISTORIADOR EUROPEU 267
8. IDADE DA RESPONSABILIDADE: MORALISTA AMERICANO 302
9. A BANALIDADE DO BEM: SOCIAL-DEMOCRATA 348

Posfácio (*Tony Judt*) 406

Obras discutidas 416

Índice 421

PREFÁCIO

Este livro é história, biografia e tratado ético.

É uma história das ideias políticas modernas na Europa e nos Estados Unidos. Seus temas são poder e justiça, tal como entendidos por intelectuais liberais, socialistas, comunistas, nacionalistas e fascistas do final do século XIX ao início do século XX. É também a biografia intelectual do historiador e ensaísta Tony Judt, nascido em Londres na metade do século XX, logo depois do cataclismo da Segunda Guerra Mundial e do Holocausto, e no momento em que os comunistas estavam assegurando o poder na Europa Oriental. Finalmente, é uma contemplação das limitações (e da capacidade de renovação) das ideias políticas, e das falhas (e deveres) morais dos intelectuais na política.

A meu ver, Tony Judt é a única pessoa capaz de escrever um texto tão amplo da política das ideias. Em 2008, Tony era o autor de estudos intensos e polêmicos sobre a história francesa, ensaios sobre intelectuais e seu engajamento, e uma magnífica história da Europa desde 1945, intitulada *Pós-guerra*. Ele permitira que seus talentos para a moralização e para a historiografia encontrassem escoadouros distintos em resenhas breves e em estudos acadêmicos mais longos, e levara ambas as formas até muito perto da perfeição. Mas este livro surgiu porque a certa altura daquele novembro entendi que Tony seria incapaz de qualquer outro escrito, pelo menos no sentido convencional. Propus a Tony que escrevêssemos um livro juntos um dia depois de me dar conta de que ele não podia mais usar as mãos. Tony tinha sido acometido pela ELA (esclerose lateral amiotrófica), uma doença neurológica degenerativa que causa paralisia progressiva e morte certa e normalmente rápida.

Este livro assume a forma de uma longa conversa entre Tony e eu. Nas quintas-feiras durante o inverno, a primavera e o verão de 2009, eu pegava o trem das 8h50 de New Haven para a Grand Central Station de Nova York, depois o metrô do centro até o bairro onde Tony vivia com a mulher, Jennifer Homans, e os filhos, Daniel e Nick. Nossos encontros eram marcados para as 11 da manhã; eu normalmente ficava dez minutos em um café para organizar meus pensamentos sobre o assunto do dia e fazer algumas anotações. Lavava as mãos em água muito quente no café e depois novamente no apartamento de Tony. Em sua condição, Tony sofria com terríveis resfriados, e eu queria poder apertar-lhe a mão.

Quando iniciamos nossa conversa, em janeiro de 2009, Tony ainda caminhava. Não conseguia girar a maçaneta para abrir a porta do apartamento, mas podia ficar de pé atrás dela e me receber. Logo passou a me saudar de uma poltrona na sala de estar. Na primavera seu nariz e grande parte da cabeça estavam cobertos por um aparelho para respiração mecânica que fazia o trabalho que seus pulmões já não eram capazes de executar. No verão nos reuníamos em seu escritório, rodeados de livros, Tony olhando para mim de uma imponente cadeira de rodas elétrica. Às vezes eu operava os controles da cadeira, já que evidentemente ele não podia fazê-lo. A essa altura Tony praticamente não conseguia mover o corpo, salvo a cabeça, os olhos e as cordas vocais. Para os propósitos deste livro, era o suficiente.

Assistir ao curso dessa doença destrutiva foi uma grande tristeza, especialmente em momentos de rápido declínio. Em abril de 2009, depois de ver Tony perder o movimento das pernas e depois dos pulmões em questão de semanas, fiquei convencido (assim como, era minha impressão, também estavam seus médicos) de que ele não tinha mais que algumas semanas de vida. Eu era e sou portanto ainda mais grato a Jenny e aos garotos por partilharem Tony comigo durante aquele período. Mas a conversa era também uma grande fonte de sustento intelectual, trazendo o prazer da concentração, a harmonia da comunicação e a gratificação do bom trabalho realizado. Acompanhar os temas em pauta, e seguir o ritmo da mente de Tony, era um trabalho absorvente e também prazeroso.

Sou historiador da Europa Oriental, onde o livro em tom de conversa tem uma tradição nobre. O exemplo mais famoso do gênero é a série de entrevistas feitas pelo escritor tcheco Karel Čapek com Tomáš Masaryk, o filósofo-presidente da Tchecoslováquia entre as guerras. Esse, por acaso, foi o primeiro livro que Tony leu em tcheco de ponta a ponta. Talvez o melhor livro desse tipo seja *My Century* [Meu século], a magnífica autobiografia do poeta judeu-polonês Aleksander Wat, extraída dele com gravadores de fita por Czesław Miłosz, na Califórnia. Eu o li pela primeira vez em um trem de Varsóvia a Praga, quando estava começando os estudos de doutorado em história. Não pensava em exemplos como esses quando propus a Tony um livro em tom de conversa, nem me considero um Čapek nem um Miłosz. Sendo um estudioso da Europa Oriental que leu muitos desses livros, apenas supus que algo duradouro podia surgir da conversa.

Minhas perguntas para Tony surgiram de três fontes. Meu plano original e muito geral era conversar sobre os livros de Tony do começo ao fim, desde suas histórias da esquerda francesa até *Pós-guerra*, buscando argumentos gerais sobre o papel dos intelectuais políticos e o ofício dos historiadores. Eu estava interessado em temas que são na verdade proeminentes neste livro, tais como a elusividade da questão judaica na obra de Tony, o caráter universal da história francesa e o poder e os limites do marxismo. Intuía que a Europa Oriental havia alargado a perspectiva ética e intelectual de Tony, mas não tinha nenhuma ideia de quão profundamente verdadeiro isso era. Fiquei sabendo das ligações de Tony com a Europa Oriental, e muito mais, porque Timothy Garton Ash e Marci Shore sugeriram, e Tony concordou, que dedicássemos algumas de nossas sessões não à obra de Tony, mas à sua vida. Finalmente, Tony revelou que vinha planejando escrever uma história da vida intelectual no século XX. Usei seu esboço de capítulos como base para uma terceira rodada de perguntas.

O caráter conversacional deste livro exigia que seus autores estivessem familiarizados com milhares de outros livros. Como Tony e eu nos falávamos pessoalmente, não havia tempo para verificar referências. Tony não sabia de antemão o que eu perguntaria, e eu não sabia de antemão o que ele responderia. O que aparece impresso aqui reflete a espontaneidade, a imprevisibilidade e às vezes a brincadeira de duas mentes envolvidas de forma proposital por meio da fala. Mas em todo lugar, e especialmente em suas seções históricas, o texto recorre a nossas bibliotecas mentais, em particular da improvavelmente espaçosa e bem-catalogada biblioteca de Tony. Este livro faz uma defesa da conversa, mas talvez uma defesa ainda mais forte da leitura. Nunca estudei com Tony, mas o catálogo de fichas de sua biblioteca mental coincidiu consideravelmente com o meu. Nossa leitura prévia criou um espaço comum dentro do qual Tony e eu pudemos nos aventurar juntos, notando marcos e vistas, em um momento em que outros tipos de movimento eram impossíveis.

Contudo, falar é uma coisa, publicar é outra. Como exatamente aquela conversa se tornou este livro? Cada sessão era gravada, depois salva como arquivo digital. A jovem historiadora Yedida Kanfer fazia então a transcrição. Essa era por si só uma tarefa intelectual exigente, já que, para deslindar o que dizíamos a partir de gravações imperfeitas, Yedida tinha de saber do que estávamos falando. Sem sua dedicação e seu conhecimento, este livro teria sido muito mais difícil de se concretizar. Do verão de 2009 à primavera de 2010 editei as transcrições em nove capítulos, de acordo com um plano aprovado por Tony. Em outubro e dezembro de 2009 viajei para Nova York de Viena, onde estava passando o ano acadêmico de 2009--2010, para que pudéssemos discutir a sequência. De Viena, eu enviava a Tony por e-mail rascunhos dos capítulos, que ele então revisava e me devolvia.

Cada capítulo tem um componente biográfico e um componente histórico. Assim, o livro percorre a vida de Tony e alguns dos *loci* mais importantes do pensamento político do século XX: o Holocausto como uma questão judaica e alemã; o sionismo e suas origens europeias; o excepcionalismo inglês e o universalismo francês; o marxismo e suas tentações;

o fascismo e o antifascismo; o ressurgimento do liberalismo como ética na Europa Oriental; e o planejamento social na Europa e nos Estados Unidos. Nas partes históricas dos capítulos, Tony aparece em texto redondo e eu, em itálico. Embora as partes biográficas também surjam da conversa, eu me retirei inteiramente delas. Portanto cada capítulo começa com um pouco da biografia de Tony, na voz de Tony e em texto redondo. A certa altura eu apareço com uma pergunta, em itálico. Então se segue a parte histórica.

O motivo de unir biografia e história não significa, claro, que as preocupações e realizações de Tony podem ser extraídas de modo simples de sua vida, como baldes de água de um poço. Somos todos mais semelhantes a vastas cavernas subterrâneas, não mapeadas nem por nós mesmos, do que a buracos cavados em linha reta no solo. A ânsia de insistir em que o complexo é só um disfarce para o simples foi uma das pragas do século XX. Ao perguntar a Tony sobre sua vida, eu não estava procurando saciar uma sede de explicação simples, mas antes bater de leve em paredes, procurando passagens entre câmaras subterrâneas cuja existência, no início, eu só percebia vagamente.

Não se trata, por exemplo, de considerar que Tony escrevia história judaica porque é judeu. Ele nunca escreveu realmente sobre história judaica. Como muitos estudiosos de origem judaica de sua geração, ele se evadiu à centralidade manifesta do Holocausto para tratar de seus próprios temas, ao mesmo tempo em que seu conhecimento pessoal do Holocausto motivou, em certo nível, a direção de sua pesquisa. Igualmente, não é que Tony escreva sobre os ingleses porque ele próprio é inglês. Com poucas exceções, ele nunca escreveu muito sobre a Grã-Bretanha. O anglicismo, ou antes sua educação inglesa específica, lhe deu um gosto pela forma literária e um conjunto de referências que o sustentaram (em meu entendimento) durante o tumulto de suas afeições intelectuais e da política de sua geração — a geração de 1968. Sua forte associação com a França teve menos a ver com origens que com um anseio (em minha opinião) por uma chave única para problemas universais ou pelo menos europeus, por uma tradição revolucionária que pudesse produzir verdade quando adotada ou rejeitada. Tony é europeu oriental principalmente por sua associação com europeus orientais. Mas foram essas amizades que lhe abriram um continente. Tony é americano por escolha e por cidadania; sua identificação com o país parece ser com uma terra grandiosa em constante necessidade de crítica.

Minha esperança é que esta forma particular, com a biografia introduzindo temas de história intelectual, permita ao leitor ver uma mente em funcionamento no curso de uma vida, ou talvez até uma mente se desenvolvendo e melhorando. Em certo sentido, a história intelectual está toda dentro de Tony: uma realidade que a cada semana, ao falar com ele, eu absorvia de modo inteiramente físico. Tudo nestas páginas tinha de estar na mente dele (ou na minha). Como a história veio a estar dentro do homem e como ela saiu de novo são questões que um livro deste tipo talvez possa abordar.

Tony uma vez me disse que o modo de pagá-lo por me ajudar ao longo dos anos era ajudar jovens quando chegasse o momento. (Ele é 21 anos mais velho que eu.) A princípio, eu via este livro como um modo de ignorar seu conselho (não pela primeira vez) e pagar a ele diretamente. Mas a conversa foi tão gratificante e tão frutífera que me vejo incapaz de considerar o trabalho de produzir este livro um pagamento de qualquer tipo. Em todo caso, a quem exatamente eu estaria pagando? Seja como leitor seja como colega, conheci Tony em todos os aspectos em que ele figura aqui. Durante toda a nossa conversa, eu estava pessoalmente interessado (embora nunca tenha levantado a questão de maneira explícita) em como, com o passar do tempo, Tony foi se tornando um melhor pensador, escritor e historiador. Em geral, sua resposta preferida a questões relacionadas a isso era que, em todas as suas várias identidades e em todos os seus vários métodos históricos, ele era sempre um outsider.

Ele é? Ser um ex-sionista comprometido é ser um insider ou um outsider entre os judeus? Ser um ex-marxista é ser um insider ou um outsider entre os intelectuais? Ter sido um estudante bolsista no King's College, Cambridge, é ser um insider ou um outsider na Inglaterra? O estudo de doutorado na École Normale Supérieure torna alguém um insider ou um outsider no continente europeu? A amizade com intelectuais poloneses e o conhecimento de tcheco torna alguém um insider ou um outsider na Europa Oriental? Dirigir um instituto para o estudo da Europa em Nova York é a marca de um insider ou de um outsider para outros europeus? Ser o flagelo de colegas historiadores na *New York Review of Books* é uma indicação de status de outsider ou de insider entre os acadêmicos? Sofrer de uma doença degenerativa terminal sem acesso a assistência médica pública faz de Tony um insider ou um outsider entre os americanos? Pode-se responder a cada uma dessas perguntas das duas maneiras.

A verdade, penso, é mais interessante. A sabedoria parece vir de ser tanto um insider quanto um outsider, de passar pelo lado de dentro com olhos e ouvidos bem abertos e retornar ao lado de fora para pensar e escrever. Como a vida de Tony deixa claro, esse exercício pode ser repetido quantas vezes se quiser. Tony fez um trabalho brilhante enquanto se via como um outsider. O outsider aceita implicitamente os termos de uma dada disputa, e então tenta com muito esforço estar certo: desmontar a velha guarda e penetrar nos santuários do insider. O que eu achava mais interessante do que as muitas vezes em que Tony estava certo (nos termos que ele próprio usava) era sua crescente capacidade para o que o grande historiador francês Marc Bloch chamou de entendimento. Entender um acontecimento requer que o historiador abra mão de qualquer quadro de referência específico e aceite a validade de vários quadros de referência simultaneamente. Isso traz muito menos satisfação imediata, mas muito mais realização duradoura. É da aceitação por Tony do pluralismo nesse sentido que surgiram seus melhores trabalhos, acima de tudo o *Pós-guerra*.

Foi aqui também, em torno dessa questão do pluralismo, que o caminho intelectual de Tony encontrou a história intelectual do século XX. As trajetórias temporais das duas partes deste livro, a biográfica e a histórica, se encontram em 1989, o ano das revoluções na Europa Oriental, do colapso final do quadro de referência marxista, e o ano em que Tony começou a pensar sobre como escrever o que se tornou sua inigualável história da Europa depois da guerra.

Foi também por volta desse momento que Tony e eu nos encontramos pela primeira vez. Eu li um longo rascunho de um artigo dele sobre os dilemas dos dissidentes europeus orientais na primavera de 1990, em um curso sobre história europeia oriental ministrado por Thomas W. Simons Jr. na Brown University. Logo depois, graças à iniciativa de Mary Gluck, Tony e eu nos encontramos pessoalmente. Graças em grande medida aos professores Gluck e Simons, eu tinha ficado fascinado com a história europeia oriental, que estudaria a sério em Oxford. Estavam começando então as duas décadas de leitura e escrita que me permitiriam levar a cabo esta conversa. Em 1989, Tony estava chegando (como vejo as coisas agora) a um ponto de virada crucial. Depois de uma última polêmica com outro grande polemista (Jean-Paul Sartre, em *Past imperfect* [Passado imperfeito]), e a despeito do ocasional ensaio unilateral ainda por vir, ele estava passando a adotar uma ideia de verdade mais temperada e mais frutífera.

Os intelectuais que contribuíram para as revoluções europeias orientais de 1989, como Adam Michnik e Václav Havel, estavam preocupados em viver na verdade. O que isso significa? Grande parte deste livro, como uma história de intelectuais e política, está preocupada com a diferença entre as grandes verdades, as crenças sobre grandes causas e objetivos finais que de tempos em tempos parecem exigir deslealdade e sacrifício, e as pequenas verdades, os fatos como podem ser descobertos. A grande verdade pode ser a certeza de uma revolução vindoura, como ocorreu com alguns marxistas, ou pode ser o aparente interesse nacional, como ocorreu com o governo francês durante o Caso Dreyfus, ou com o governo Bush durante a Guerra do Iraque. Mas, mesmo que escolhamos as pequenas verdades, como fizeram Zola, durante o Caso Dreyfus, e Tony, durante a Guerra do Iraque, permanece obscuro em que exatamente a verdade deve consistir.

Um desafio intelectual para o século XXI pode ser este: endossar a verdade como tal e ao mesmo tempo aceitar suas múltiplas formas e bases. A defesa que Tony faz da social-democracia no fim deste livro é um exemplo de que como isso poderia ser. Tony nasceu logo depois da catástrofe trazida pelo nacional-socialismo, e viveu ao longo do descrédito em câmera lenta do marxismo. Sua vida adulta foi a época de várias tentativas de regenerar o liberalismo, nenhuma das quais encontra aceitação universal. Em meio ao naufrágio de um continente e suas ideias, a social-democracia sobreviveu como conceito e foi realizada como projeto. No curso da vida de Tony a social-democracia foi construída, e depois às vezes desmantelada. A defesa que ele faz de sua reconstrução depende de vários tipos de argumento, apelando a diferentes intuições sobre diferentes tipos de verdade. O argumento mais forte, para usar uma palavra da qual Isaiah Berlin gostava, é que a social-democracia possibilita uma vida decente.

Alguns desses diferentes tipos de verdade dardejam pelas páginas deste livro, muitas vezes em pares. A verdade do historiador, por exemplo, não é a mesma que a do ensaísta. O historiador pode e deve saber mais sobre um momento do passado do que um ensaísta possivelmente pode saber sobre o que está acontecendo hoje. O ensaísta, muito mais que o historiador, está obrigado a levar em conta os preconceitos de sua época, e portanto a exagerar para dar ênfase. A verdade da autenticidade é diferente da verdade da honestidade. Ser autêntico é viver como se deseja que os outros vivam; ser honesto é admitir que isso é impossível. Da mesma forma, a verdade da caridade é diferente da verdade da crítica. Extrair o melhor de nós e de outros requer ambas, mas elas não podem ser praticadas ao mesmo tempo. Não há modo de reduzir nenhum desses três pares a uma verdade subjacente, muito menos todos eles a uma forma de verdade última. Portanto, a procura da verdade envolve muitos tipos de busca. Isto é pluralismo: não um sinônimo de relativismo, mas antes um antônimo. O pluralismo aceita a realidade moral de diferentes tipos de verdade, mas rejeita a ideia de que possam ser postos todos em uma única balança, medidos por um único valor.

Há uma única verdade que nos busca, e não o contrário, uma única verdade que não tem complemento: que cada um de nós chega ao fim. As outras verdades orbitam em torno desta como estrelas ao redor de um buraco negro, mais brilhantes, mais novas, menos pesadas. Essa verdade me ajudou a dar a este livro sua forma final. Ele não poderia ter nascido sem certo esforço em determinado momento, pouco mais que um gesto amigável de minha parte, mas um enorme empenho físico da parte de Tony. Mas este não é um livro sobre esforço. É um livro sobre a vida da mente, e sobre a vida consciente.

Praga, 5 de julho de 2010

1.

O NOME PERMANECE: QUESTIONADOR JUDEU

Eis duas maneiras de pensar sobre minha infância. De uma perspectiva, ela foi uma infância de classe média baixa londrina da década de 1950, inteiramente convencional, um pouco solitária. De outra perspectiva, foi uma expressão exótica, distintiva e portanto privilegiada da história da metade do século XX, como acontecia a judeus imigrantes da Europa centro-oriental.

Meu nome completo é Tony Robert Judt. Robert é uma idiossincrasia inglesa, escolhida por minha mãe. Então, permita-me começar com ela. O pai de minha mãe, Solomon Dudakoff, cresceu em São Petersburgo, a capital do Império Russo. Eu me lembro dele (ele morreu quando eu tinha 8 anos) como um tipo de militar russo enorme e barbudo, meio como um cruzamento de lutador com rabino. Na verdade ele era alfaiate, embora é provável que tenha aprendido o ofício no Exército. A mãe de minha mãe, Jeannette Greenberg, era uma judia romena da Moldávia, sobre cuja família havia rumores de ter tido ligações impróprias com ciganos em algum momento. Ela decerto *parecia* uma adivinha cigana no fundo de uma carroça: minúscula, maliciosa, levemente assustadora. Como havia muitas famílias com esse nome da mesma região da Romênia, algumas das quais deviam vir da mesma cidade e ser aparentadas, meus filhos exploraram por muito tempo a afirmação plausível, mas improvável, de que somos parentes do grande rebatedor de beisebol judeu Hank Greenberg.

Os pais de minha mãe se conheceram em Londres, para onde Jeannette Greenberg e sua família foram depois do pogrom de 1903 em Chisinau. Como milhares de judeus, fugiram do que era, para sua época, um acontecimento de violência sem paralelo: o assassinato de 47 judeus na vizinha província bessarábica do Império Russo. Chegaram a Londres no máximo em 1905. O pai de minha mãe, Solomon Dudakoff, tinha fugido da Rússia para a Inglaterra, mas por razões diferentes. De acordo com a lenda familiar, ao defender seu pai de arruaceiros, acidentalmente surrou um deles até a morte. Então passou a noite escondido no forno de um tio padeiro e depois fugiu do país. É provável que esse relato seja um pouco romantizado, já que a datação sugere que Solomon saiu da Rússia no mesmo momento e provavelmente pelos mesmos motivos que centenas de milhares de outros judeus. Em todo caso, ele seguiu direto para a Inglaterra. Portanto, os pais de minha mãe estavam na Inglaterra em 1905, e se casaram nesse ano. Minha mãe, Stella Sophie Dudakoff, nasceu logo ao sul do East End de Londres, em 1921, a mais jovem de oito filhos. Ela sempre se sentiu fora do lugar em seu bairro de trabalhadores *cockney* perto das docas de Londres; mas eu tinha a impressão de que ela também nunca se sentia à vontade em sua família ou em sua comunidade.

Como minha mãe, meu pai era de uma família judia com raízes na Europa Oriental. No caso dele, porém, a família fez duas paradas entre o Império Russo e a Grã-Bretanha: Bélgica e Irlanda. Minha avó paterna, Ida Avigail, era de Pilviskiai, uma aldeia lituana logo a sudoeste de Kaunas: hoje faz parte da Lituânia, na época era do Império Russo. Depois da morte precoce de seu pai, um carroceiro, passou a trabalhar na padaria da família. Em algum momento da primeira década do século, os Avigail decidiram ir para o oeste, para a indústria de diamantes de Antuérpia, onde tinham contatos. Na Bélgica, Ida conheceu meu avô paterno. Outros Avigail se estabeleceram em Bruxelas; um deles abriu um armarinho no Texas.

O pai de meu pai, Enoch Yudt, era de Varsóvia. Como meu avô materno, Enoch também serviu no Exército russo. Parece que ele desertou na época da Guerra Russo-Japonesa de 1904-1905 e seguiu para oeste em estágios, chegando à Bélgica antes da Primeira Guerra Mundial. Ele e minha avó, junto com suas famílias ampliadas, então seguiram para Londres antecipando-se ao avanço dos exércitos alemães sobre a Bélgica, em agosto de 1914. Ambos passaram a Primeira Guerra Mundial em Londres, onde se casaram e tiveram dois filhos. Em 1919 eles voltaram para a Antuérpia, onde meu pai, Joseph Isaac Judt, nasceu, em 1920.

Meu primeiro nome, Tony, vem do lado Avigail da família. Criado em Antuérpia, meu pai era próximo de suas primas, as três filhas de seu tio pelo lado materno: Lily, Bella e Toni — de maneira presumível uma abreviação de Antonia. Meu pai via muito essas meninas, que viviam em Bruxelas. A caçula, Toni, era cinco anos mais nova que meu pai, e ele gostava muito dela, embora tenham perdido o contato regular quando meu pai deixou a Bélgica, em 1932. Uma década depois, Toni e Bella foram transportadas para Auschwitz e mortas. Lily sobreviveu, internada pelos alemães como judia nascida em Londres: em contraste com as irmãs belgas — um dos pequenos mistérios da categorização nazista.

Eu nasci em 1948, cerca de cinco anos depois da morte de Toni. Foi meu pai quem insistiu em que eu recebesse o nome de sua prima; mas isso foi na Inglaterra do pós-guerra, e minha mãe queria que eu tivesse um bom nome inglês para que eu pudesse me "misturar". Por conseguinte, recebi o nome Robert como uma reserva e um seguro, embora tenha sido sempre conhecido como Tony. Quase todo mundo que conheço supõe que meu primeiro nome seja Anthony, mas poucos perguntam.

O pai de meu pai, Enoch Yudt, era um marginal econômico judeu em estado de migração permanente. Não tinha nenhuma habilidade particular além de vender, e não era muito bom nisso. Na década de 1920 ele aparentemente se virava no mercado negro entre Bélgica, Holanda e Alemanha. Mas as coisas devem ter ficado um pouco difíceis para ele por volta de 1930, muito provável devido a dívidas e talvez em razão do colapso econômico iminente; ele foi obrigado a se mudar. Mas para onde? Enoch tinha sido assegurado de que a Irlanda recém-independente de Éamon de Valera era um lugar que acolhia os judeus, e em certa medida ele havia sido bem-informado. De Valera estava muito interessado em atrair o comércio para a nova Irlanda; sendo um católico irlandês convencionalmente antissemita, ele sem dúvida supunha que os judeus eram bons em compra e venda, e seriam úteis para a economia. Como consequência, os imigrantes judeus eram recebidos na Irlanda com quase nenhuma restrição, desde que estivessem dispostos a trabalhar ou conseguissem encontrar emprego.

Enoch Yudt apareceu em Dublin, inicialmente deixando a família em Antuérpia. Estabeleceu-se no comércio, fazendo gravatas, roupa de baixo para mulheres, meias-calças: *schmutters*. Com o tempo, conseguiu levar seus familiares, cujos últimos dois, meu pai e seu irmão mais velho, Willy, chegaram a Dublin em 1932. Meu pai era um entre cinco filhos. A mais velha era Fanny; depois vinham quatro meninos — Willy (de Wolf), meu pai, Joseph Isaac, Max e, por fim, Thomas Chaim (conhecido como Chaim em Antuérpia, Hymie em Dublin e depois Tommy na Inglaterra). Meu pai era Isaac Joseph na Bélgica e na Irlanda, depois Joseph Isaac na Inglaterra, ou, finalmente, apenas Joe.

Ele se lembra da Irlanda como um lugar idílico. A família era inquilina em uma casa grande logo ao sul de Dublin, e meu pai nunca tinha visto muito espaço nem vegetação. Vindo de uma habitação coletiva judia em Antuérpia, ele e sua família haviam aterrissado no que deve ter parecido o máximo do luxo, um apartamento no andar de cima de uma pequena mansão com vista para um campo. Suas memórias da Irlanda são portanto inteiramente coloridas por uma sensação de conforto e espaço, e quase completamente livres de recordações de preconceito ou adversidade. Meu pai foi para a Irlanda sem falar nada de inglês, é claro, mas com três outras línguas de seus primeiros 12 anos de vida na Bélgica: o iídiche de casa; o francês da escola; e o flamengo da rua. Aos poucos perdeu seu flamengo, que já havia sumido completamente no momento em que eu apareci; ele não fala mais iídiche fluente, embora a língua permaneça como uma presença passiva. Curiosamente, reteve muito do francês, o que inspira a ideia de que a língua que você é forçado a estudar é a que você retém por mais tempo quando não tem nenhum motivo para usar as línguas nativas.

Em 1936, depois que os negócios da família faliram em Dublin, o irmão de meu avô, que havia se estabelecido em Londres, o convidou a ir para a Inglaterra. E assim meu avô Yudt transpôs sua incompetência econômica de volta para o outro lado do Mar da Irlanda. Meu pai se juntou a ele, abandonando a escola aos 14 anos para fazer biscates. Assim, embora meus pais tenham passado o fim da adolescência em Londres, minha mãe era e permaneceu muito mais inglesa em sua essência do que meu pai, porque nasceu lá. Ambos abandonaram a escola ao completar 14 anos, mas, diferentemente de meu pai, Stella tinha uma habilidade e uma profissão definida. Apesar de suas hesitações, ela foi contratada como aprendiz em um salão de cabeleireiro de mulheres, na época uma profissão respeitável e confiável para jovens ambiciosas.

Foi a Segunda Guerra Mundial que reuniu Stella Dudakoff e Joe Judt. Ao irromper a guerra, meu pai tentou ingressar no Exército, mas lhe disseram que ele não era aceitável: seus pulmões tinham manchas de tuberculose, uma justificativa suficiente para isenção do serviço militar. Em todo caso, ele não era súdito britânico. De fato, meu pai era apátrida. Apesar de nascido na Bélgica, ele era só um residente belga, nunca um cidadão: as leis de cidadania belga naqueles dias exigiam que os pais da pessoa fossem cidadãos do país antes que ela pudesse reivindicar a cidadania, e os pais de Joe eram, é claro, imigrantes do Império Russo. Assim, meu pai tinha ido para Londres com um "passaporte Nansen", o documento de viagem para pessoas sem pátria naquela época. No outono de 1940, a Luftwaffe começou a bombardear Londres no curso do que ficou conhecido como a Batalha da Inglaterra. O bombardeio — a *blitz* — levou meus pais a Oxford, onde se conheceriam. A irmã mais velha de meu pai, enamorada de um refugiado tcheco (provavelmente judeu, embora eu não tenha certeza), tinha seguido o jovem para Oxford. Depois que a casa deles no norte de Londres foi bombardeada, a maior parte do resto da família, incluindo meu pai, seguiu para lá, onde meu pai viveu por dois anos na Abingdon Road, trabalhando para um depósito de carvão e para uma cooperativa, fazendo entregas — em um furgão que ele era autorizado a dirigir, apesar de não ter carteira de motorista; a exigência foi suspensa durante a guerra. Minha mãe também passou os anos da guerra em Oxford. A área do leste de Londres onde ela cresceu estava agora sob ataque permanente, em razão da proximidade com as docas, e sua casa e o salão de cabeleireiro onde trabalhava desapareceram no bombardeio. Seus pais se mudaram para Canvey Island, na Costa Oeste, mas ela foi para Oxford, uma cidade que passou a amar e sempre descreve num tom cálido de nostalgia. Meus pais se casaram lá em 1943 e voltaram a Londres pouco depois.

Depois da guerra, minha mãe se estabeleceu de novo em Londres como cabeleireira; juntos, meus pais montaram um pequeno salão que sustentou a família de maneira limitada mas suficiente. Na lembrança deles, os primeiros anos depois da guerra foram difíceis. Meu pai chegou a pensar em emigrar para a Nova Zelândia em 1947, mas teve de abandonar o plano, já que ainda não tinha passaporte britânico e sua condição de apátrida impedia uma aceitação fácil nos Domínios Britânicos (ele finalmente recebeu um passaporte em 1948).

Eu nasci em 1948, em um hospital do Exército de Salvação em Bethnal Gree, East London. A primeira coisa de que me lembro é caminhar pelo que devia ser a Tottenham High Road. Em minha lembrança, entramos em um minúsculo salão de cabeleireiro, com uma escada que levava ao apartamento em que vivíamos, em cima do estabelecimento. Uma vez descrevi a cena para minha mãe, e ela disse, sim, era exatamente assim. Na época eu tinha algo entre 8 meses e 2 anos de idade. Tenho outras lembranças da vida em North London, inclusive a de olhar para caminhões e ônibus da janela do quarto de dormir de meus pais. Também tenho lembranças muito antigas de ver, encontrar e ser apresentado a jovens sobreviventes de campos de concentração abrigados por meu avô Enoch Yudt. Na época eu devia ter 4 ou 5 anos.

Não consigo me lembrar de um momento em que não soubesse do que ainda não era chamado de Holocausto. Mas era algo confuso em minha mente em razão de sua representação enganosa na Inglaterra, como é exemplificado por minha mãe muito inglesa. Ela costumava ficar de pé quando a rainha fazia sua saudação de Natal, no rádio e depois na televisão — meu pai, em contraste, ficava sentado, tanto por motivos políticos quanto porque não se sentia particularmente inglês: todos os seus gostos eram continentais, de carros a café. Em todo caso, minha mãe, quando pensava nos nazistas, sempre se referia a Belsen — cujas imagens ela vira pela primeira vez no British Movietone News na época da libertação do campo por forças britânicas.

Naquela época, ela era portanto tipicamente inglesa em sua falta de familiaridade com Auschwitz, Treblinka, Chelmno, Sobibór e Belžec, campos onde judeus eram mortos em grande número, em contraste com Bergen-Belsen, que não era primariamente um campo judeu. E assim a imagem que eu tinha do Holocausto combinava minha familiaridade com jovens sobreviventes dos campos orientais a imagens visuais de esqueletos em Belsen. Quando criança, sabia pouco mais que isso. Só fiquei sabendo quem era Toni, e por que eu tinha o nome dela, muito depois, embora não consiga me lembrar do momento preciso. Meu pai insiste que me contou quando eu era jovem, mas não creio que o tenha feito. Ele falava muitas vezes de Lily (que vivia em Londres e quem víamos ocasionalmente), mas raramente, se é que falava, das irmãs dela, Bella e Toni. Era como se o Holocausto penetrasse tudo — como um fog, onipresente mas amorfo.

É claro que os estereótipos permaneceram, não apenas sobre os gentios, mas também sobre os judeus. Havia uma hierarquia clara entre nós *Ostjuden*, judeus da Europa Oriental (que eram todos, claro, desprezados pelos judeus falantes de alemão cultos da Europa Central). De modo geral, os judeus lituanos e russos se viam como superiores, em cultura e em posição social; os judeus poloneses (em particular os galícios) e romenos eram criaturas inferiores, para dizer de modo educado. Essa classificação se aplicava tanto no antagonismo conjugal dos meus pais quanto entre suas famílias ampliadas. Em momentos de raiva minha mãe lembrava a meu pai que ele não passava de um judeu polonês. Ele, então, dizia que ela era romena.

Nenhum de meus pais estava interessado em criar um judeu, embora nunca tenha havido nenhuma questão genuína de assimilação completa; afinal, eu tinha um pai estrangeiro, mesmo que seu inglês falado fosse mais ou menos perfeito e ele não tivesse nenhum sotaque aparente. Eu sempre soube que éramos diferentes. Por um lado, não éramos como os outros judeus porque tínhamos amigos não judeus e vivíamos uma vida decididamente anglicizada. Mas nunca poderíamos ser como nossos amigos não judeus, simplesmente porque éramos judeus.

Minha mãe, em particular, me parecia não ter amigos, com exceção de uma senhora judia alemã, Esther Sternheim, cuja tristeza eu sentia mesmo quando criança. Os pais dela haviam sido mortos pelos alemães. Seu irmão mais velho foi morto em combate como soldado britânico. A irmã fugiu para a Palestina, mas depois cometeu suicídio. A própria Esther tinha fugido da Alemanha de trem com o irmão mais novo. Os dois sobreviveram, mas ele ficou de alguma forma mentalmente perturbado. Na Inglaterra do pós-guerra essas tragédias em famílias de imigrantes eram comuns e um tanto familiares, ainda que fossem normalmente tratadas e referidas separadamente da catástrofe maior que as produzira. Mas crescer conhecendo essas pessoas era absorver de forma inconsciente um certo tipo de experiência.

Mesmo quando garoto eu sempre senti que éramos tão diferentes que não adiantava tentar compreender como e por quê. Isso era verdade mesmo em uma família conscientemente não judaica como a nossa. Eu fiz bar-mitzvah porque teria sido inconcebível — e muito difícil — lidar com os avós se não tivesse feito. Mas além disso não havia nada judaico em nossa casa. Em 1952, meus pais escaparam do sufocante gueto *mitteleuropeisch ersatz* dos judeus do norte de Londres e se mudaram para o sul, do outro lado do rio Putney. Em retrospecto, posso ver que esse foi um ato assertivo de autorrejeição étnica: quase não havia judeus em Putney — e os que havia provavelmente compartilhavam a perspectiva de meus pais, ativamente dispostos a deixar para trás sua judaicidade.

Assim, não fui criado como judeu — exceto que, é claro, eu era judeu. Toda sexta-feira à noite entrávamos no carro e atravessávamos Londres até a casa de meu avô Enoch Yudt. Enoch tinha escolhido, de forma característica, viver bem na borda de Stamford Hill, no interior do norte de Londres. Stamford Hill era onde viviam os judeus religiosos — os "caubóis", como meu pai os chamava, por causa de seus chapéus e *kaftans* pretos. Portanto, meu avô mantinha distância do mundo ortodoxo de sua infância, ao mesmo tempo permanecendo perto o suficiente para ser observante quando sentia necessidade. Como chegávamos de carro na véspera do sábado, tínhamos de estacionar depois da esquina para não ofender meus avós (que sabiam perfeitamente bem que tínhamos vindo de carro, mas não desejavam compartilhar essa informação com os vizinhos).

Até o carro em que andávamos sugere uma certa judaicidade não judaica por parte de meu pai. Ele era um grande fã da empresa de automóveis Citroën, embora eu não creia que ele algum dia tenha mencionado para mim que ela havia sido criada por uma família judia. Meu pai nunca teria dirigido um Renault, provavelmente porque Louis Renault foi um notório colaborador durante a guerra cuja empresa havia sido nacionalizada na Libertação como punição por suas simpatias a Vichy. Os Peugeots, por outro lado, eram favorecidos nas discussões familiares. Afinal, eram de origem protestante, e portanto, de alguma forma, não estavam envolvidos no antissemitismo católico na França da época de Vichy. Ninguém dizia uma palavra sobre o pano de fundo de tudo isso, e ainda assim tudo de alguma forma me era bastante claro.

Em meados da década de 1950, os outros hóspedes nas refeições de sexta-feira à noite na casa de meu avô eram com frequência sobreviventes de Auschwitz, aos quais meu avô se referia como "os garotos". Ele havia conhecido alguns deles, ouvindo-os falar polonês ou iídiche, em um cinema no West End de Londres em 1946. Esses garotos, agora homens jovens, ingressaram no Primrose Jewish Youth Club, onde meu pai e seus irmãos atuavam. A certa altura, meu pai, dois de seus irmãos e dois dos "garotos" estavam entre os 11 titulares do time de futebol. Nas fotos da equipe é possível ver as tatuagens nos braços dos jovens.

Minha avó lituana-judia preparava a refeição completa da sexta-feira judaica, com comidas maravilhosamente suaves, doces, salgadas, muito aromatizadas em quantidades aparentemente infinitas (um contraste marcante com a desbotada cozinha anglo-judaica de minha mãe culinariamente desafiada). E assim eu tomava um banho quente de *yiddishkayt* — porque, naturalmente, o iídiche era falado naquelas noites de sexta-feira, pelo menos entre a geração mais velha. Esse era um meio totalmente judaico — e portanto também muito europeu oriental. Quarenta anos depois eu experimentaria uma sensação semelhante de volta para casa quando comecei a visitar e fazer amigos na Europa centro-oriental: lá eu encontrei pessoas que tomavam chá em copos, mergulhando pequenos pedaços de bolo neles, enquanto falavam de forma enérgica umas com as outras em meio a fumaça de cigarro e vapor de conhaque. Minha *madeleine* privada? Bolo de maçã pingando chá de limão-doce.

Minha família teve seu breve simulacro de prosperidade pós-guerra, de cerca de 1957 a 1964. O cabeleireiro de mulheres era então uma atividade rentável; era a época dos cabelos compridos. Meus pais tinham adquirido um salão de cabeleireiro e ganhavam um bom dinheiro. Naqueles anos podiam até se dar ao luxo de ter uma série de garotas *au pair*, contratadas para cuidar de mim e de minha irmã Deborah (nascida em 1956).

A maioria das *au pairs* na Grã-Bretanha, naquela época, vinha da Suíça, da França ou da Escandinávia. Mas, por um curioso acidente, tivemos uma *au pair* da Alemanha, apesar de sua estada conosco ser breve: meu pai a demitiu depois de encontrar em seu quarto uma foto destacada do pai dela em uniforme da Wehrmacht. A última *au pair* a enfeitar nossa casa tinha apenas 16 anos, e eu me lembro dela principalmente pela anatomia muito atraente que costumava revelar enquanto fazia paradas de mão na minha frente. Também não durou muito tempo.

Assim, minha família agora podia pagar por alguns confortos, incluindo viagens ao exterior. Meu pai estava sempre buscando maneiras de voltar ao continente — desde os primeiros anos do pós-guerra viajava de um lado para outro em breves saídas de férias. Minha mãe, caracteristicamente inglesa nesse e em tantos outros aspectos, sem dúvida teria se contentado em ir a Brighton. Em todo caso, no verão de 1960 nos encontramos na Alemanha, graças a um convite de uma ex-*au pair* dinamarquesa. Agnes Fynbo, da pequena cidade de Skjern, nos convidou para passar duas semanas com sua família na Jutlândia. Por que exatamente não pegamos o barco direto de Harwich para Esbjerg, não sei. Mas meu pai é uma pessoa de hábitos, e nós sempre íamos à Europa pelo ferry Dover-Calais: portanto, pegamos esse caminho, seguindo de carro para a Bélgica e de lá para a Holanda, onde me lembro de visitarmos alguns parentes de meu pai que viviam em Amsterdã.

É notável que esses parentes de Amsterdã tenham sobrevivido à guerra. Meu avô Enoch Yudt tinha uma irmã mais velha chamada Brukha, que se casou na Polônia e lá teve dois filhos. Deixou o primeiro marido na Polônia e foi para a Bélgica, onde se casou com o marido número dois, Sasha Marber (parente do dramaturgo Patrick Marber). Brukha levara os dois filhos; o segundo marido já tinha dois filhos, e então tiveram mais dois filhos juntos. Esse tipo de coisa era muito mais comum no velho mundo judeu do que às vezes supomos. Brukha foi assassinada em Auschwitz, junto com grande parte de sua família.

Mas Paulina, uma das filhas de Brukha de seu primeiro casamento, sobreviveu. Em 1928, Paulina tinha se casado com um judeu belga; meu pai, primo de primeiro grau dela, se lembra bem do casamento: ele viajou para Bruxelas para tomar parte nas celebrações. O marido de Paulina não conseguia encontrar trabalho no país e levou sua jovem família para a Indonésia, onde conseguiu emprego como gerente em uma plantação de borracha holandesa. Assim, Paulina se viu na Indonésia, então colônia holandesa. O casal teve três filhas: Sima, Vellah e Ariette. Durante a guerra, Paulina e as filhas foram internadas em um acampamento na Indonésia pelos japoneses: não como judias, é claro, mas como súditas inimigas. De acordo com a lenda da família, que parece ser verdadeira, o marido dela foi decapitado pelos japoneses ocupantes depois de tentar defender os direitos de seus empregados nativos. Mas Paulina e as garotas sobreviveram à guerra, e voltaram à Holanda em 1945. Quando a Holanda reconheceu a independência da Indonésia, em 1949, as quatro mulheres puderam escolher entre a cidadania holandesa e a indonésia, e se tornaram holandesas. E assim nós as encontramos em Amsterdã.

Da Holanda, você tem de atravessar a Alemanha para chegar à Dinamarca. Meu pai comprou o máximo de gasolina possível para não precisar parar na Alemanha, e na verdade conseguimos completar dois terços do caminho. Mas todos ficaram cansados, naqueles dias pré-autoestrada, e fomos obrigados a passar a noite na Alemanha. Se desejasse, meu pai poderia, sem dúvida, se virar na Alemanha falando iídiche, mas ele simplesmente não conseguia se comunicar com os alemães. No entanto, lá estávamos nós em um hotel na Alemanha e a comunicação era inevitável. Eu tinha 12 anos e fui devidamente instruído a travar toda a conversa. Já falava um francês passável — graças a aulas na escola e visitas a membros da família falantes de francês —, mas ainda não havia começado o alemão. Então tinha basicamente de inventar meu alemão, com meu pai me pré-instruindo em equivalentes em iídiche. E assim, eu, um menino batizado em homenagem a uma criança morta em câmara de gás em Auschwitz, apenas 17 anos antes, descia para a recepção de um hotel provincial alemão e anunciava: *Mein Vater will eine Dusche* — meu pai quer um banho.

O mundo da minha juventude foi, portanto, o mundo que nos fora legado por Hitler. Por certo, a história intelectual do século XX (e a história dos intelectuais do século XX) tem uma forma própria: a forma que os intelectuais de direita ou esquerda lhe atribuíam se a contassem em forma narrativa convencional ou como parte de um quadro mundial ideológico. Mas deveria estar claro agora que existe outra história, outra narrativa que insistentemente intervém e se intromete em qualquer relato do pensamento e dos pensadores do século XX: a catástrofe dos judeus europeus. Um número impressionante das *dramatis personae* de uma história intelectual de nossos tempos também está presente *nessa* história, em especial a partir da década de 1930.

Em certo sentido ela é também a minha história. Cresci, li e me tornei um historiador e, gosto de pensar, um intelectual. A questão judaica nunca esteve no centro de minha vida intelectual, nem mesmo de meu trabalho histórico. Mas ela se intromete, inevitavelmente, e com força cada vez maior. Um dos objetivos deste livro é permitir que esses temas se encontrem, permitir que a história intelectual do século XX encontre a história dos judeus. Este é um esforço não só acadêmico mas também pessoal: afinal, muitos dos que mantivemos em nosso trabalho esses temas distintos somos judeus.

> *Um ponto de partida para compreender as complexidades da história judaica e intelectual de nosso tempo é Viena, um lugar que você e eu temos em comum. Uma imagem da cidade que herdamos de Stefan Zweig: uma Europa Central tolerante, cosmopolita, energética, uma república das letras com uma capital imperial. Mas a tragédia dos judeus colide com essa história. As memórias de Zweig,* The world of yesterday *[O mundo de ontem], são uma descrição voltada para o passado do século XX, unindo os horrores da Segunda Guerra Mundial com a nostalgia pelo mundo antes da Primeira.*

Para Zweig e seus contemporâneos judeus, aquele mundo da Habsburgia antes da Primeira Guerra Mundial se limitava aos oásis urbanos do império: Viena, Budapeste, Cracóvia, Czernowitz. Os intelectuais de sua geração eram tão pouco familiarizados com a Hungria rural, a Croácia ou a Galícia (se eles eram judeus) quanto esses outros mundos eram pouco familiarizados com eles. Mais a oeste, a monarquia dos Habsburgo se estendia para Salzburgo, Innsbruck, Áustria Inferior e Superior e as montanhas do Tirol do Sul, onde os judeus de Viena, ou a vida cultural vienense em geral, era um mistério ou um objeto de ódio, ou ambas as coisas.

Portanto, é preciso ter cuidado ao ler Zweig e outros como um guia para o mundo perdido da Europa Central. Em 1985, visitei uma exposição no Museu Histórico da Cidade de Viena, *Traum und Wirklichkeit: Wien 1880-1930* [Sonho e realidade: Viena, 1880-1930]. Em uma das salas os curadores haviam colado páginas ampliadas de um jornal de extrema-direita vienense. O artigo, em alemão, é claro, era sobre os horrores do cosmopolitismo: os judeus e os húngaros, tchecos e eslovacos e outros que estavam poluindo Viena e criando crime. Os curadores haviam destacado esse texto em cores diferentes de acordo com as palavras e suas raízes, para mostrar como muito pouco dele era em alemão literário: grande parte dessa arenga caracteristicamente nativista era, sem o conhecimento de seu autor, escrita em palavras de origem iídiche, húngara ou eslava.

A monarquia dos Habsburgo, o antigo Império Austríaco, tinha, portanto, uma dupla identidade. Mais que em qualquer outro lugar na Europa na época, era ali que havia maior probabilidade de se encontrar preconceito escancarado com base no princípio freudiano do narcisismo das pequenas diferenças. Ao mesmo tempo, pessoas, línguas e culturas eram totalmente interligadas e indissoluvelmente misturadas com a identidade desse lugar. Era na Habsburgia que um Stefan Zweig ou um Joseph Roth podiam se sentir mais completamente em casa — e foram os primeiros a ser expulsos de lá.

> *Vamos levar essa ironia um pouco além. Eram precisamente os Roths e os Zweigs e outros judeus centro-europeus assimilados escrevendo em alemão — o que mais? — que viriam a desempenhar um papel tão proeminente na criação do alemão literário elevado que marca a literatura da época. Eu me pergunto se isso é enfatizado de forma suficiente no relato clássico de Carl Schorske,* Viena Fin-de-Siècle. *Schorske parece subestimar as qualidades e origens distintivamente judaicas dos protagonistas austríacos de sua história, fundamentada com adoração em uma cultura alemã que os rejeitaria e abandonaria dentro de uma geração.*

Sim. Os judeus do Leste Europeu de minha ascendência não tinham nada desse fundamento em uma cultura local elevada à qual eles tivessem se assimilado e cujo valor reconhecessem: mal podiam se identificar com a língua e a cultura dos poloneses, ucranianos e romenos hostis que os rodeavam e com os quais, na maior parte, havia uma relação baseada exclusivamente em antagonismo, ignorância e medo mútuo. Quanto à sua própria herança judaica de religião e *yiddishkayt*, no século XX um número crescente de jovens *Ostjuden* estava disposto a rejeitar também isso. Assim, a própria ideia de uma história unificada dos judeus europeus é em si problemática, para dizer o mínimo: fomos divididos e fragmentados por região, classe, língua, cultura e oportunidade (ou sua ausência). Mesmo em Viena, à medida que os judeus do Império provincial chegavam à capital, a cultura dos judeus de língua alemã enfrentou diluição e divisão. Mas, já bem entrada a década de 1920, os judeus que tinham nascido em Viena ou Budapeste, mesmo que suas famílias fossem de extração rural do leste, eram criados para se verem como "alemães". E, portanto, eles tinham germanidade a perder.

Da parte de sua mãe, a família da minha primeira mulher era de prósperos profissionais judeus de Breslau: tipos representativos de uma burguesia judaica alemã estabelecida havia muito tempo. Apesar de terem escapado da Alemanha nazista e se estabelecido com conforto na Inglaterra, permaneceram profundamente alemães em tudo o que faziam: da decoração da casa à comida que comiam, à conversa, às referências culturais com que identificavam uns aos outros e os recém-chegados. Sempre que uma das tias queria me pôr em meu lugar, ela educadamente perguntava se eu havia lido tal e tal clássico alemão. O sentimento de perda era palpável e onipresente: o mundo alemão que os abandonara era o único que conheciam e o único que valia a pena ter — sua ausência era uma fonte de dor muito maior do que qualquer coisa que os nazistas haviam perpetrado.

Meu pai, de uma origem judaica europeia *oriental* muito diferente, ficava sempre atônito ao saber que seus sogros retornavam todos os anos à Alemanha em suas férias. Ele se virava para minha mãe em total perplexidade e perguntava, em silêncio, mas como podem? Para dizer a verdade, minha primeira sogra permanecia bastante afeiçoada à Alemanha — tanto a Silésia de sua infância quanto a próspera e confortável nova República de Bonn, com a qual ela estava cada vez mais familiarizada. Tanto ela como a irmã continuavam convencidas de que era Hitler a aberração. Para elas a *Deutschtum* [alemanidade] permanecia uma realidade viva.

A civilização alemã era um ideal judaico de valores universais; a revolução internacional — o seu oposto — era outra. Em alguns sentidos, a tragédia do nosso século reside no descrédito desses dois universais na década de 1930, com as implicações e os horrores desse desenredamento reverberando para fora nas décadas seguintes. No entanto, o lugar de antissemitismo nessa história nem sempre é tão simples quanto às pessoas credulamente supõem. Quando Karl Lueger foi eleito pela primeira vez prefeito de Viena, em 1897, com uma plataforma abertamente antissemita, os judeus culturalmente confiantes de Viena de forma alguma concederam a ele uma autoridade para definir a identidade nacional ou cultural. Eles eram pelo menos tão seguros em sua própria identidade, e é muito provável que, se perguntados, teriam preferido que ele escolhesse (como ele afirmava fazer) quem era e quem não era judeu do que quem podia e quem não podia ser alemão. Para eles, Lueger, como Hitler para uma geração posterior, era uma aberração passageira.

> *Na monarquia dos Habsburgo, o antissemitismo era uma nova forma de política que judeus e liberais consideravam ofensiva, mas o qual achavam que poderiam acomodar. Foi nesses anos, na virada do século XIX para o XX, que os socialistas austríacos falaram de antissemitismo como o "socialismo dos tolos", de trabalhadores que não podiam ainda reconhecer seu próprio interesse de classe, e assim culpavam os judeus — como donos de fábricas ou magnatas de lojas de departamentos — em vez do capitalismo por sua exploração. Afinal, se o problema é apenas tolice, ele pode ser tratado pela educação: quando os trabalhadores forem devidamente conscientes e informados, eles não culparão os judeus. O liberalismo imperial na zona urbana central da Europa permitira que os judeus migrassem para grandes cidades e elevassem seu status: por que os judeus (ou os socialistas) deveriam abandoná-lo, ou perder a fé em sua promessa?*

Tomemos o caso de Nicholas Kaldor, o proeminente economista húngaro. Ele cresceu na Hungria entre as guerras e se julgava acima de tudo um membro culto da classe média alta de sua Budapeste natal: seu mundo era o dos judeus húngaros cultos, falantes de alemão, educados em alemão. Quando o conheci, no começo da década de 1970, estava sendo visitado por uma geração mais jovem de economistas e intelectuais húngaros que considerava com, no máximo, uma distância condescendente: provincianos recém-promovidos, despojados da cultura e da língua de seus pais e reduzidos à vida em um pequeno posto avançado comunista. Ao passo que, em minha infância judaica inglesa, os judeus eram sempre e obviamente arrivistas ou párias, para aplicar categorias de Arendt. Era claro que Nicki Kaidor nunca adquirira nenhuma dessas identidades no curso de sua juventude em Budapeste.

> *Budapeste foi um exemplo ainda mais distintivo que Viena de assimilação eletiva. Os húngaros, tendo alcançado algo muito parecido com a soberania estatal dentro da monarquia dos Habsburgo em 1867, começaram a construção de sua capital como uma espécie de cidade moderna modelo, importando padrões de arquitetura e planejamento de outros lugares para erguer um notável mundo urbano de praças, cafés, escolas, estações e bulevares. Nessa nova cidade, conseguiram alcançar, num grau notável e sem nenhuma intenção muito deliberada, a integração de muitos judeus urbanos na sociedade húngara.*

Essa integração, mesmo que inevitavelmente imperfeita, não estaria disponível nem mesmo para o mais bem-assimilado judeu polonês ou romeno. No espaço atribuído à Zona de Assentamento do Império Russo, e naquelas regiões logo a oeste dela, os judeus foram obrigados a trabalhar contra a suposição dominante: a de que, quaisquer que fossem as qualidades admiráveis ou assimiláveis de qualquer indivíduo, a comunidade em si era, por definição e por prática estabelecida havia muito tempo, estranha ao espaço nacional. Mesmo em Viena, os judeus eram restringidos na prática à participação no espaço *cultural* alemão que tinha sido aberto pelo império, em especial após as reformas constitucionais de 1867; depois de 1918, uma vez que a Áustria alemã foi redefinida como uma nação, o lugar dos judeus dentro dela tornou-se muito mais problemático.

Para expressar a questão de forma esquemática: as divisões linguísticas e a insegurança institucional da metade leste da Europa oriental tornavam a região peculiarmente inóspita para múltiplos outsiders como os judeus. Como os ucranianos, eslovacos, bielorrussos e outros enfrentavam seus próprios desafios para definir e assegurar um espaço nacional distinto do de seus vizinhos, a presença de judeus só poderia complicar e antagonizar, oferecendo um alvo para expressões de insegurança nacional. Mesmo na monarquia dos Habsburgo, aquilo de que os judeus tinham realmente sido parte era uma civilização urbana contida dentro de um império rural; uma vez que esse último foi fragmentado após a Primeira Guerra Mundial e redefinido por espaços nacionais em que as cidades e vilas eram ilhas isoladas em um mar de vida agrária, os judeus perderam seu lugar.

Desde cedo, penso, passei a perceber no contexto da minha própria família algo que só descobriria mais tarde no curso da leitura de Joseph Roth: meus pais e avós, apesar de tudo que traziam de lá, não conheciam nada da Polônia e da Lituânia, da Galícia ou da Romênia. O que conheciam era *império*: no fim, a única coisa que importava para a maioria dos judeus eram decisões tomadas no centro, e proteções proporcionadas a eles de cima. Os judeus podiam viver na periferia, mas estavam ligados por laços de interesse e identificação ao centro imperial. Pessoas como minha avó paterna, que cresceu em seu *shtetl* em Pilviskiai no sudoeste da Lituânia, não sabiam nada sobre o mundo ao seu redor. Como ela, eles conheciam o *shtetl*, conheciam a capital regional imperial, Vilna, uma cidade em grande parte judaica — e depois o mundo (na medida em que isso significava alguma coisa para eles). Todo o resto — a região, a população circundante, as práticas locais cristãs e coisas semelhantes — era pouco mais que um espaço vazio no qual suas vidas estavam fadadas a se exaurir. Hoje é muitas vezes observado — e é verdade, além do mais — que seus vizinhos cristãos (ucranianos, bielorrussos, poloneses, eslovacos etc.) eram miseravelmente mal informados sobre as comunidades judaicas em seu meio. Pouco se importavam com elas e abrigavam antigos preconceitos a seu respeito. Mas o mesmo era em grande parte verdadeiro sobre os judeus em seus sentimentos para com "os *goyim*". A relação, com certeza, era bastante desigual. Mas nesse aspecto, pelo menos havia certa simetria.

Na verdade, era precisamente essa interdependência de ignorância mútua que explicaria a facilidade da limpeza étnica e coisas piores na Europa central e oriental ao longo do século XX. Isso emerge de forma muito clara quando se leem testemunhos de sobreviventes, por exemplo, da Ucrânia ou da Bielorússia: quando os judeus recordam o que os revelava como judeus — além de marcadores físicos incontestáveis como a circuncisão —, com frequência listam as coisas que eles (nós) simplesmente não podiam fazer, porque viviam em um espaço social hermeticamente separado. Os judeus não conheciam o pai-nosso; era raro um judeu naquela parte do mundo que soubesse selar um cavalo ou arar um campo. Os judeus que sobreviveram eram de forma característica os daquela minoria dentro da comunidade que, por algum motivo casual, sabiam essas coisas.

Isso evidencia algo que podemos ler, por exemplo, na trajetória atormentada de Franz Kafka para um lado e para outro entre os marcos de fronteira do exclusivismo étnico: os "horrores" da estreiteza judaica e as "glórias" da cultura judaica. Ser um judeu era ao mesmo tempo pertencer a um mundinho restrito, circunscrito, mal-educado e muitas vezes pobre — e, contudo, pelos padrões da população circundante, esse claustrofóbico mundo judaico era ao mesmo tempo extraordinariamente bem-educado e culto, e embora sua cultura fosse voltada para dentro, era apesar de tudo isso uma cultura; além disso, ela estava vinculada a uma civilização universal extensiva no tempo e no espaço. Desse paradoxo nasceram tanto o tão comentado senso judaico de orgulho presunçoso — somos o povo escolhido — quanto o profundo sentimento de vulnerabilidade que marcava uma microssociedade perenemente insegura. De forma compreensível, muitos jovens judeus no final do século XIX e no início do XX se empenharam fortemente em dar as costas para ambas as dimensões dessa cultura.

> *Em Viena ou Budapeste, ou mesmo em Praga (para não mencionar cidades cosmopolitas mais a oeste), a integração profissional, a mobilidade ascendente econômica e social e a assimilação linguística eram todas acessíveis a jovens judeus ambiciosos. Mas havia um teto de vidro: a política. Uma coisa era os judeus fazerem seu caminho para o centro do mundo cristão: conhecer suas ruas, partilhar sua topografia, compreender sua alta cultura e torná-la a sua própria. Nos dias do império, isso bastava. "Política", o negócio de governar e dominar, estava além do*

alcance da maioria dos judeus; era menos uma atividade que um escudo contra a sociedade. Mas nos espaços pós-imperiais em Estados-nação, a política funcionava de modo muito diferente, tornando o Estado uma ameaça e não um patrono.

Sim. Por estranho que possa parecer hoje, a democracia foi uma catástrofe para os judeus, que prosperaram em autocracias liberais: notadamente, na janela que se abriu entre o Império Austríaco do século XVIII sob José II e sua curiosa apoteose no longo reinado do imperador Francisco José II, de 1848 a 1916, uma época de restrição política contínua, mas de libertação cultural e econômica. A sociedade de massas apresentava desafios novos e perigosos: não só os judeus eram agora um alvo político útil, mas estavam perdendo a proteção cada vez mais ineficaz do chefe real ou imperial. Para sobreviver a essa transição turbulenta, os judeus europeus tinham de desaparecer completamente ou então mudar as regras do jogo político.

Daí a emergente propensão judaica, nas primeiras décadas do século XX, a formas não democráticas de mudança radical, acompanhada de uma insistência na irrelevância da língua, da religião ou da etnia e na priorização, em lugar delas, de categorias sociais e econômicas; daí também a muito observada presença de judeus na primeira geração de regimes autoritários de esquerda que surgiram dos levantes revolucionários da época. Olhando para a frente a partir de 1918, ou para trás a partir de hoje, isso me parece perfeitamente compreensível: na falta de um comprometimento ativo com o sionismo ou então a partida para outros continentes, a única esperança para os judeus da Europa era a perpetuação do status quo imperial ou a oposição radical e transformadora aos Estados-nação que o sucederam.

A exceção óbvia, pelo menos nas décadas entre as guerras, foi a verdadeiramente democrática e relativamente tolerante Tchecoslováquia de Tomáš Masaryk. Ali, ao menos em comparação com as vizinhas Romênia, Hungria ou Polônia, havia um Estado multinacional em que todas as minorias eram pelo menos toleradas: com certeza, não havia nenhuma comunidade "tchecoslovaca" majoritária — mesmo os próprios tchecos constituíam só uma maioria relativa, de forma que os alemães, eslovacos, húngaros, rutenos e judeus podiam todos encontrar seu lugar, embora em especial os alemães fossem suscetíveis aos sentimentos irredentistas importados de seus vizinhos.

É surpreendente que você veja Kafka como alguém migrando desconfortavelmente para um lado e para outro através de suas diferentes identidades — judaica, tcheca, alemã. Parece igualmente razoável interpretar seus temas como o puro terror que se enfrenta quando o Estado, até então um protetor distante, avança em perigosa proximidade e se torna a fonte de opressão, sempre observando, avaliando, julgando.

De fato é isso, e é totalmente compreensível que seus leitores absorvam essa lição acima de tudo dos textos mais conhecidos de Kafka. Mas muitas vezes me ocorreu que a questão da autoridade em Kafka é ricamente incrustada com uma mistura do pessoal e do político: embora haja muito a ser dito em favor de lê-lo à sombra de suas relações atormentadas com o pai, não faz mal localizá-las no contexto mais amplo da história tcheca, judaica e da Europa Central. A autoridade e o poder, naquele tempo e lugar, eram ao mesmo tempo opressivos e ambivalentes. A ambiguidade, por exemplo, em O processo e O castelo, em relação aos sentimentos do protagonista para com as "autoridades" ecoa e ilustra uma ambiguidade que podemos encontrar na história judaica e de fato na resposta de muitos na região à ditadura e à ocupação em série.

Quando se pensa sobre as décadas de 1890 e 1900, talvez muita coisa dependa de se compreender o pai como um símbolo de autoridade, ou a autoridade como um símbolo do pai...

Eu gostaria de desenvolver um pouco as categorias que vimos discutindo. O outro padrão a que você aludiu é a Polônia, onde a assimilação ocorre, mas não tanto quanto na Hungria, e portanto onde muitos, embora não a maioria, dos judeus passa de fato a sentir que faz parte da nação. E assim você tem o fenômeno dos bastante notáveis judeus de Lódź ou Varsóvia, que, a partir dos

> *últimos anos do antigo Império Russo, escolheram bastante conscientemente assimilar-se à civilização e à cultura polonesas, considerando-se sem problemas poloneses e judeus. Dito isso, a língua e cultura polonesas sofriam de uma característica fatal (e fatal não apenas para os judeus): ela era e é substancial e atraente o bastante para provincianizar aqueles que participavam dela, afastando-os de lealdades cosmopolitas; mas não era grande nem autoconfiante o bastante para absorver e proteger as minorias.*

Eu nunca detectei em judeus alemães, ou húngaros, ou austríacos, a mesma mistura complexa de familiaridade, atração e *ressentimento* que se percebe entre judeus cultos de origem polonesa.

Uma vez vi o ilustre historiador medieval, ativista do Solidariedade e ministro das Relações Exteriores Bronislaw Geremek ser entrevistado na TV francesa. O entrevistador bem-intencionado ficava perguntando: o que você leu que lhe dá grande prazer pessoal e alívio em tempos difíceis? Geremek, então, enumera uma série de nomes (poloneses) impronunciáveis dos quais o sujeito claramente nunca tinha ouvido falar; o público, igualmente mistificado, reage com silêncio educado. Era possível ver que o entrevistador francês, preparado para um intelectual centro-europeu — Jürgen Habermas, talvez, ou Gershom Scholem —, não tinha nada a dizer. A Polônia é grande o suficiente para que os judeus cultos nela sejam muitíssimo sofisticados e, no entanto, para o outsider em outros aspectos bem informado, pareçam totalmente obscurantistas ao falar de sua própria cultura. Não creio que isso seja verdade para nenhuma outra comunidade judaica europeia.

> *Sempre me parece que poloneses judaicos, judeus poloneses, judeus que são poloneses têm um problema de escala que é como aquele que os poloneses têm, em geral — que a Polônia é um país de porte médio, e portanto orgulhosamente estranho em sua existência e, ao mesmo tempo, desconfortavelmente inexistente para os outros.*

Poloneses e judeus têm em comum muito mais do que isso. Há uma propensão polaco-judaica — propensão polonesa e judaica — a sentir que, a menos que exagere sua centralidade, você está sempre correndo o risco da marginalização. Em *Europe*, de Norman Davies, o mapa introdutório da Europa foi ajustado de modo que Varsóvia fica no epicentro. E, de fato, no relato de Davies da Europa, a Polônia consegue estar no centro de sua própria história e de tudo mais. Isso me parece manifestamente bobo: Varsóvia não é, e na maior parte da história da Europa nunca foi, o centro de muita coisa.

Mas os judeus também fazem isso: colocar sua própria história, por exemplo, no centro do século XX e de seu significado. Pode ser muito difícil, em particular quando se leciona aqui nos Estados Unidos, transmitir quão distante o Holocausto estava do centro das preocupações ou decisões das pessoas durante a Segunda Guerra Mundial. Não quero dizer com isso que ele não importava, muito menos que ele não importa hoje. Mas não podemos, se quisermos fazer um relato justo do passado recente, ver nele nossas próprias prioridades éticas ou comunitárias. A dura realidade é que os judeus, o sofrimento judaico e o extermínio dos judeus não eram assuntos de interesse predominante para a maioria dos europeus (afora judeus e nazistas) daquela época. A centralidade que hoje atribuímos ao Holocausto, seja como judeus seja como humanitários, é algo que só surgiu décadas depois.

> *Mas, em certo sentido importante, a Polônia está no centro de tudo. A história da Europa, no que diz respeito à vida judaica, passou por três estágios. Seu centro medieval estava claramente na Europa Ocidental e Central. Então vieram a grande Praga e as expulsões, após o que os judeus e a vida judaica se mudaram rumo ao leste para a Comunidade Polaco-Lituana e o Império Otomano. Por fim, temos o período moderno — começando, vamos dizer, no final do século XVIII, com a revolução na França e as partições polonesas — em consequência das quais uma parte muito significativa dos judeus europeus, que vivem na Galícia, é submetida à monarquia dos Habsburgo pela primeira vez. Seus filhos e netos se mudam para a Morávia e, finalmente, para Viena, onde criam o modernismo europeu. Essas são as pessoas das quais vimos falando, na verdade as pessoas que inventaram muitos*

dos conceitos que estamos usando, portanto, em qualquer conversa sobre a integração, assimilação e participação judaica na modernidade, temos de começar pela Polônia.

Se você parar o relógio em 1939, eu não teria nada a objetar ao que você diz. Tanto a narrativa quanto seu significado teriam de ser harmonizados a um processo que culminou com a urbanização e a libertação dos judeus da Europa de língua polonesa e as consequências dessa narrativa para a Europa em geral. Mas o que acontece então? A Polônia é brutalmente expelida do quadro: primeiro pela Segunda Guerra Mundial, depois pela tomada comunista, e então — nas décadas seguintes — por um crescente reconhecimento do que aconteceu aos judeus; essa restauração da memória e aumento da sensibilidade à recordação do sofrimento judeu não só reduz o lugar da Polônia na narrativa judaica, mas de uma forma crucial o reformula em uma luz negativa. A Polônia, antes uma pátria judaica, torna-se testemunha e participante ocasional da destruição dos judeus.

Essa imagem desoladora é então, me parece, projetada para trás por toda a história dos judeus na Polônia: começando na década de 1930 e retrocedendo através de séculos anteriores. A Polônia que surge — certamente essa foi a Polônia com que cresci em nossa família — era um lugar ruim para ser judeu. A história dos judeus se torna em vez disso uma narrativa de emancipação geográfica que se projeta no futuro: escapar dos lugares errados e encontrar nosso caminho para os melhores lugares. Os últimos nessa narrativa moderna poderiam ser a Europa Ocidental, o Canadá, os Estados Unidos ou, de maneira mais problemática, Israel. Mas nunca é a Europa Oriental. Ao contrário, os lugares errados estão quase sempre situados em uma Europa Oriental real ou (mais comumente) imaginada, que se estende do rio Leitha ao rio Bug. Essa versão da vitimização geográfica judaica agora se sobrepõe tão completamente a relatos anteriores que é muito difícil desenredá-los.

Acho que isso está absolutamente certo. Mas o que estou tentando fazer é ligar suas duas linhas de história judaica, a europeia oriental provincial e a europeia central cosmopolita.

* * *

Vamos olhar mais uma vez para a imagem estática, assincrônica da vida judaica na Viena fin-de-siècle. Ela é o belo retrato que se obtém através de Zweig, Roth e Schorske. Você olha ao longo do horizonte da realização judaica e vê algo tátil, firme, coerente, e então você espera que ele se rompa porque sabe que vai se romper. Mas ele nunca foi tão firme e coerente. Os judeus estavam a uma geração de distância da Morávia e a duas gerações de distância da Galícia, e portanto não muito longe daquele velho mundo polonês que foi destruído no final do século XVIII.

O que esse relato faz é reificar a juventude de certa geração de judeus no final do século XIX, que, em vez de herdar esse mundo vienense, de fato o fez, e depois modestamente, na velhice, dá crédito à história por suas próprias realizações, em vez de culpar a história por destruí-las.

Zweig não apenas escreve sobre isso, ele se mata por causa disso. E por causa do que vai acontecer — primeiro após 1918, depois em 1934 com a tentativa de golpe nazista e a guerra civil na Áustria, e, claro, acima de tudo, de 1938 a 1945, quando a Áustria fez parte da Alemanha nazista — a versão dele adquire retroativamente uma plausibilidade que de outro modo não teria: em suma, essa foi uma catástrofe particularmente pungente porque algo sem paralelo foi desfeito e perdido para sempre.

Eu me pergunto se algo muito semelhante não poderia ser dito do país das maravilhas fin-de-siècle da Paris pós-impressionista. Afinal, a França (e acima de tudo Paris) era na realidade uma sociedade profundamente dividida, fendida por memórias políticas concorrentes e discordâncias cáusticas sobre religião e política social. Em retrospecto, no entanto, e dentro de poucos anos, os próprios franceses tinham passado a explicar e compreender essas décadas — à la Zweig — como um amanhecer glorioso, ofuscado e desalojado pela guerra e pela política — a primeira e talvez até a última egoisticamente atribuídas a outros.

Um eco desse relato nostálgico pode ser ouvido até mesmo nos textos do notável economista britânico John Maynard Keynes, em seu *As consequências econômicas da paz*. Já em 1921, o encontramos falando com nostalgia e carência palpáveis do mundo extraviado de sua juventude pré-guerra. Esse é realmente um tropo da geração nascida nas últimas décadas da era vitoriana. Velhos o suficiente para recordar a confiança e a segurança dos últimos anos do século XIX e a otimista primeira década de seu sucessor, os membros dessa geração viveriam o bastante para ver o colapso total do que outrora parecera não apenas uma condição permanente de bem-estar próspero, mas um mundo novo e promissor em construção.

Naturalmente pensamos em Keynes, acima de tudo, como o economista que criou toda uma escola de pensamento econômico, com base no argumento de que o Estado pode intervir em momentos de declínio econômico. Mas é claro que você está certo de que ele chega a essa conclusão a partir da experiência pessoal. Vamos nos concentrar nisso um pouco mais tarde. Mas, por ora, em termos mais gerais: Keynes tem a maravilhosa frase sobre o mundo antes da Primeira Guerra Mundial como sendo aquele em que, para viajar, não se precisava de passaporte, simplesmente se mandava um empregado ao banco para obter a quantidade adequada de barras de ouro e depois reservar passagens para atravessar o canal, e se estava a caminho.

Keynes e outros talvez tivessem de fato razão ao considerar que as coisas estavam melhorando na virada do século XIX para o XX, e não apenas na Grã-Bretanha. O comércio global crescia. Os austríacos faziam seu caminho para o sul no Mediterrâneo; mesmo na Rússia, a reforma agrária parecia finalmente estar fazendo sérias incursões sobre a economia rural.

Essa foi de fato uma época — não econômica, não política nem ideologicamente — de enorme autoconfiança. Essa confiança assumia duas formas. Havia a visão — de economistas neoclássicos e seus seguidores — de que o capitalismo estava indo muito bem, continuaria a ir bem, e de fato portava dentro de si as fontes e os recursos de sua própria renovação ilimitada. E depois havia a paralela e não menos modernista perspectiva que via no capitalismo — estivesse ele ou não prosperando no presente —

um sistema fadado ao declínio e ao colapso sob o peso de seus próprios conflitos e contradições. Partindo de pontos muito diferentes, ambas eram, por assim dizer, perspectivas inovadoras, e ambas bastante autossatisfeitas em suas análises.

As duas décadas seguintes ao fim da depressão econômica do final do século XIX foram a primeira grande era de globalização; a economia mundial tornava-se integrada exatamente das maneiras sugeridas por Keynes. Em especial por essa razão, ainda hoje é difícil para nós avaliar a escala do colapso durante e após a Primeira Guerra Mundial e os níveis a que as economias se contraíram entre as guerras. Os passaportes foram introduzidos; o padrão-ouro voltou (em 1925 no caso britânico, restabelecido pelo Chanceler do Tesouro Winston Churchill, contra as objeções de Keynes); as moedas entraram em colapso; o comércio, em declínio.

Uma maneira de pensar sobre as implicações de tudo isso é a seguinte: demorou até meados de 1970 para que mesmo as economias centrais da próspera Europa Ocidental voltassem para onde tinham estado em 1914, depois de muitas décadas de contração e proteção. Em suma, as economias industriais do Ocidente (com exceção dos Estados Unidos) experimentaram um declínio de sessenta anos, marcado por duas guerras mundiais e uma depressão econômica sem precedentes. Mais que qualquer outra coisa, isso constitui o pano de fundo e o contexto para tudo o que vimos discutindo e, na verdade, para a história do mundo no século passado.

Quando Keynes escreveu *Teoria geral do emprego, do juro e da moeda* (publicado pela primeira vez em 1936), estava preocupado — obcecado talvez seja uma palavra melhor — com o problema da estabilidade e da ruptura. Em contraste com os economistas clássicos e seus herdeiros neoclássicos (os próprios professores de Keynes), ele estava convencido de que as condições de incerteza — acompanhadas por insegurança social e política — deviam ser tratadas como a norma e não a exceção em economias capitalistas. Em resumo, Keynes propunha uma teoria do mundo em que ele acabara de viver: longe de ser a condição-padrão de mercados perfeitos, a estabilidade era um subproduto imprevisível e até mesmo escasso de atividade econômica não regulada. A intervenção, de uma forma ou de outra, era a condição necessária para o bem-estar econômico, e, às vezes, para a própria sobrevivência dos mercados. Em uma chave distintamente inglesa, essa conclusão correspondia a uma versão de Zweig: antes pensávamos que tudo era estável, agora sabemos que tudo está em fluxo.

Sim, é muito impressionante, não é? — o próprio primeiro capítulo de The world of yesterday, *de Zweig, é sobre segurança, como a coisa que se perdeu. Com isso Zweig não quer dizer apenas que houve uma guerra e as coisas mudaram. Tudo de sua juventude que ele recorda com tanta nostalgia e precisão — a casa do pai, a previsibilidade dos papéis que as pessoas desempenhavam — envolvia e exigia maior segurança econômica, que nunca retornaria.*

Parece-me que há também uma forma negativa de expressar o argumento. Na ausência de um comércio global tranquilizador e real depois da Primeira Guerra Mundial, o projeto de tornar economias nacionais autossuficientes é o lado negro do século XX europeu. Afinal, tanto os nazistas quanto os soviéticos foram consumidos pela atração da escala como a condição para o bem-estar: com espaço, capacidade produtiva e trabalhadores em quantidade satisfatória você poderia tornar-se autossuficiente e, assim, retomar a segurança do comércio e das trocas globais — em seus próprios termos.

Como consequência, se você tem, como dizia Stalin, socialismo em um só país, importa menos que a revolução mundial tenha sido adiada indefinidamente. Se você tem Lebensraum *[espaço] suficiente, como Hitler acreditava, pode alcançar algo comparável: autarquia em benefício da raça dominante.*

Portanto, há um desejo de criar novos tipos de império, combinado à sensação de que os Estados-nação pós-imperiais eram muito pequenos. Os austríacos da década de 1920 eram obcecados por Lebensunfähigkeit *econômico, a afirmação de que, tendo perdido tudo, e sido reduzida a um espaço alpino tão pequeno e tão empobrecido, a Áustria não poderia existir como uma entidade independente. A palavra em si ilustra o ânimo daqueles anos: "incapacidade para a vida."*

Lembre-se, no entanto, de que a Áustria do entreguerras, apesar de ter o tamanho e a capacidade reduzidos, foi abençoada com um movimento socialista incomumente sofisticado e bem-estabelecido, que só foi derrotado e, por fim, destruído como resultado de sucessivos golpes reacionários: primeiro em 1934 e depois mais uma vez em 1938. A Áustria era a essência destilada de tudo que a Primeira Guerra Mundial havia trazido para a Europa continental: o risco e até a probabilidade de revolução; o desejo (e a impossibilidade) de um Estado-nação autossuficiente; a maior dificuldade de coexistência política pacífica dentro de um espaço cívico não suportado por recursos econômicos.

Fica-se perplexo com o comentário do grande historiador Eric Hobsbawm sobre sua infância e juventude na Viena da década de 1920: você se sentia, ele escreve, como se suspenso no limbo entre um mundo que havia sido destruído e um que ainda estava para nascer. É na Áustria também que encontramos as origens da outra grande corrente de teorização econômica em nossos tempos, contrapondo-se de forma nítida às conclusões associadas à obra de Keynes e identificada com os escritos de Karl Popper, Ludwig von Mises, Joseph Schumpeter e, supremamente, Friedrich Hayek.

Os três quartos de século que se seguiram ao colapso da Áustria na década de 1930 podem ser vistos como um duelo entre Keynes e Hayek. Keynes, como eu estava dizendo, começa com a observação de que em condições de incerteza econômica seríamos imprudentes se supuséssemos resultados estáveis, e, portanto, seria melhor imaginarmos maneiras de intervir a fim de produzi-los. Hayek, escrevendo muito conscientemente contra Keynes e a partir da experiência austríaca, argumenta em *O caminho da servidão* que a intervenção — o planejamento, por mais benevolente ou bem-intencionado e qualquer que seja o contexto político — deve acabar mal. Seu livro foi publicado em 1945 e é mais notável pela previsão de que o Estado de bem-estar social britânico pós-Segunda Guerra Mundial já em construção anteciparia um destino semelhante ao da experiência socialista na Viena pós-1918. Começando com planejamento socialista, você terminaria com Hitler ou um sucessor comparável. Para Hayek, em suma, a lição da Áustria e, de fato, o desastre da Europa do entreguerras em geral se resumia a isto: não intervenha e não planeje. O planejamento entrega a iniciativa àqueles que, no fim, destroem a sociedade (e a economia) em benefício do Estado. Três quartos de século depois, essa continua a ser para, muitas pessoas (em especial aqui nos Estados Unidos), a lição moral proeminente do século XX.

> *A Áustria é tão cheia de conteúdo que seria possível extrair lições contraditórias sem sequer tentar. A realização histórica dos planejadores de cidade vienenses socialistas não foi replicada no país como um todo. Não foi, afinal, o governo central austríaco, mas sim o governo municipal de Viena, que foi controlado pelos socialistas após a Primeira Guerra Mundial (como é hoje), e que construiu com sucesso o famoso novo estoque habitacional, pequenas comunas urbanas atraentes etc. Foi a habitação pública que, para o resto do país, tornou-se um símbolo dos perigos do planejamento: precisamente porque as comunas funcionavam muito bem, elas serviram aos "judeus" e aos "marxistas" como uma base de poder. E então, naquela primeira crise de que você falou, a guerra civil austríaca de 1934, o governo central (controlado por partidos cristãos conservadores) alinhou suas peças de artilharia nas colinas acima de Viena e começou literalmente a bombardear o socialismo: atirando contra o Karl-Marx-Hof e todos aqueles outros belos Hofs operários, com seus jardins de infância, creches, piscinas, lojas e assim por diante — planejamento municipal em ação e menosprezado justamente por esse motivo.*

Foi bem isso. Ironicamente, a experiência austríaca — que foi sempre e acima de tudo um confronto político entre a esquerda marxista urbana e direitistas cristãos provinciais suspeitosos de Viena e todas as suas obras — foi elevada ao status de teoria econômica. É como se o que tinha ocorrido na Áustria fosse um debate entre planejamento e liberdade, o que nunca foi o caso, e como se fosse evidente que o curso dos acontecimentos que levaram de uma cidade planejada à repressão autoritária e, por fim, ao fascismo pudesse ser resumido como uma relação causal necessária entre planejamento econômico e ditadura política. Aliviado de seu contexto histórico austríaco, e na verdade até da própria referência histórica, esse conjunto de suposições — importado para os Estados Unidos nas malas de um punhado de intelectuais vienenses desiludidos — passou a informar não apenas a escola de Chicago de economia, mas toda conversa pública significativa sobre escolhas políticas nos Estados Unidos contemporâneos.

Vamos voltar a isso. Mas antes de nos despedirmos da Viena judaica: a lição austríaca do século XX não assumiu também uma forma psíquica?

Sigmund Freud chegou no momento certo de influenciar toda uma geração de pensadores centro-europeus. De Arthur Koestler a Manès Sperber, o trampolim lógico a partir de um compromisso marxista jovem era a psicologia: freudiana, adleriana, junguiana, conforme o gosto. Como o próprio marxismo, ao qual também voltaremos, a psicologia vienense ofereceu uma maneira de desmistificar o mundo, de identificar uma narrativa abrangente com a qual interpretar o comportamento e as decisões de acordo com um padrão universal. E também, talvez, uma teoria comparavelmente ambiciosa de como mudar o mundo (mesmo que uma pessoa de cada vez).

A psicologia, afinal, e neste sentido ela tinha semelhanças distintas tanto com o marxismo quanto com a tradição judaico-cristã, propõe uma narrativa de autoilusão, sofrimento necessário, declínio e queda, seguidos pelo início da autoconsciência, autoconhecimento, autossuperação e recuperação final. Fico impressionado, nas memórias de centro-europeus nascidos por volta da virada do século, com o número de pessoas (judeus, acima de tudo) que comentam sobre a voga contemporânea de análise, de "explicar", das categorias da nova disciplina (neurose, repressão etc.). Essa fascinação por cavar sob a explicação de superfície, por desfazer mistificações, pela descoberta de uma história que é ainda mais verdadeira por ser negada por aqueles que ela descreve — com certeza isso também é estranhamente reminiscente dos procedimentos do marxismo.

Há outra semelhança. Pode-se também extrair uma história em três partes e otimista do freudismo, da mesma forma como se pode do marxismo. Em vez de ter nascido em um mundo onde a propriedade destruiu nossa natureza, nascemos em um mundo onde algum pecado original foi (ou não foi) cometido, um pai foi (ou não foi) morto, dormiu-se (ou não) com uma mãe — mas nascemos em um mundo onde nos sentimos culpados por isso, e não temos a natureza que teríamos tido, talvez puramente teórica. Podemos voltar a algo semelhante a essa condição "natural" se entendermos a estrutura familiar e fizermos terapia. Mas, assim como em Marx, o mesmo ocorre com Freud: é um pouco obscuro como exatamente seria essa utopia se alguém conseguisse chegar lá.

Na história freudiana, como na narrativa marxista, a consideração fundamental é a fé irrestrita no sucesso inevitável do resultado, se o processo em si é correto: em outras palavras, se você tiver entendido e superado de forma correta os danos ou conflitos anteriores, vai necessariamente chegar à terra prometida. E essa garantia de sucesso é em si suficiente para justificar o esforço necessário para chegar lá. Nas palavras do próprio Marx, ele não estava preocupado em escrever receitas para livros de culinária do futuro; simplesmente prometia que haveria livros de culinária futuros, se pelo menos fizéssemos o uso correto dos ingredientes de hoje.

Deixe-me usar um termo freudiano para perguntar sobre algo que vejo como um deslocamento em sua própria obra, ou sobre a grande ruptura na história do século: o Holocausto. O título de sua história da Europa é Pós-guerra. *O que é, ele próprio, claro, uma reivindicação sobre uma nova qualidade. Mas começar seu livro em 1945 lhe permite não escrever sobre o assassinato em massa dos judeus. E, de fato, muito pouco do seu trabalho histórico apresenta questões judaicas, mesmo quando elas estão lá para ser apresentadas. Portanto, a minha pergunta é: quando (se é que isso ocorreu) o que hoje chamamos de Holocausto começou a permear o modo como você, pessoalmente, pensava sobre história?*

Se tenho algum insight especial sobre a história da historiografia do Holocausto é porque ela acompanha muito de perto a minha vida. Como mencionei antes, eu era excepcionalmente bem-informado sobre esse assunto para uma criança de 10 anos de idade. E, no entanto, como estudante na Universidade de Cambridge em 1960, tenho de confessar que era notavelmente pouco interessado no assunto — não só no Holocausto, mas na história judaica de uma maneira geral. Além disso, não acredito que tenha ficado nem um pouco surpreso quando estudamos, por exemplo, a história da França ocupada sem nenhuma referência à expulsão dos judeus.

Eu, de fato, redigi um texto de pesquisa especializada sobre o tema da França de Vichy, mas as questões que propus (que refletem fielmente o conhecimento acadêmico da época) não tinham nada a ver com os judeus franceses. O problema que obcecava os historiadores naqueles anos ainda era a natureza da política de direita da época: que tipo de regime era Vichy? Reacionário? Fascista? Conservador? Não quero dizer com isso que eu não sabia nada sobre o destino dos judeus da França naqueles anos, muito pelo contrário. Mas de alguma forma esse conhecimento privado nunca foi integrado em meus interesses acadêmicos, nem mesmo em meu estudo da Europa. Somente na década de 1990 o assunto se deslocou para o centro dos meus interesses acadêmicos.

Talvez este fosse um bom lugar para introduzir Hannah Arendt, que desde cedo e de modo influente tratou do Holocausto como um problema para todos, não apenas seus perpetradores e suas vítimas. Ela faz três afirmações que — embora ela própria seja alemã e judia — sugerem que o Holocausto não deveria ser limitado a alemães e judeus. Primeiro, ela diz que as políticas nazistas são melhor compreendidas à luz da categoria mais ampla de "totalitarismo", um problema e um produto das sociedades de massa. Em segundo lugar, sociedades de massa, por sua vez, refletem uma interação patológica entre "ralé" e "elite", um dilema distintivo do que ela chama de modernidade. Arendt então afirma que outra característica da sociedade moderna é o paradoxo da responsabilidade distribuída: a burocracia dilui e obscurece a responsabilidade moral individual, tornando-a invisível e, portanto, produzindo Eichmann e, com Eichmann, Auschwitz. Em terceiro

> *lugar, Arendt afirma — em uma carta a Karl Jaspers em, creio, 1946 — que o que Jaspers chamava culpa metafísica implícita tem de ser o fundamento para qualquer nova república alemã. Dessa forma, Arendt, por assim dizer, encerrou a conversa histórica sobre o Holocausto mesmo antes de ela começar.*

Esse é um bom resumo. Encontro-me em desacordo com a maioria dos outros admiradores de Arendt. De maneira esmagadora, eles tendem a ficar fascinados com suas ambiciosas reflexões sobre a natureza da modernidade, sobre as perspectivas para a República, sobre os objetivos da ação coletiva e outras especulações parafilosóficas do tipo apresentado em, por exemplo, *A condição humana*. Ao contrário, muitos leitores ficam incomodados e até mesmo irritados com o que Arendt tem a dizer sobre os judeus e o que ela chamou de "banalidade do mal".

Eu, em contraste, acho Arendt irritantemente evasiva e metafísica em muitos de seus textos especulativos, em particular naquelas arenas em que a precisão epistemológica e evidências históricas são requeridas. Mas o que ela tem a dizer sobre a condição judaica na sociedade moderna — desde seu estudo biográfico de Rahel Varnhagen até seu relato sobre o julgamento de Eichmann — me parece absolutamente correto. Não quero dizer com isso que ela acerta em tudo. Está inclinada demais a condenar os *Ostjuden* por passividade ou mesmo colaboração *de fato*: em outras palavras, a culpá-los por aspectos de seu próprio sofrimento. Essa insensibilidade autorizou alguns de seus críticos a afirmar que ela simplesmente não compreende as circunstâncias de judeus em lugares como Lódž, porque a única coisa que ela — um produto exemplar da *Bildung* judaico-alemã — consegue imaginar é a circunstância de judeus em Frankfurt ou Königsberg, onde eles teriam sido muito melhor conectados, teriam um entendimento muito mais sofisticado dos acontecimentos e o privilégio de ter mais escolha entre ficar, partir ou resistir.

E, no entanto, ela está absolutamente certa quanto a uma coisa. Pense, por exemplo, sobre aquela expressão polêmica: "a banalidade do mal." Arendt está escrevendo em termos que refletem uma compreensão weberiana do mundo moderno: um universo de Estados governados por burocracias administrativas subdivididas em unidades muito pequenas, onde as decisões e escolhas são exercidas, por assim dizer, pela não iniciativa individual. A inação, num ambiente institucional desse tipo, torna-se ação; a ausência de substitutos de escolha ativa para a própria escolha, e assim por diante.

Lembre-se de que Arendt publicou *Eichmann em Jerusalém* no início da década de 1960. O que ela argumentava tinha ainda de se tornar opinião convencional, mas iria fazê-lo dentro de um par de décadas. Na década de 1980 era uma opinião generalizada entre especialistas na matéria que a história do nazismo, e na verdade do totalitarismo em todas as suas formas, não poderia ser plenamente compreendida se fosse reduzida a uma história de pessoas malévolas consciente e deliberadamente engajadas em atos criminosos com o objetivo de causar danos.

De uma perspectiva ética ou legal, é claro, essa última faz mais sentido: não só ficamos incomodados com noções de responsabilidade ou culpa coletiva, precisamos também de alguma evidência de intenção e ação a fim de organizar para nossa satisfação questões de culpa e inocência. Mas critérios legais e mesmo éticos não esgotam os termos de que dispomos para explicação histórica. E eles certamente proporcionam um apoio insuficiente para uma explicação de como e por que pessoas de resto indistintas, realizando ações decididamente indistintas (como a gestão de horários de trens) com a consciência tranquila, podem contudo produzir um mal muito grande.

Em *Ordinary men* [Homens comuns], de Christopher Browning, a história de um batalhão de Polícia de Ordem alemã na Polônia ocupada, surgem as mesmas questões. Aqui temos homens que seriam de outra maneira anônimos e invisíveis cometendo, dia a dia, semana a semana, ações que por qualquer padrão constituem crimes contra a humanidade: o assassinato em massa de judeus poloneses. Como devemos sequer começar a pensar sobre o que eles estão fazendo, por que o estão fazendo, e como podemos descrevê-lo? Arendt, pelo menos, oferece um ponto de partida.

O que Arendt faz é procurar seu tipo de explicação universal do que acabou de acontecer. E, claro, Jean-Paul Sartre estava em busca do mesmo naqueles anos; também começou a propor um retrato psicológico universal do que acontecera na Europa durante a Segunda Guerra Mundial. A ideia existencialista de criatividade e responsabilidade moral é uma resposta ao mundo solitário livre de valores imanentes. Tudo isso vem de Martin Heidegger, é claro; vamos voltar a essa ligação mais tarde.

Digamos que Arendt está certa e que o significado do Holocausto não está paroquialmente confinado a vítimas judaicas e criminosos alemães, mas só pode ser apreendido em termos universais e éticos. É como se um existencialista que houvesse sido inspirado pela guerra estivesse fadado a considerar suas vítimas mais solitárias. Isso levanta a questão do relativo desinteresse do próprio Sartre pelo problema da responsabilidade francesa no Holocausto.

Não acho que a pior deficiência de Sartre tenha sido sua incapacidade de enxergar corretamente durante a Segunda Guerra Mundial. No entanto, acho que a miopia política dele durante os anos de ocupação deve ser entendida à luz de sua visão de mundo completamente apolítica até então. Esse é um homem, afinal de contas, que conseguiu sobreviver à década de 1930 sem nenhum aparente envolvimento político ou nenhum tipo de reação, apesar de um ano passado na Alemanha e da notável irrupção da Frente Popular na França. Não pode haver dúvida de que, em retrospecto, Sartre — como muitos de seus amigos — se sentia incomodado com tudo isso. Alguns de seus escritos morais posteriores, sobre o tema da boa-fé, da má-fé, da responsabilidade e de coisas semelhantes, são talvez melhor entendidos como projeções retroativas de sua consciência culpada.

Mas o que sempre me incomodou em Sartre foi sua incapacidade continuada de pensar direito, muito depois de as ambiguidades das décadas de 1930 e 1940 terem se dissipado. Por que, afinal, ele se recusa tão insistentemente a discutir os crimes do comunismo, até mesmo ao ponto de permanecer conspicuamente em silêncio sobre o antissemitismo dos últimos anos de Stalin? A resposta, é claro, é que ele tomou uma decisão deliberada de não pensar naqueles crimes em termos éticos, ou pelo menos em uma linguagem que envolveria seu próprio compromisso ético. Em suma, ele encontrou maneiras de evitar uma escolha difícil — embora afirmando com insistência que evitar escolhas difíceis era precisamente o exercício de má-fé que ele tão famosamente definia e condenava.

É essa imperdoável confusão — ou, sendo mais franco, dissimulação — que acho inaceitável precisamente nos termos do próprio Sartre. Não é que a geração dele estivesse incomumente confusa ou perplexa: Jean-Paul Sartre nasceu a menos de um ano de distância não só de Hannah Arendt, mas também de Arthur Koestler e Raymond Aron. Essa geração, nascida por volta de 1905, foi sem dúvida a geração intelectual mais influente do século. Eles atingiram a maturidade no mesmo momento em que Hitler chegava ao poder e foram atraídos independentemente de sua vontade para o turbilhão histórico, enfrentando todas as escolhas trágicas da época com poucas opções além de tomar partido de algum lado ou ter seu lado escolhido para eles. Depois da guerra, jovens o bastante, na maioria dos casos, para evitar o descrédito que recaiu sobre os mais velhos, eles exerceram uma influência intelectual e literária precoce, dominando a cena europeia (e americana) nas décadas seguintes.

> *O próprio Martin Heidegger se tornou quase inaceitável nos Estados Unidos em consequência de suas simpatias nazistas, tanto que muitos intelectuais americanos acreditam que sua fenomenologia é em si inerentemente nacional-socialista. Enquanto isso, o existencialismo de Sartre, que vem de Heidegger, torna-se e continua a ser muito popular em departamentos universitários americanos. Mas, voltando às nossas preocupações: não apenas Arendt e Sartre, mas toda uma geração de intelectuais europeus estava ligada a Heidegger, diretamente ou não.*

A história maior aqui é o impacto sem precedentes do pensamento alemão pós-hegeliano, pós-idealista em intelectuais europeus da década de 1930 até a de 1960. De uma perspectiva, a da influência filosófica alemã, essa história deve ser entendida como incluindo a ascensão (e mais tarde a queda) do pensamento marxista na Europa Ocidental; a atração intelectual de Marx — como algo distinto da influência de partidos que operam em seu nome — não pode ser divorciada da crescente familiaridade acadêmica com seus primeiros escritos e de suas raízes em debates e intercâmbios dos Jovens Hegelianos. Mas, pelo menos de uma perspectiva francesa mais paroquial, é claro que parte do charme dos grandes alemães do século XIX e seus sucessores era o contraste com a herança filosófica nativa, que na década de 1930 era espetacularmente irrelevante para as preocupações de uma geração ascendente. A fenomenologia, vindo primeiro de Husserl e depois de seu aluno Heidegger, apresentava a atraente ideia de que o eu era algo mais profundo que o eu psicológico freudiano. Propunha uma noção de autenticidade em um mundo inautêntico.

Assim, mesmo Raymond Aron, de forma alguma um escravo da moda naquele momento ou depois, observou em sua dissertação de doutorado (1938) que o pensamento alemão oferecia a única maneira de pensar inteligentemente sobre o século e sobre a época. Na verdade, não consigo me lembrar de nenhum pensador importante naqueles anos — fora do contexto anglo-americano, já influenciado pelo empirismo austríaco — que não teria endossado as observações de Aron. Nem na França nem na Itália, para não mencionar pontos a leste, havia concorrência séria para a leitura existencialista da fenomenologia alemã, que colonizaria grande parte do pensamento continental nos anos pós-Segunda Guerra Mundial. De fato, após a derrota do nazismo e a completa devastação da vida cultural alemã, é bastante irônico que nessa única arena o país tenha preservado sua predominância do início do século XX.

> *Com o colapso da Alemanha nazista, Arendt, Jaspers e depois — seguindo-os — o filósofo político Jürgen Habermas tinham um lugar para onde ir: história. "Nós" — estou falando aqui de Arendt e Jaspers — "experimentamos o abismo e agora vamos sublimá-lo em uma ética política. E vamos fazê-lo com uma miscelânea de ferramentas e termos filosóficos, à nossa disposição graças à herança de uma educação alemã. Talvez não sejamos sistemáticos na maneira como iniciamos essa nova abordagem, mas seremos articulados e convincentes. E o que realmente pretendemos, é claro, é articular uma maneira de traduzir a experiência histórica alemã em uma justificação para o constitucionalismo".*

Eu me pergunto se o constitucionalismo habermasiano, com sua ênfase no fardo da história, é exatamente comparável à ética do republicanismo tal como articulada por Arendt, por exemplo. Essa última me parece algo bastante diferente do "republicanismo" como é convencionalmente entendido no pensamento inglês ou americano. Ela é fundada, penso, não em um relato da história, nem mesmo em uma teoria de arranjos naturais ou nos artifícios da natureza humana (como nos debates do Iluminismo), mas se aproxima muito mais do que a falecida Judith Shklar chamava "o liberalismo do medo". O republicanismo de Arendt é, para cunhar uma frase, o republicanismo do medo. Nesse modo de pensar, a base para uma política moderna, democrática deve ser nossa consciência histórica das consequências de *não* forjar e preservar uma comunidade política moderna, democrática. O que importa, para ser franco, é que compreendamos tão bem quanto possível os riscos de entender errado, em vez de nos dedicarmos com entusiasmo excessivo ao negócio de entender direito.

A solução arendtiana, ou a jaspersiana, ou a habermasiana, é muito frágil. Se a Segunda Guerra Mundial foi um momento especial na história do qual devemos derivar uma certa lição metafísica ou pelo menos metapolítica, isso implica uma espécie de tabu em relação a como falar sobre ela. Isso certamente deve causar problemas de outro tipo: no fim historiadores e outros vão ter coisas a dizer sobre o passado — mesmo que seja só porque sabemos mais do que sabíamos antes —, o que não vai casar bem com os usos que os constitucionalistas têm procurado dar a nossa história incômoda.

Talvez você esteja certo, mas precisamos de alguma percepção do cenário. É importante lembrar, hoje, que a república que Arendt ou Jaspers ou Habermas tinha em mente era a Alemanha Ocidental. Havia mais de uma Alemanha depois da guerra, e mais de uma questão alemã. Após sua instituição, em 1949, a Alemanha Oriental comunista parecia muito mais séria em seus esforços para lidar com o nazismo. E de fato ela foi mais agressiva em seu processo público do nazismo, com óbvia vantagem ideológica. Na Alemanha Ocidental, em contraste, havia um grande número de pessoas que ainda eram simpáticas ao regime nazista — uma posição que não era ativamente desaprovada pelas autoridades da nova República Federal. O nazismo pode tê-los decepcionado, ao provocar uma derrota catastrófica, mas não era percebido como culpado de nenhum crime muito extraordinário.

Essa perspectiva se manteve viva na mente dos alemães, reforçada por um sentimento de vitimização: a expulsão de massas de alemães étnicos da Europa Oriental e Central e a prisão continuada de soldados alemães na União Soviética contribuíram para esses sentimentos. E assim surgiu um cisma cada vez mais saliente entre uma Alemanha Ocidental aparentemente incapaz de integrar de forma plena o significado de sua derrota e humilhação moral, e uma Alemanha Oriental que (pelo menos em sua própria avaliação das coisas) havia incorporado completamente essa história e, de fato, agora se apresentava como parte da resistência antifascista, e não como um país fascista derrotado.

No início da década de 1950, os americanos, os britânicos e, é claro, o chanceler da Alemanha Ocidental, Konrad Adenauer, tinham redesenhado não apenas as fronteiras políticas, mas também as éticas: a questão agora era a Guerra Fria a ser conduzida contra o comunismo totalitário. Os alemães tinham sido o problema; agora eles eram a solução, um aliado de primeira contra o novo inimigo. Armar a Alemanha fortaleceria a aliança ocidental contra a União Soviética. Na França, houve certa relutância a trocar de marcha com tanta rapidez, mas o processo andou rapidamente e sem problemas na Inglaterra e, sobretudo, nos Estados Unidos. Mas, por isso mesmo, um segmento significativo da esquerda recebeu um pretexto para remodelar os Estados Unidos como um associado depois do fato do nacionalismo alemão extremado e até mesmo do nazismo. Esse sentimento, que surgiu pela primeira vez em meados da década de 1960, se tornaria parte da estratégia retórica central para a política extraparlamentar da Nova Esquerda na República Federal.

A Guerra Fria certamente suprimiu discussões sobre o Holocausto no Ocidente. Mas também os soviéticos não estavam ansiosos para promover essas discussões. Uma das razões pelas quais não soubemos o que não soubemos sobre o Holocausto é o modo como os soviéticos trataram dele. Durante a guerra, Stalin, de maneira muito consciente, usou a questão judaica como uma maneira de captar dinheiro de seus aliados ocidentais; mais tarde, ele recuou bruscamente, voltando-se contra os judeus que o tinham ajudado nesse exercício de relações-públicas, matando alguns, expurgando outros.

Em consequência, Treblinka quase desaparece da história soviética da Segunda Guerra Mundial. O romancista soviético Vassili Grossman estava em Treblinka como correspondente de guerra soviético, durante o mês de setembro de 1944. Grossman estava perfeitamente bem-informado sobre a Grande Fome, sobre o Terror de Stalin, sobre a Batalha de Stalingrado; sabia que sua mãe tinha sido morta pelos alemães em Berdichev, e quando chega a Treblinka e encontra esse campo misterioso, ele tem pouca dificuldade de imaginar o que aconteceu lá. Os alemães haviam matado em câmaras de gás centenas de milhares de judeus. E então Grossman escreve um longo artigo sobre isso, chamado "Inferno de Treblinka".

Mas esse tipo de texto, com sua ênfase na especificidade da experiência judaica, só pôde ser publicado por um período muito curto. Alguns anos após o fim da guerra veio a abrupta reversão de Stalin — na URSS, mas também, é claro, na Polônia comunista e em toda a Europa Oriental comunista. A consequência, que se mostraria duradoura, foi a imposição de uma espécie de universalização da vitimização nazista: todas essas pessoas, massacradas em Treblinka ou outros campos cujos locais haviam sido retomados, eram apenas simples seres humanos, pacíficos cidadãos soviéticos (ou poloneses).

O favor concedido durante a guerra a atores iídiches e judeus que podiam ir a Nova York e arrecadar o dinheiro foi certamente a exceção e não a regra na história soviética. E, é claro, era muito mais fácil para qualquer um criado na tradição marxista pensar em termos de classe ao explicar o fascismo. Acima de tudo, era facilmente aceitável para a liderança soviética naqueles anos descrever e promover "a Grande Guerra Patriótica" como uma luta antifascista, em vez de apresentar o conflito com o aliado recente de Stalin como um empreendimento antialemão, muito menos uma guerra contra racistas. De forma bastante razoável, portanto, os judeus desaparecem da história.

Não que o sofrimento dos judeus tenha sido negado ou mesmo minimizado no curso da guerra. Ironicamente, os judeus da Europa Oriental e da União Soviética conseguiram no curso de seu extermínio a igualdade que por muito tempo lhes fora prometida pelos europeus esclarecidos: eles se tornaram cidadãos, exatamente como todos os outros e não distinguidos de todos os outros. Assim, obtiveram o pior de dois mundos; mortos como judeus, eles foram celebrados e oficialmente lembrados apenas como os cidadãos de qualquer país onde por acaso estivessem no momento de sua morte.

Ainda hoje há muitos que ficam bem mais à vontade com a versão soviética do assassinato em massa alemão, sem serem nem um pouco simpáticos ao marxismo ou à União Soviética. Como a historiografia e a propaganda soviéticas do pós-guerra enfatizaram a perseguição de nacionais e não de etnias, elas autorizaram e até incentivaram a ênfase no sofrimento *nacional* e na resistência *nacional*.

Meu amigo e colega Jan Gross provavelmente argumentaria ainda que essa versão dos acontecimentos tinha um apelo especial em certos lugares: Polônia e Romênia, certamente, e talvez também Eslováquia. Ao fundir vítimas de todos os tipos, fossem assassinadas por sua religião, sua "raça", sua nacionalidade ou apenas no curso de uma guerra de ocupação e de extermínio inauditamente violento, a narrativa Soviética apagou a extensão constrangedora em que a destruição de judeus romenos, judeus poloneses etc. não era tipicamente uma questão de profundo pesar local. Quando todas as vítimas são colocadas num mesmo barco, há menos perigo de acerto de contas retrospectivo ou revisão historiográfica. É claro que os mortos podem querer se opor a essa redescrição de sua experiência, mas os mortos não votam.

Bem, se você é um judeu polonês, vive sua vida adulta na sociedade polonesa do pós-guerra e de algum modo se assimila e tem uma carreira mais ou menos bem-sucedida, como foi a realidade para algumas pessoas antes da campanha antissemita dos comunistas de

1968 e mesmo depois disso, é difícil separar-se dessa história. Mas não podemos atribuir toda a história e as mistificações subsequentes só a Stalin; grande parte da responsabilidade cabe a Hitler. Não houve nem de longe tantos poloneses étnicos mortos na Segunda Guerra Mundial quanto os poloneses pensam, mas ainda assim houve uma quantidade enorme. Sabe, seguramente não os 3 milhões normalmente citados, provavelmente nem mesmo 2 milhões, mas algo mais próximo de 1 milhão; porém, esse ainda é um número horrível.

E depois há a indistinção da experiência em si, em que, por exemplo, você poderia ter duas pessoas que trabalhavam para o serviço de informação do Exército interno polonês, que, como o órgão equivalente da Resistência francesa, era de forma desproporcional judaico. Uma delas poderia morrer — ser morta por uma razão política ou apenas por acaso, e a outra executada como judia, uma vez que poderiam facilmente ter sido denunciadas por motivos bem diferentes. Ou recorde-se de que o Gueto de Varsóvia, depois de haver sido completamente destruído, se tornou o local para execuções alemãs de poloneses aos milhares. Seus corpos eram então queimados exatamente na espécie de crematório improvisado que os alemães tinham utilizado até recentemente para os judeus — às vezes, de fato, junto com judeus sobreviventes que eram presos ao mesmo tempo. As cinzas, é claro, eram misturadas.

O problema dos eventos históricos que estão intricadamente entrelaçados é que, para melhor entender seus elementos constitutivos, temos de separá-los. Mas para ver a história em sua plenitude você tem de entrelaçar de novo os elementos. Grande parte da historiografia dos judeus da Europa Oriental, e com certeza da própria Europa Oriental, de forma lamentável constituiu ou um exercício de separação forçada, ou uma recusa determinada a fazer qualquer tipo de distinção. A separação falsifica uma parte da história; sua ausência tem um impacto comparavelmente deturpador sobre algo mais.

Esse dilema, que é genuíno para o estudioso de história sensível, não se apresenta de forma tão perturbadora na Europa Ocidental; na verdade, essa é uma das razões pelas quais a Segunda Guerra Mundial é tão mais difícil de recontar e entender na metade oriental da Europa. A oeste de Viena entendemos muito bem, eu acho, as ambiguidades com que somos confrontados. Elas dizem respeito a resistência, colaboração e suas nuances e consequências — muitas vezes uma questão de conflitos políticos pré-guerra que se desenrolam sob o disfarce de escolhas durante a guerra. Na Europa Ocidental, a chamada "zona cinzenta", a complexidade moral das alternativas e oportunidades que as populações ocupadas enfrentam, foi muito debatida, assim como as mentiras e ilusões autocentradas que protagonistas ofereciam depois da guerra. Em suma, entendemos os elementos constitutivos nos quais qualquer história abrangente desses anos deve se basear. Mas decidir exatamente como identificar os próprios elementos constitutivos ainda é uma tarefa primordial do historiador desses anos na Europa Oriental.

Mas, então, a ausência da história europeia oriental pode ser um problema que vai além da Europa Oriental. Sem relatos claros do que lá aconteceu, os alemães podem voltar à história nacional, ou à história da vitimização nacional. Ocorre-me, e eu imagino se você concorda, que há uma diferença entre as discussões alemãs da década de 1980 e as da década de 1990 e da primeira década deste século. A distinção tem a ver com o contraste entre historicização e vitimização. Na década de 1980, o debate que preocupava a Alemanha Ocidental era ainda sobre como situar os 13 anos do Reich de Hitler na história nacional. Os termos dessa conversa difícil já haviam sido definidos por Arendt e Jaspers quase quatro décadas antes. O objetivo de Habermas, quando ele produziu a Historikerstreit *do final da década de 1980, era reenfatizar o caráter moralmente distintivo da época nazista. Seus críticos, é claro, contrapuseram que a história não pode ser escrita numa chave moral como essa; de uma forma ou de outra temos de encontrar uma maneira de narrar a história alemã, mesmo correndo o risco de a "normalizar". Dentro de dez anos, porém, no*

> rescaldo das revoluções de 1989, o debate tinha mudado para
> afirmações e contra-afirmações contenciosas: quem sofreu, nas
> mãos de quem e quanto? Esse é um tipo muito diferente de
> questão.

Eu concordo. Até muito recentemente na Alemanha, a própria questão do sofrimento competitivo não teria sido considerada uma forma legítima de referenciar a questão histórica — exceto, é claro, em círculos que não eram politicamente legítimos. E, portanto, você também não esperaria encontrar alemães escrevendo livros sobre vítimas alemãs de bombardeios aliados. Acima de tudo, dificilmente se teria suposto que Günther Grass, logo ele, produziria um best-seller comemorando os refugiados alemães que se afogaram no *Guslloff Willzelm*, afundado pelos soviéticos no mar Báltico no finzinho da guerra. Não é que esses fossem em si temas históricos inadequados, mas a própria ideia de enfatizar o sofrimento alemão, e implicitamente compará-lo com o sofrimento de outros nas mãos dos alemães, teria chegado perigosamente perto de uma relativização dos crimes nazistas.

Como você diz, tudo isso de fato mudou no decorrer da década de 1990. A pergunta interessante é por quê. Uma resposta é que houve uma transição de gerações. Já em meados dos anos 1980, Habermas ainda podia afirmar, sem antagonizar muitos de seus leitores, que seus compatriotas alemães não haviam ganhado o direito de "normalizar" sua história: essa opção simplesmente não estava disponível para eles. Dez anos depois, no entanto, quando a própria história tinha normalizado a Alemanha — graças às revoluções de 1989, ao desaparecimento da RDA e à subsequente unificação do país, a normalização se tornara... normal.

A Alemanha hoje não é apenas um país reunificado, ela não é mais ocupada nem no sentido mais residual. A Segunda Guerra Mundial está, portanto, não apenas historicamente, mas também legalmente terminada, tendo durado cerca de cinco décadas. A normalização da Alemanha, previsivelmente, precipitou uma reformulação de sua história, e com ela a da história da Europa como um todo. Hoje, alemães e outros se ocupam de seu passado em termos muito comparáveis àqueles que nos são familiares a partir da historiografia em outros lugares. Dado que essa mudança de perspectiva ocorreu exatamente na década em que a "vitimização" estava tomando o centro do palco em debates históricos e políticos em todo o Ocidente, não deve nos surpreender que as questões de sofrimento comparativo, pedido de desculpas e comemoração — familiares desde a política de identidade americana até as comissões da verdade sul-africanas — tenham seu lugar também nas conversas alemãs.

"Contar a verdade" — que durante tanto tempo foi um exercício problemático graças a "verdades" concorrentes e ao custo de aventá-las de maneira pública — agora se tornou uma virtude em si mesma. E quanto maior a verdade que você tem a contar, maior sua reivindicação da atenção de concidadãos e observadores compassivos. Assim, apesar do risco evidente de parecer competir com a verdade última do genocídio dos judeus, falar abertamente sobre episódios até então desconfortáveis no passado alemão recente abre a possibilidade de incentivar a narração de muitas histórias.

O verdadeiro problema, claro, é que, quando uma comunidade fala em "contar a verdade", seu objetivo é não apenas propor uma versão suprema de seu próprio sofrimento, mas também a implícita minimização do sofrimento dos outros.

2.

LONDRES E LÍNGUA: AUTOR INGLÊS

Para mim, a escola não era nem uma casa nem uma fuga de casa. As outras crianças, incluindo meus amigos, tinham avós sem sotaque. De um jeito modesto, isso era mistificador e talvez um pouco alienante. No meu mundo, todos os avós tinham sotaque. Era isso o que uma avó ou um avô era: alguém que você não entendia muito bem, porque eles imprevisivelmente começavam a falar polonês, russo ou iídiche. Na minha escola primária, o diretor, em uma explosão imprudente de entusiasmo filossemita, uma vez me usou como exemplo de quanto os judeus são inteligentes, assegurando de forma permanente a antipatia invejosa de metade de meus colegas de classe. Isso me seguiu pelo resto de meus dias de escola.

Aos 11 anos, fui admitido na Emanuel School, o estabelecimento Direct Grant local, em essência uma escola seletiva livre de taxas que mais tarde foi forçada a ingressar no setor privado pela extensão equivocada da abrangência da educação britânica. Em uma escola de mais de mil meninos, não creio que houvesse mais de meia dúzia de judeus. Enfrentei muito antissemitismo, da parte de meninos cujos pais também eram sem dúvida antissemitas. Entre a classe média baixa do sul de Londres e a classe trabalhadora a que essa escola atendia, o antissemitismo naqueles anos não era raro nem notável.

Esquecemos quanto antissemitismo havia na Inglaterra, pelo menos até as mudanças radicais da década de 1960 e a emergente consciência do Holocausto. Winston Churchill certamente não esquecia. Seus serviços de inteligência durante a guerra o tinham mantido a par da suspeita generalizada em relação aos judeus e de murmúrios persistentes no sentido de que a guerra estava sendo travada "por eles". Por esse motivo, ele suprimiu a discussão do Holocausto durante a guerra e censurou o debate público sobre se a Royal Air Force devia ou não bombardear os campos.

Cresci numa Inglaterra onde os judeus ainda estavam entre os raros outsiders conspícuos: naquele tempo havia poucos asiáticos e ainda menos negros. Se os judeus eram objeto de desconfiança, particularmente na área atendida pela Emanuel School, não era porque nos consideravam estudantes acima da média, nem mesmo porque nos viam como pessoas predispostas para o comércio ou muito bem-sucedidas. Éramos simplesmente estranhos: porque não acreditávamos em Jesus enquanto a maioria das pessoas naqueles dias acreditava e porque vínhamos ou pensavam que vínhamos de lugares estrangeiros esquisitos. O número de meninos abertamente antissemitas era na verdade muito pequeno, mas eles eram insistentes e não tinham vergonha.

Embora fosse provável que o rúgbi me ajudasse um pouco, para esses meninos eu era sempre o estereótipo do garoto judeu de óculos. Uma ou duas vezes me envolvi em brigas provocadas por insultos antissemitas, e esse ambiente de hostilidade ocasional diminuiu de forma significativa os encantos de meus anos no ensino secundário. Eu frequentava a escola, estudava e praticava esportes, atento às crianças malvadas no caminho de casa; mas, no mais, era completamente indiferente a toda essa experiência, e me lembro muito pouco de sentir prazer naqueles anos.

O que *não* obtive da escola foi algum senso de identidade coletiva. Eu era e permaneci uma criança solitária. Minha irmã era oito anos mais nova, por isso não passávamos muito tempo juntos. Meus passatempos preferidos dos 7 aos 15 anos eram ler no meu quarto, andar de bicicleta e viajar de trem. No final do século XIX, a Emanuel havia sido transferida para um terreno triangular em Battersea, logo ao sul da estação Clapham Junction. O lugar ficava entre dois conjuntos de linhas ferroviárias: os trilhos no sentido sul a partir da estação Victoria corriam para o leste, a rota sudoeste a partir de Waterloo para os portos do Atlântico delimitavam a escola a oeste. Cada aula e cada conversa eram pontuadas pelo som dos trens. A escola, uma importante fonte de minha solidão adolescente, pelo menos sugeria um meio de fuga.

Ainda assim, a escola me expôs à mesma formação e às mesmas influências de qualquer criança cristã. No mínimo, isso me forneceu um inglês de melhor qualidade, graças à incomparável *Bíblia do Rei James*. Mas acho que as influências são ainda mais profundas. Se você me perguntasse mesmo hoje onde eu me sentiria mais à vontade, em uma sinagoga ortodoxa ou em uma igreja anglicana rural, seria obrigado a dizer que me sinto à vontade em ambas, mas de maneiras diferentes. Eu imediatamente conseguiria identificar, reconhecer e compartilhar o que estivesse acontecendo na sinagoga ortodoxa, mas não me sentiria de forma alguma parte do mundo das pessoas ao meu redor. Ao contrário, me sentiria completamente à vontade no mundo de uma igreja rural inglesa e sua comunidade circundante, embora não compartilhasse as crenças nem me identificasse com os símbolos da cerimônia.

A escola me tornou inglês em outro sentido: líamos boa literatura inglesa. A Emanuel seguia o currículo do ensino médio de Cambridge, que era com razão considerado o mais rigoroso. Líamos poesia: Chaucer, Shakespeare, os poetas metafísicos do século XVII, os poetas augustanos do século XVIII. Também líamos alguma prosa: Thackeray, Defoe, Hardy, Walter Scott, as irmãs Brontë, George Eliot. Ganhei um prêmio pelo meu desempenho em inglês, de forma bastante apropriada um livro de Matthew Arnold. Meus mestres naqueles dias estavam sob a influência de F. R. Leavis e promoviam uma visão rigorosamente conservadora da cultura literária inglesa.

Essa perspectiva, bastante difundida na época, significava que uma criança da década de 1960 ainda podia se beneficiar de uma educação que era pouco diferente da oferecida às gerações anteriores, e talvez até melhor. Foi provavelmente essa gama de referência cultural tradicional, essa sensação de estar em casa no inglês embora não exatamente na Inglaterra, que permitiu que pessoas como eu mais tarde oscilassem confortavelmente entre a política radical da juventude e o mainstream liberal.

Seja como for, a escola me deu uma apreciação pelo inglês como língua e pelo texto inglês que permaneceu comigo apesar de meus interesses e conexões estrangeiros. Muitos de meus contemporâneos historiadores se tornaram europeus continentais, por força de moda, afinidade eletiva e foco profissional. Suponho que eu também. Porém, mais que a maioria deles, acho que eu me sentia e permaneci profundamente inglês, por mais curioso que isso possa parecer. Não sei se escrevo um inglês melhor que o de outros, mas sei que o escrevo com prazer genuíno.

Já falamos sobre a importância espiritual da Primeira Guerra Mundial na Europa. O colapso que se seguiu à Primeira Guerra Mundial no continente parece ocorrer na Inglaterra com uma década de atraso. Ao passo que em outros impérios — em impérios terrestres como a monarquia dos Habsburgo, por exemplo — a ruptura foi clara e imediata: guerra, derrota, revoluções feitas ou desfeitas, mas em qualquer caso um novo mundo em muito pouco tempo. É verdade que houve resistência a essas alterações em toda a Europa Central e Oriental por alguns anos, e, de fato, no leste havia ainda exércitos em combate já bem avançada a década de 1920. Mas algo novo estava em formação: Keynes estava sem dúvida correto no esquema geral de coisas. Na pequena Inglaterra, em contraste, foi possível por algum tempo sonhar com um retorno ao mundo anterior à guerra.

A voz característica da década de 1920 é *Vile codies* [Corpos vis], de Evelyn Waugh: combinando uma espécie de atitude despreocupada, pós-Primeira Guerra Mundial, de viver o presente, com descuido consciente de classe a respeito da sombra iminente da mudança social. Os privilegiados, ao menos por algum tempo, continuaram a desfrutar seus privilégios: as formas de sua vida e seus recursos pré-guerra, embora não exatamente o conteúdo. Lembre-se de que Stephen Spender, um esquerdista (e poeta) representativo daqueles tempos, olha para a década de 1930 como uma década politizadora crucial; mas, como tantos outros, ele se lembra da década de 1920, em contraste, como um momento de quietude política impressionante. Dentro de alguns anos, pensadores, escritores e acadêmicos ingleses de repente despertariam para a realidade do conflito político entre as guerras; mas eles dispunham de poucas referências internas com as quais entender o mundo recém-descoberto de compromisso e engajamento.

De fato, na Inglaterra, a Grande Depressão não foi a última de uma série de crises, como foi em grande parte da Europa; ela foi *a* crise. O colapso econômico destruiu a esquerda política: o governo trabalhista eleito com tanto alarde apenas dois anos antes fracassaria vergonhosamente em 1931 diante do desafio do desemprego e da deflação. O próprio Partido Trabalhista se dividiu: um grupo significativo, que incluía a maior parte da liderança, entrou em uma coalizão com os conservadores, o chamado "Governo Nacional". De 1931 até a derrota de Churchill na eleição de 1945, políticos conservadores governaram o Reino Unido com uma pitada de trabalhistas renegados e sobreviventes do outrora grande Partido Liberal de Lloyd George.

Assim, durante a maior parte desse período, a esquerda política esteve não apenas fora do governo, mas totalmente apartada do exercício do poder. Todo o debate político dentro da esquerda, e na verdade qualquer conversa discordante das convenções do status quo, foi portanto expulso da política parlamentar convencional. Se na década de 1930 os intelectuais na Inglaterra do entreguerras chegaram a ser mais importantes do que jamais haviam sido, isso não se deu porque o país acordou de repente para sua importância cultural, nem porque eles se tornaram no conjunto politicamente mais conscientes e, portanto, mais "europeus", mas simplesmente por causa da ausência de qualquer outro espaço público ou conversa em que a dissidência e a opinião radicais poderiam ser formuladas e debatidas.

Não me lembro de qual esposa, acho que foi Inez, e não me lembro se Spender escreveu isto para ela, ou ela escreveu para ele, mas acho que foi ela para ele, "Primeiro você ama muito pouco, depois você ama demais", após o divórcio deles. E o contraste entre as décadas de 1920 e 1930 na Inglaterra é—

—exatamente isso—

* * *

> *—porque, depois de ter passado a década de 1920 preso na Inglaterra, Spender — apenas para tomá-lo como um exemplo relevante — vai primeiro para Berlim com Christopher Isherwood e W. H. Auden, mas depois para Viena, onde testemunha o fracasso do golpe nazista e a guerra civil de 1934. Ele também passou algum tempo na Espanha revolucionária. Tudo isso é descrito em* World within world *[Mundo dentro do mundo], seu livro de memórias daquela década, como a experiência de ser "perseguido pela realidade": como se a realidade fosse uma coisa que não deveria preocupar ninguém, mas, agora que incomodou alguém, ela precisa ser reconhecida.*

De forma curiosa, tanto a geografia das divagações de Spender quanto a observação que suscitam são reminiscentes de observações feitas por Raymond Aron, que era um jovem estudante de pós-graduação lecionando na Alemanha exatamente no momento da chegada de Hitler ao poder. Aron volta para a França e tenta desesperadamente convencer os colegas e contemporâneos — entre eles Sartre, totalmente desinteressado naqueles anos — da realidade que mordia seus calcanhares. Decerto, o caso francês foi diferente em vários aspectos, mas há um paralelo com a experiência britânica. Também na França a década de 1920 foi relativamente despolitizada, pelo menos para os intelectuais, enquanto a década de 1930, é claro, foi uma época de engajamento frenético.

Dito isso, a síndrome do "muito pouco, demais" — a oscilação entre a indiferença política e o compromisso feroz — é talvez mais acentuada na Inglaterra do que em outros lugares. Foi lá, nos anos cruciais de 1934-1938, que o Partido Comunista foi capaz de seduzir uma geração de estudantes universitários de classe média alta de Oxbridge a elogios, simpatia ativista ou, em um punhado de casos, franca espionagem para o comunismo.

> *Eu me pergunto se você concorda que a atração pela esquerda tem muito a ver — pelo menos em certos casos, mas não para o grupo de Cambridge, que surgiu uma década depois — com a experiência da Alemanha de Weimar. Porque acho que para alguns desses personagens — para Auden, Isherwood, Spender —*

*a Alemanha de Weimar era a democracia mais atraente de todas:
ela tinha os jovens mais bonitos e a melhor arquitetura.*

Ocorreu de fato que, entre Otto Wagner e os travestis, a Alemanha *parecia* muito mais interessante do que a Inglaterra; e, para dizer a verdade, era. Tanto em Berlim como em Viena, havia de fato algo incomum e interessante acontecendo. Para jovens ingleses recém-saídos de Oxford nessa estufa cultural intensa, o contraste deve realmente ter parecido surpreendente. Mas o mesmo é válido até para os franceses. Era evidente para o jovem Aron que ele devia viver e estudar na Alemanha, se quisesse completar sua educação filosófica e sociológica; e nesse aspecto, pelo menos, o mesmo pode ser dito de Sartre, que também passou um ano na Alemanha, aprendendo alemão (embora nada sobre a política alemã). Eles, como tantos outros, foram atraídos e eletrificados pela pura energia do lugar — inclusive, claro, a energia negativa que emanava das seitas políticas em disputa.

Weimar ecoa pelas décadas. Pense em nosso colega Eric Hobsbawm — que deve ser considerado para esses propósitos uma espécie de intelectual inglês transnacional, deslocado de sua infância austro-alemã para a intelligentsia de Cambridge no curso da década de 1930. Nos derradeiros anos de Weimar, Hobsbawm — que vivia em Berlim — tinha idade suficiente (15 anos) para ser intensamente afetado pelo clima e pelos acontecimentos da época. Há um momento em suas memórias em que ele fala de modo tocante e com convicção absoluta de seus sentimentos naqueles meses: a sensação de estar mais vivo, mais engajado, mais cultural e mesmo mais sexualmente energizado do que em qualquer momento do resto de sua longa vida. Muito mais tarde em suas memórias, ele escreve com aprovação e até mesmo elogiosamente sobre a RDA e Berlim Oriental: ela pode ter sido cinzenta e ineficiente, mas tinha um certo charme, e ele está pesaroso de vê-la desaparecer. É difícil resistir à ideia de que ele confundiu a Alemanha Oriental de Erich Honecker com a Weimar de sua juventude. Para Hobsbawm, como para Spender e companhia, há uma afeição inequívoca por uma democracia tão sedutora e dúbia, tão ameaçada e incapaz de autodefesa, mas nunca chata. Essa lembrança se revelaria decisiva na constituição de uma importante geração de transição de ingleses e informaria suas políticas nas décadas seguintes.

* * *

> *A União Soviética, não como realidade vivida, mas como mito cultivado, paira no passado distante. Para os intelectuais ingleses que foram atraídos pela Alemanha de Weimar e depois pelo comunismo, o apelo pode ter tido algo a ver com o sucesso dos comunistas em misturar as categorias "burguês" e "democracia". A Weimar deles era muito pouco democrático-burguesa.*

A noção de que o que está errado na democracia burguesa é o adjetivo e não o substantivo foi uma inovação verdadeiramente brilhante por parte dos retóricos marxistas. Se o problema das democracias ocidentais é que elas são burguesas (seja lá o que isso signifique), então os críticos internos constrangidos a viver nesses lugares podem oferecer uma crítica livre de risco: tomar distância de uma democracia burguesa custa pouco e quase não ameaça a própria instituição. Ao passo que uma postura crítica em relação à democracia na Alemanha pré-1933 representava muitas vezes um compromisso ativo com seu colapso. Em suma, os intelectuais de Weimar, quer eles gostassem ou não, eram constrangidos a sobreviver à lógica política de suas afinidades discursivas. Ninguém na Inglaterra enfrentou ou enfrenta escolhas comparáveis.

> *A associação burguês-democracia sempre me parece uma adaptação freudiana brilhante por parte dos marxistas: significa que você pode ser contra o advogado-pai ou o banqueiro-pai e ao mesmo tempo permanecer em liberdade para desfrutar os privilégios da infância e da rebeldia infantil.*

Bem, suponho que você pode passar muito prontamente de considerações edipianas infantis para explicações hegelianas maduras do modelo lógico que amarra alguém à história da espécie. No entanto, um adulto sensível, inteligente só pode se entregar a tais pensamentos se eles nunca entrarem em conflito abertamente com seus interesses. Mas eles o fazem se você for filho de pais burgueses em um país onde a burguesia está verdadeiramente ameaçada ou foi radicalmente desmembrada. Porque nesse caso, apenas tomar distância da sua classe de origem não ajuda muito: ser o herdeiro de uma classe culpada é suficiente para condená-lo. Na União

Soviética ou na Tchecoslováquia comunista, o resultado para duas gerações de "burgueses" foi decididamente desagradável, no exato momento em que seus homólogos em Nova York ou Londres, Paris ou Milão, estavam se elevando à condição de porta-vozes da História.

A política não parece de fato manter as pessoas separadas na Inglaterra como podia fazer no continente. T. S. Eliot publica Spender, por exemplo.

Até a década 1930, os vários círculos sobrepostos de escritores e pensadores ingleses eram reunidos não por política compartilhada, mas sim por raízes comuns e suas afinidades eletivas e gostos. Bloomsbury, os fabianos, as redes católicas ao redor de Chesterton, Belloc e Waugh eram todos mundos autônomos de conversa estética ou política, envolvendo, no máximo, um minúsculo subgrupo autosselecionado da intelligentsia inglesa.

Todavia, a elite culta na Inglaterra era e talvez ainda seja muito pequena pelos padrões americanos ou europeus continentais. Mais cedo ou mais tarde, os intelectuais ingleses, na maioria, estariam fadados a conhecer uns aos outros. Noel Annan, um contemporâneo de Eric Hobsbawm no King's College, em Cambridge, viria a ser eleito *provost* de sua faculdade e depois do University College, de Londres, participando de praticamente todas as comissões públicas de importância na vida institucional e cultural inglesas nas décadas seguintes. Suas memórias têm o título *Our age* [Nossa época]. Note que não é "A época deles", mas "Nossa época": todos conhecem todos os outros. Está implícita no título e no texto de Annan a suposição de que sua geração coletivamente administrava os assuntos de seu país.

E eles de fato o fizeram. Até a década de 1960, a porcentagem de crianças matriculadas em escolas que iam para a universidade na Inglaterra era menor que a de qualquer outro país desenvolvido. Dentro desse pequeno grupo de bem-educados, só aqueles que frequentaram Oxford ou Cambridge (ou, mas num grau muito menor, uma dupla dos colleges de Londres) poderia esperar ter acesso ao círculo interno do establishment intelectual e político. Destile ainda mais esse pequeno grupo, removendo o número considerável de estudantes *"legacy"* — aqueles admitidos em Oxbridge em virtude de sua classe ou sua filiação — razoavelmente estúpidos, e ficará claro que o reservatório sociogenético do qual a cultura inglesa e a cena intelectual eram extraídas é de fato minúsculo.

Mas Oxford e Cambridge não começaram a admitir pessoas do império?

Sim e não. Por um lado, lembre-se de que até o final de 1950 você poderia viver a vida inteira em Londres sem jamais encontrar um rosto negro ou pardo. No caso de você de fato conhecer uma pessoa de pele escura, ela era quase certamente proveniente da restrita elite de indianos que tinham sido sugados para cima no sistema educacional britânico: ou através de réplicas indianas de internatos britânicos, ou então de escolas públicas inglesas para as quais a aristocracia indiana tradicionalmente mandava seus filhos, garantindo-lhes assim a entrada nas universidades de elite do império. Então, sim, havia de fato indianos de várias proveniências tanto em Oxford como em Cambridge desde o final do século XIX. Alguns deles depois liderariam seu país para a independência da Grã-Bretanha. Mas não acho que devamos considerar a presença deles significativa, exceto em casos individuais notáveis.

Outro meio pelo qual o pequeno grupo de intelectuais ingleses se expandiu, com certeza, foi a adição de emigrados políticos: Isaiah Berlin em Oxford é, talvez, o exemplo mais conhecido. Berlin certamente conhecia a maioria das pessoas, se não todas, que vimos discutindo até agora, a despeito de ser um completo estranho: um judeu russo da Letônia.

Mas Isaiah Berlin era único: judeu e estrangeiro, com certeza, mas o insider consumado. Era percebido no establishment cultural britânico como exótico, mas justamente por essa razão como uma evidência exemplar da função integradora e da capacidade do sistema. Isso era, é claro, enganoso: Isaiah Berlin foi, sem dúvida, um excelente exemplo de integração bem-sucedida, mas era seu próprio exotismo que o tornava, se não mais aceitável, de qualquer forma totalmente inofensivo. Desde muito cedo, os críticos de Berlin diziam que seu sucesso se devia em grande medida à relutância em assumir uma posição, a sua indisposição para ser "inconveniente". Foi essa capacidade emoliente de acomodação que tornou Berlin tão aceitável para seus pares: na graduação, como presidente da Academia Britânica e como fundador de um *college* de Oxford.

Em contraste, a maioria dos outsiders é inconveniente por natureza. O mesmo vale para insiders que encontraram um papel como críticos de sua própria comunidade — sendo, talvez, George Orwell o caso mais conhecido. Quer eles nasçam desajeitados, quer se tornem desajeitados com o passar do tempo, esses homens são difíceis: eles são mordazes e personalidades espinhosas. Berlin não tinha nenhum desses defeitos. Isso, sem dúvida, fazia parte de seu charme; mas ao longo dos anos também estimulou nele certa reticência em assuntos controversos, certa relutância em falar o que pode, com o tempo, diminuir sua reputação.

O "sistema" podia, sem dúvida, integrar o tipo certo de pessoa. Podia induzir um Eric Hobsbawm: um comunista judeu nascido em Alexandria, criado em Viena, residente em Berlim, falante de alemão. Uma década depois de sua chegada a Londres como refugiado da Alemanha nazista, Hobsbawm tinha sido eleito secretário dos Apóstolos, uma sociedade secreta autosseletiva dos homens jovens mais inteligentes em Cambridge: era quase impossível tornar-se mais insider que isso.

Por outro lado, tornar-se um insider em Cambridge ou Oxford não exige em si conformidade, exceto, talvez, com a moda intelectual; era e é uma função de certa capacidade de assimilação intelectual. Isso envolve saber como "ser" um *don* de Oxbridge;* compreender de maneira intuitiva como conduzir uma conversa inglesa que nunca é agressivamente política em excesso; saber como modular seriedade moral, engajamento político e rigidez ética por meio da aplicação de ironia e espirituosidade, e uma aparência calibrada com precisão de *insouciance*. Seria difícil imaginar a aplicação de tais talentos, digamos, na Paris do pós-guerra.

Isso pode ter como consequência que, para escolhas políticas, assuntos da vida privada e especialmente o amor acabam importando mais para os intelectuais britânicos que para os

---

* Professor universitário, em especial um membro sênior de um *college* das universidades de Oxford ou Cambridge (referidas em conjunto como Oxbridge). (N. do T.)

intelectuais franceses. Os intelectuais franceses são divididos pela discussão política e tendem menos, eu acho, a seguir seus amantes em vários compromissos políticos.

Arthur Koestler e Simone de Beauvoir tiveram uma noite de sexo ruim. Isso, tanto quanto podemos julgar pela correspondência e pelas memórias deles, não foi nem a causa de seu rompimento político nem um impedimento para ele. Beauvoir se sentiu indubitavelmente atraída por Albert Camus, o que é talvez uma das razões pelas quais Sartre tinha tanto ciúme do homem mais jovem. No entanto, seja como for, essa circunstância de fato não é relevante para as divergências políticas entre eles.

Inversamente, na década de 1970, pelo menos, as relações sexuais entre intelectuais britânicos — tanto homossexuais quanto heterossexuais — estavam com certeza no epicentro de suas afinidades eletivas sociais. Não quero nem por um minuto sugerir que a vida sexual dos intelectuais britânicos era em nenhum aspecto saliente mais interessante ou mais ativa que a dos europeus continentais. Contudo, quando você pensa na relativa quietude e passividade da maioria das outras áreas da existência deles durante a maior parte do século, seus envolvimentos emocionais adquirem certa proeminência, ainda que por exclusão.

Mesmo que as pessoas do Império ainda não importem muito na vida intelectual britânica, é certo que o Império importava como uma fonte de experiência, não? Pense em George Orwell na Birmânia.

Orwell exerceu uma função administrativa de nível inferior, mas que localmente era importante, na polícia imperial da Birmânia, de 1924 a 1927. Lendo-o, nunca sentimos que ele desenvolveu muito interesse no Império em si; seus textos desses anos sugerem o aparecimento de um conjunto de considerações morais e políticas — decorrentes com certeza de suas críticas ao governo imperial — que com o tempo permeiam suas observações sobre a própria Inglaterra. A consciência de Orwell de que a questão birmanesa (ou indiana) transcendia problemas de injustiça local e dizia respeito acima de tudo à impropriedade e à impossibilidade de dominação imperial, certamente coloriria sua postura política na Inglaterra.

Parece justo acrescentar que Orwell foi um dos primeiros comentadores a compreender que as questões de justiça e de subordinação, não menos que os temas tradicionais de classe e política, deviam ser assumidas pela esquerda — na verdade, elas *foram* daí em diante parte do que significava ser de esquerda. Esquecemos que, já bem entradas as décadas entre as guerras, tinha sido perfeitamente possível combinar reformismo social e mesmo radicalismo político no próprio país com imperialismo liberal. Até muito recentemente tinha sido possível acreditar que a chave para o melhoramento social na Grã-Bretanha estava em manter, defender e até expandir o Império. Na década de 1930, essa posição tinha começado a soar ética e politicamente incoerente, e talvez caiba a Orwell algum crédito por essa mudança nas sensibilidades.

Você acha que é o caso de a literatura — as publicações da época, mas acima de tudo os romances que a geração da década de 1930 estaria lendo — servir como um modo de considerar o mundo do Império? Pense em Joseph Conrad ou mais tarde Graham Greene — com os personagens que vão para outro lugar, muitas vezes no Império para perceber coisas, é claro que no caso dos romances de espionagem porque eles foram treinados *para perceber coisas.*

A literatura popular do Império de fato trata de questões morais: quem é bom, quem é ruim, quem está certo (normalmente nós) e quem está errado (tipicamente eles). A literatura sobre espiões e sobre alemães que emerge nesses anos, por exemplo, é muito imperialmente estruturada. E você vê isso também no cinema da década de 1930, com seu foco em espiões, damas em evanescentes e assim por diante. Mas minha impressão é que esses temas são no mais das vezes ambientados na "Europa Central": uma espécie de território mítico, um lugar de mistério e intriga, abrangendo aproximadamente desde os Alpes até os Cárpatos e ficando mais misterioso quanto mais ao sul e a leste se vai. Enquanto o exótico para os britânicos no século XIX era a Índia e o Oriente Médio, é curioso que o exótico na década de 1930 é apenas uma viagem de trem partindo de Zurique. À sua maneira, isso é uma atualização da literatura imperial, com os búlgaros substituindo os birmaneses. Então, de uma forma interessante, os britânicos estão em casa no mundo, e o que é exótico são terras europeias não muito distantes, mas sempre além do Império.

> *Sherlock Holmes tem um mistério para resolver na Boêmia, onde todos falam alemão e ninguém fala tcheco. E, claro, o corolário político disso é que a Boêmia é um país distante do qual sabemos pouco. O que, paradoxalmente, não se poderia dizer sobre a Birmânia.*

É isso mesmo; a Birmânia é um país muito distante sobre o qual sabemos alguma coisa. Mas é claro que o sentimento de distância e mistério na Europa central tem raízes longínquas: pense em Shakespeare e na "costa da Boêmia" em *Conto de inverno*. Esse sentimento inglês de que a Europa é mais misteriosa que o Império (quando se vai além de Calais) é antigo e estabelecido. Para os ingleses, pelo menos em sua autoimagem, o resto do mundo tem significado como uma referência; mas a Europa não é algo com que queremos estar muito estreitamente associados. Você pode ir para a Birmânia, ou a Argentina, ou a África do Sul e falar inglês e dirigir uma empresa de propriedade inglesa ou uma economia de estilo inglês; ironicamente, você não pode fazer isso na Eslovênia, que é portanto muito mais exótica.

E na Índia ou nas Índias Orientais imperiais você vai deparar com pessoas — sejam elas amigos da escola brancos ou subordinados educados pardos — que têm as mesmas referências que você. É bastante impressionante mesmo hoje quanto a bagagem educacional de um homem — ou mulher — caribenho, africano ocidental, africano oriental ou indiano com formação universitária e idade superior a 50 anos combina confortavelmente com a de seus contemporâneos britânicos. Quando encontro pessoas da minha geração de Calcutá ou da Jamaica, ficamos imediatamente à vontade um com o outro, trocando referências e memórias da literatura ao críquete, de maneiras que não funcionam nem de longe tão bem com conhecidos casuais em Bolonha ou Brno.

> *Na década de 1930 começou um romance inglês muito característico do leste desconhecido: o dos espiões soviéticos, "os Cinco de Cambridge".*

* * *

Note que três dos cinco espiões comunistas daquela década estavam intimamente ligados a dois *colleges* de elite de Cambridge: King's e Trinity. Esse era um subconjunto distintamente seletivo do que já era uma minoria privilegiada da intelligentsia inglesa da década de 1930.

Havia duas principais variedades de simpatizantes britânicos do comunismo na década de 1930. A primeira era a espécie de inglês, tipicamente jovem e de classe média alta, que ia para a Espanha durante a Guerra Civil Espanhola de 1936-1939 para ajudar a salvar a República. Esses homens eram progressistas; viam-se desde o início como parte da família da esquerda europeia e estavam familiarizados com as circunstâncias prestes a enfrentar. A maioria deles retornou desiludida, e os melhores entre eles tinham algo interessante a dizer sobre sua desilusão, embora depois de alguma hesitação. George Orwell — que voltou e imediatamente escreveu suas memórias de esperança e ilusões perdidas em *Homage to Catalonia* [Homenagem à Catalunha] — não hesitou.

O segundo grupo era o daqueles que jogaram sua sorte com o comunismo, admitindo abertamente sua adesão doutrinária. O jovem Eric Hobsbawm e seus futuros colegas do Communist Party Historians Group [Grupo de Historiadores do Partido Comunista] são talvez o exemplo inglês mais conhecido.

Os jovens dos Cinco de Cambridge não se encaixam facilmente em nenhuma dessas categorias. Seu valor de uso para a União Soviética estava precisamente na ausência de qualquer sinal externo de sua filiação política. Desde o início, sua identidade foi secreta; foram recrutados como espiões soviéticos porque intelectuais e estudantes de esquerda mais conhecidos não tinham evidentemente nenhuma utilidade nessa condição.

Dois dos espiões de Cambridge, Kim Philby e Guy Burgess, eram — apesar de seus sotaques de classe alta e de sua maravilhosa educação — outsiders ingleses na Inglaterra. Kim Philby herdou do pai, o orientalista e construtor de império dissidente St. John Philby, uma intensa aversão pelo imperialismo e uma crença bem ocultada de que as políticas imperiais britânicas eram eticamente indefensáveis e politicamente catastróficas. Muitos anos depois, quando Philby foi forçado a fugir da Inglaterra e buscar exílio em Moscou (seu disfarce estava prestes a ser exposto), ele era claramente um homem que não tinha dúvidas quanto à integridade de suas escolhas: se ele não foi de fato feliz na URSS, pelo menos entendeu muito bem que esse era o resultado lógico de uma escolha de vida inteira.

Guy Burgess, de acordo com seus muitos conhecidos, era pouco mais que um bandido em pele de cavalheiro. Estava bêbado na maior parte do tempo; tinha uma atividade sexual predatória; e é difícil levar a sério a ideia de que sua política era o produto de uma reflexão cuidadosa e racionada. Por essas exatas razões, é claro, ele era o espião perfeito — um clichê genuíno, na tradição de Pimpinela Escarlate. Mas por que exatamente o serviço secreto britânico (que o recrutou de Cambridge) ou seus equivalentes soviéticos (que o controlaram até sua fuga, no início da década de 1950) pensariam que esse era um homem a ser encarregado de tarefas ligadas à segurança nacional e secretas permanece um mistério.

O terceiro dos cinco, o proeminente historiador da arte Anthony Blunt, talvez possa servir como a melhor ilustração dos lugares que esses homens ocupavam dentro do establishment britânico — e poderiam ter continuado a ocupar se não tivessem, mais ou menos por acaso, sido desmascarados. Blunt, afinal, era o insider do insider: um esteta e estudioso fazendo o tipo mais conservador de crítica de arte estética curatorial. Ali, não devemos esquecer, estava um homem que acabou como o curador das pinturas da rainha. E, contudo, durante três longas décadas, estabeleceu e manteve um firme compromisso com um sistema político — o stalinismo — que representava pelo menos em princípio valores, interesses e objetivos opostos de maneira transparente àqueles que ele esposara publicamente ao longo de sua carreira.

Mas mesmo quando Blunt foi revelado como espião soviético, em 1979, sua posição na alta sociedade, e nos códigos distintivos dessa sociedade na Inglaterra, ainda o protegeu. Depois que a rainha o despojou de seu título de cavaleiro e Trinity o privou de sua condição de membro honorário, houve um movimento para expulsá-lo da Academia Britânica. Um número significativo de membros da Academy ameaçou demitir-se se isso acontecesse. E não eram apenas homens de esquerda; havia entre eles os que argumentavam que se deve fazer uma distinção entre qualidade intelectual e lealdade política. Assim, Blunt — um espião, um comunista, um dissimulador, um mentiroso e um homem que pode ter contribuído de forma ativa para a exposição e a morte de agentes britânicos — foi não obstante considerado por alguns de seus colegas inocente de qualquer crime grave o suficiente para justificar privá-lo da condição de membro da Academia Britânica.

Os espiões de Cambridge, portanto, nunca incorreram no estigma que recaía sobre aqueles considerados culpados de espionar para Moscou na América. Nos Estados Unidos, os espiões eram verdadeiros outsiders: judeus, estrangeiros, perdedores — homens e mulheres com motivos incompreensíveis, a não ser a simples necessidade de dinheiro. Essas pessoas — e os Rosenberg são o caso exemplar — eram severamente punidas: na atmosfera paranoica da década de 1950, elas foram executadas. Não acredito que algum espião britânico tenha jamais sido visto nesses termos, muito menos tratado de forma tão cruel. No máximo, suas atividades foram romantizadas na mente popular; mas, acima de tudo, eles foram protegidos por suas origens na classe dirigente do país.

Da perspectiva de um observador estrangeiro, essas origens — e a traição implicada pelo crime — podem ser vistas como tendo despertado maior indignação. Mas na prática elas suavizaram o golpe. Os Cinco de Cambridge foram afortunados, de certa forma, por não conseguirem superar suas origens, independentemente das escolhas que fizeram sobre sua política e sua vida. Essa é apenas mais uma ilustração da boa sorte dos espiões em terem nascido ingleses — pelo menos no século XX; em contraste com praticamente qualquer outro lugar nessas décadas, a Inglaterra era um país seguro para trair ou criticar. O engajamento intelectual, mesmo levado ao ponto da espionagem, poderia parecer portar muito menos risco do que do outro lado do canal ou do Atlântico. Afinal, durante a maior parte do século XX, é difícil imaginar alguém na Europa continental citando com aprovação E. M. Forster no sentido de que seria preferível alguém trair seu país a trair seu amigo.

Enquanto Maclean, Burgess, Philby e até Blunt pagaram caro em termos puramente pessoais por seus compromissos, a maioria das escolhas feitas por seus colegas intelectuais britânicos naqueles mesmos anos teve pouco ou nenhum custo. Eric Hobsbawm, que — talvez de forma incomum para um estudioso britânico de sua geração — foi aberta e oficialmente comunista ao longo de sua carreira, só pagou o preço relativamente baixo de ser excluído da cátedra de História Econômica em Cambridge. Forçado a aceitar um cargo (perfeitamente bom) de professor no Birkbeck College, em Londres, teve de aguardar a aposentadoria para colher todos os frutos de uma vida intelectual pública bem-sucedida. Em se tratando de preço, esse não parece particularmente extorsivo.

> *Mas, certamente, não se trata apenas de pagar um preço. A elite britânica está vivendo em um mundo totalmente diferente de oportunidade e circunstância. Os comunistas poloneses foram assassinados em 1937 e 1938, não por seu próprio governo, mas pela liderança soviética na Moscou em que eles haviam se exilado. Os judeus na Polônia foram mortos no início da década de 1940 por alemães porque eram judeus. Intelectuais poloneses promissores da geração do próprio Eric Hobsbawm foram mortos tanto pelos alemães quanto pelos soviéticos em 1939 e 1940, e pelos alemães na Revolta de Varsóvia, em 1944. Se Hobsbawm se encontrasse na Polônia, poderia facilmente ter morrido de qualquer uma dessas maneiras — e na verdade de muitas outras.*
> *Ao passo que na Inglaterra, apesar de toda a sua dissidência destacada e de suas filiações políticas radicais, Hobsbawm se torna, se não o supremo, certamente um dos mais influentes historiadores não apenas de seu país, mas de todo o século.*

Ele não pagou nenhum preço por uma filiação que, em metade do mundo, teria assegurado sua exclusão não apenas de uma carreira acadêmica, mas de todas as formas de vida pública. Na outra metade do mundo, seu compromisso afirmado publicamente com o comunismo poderia ter sido um benefício ou um obstáculo, mas mais provavelmente ambos, rapidamente. Enquanto na Inglaterra sua adesão ao Partido continua a ser para a maioria dos comentaristas pouco mais do que uma curiosidade passageira. O mesmo vale, em menor grau, para muitos de seus contemporâneos.

> *O mundo acaba pegando a gente. O poeta polonês Alexander Wat escreveu "Eu de um lado, eu do outro lado do meu fogão de ferro bruto" — um poema muito semelhante, a seu modo, a "A terra*

desolada", de T. S. Eliot. Na verdade, as duas obras revelam indiretamente um momento de desenvolvimento comparável de maneira impressionante. Eliot iria para a religião, enquanto Wat se deslocou, como tantos poloneses de sua geração, para a esquerda e no fim para o comunismo. Mas em ambos os casos podemos vê-los enfrentar e resolver o que são essencialmente dúvidas interiores. Mas vamos supor, o que está longe de ser inimaginável (afinal, Wat acaba como uma espécie de cristão), que eles trocassem de lugar. O que fica claro é o aterrorizante elemento de contingência: da Alemanha para o leste, a juventude e o início da idade adulta apresentam muito mais armadilhas e anzóis que podem lhe fisgar.

Você não precisa ir para o leste: mesmo a França tem o anzol de carne sangrenta de Vichy, que fisga toda uma geração de intelectuais franceses. Aliás, mesmo na Inglaterra você poderia jogar o que ainda não eram jogos arriscados com a promessa do fascismo na década de 1930. Mas esses eram apenas jogos. O fascismo não estava nem de longe em condições de chegar ao poder na Grã-Bretanha. E assim, tal como havia aqueles na esquerda que brincavam com um engajamento solidário na Espanha republicana, na extrema direita encontramos alguns poetas e jornalistas ingleses flertando com amigos políticos de quem poderiam mais tarde se dissociar sem sofrer, a longo prazo, desaprovação ou exclusão social. O nazismo era um pouco diferente, talvez, apesar de não haver escassez de aristocratas e editorialistas ingleses dispostos, ainda em 1938, a defender Hitler como um baluarte contra o comunismo ou a desordem. Mas, apesar de poucos se preocuparem com o destino dos judeus da Alemanha, alinhar-se com uma ditadura alemã ainda era uma espécie de esforço excessivo para um inglês menos de vinte anos após a Batalha do Somme. A Itália, porém, era outra questão, e o apoio a Mussolini — apesar e talvez em alguma medida por causa de seu comportamento de palhaço — permaneceu notavelmente elevado.

Se havia uma qualidade comum à simpatia fascista na Inglaterra na última década antes da Segunda Guerra Mundial, ela derivava, eu creio, da face modernista que o fascismo apresentava a observadores estrangeiros. Na Itália acima de tudo, o fascismo era não tanto uma doutrina, mas um estilo político sintomático. Ele era jovem — impetuoso, energético, do lado da mudança, da ação e da inovação. Para um número surpreendente de seus admiradores, o fascismo, em suma, era tudo de que eles sentiam falta no mundo cansado, nostálgico e cinzento da Little England.

Nessa perspectiva, podemos ver que o fascismo não foi de forma alguma o oposto do comunismo, como se supunha popularmente tanto na esquerda quanto na direita naqueles anos. Foi, acima de tudo, seu contraste com a democracia burguesa o que explica seu apelo. Quando Oswald Mosley saiu do governo trabalhista de 1929-1931, acusando corretamente seus colegas de uma incapacidade culpável de *agir* em face da crise econômica sem precedentes, ele formou um "Novo Partido", que com o tempo se metamorfoseou na União Britânica de Fascistas. Mas note: já que não havia um partido fascista de nenhuma consequência na política inglesa, expressar simpatia generalizada pelo "estilo" fascista não carregava nenhum estigma ou risco. Mas uma vez que os fascistas de Mosley, em 1936, começaram a provocar violência civil e desafiar as autoridades públicas, essa simpatia evaporou.

Havia, de fato, tão pouca sobreposição entre as simpatias fascistas voluntárias ocasionais de intelectuais e a irrefletida visão dos conservadores de que o nacional-socialismo era uma versão da Alemanha com a qual se podia lidar?

Essas são questões de distinção social, não política. O mundo da alta política conservadora não era aquele em que a maioria dos intelectuais era convidada, nem muitos deles buscaram a associação. Pense em nobres conservadores em casas de campo remotas brindando à realização de Hitler em trazer ordem para a Alemanha, admirando as demonstrações de Nuremberg, ou — mais seriamente — considerando o argumento em favor de uma aliança com o líder nazista contra a ameaça comunista internacional. Essas conversas de fato ocorreram entre o que Orwell teria chamado de o tipo mais estúpido de conservadores britânicos. Mas os intelectuais eram raros nesses círculos e provavelmente teriam provocado zombarias desdenhosas mesmo que compartilhassem a opinião de seus anfitriões. Esse, afinal, é o mundo de Unity Mitford: uma das jovens Mitford com quem Mosley tinha se casado. Mas os Mitford, apesar da bem-sucedida carreira literária de duas das irmãs (Nancy e Jessica), eram resolutamente de classe alta. O interesse deles em Hitler tinha pouco a ver com seus programas sociais, reais ou supostos.

O que mais importava para essas pessoas era o Império. E foi o interesse delas em preservar o Império Britânico que as levou a supor que um acordo com Hitler autorizando os alemães a dominar o continente e ao mesmo tempo deixando os britânicos com liberdade de ação no exterior era não só desejável como viável. Não foi por acaso que depois de 1945, quando Oswald Mosley dificilmente poderia reviver sua organização fascista em um país que se orgulhava de ter acabado de ganhar uma guerra antifascista, ele decidiu fundar uma Liga de Legalistas do Império. O fio condutor era a crença de que somente o Império — os aliados brancos confiáveis da Inglaterra em todo o mundo, juntamente com seus produtivos súditos nativos na África e em outros lugares — poderia proteger a Grã-Bretanha do desafio vindouro das potências mundiais emergentes. Mosley, afinal, não estava sozinho em acreditar que Londres não podia depender dos Estados Unidos (que já eram seu principal concorrente econômico na década de 1920) e não devia contar com os franceses. A Alemanha, em suma, era a melhor aposta. A Alemanha podia ser o adversário histórico e suas políticas um pouco desagradáveis para alguns, mas nenhuma dessas considerações importava muito.

Isso, por sua vez, nos leva de volta à escola pró-alemã de pensamento imperialista que floresceu na Inglaterra da virada do século, e é brilhantemente dissecada por Paul Kennedy em *The rise of the Anglo-German antagonism 1860-1914* [A ascensão do antagonismo anglo-alemão 1860-1914]. Antes da Primeira Guerra Mundial havia aqueles, conservadores e liberais igualmente, que argumentavam que o futuro da Grã-Bretanha estava em uma aliança com a Alemanha Imperial e não na então emergente entente com a França e a Rússia. Se excluirmos a concorrência industrial ocasionalmente amarga entre elas (prontamente controlada por cartéis e proteção), Alemanha e Grã-Bretanha tinham interesses essencialmente simétricos e compatíveis. Essa percepção permaneceu disseminada durante boa parte da década de 1930; mas, como a Alemanha era agora nazista, ela assumiu uma dimensão muito mais direitista, antissemita e, claro, anticomunista. E, portanto, tem muito pouco a ver com a simpatia romântica modernista pelo fascismo que de forma ocasional surgia na Cambridge ou na Londres contemporâneas.

Isso parece sugerir que o modo de raciocínio de Stalin — que os capitalistas podem e vão se aliar contra a URSS — não era totalmente infundado. Pois Stalin estava certo em alguns aspectos: Hitler estava de fato planejando atacar a União Soviética e as democracias burguesas não eram de forma alguma avessas a essa perspectiva.

O Pacto Molotov-Ribbentrop de agosto de 1939, a aliança entre Hitler e Stalin, foi chocante na época. Mas ele ganhou tempo para a União Soviética.

Ele poderia ter sido ainda mais inteligente se Stalin tivesse ouvido seus espiões e entendido que os alemães iam invadir a União Soviética em junho de 1941. Mas sim, certamente, o Pacto Molotov-Ribbentrop teve o efeito sinalizador de confundir o Ocidente e embotar a agressão alemã por alguns meses sem obviamente desfavorecer os soviéticos. E não devemos esquecer que, com a invasão alemã da Polônia agora iminente, não havia nada que os aliados ocidentais pudessem fazer por Stalin, mesmo que estivessem dispostos a lhe oferecer ajuda. Aqui no Ocidente vemos esse como um momento de inadequação anglo-francesa quando confrontados com a violação da Polônia; mas do ponto de vista de Moscou a impotência de seus interlocutores ocidentais era algo que a diplomacia soviética também tinha de levar em conta.

Os britânicos e os franceses certamente não fazem nada pela Polônia, mas declaram guerra à Alemanha — porque a Alemanha invade seu aliado polonês. E é claro que eles não têm nenhum aliado soviético nesse momento, a mão de Moscou já tendo sido revelada e jogada. Os soviéticos aproveitaram o ataque alemão para invadir a Polônia (oriental) e depois se empenharam durante os 22 meses seguintes em agradar Hitler de todas as maneiras possíveis. Isso deixou Hitler livre para invadir a Noruega, os Países

Baixos e a França, que caíram todos em questão de semanas. O que, por sua vez, deixou a Grã-Bretanha de Churchill sozinha, enfrentando as forças terrestres aparentemente invencíveis da Alemanha nazista.

Isso me leva a uma pergunta que eu queria lhe fazer desde o início — ou seja, Winston Churchill era um intelectual?

Churchill é nesse como em tantos outros aspectos um caso incomum e interessante. Ele vem do que é pelos padrões britânicos uma importante família aristocrática (os descendentes do duque de Marlborough, famosos pela Batalha de Blenheim), mas ele próprio descendia de um ramo mais jovem. Seu pai, lorde Randolph Churchill, tinha sido um ator importante na política do final da era vitoriana; mas ele se destruiu (por erro de cálculo político e pela sífilis), de modo que seu filho herdou um legado poluído. Além disso, apesar de ter nascido em um dos grandes palácios ingleses (Blenheim, perto de Oxford) e capaz de remontar suas raízes ainda mais para trás do que muitos da realeza britânica, Churchill era apenas meio inglês — sua mãe era americana.

Como a maioria de seus pares de classe alta, Winston Churchill frequentou uma escola pública de destaque (Harrow, no seu caso) — e então fracassou. Como tantos filhos de lordes e pequenos nobres, ele ingressou no Exército — mas, em vez de assumir uma comissão em um regimento de guardas de elite, optou por se tornar um simples atirador de cavalaria, incorporando-se a tempo de participar da última carga de cavalaria do Exército britânico, na Batalha de Omdurman (Sudão), em 1898. Em sua carreira política, Churchill mudou em três ocasiões entre os partidos Conservador e Liberal, e ele ascendeu ao alto escalão do gabinete — servindo variadamente como secretário do Interior, ministro da Fazenda e ministro da Marinha, sendo nessa última condição o responsável pela catástrofe militar em Gallipoli (1915). Em resumo, até 1940, sua carreira foi a do outsider excessivamente talentoso: bom demais para ser ignorado, mas não convencional e "não confiável" demais para ser nomeado para o mais alto dos cargos.

De forma incomum para um político britânico, Churchill — cuja situação financeira sempre foi precária o bastante para exigir que ele ganhasse a vida com seus escritos — comentou com certo distanciamento sua carreira diversificada ao mesmo tempo em que a criava. Seja diretamente — como em *My Early Life* [Minha infância], seja em suas memórias da Primeira Guerra Mundial (que não são tanto memórias quanto uma apologia do papel do próprio Churchill na época) —, seja em seus textos jornalísticos propriamente ditos sobre a Guerra dos Bôeres (na qual ele participou e foi aprisionado por um breve período e escapou), Churchill foi tanto um participante quanto um registrador dos acontecimentos de seu tempo. Mas ele também escreveu copiosamente sobre a história do Império Britânico e é autor de uma biografia do seu antepassado pitoresco, o duque de Marlborough. Em suma, Churchill contribuiu para a história e a literatura e, ao mesmo tempo, permaneceu ativamente envolvido nos assuntos públicos — uma combinação muito mais familiar na França ou mesmo nos Estados Unidos do que na Inglaterra.

Mas isso não faz dele um intelectual. Pelos padrões ingleses, seu engajamento ativo no próprio centro da formulação de políticas públicas e escolhas públicas era demasiado para que ele fosse considerado um comentarista imparcial; e pelos padrões continentais, é claro, ele era magnificamente desinteressado em reflexão conceitual. Sua obra é constituída de longas narrativas empíricas com pausas ocasionais para reformular a história em uma chave moral, mas pouco mais que isso. E, contudo: ele foi seguramente a figura política mais literária na história britânica desde William Gladstone. Em todo caso, Churchill foi único em sua época e não encontrou sucessor.

Qualquer pessoa que procure "intelectuais na política" à imagem de um Léon Blum na França ou um Walther Rathenau na Alemanha se frustrará se limitar sua busca à Inglaterra. Com isso não quero dizer que não houve ali políticos intelectualmente talentosos: mas não é por seus talentos intelectuais que eles são mais conhecidos. Em um sentido puramente formal, Harold Wilson — o primeiro-ministro trabalhista de 1964 a 1970 e mais uma vez de 1974 a 1976 — foi decerto um intelectual. Nascido em 1916, ele havia sido promovido ao posto de tutor de Economia em Oxford com menos de 30 anos e era tido em alta conta nessa condição por seus colegas, antes de entrar na política e acabar — com a idade relativamente jovem de 47 anos — como chefe do Partido Trabalhista.

No governo, porém, Wilson teve um desempenho aquém do esperado e se tornou objeto de crescente ceticismo nas fileiras de sua própria família política. Ao final de sua carreira ele era amplamente considerado como dúbio, tortuoso, dissimulado, desonesto, cínico, antissocial e — pior de tudo — incompetente. Com certeza, a maioria desses atributos é compatível com o pertencimento à intelligentsia, em especial em um país onde os intelectuais são caracteristicamente descartados como "inteligente até demais". Ainda assim, Wilson conseguiu se dar mal nas duas atividades: fracassou como político e decepcionou seu colegas intelectuais.

Outro intelectual na política inglesa, mas de um tipo muito diferente, foi Herbert Henry Asquith: o primeiro-ministro liberal de 1908 a 1916, quando foi derrubado por seu colega liberal David Lloyd George e pelos conservadores da oposição em meio à Primeira Guerra Mundial. Asquith foi um autêntico pensador, erudito e autorreflexivo — um liberal clássico do século XIX, no sentido inglês da palavra, cada vez mais à deriva em um ambiente do século XX que fazia pouco sentido para ele e para o qual ele era temperamentalmente inadequado. Como Wilson, mas com mais desculpas, ele também foi visto ao longo do tempo como tendo fracassado politicamente — embora suas primeiras reformas e inovações tenham aberto o caminho para o posterior estado do bem-estar social.

Talvez a real dificuldade que confronte quem busque intelectuais nos níveis políticos mais altos na Inglaterra seja que a agenda intelectual que impulsionou movimentos políticos ideologicamente configurados na Europa continental estava bastante ausente em Londres.

E quanto a Benjamin Disraeli?

Para um período anterior, Disraeli seria certamente o *locus classicus*. Mas seria difícil dizer que Disraeli em algum momento adotou uma agenda intelectual, ou que seus propósitos foram plenamente realizados em seus empreendimentos políticos. Ele tinha instintos políticos excepcionalmente afiados, tanto sobre o que era possível quanto sobre o que era necessário: sobre quanta mudança era preciso, se quisesse manter as coisas importantes tal como eram. Nesse aspecto Disraeli é a encarnação da versão Edmund Burke-Thomas Macaulay da história inglesa: uma história na qual o país realiza de forma serial e com sucesso ajustes menores, a fim de evitar transformações maiores ao longo dos séculos.

Mas é claro que tudo depende do que você entende por "menor" e "maior". Disraeli foi responsável pela Segunda Lei de Reforma, de 1867, que acrescentou um milhão de eleitores aos registros eleitorais. Mesmo que suponhamos que isso também tinha sido uma abertura calculada da válvula de segurança política — um movimento destinado a se antecipar a demandas populares por uma reforma mais radical —, ela ainda indica uma inteligência política além da norma. Disraeli, o primeiro político conservador a compreender as possibilidades do apoio eleitoral de massa e a avaliar que a democracia não precisa minar os poderes centrais de uma elite dominante, também foi incomum entre seus contemporâneos da metade da era vitoriana em entender numa fase inicial quanto a Grã-Bretanha precisaria mudar para continuar a ser uma potência mundial.

> *Disraeli tinha a noção de que, para que os ingleses entendessem a si próprios, sua própria grandeza e sua própria missão, ele tinha de embelezá-los. Isso era verdade também sobre Churchill.*

Mais uma vez, o entendimento vem mais facilmente para os outsiders. Disraeli, lembre-se, nasceu judeu. Como Churchill — que não era tanto um outsider, mas, sem dúvida, um não conformista —, ele era um observador talentoso não apenas de seu país, mas de seu partido e de sua classe social. Não se deve dar crédito demasiado a nenhum deles — Churchill, em particular, era surdo e cego para a inevitabilidade do declínio imperial —, mas cada um a seu modo tinha uma ótima avaliação das peculiaridades do país que liderava. Em nossos tempos, há escassez desse tipo de outsider; acho que ninguém mais atende a essa qualificação — exceto, é claro, Margaret Thatcher.

A sra. Thatcher foi por qualquer definição uma outsider em um partido (o Conservador) de insiders. Para começar, era mulher. Era de classe média-baixa provincial — seu pai tinha uma mercearia na remota Grantham. E, embora tenha conquistado um lugar em Oxford, foi bastante característica na disciplina que escolheu: mulheres formadas em química eram raras. Ela construiria uma carreira de sucesso no mais socialmente retrógrado dos dois principais partidos políticos, assumindo o poder depois de uma geração de homens influentes que tinham ascendido nas décadas após a guerra.

Embora eu não chegue ao ponto de dizer que a sra. Thatcher tinha uma agenda ideológica coerente, ela com certeza nutria preconceitos dogmáticos aos quais políticas radicais podiam ser acrescentadas de acordo com a conveniência e a oportunidade. Embora fosse tudo menos uma intelectual, Margaret Thatcher era invulgarmente atraída por intelectuais homens que podiam ajudá-la a justificar e descrever seus próprios instintos — desde que eles próprios fossem outsiders e não tivessem as deficiências da convenção. Diferentemente dos conservadores mais moderados, cujas políticas e ambições ela frustrou de modo tão devastador, a sra. Thatcher era bastante isenta de preconceitos contra os judeus, mostrando uma espécie de predileção por eles em sua escolha de assessores privados. Por fim, e mais uma vez em contraste com seus antecessores conservadores, ela era bastante simpática aos textos de economistas — mas apenas e notoriamente os de uma escola específica: Hayek e os austríacos.

Há outra maneira de ser um outsider na Inglaterra, que é ser ostensivamente religioso, ou católico. T. S. Eliot entremeia a vida de muitas das pessoas que discutimos.

No século XVI, no curso da Reforma inglesa e da tomada de terras e edifícios católicos por Henrique VIII, os católicos romanos da Inglaterra foram lançados nas trevas exteriores. E, no entanto, o país dispõe de uma herança ininterrupta de figuras públicas católicas extraordinariamente influentes e bem-situadas: duques, lordes e pequenos nobres que eram conhecidos por ser católicos, mas aos quais, não obstante, era permitido um determinado espaço e privilégio no entendimento de que eles não abusassem destes e não fizessem nenhuma reivindicação sobre a Igreja estabelecida (anglicana) ou a esfera pública. Pelo menos até a década de 1820 e as Leis de Emancipação Católica, os católicos ingleses tinham de andar com cuidado: havia uma arena reservada na qual eles podiam praticar sua fé e ensinar ou escrever. Mas nunca estavam totalmente integrados nem à vontade nos assuntos intelectuais e políticos da nação.

Essa história é mais complicada do que parece. Anglicanismo não é protestantismo. A Igreja da Inglaterra era e é um animal estranho: em sua forma mais conservadora, ela é muito mais ornamentada e presa à tradição do que suas irmãs episcopais aqui e nos Estados Unidos. Em essência, o Alto Anglicanismo era o catolicismo sem o papa (e sem o latim, até que os próprios católicos o abandonaram). Por outro lado, em sua extremidade inferior, a Igreja Anglicana — tal como corporificada em comunidades rurais, particularmente em certas partes do leste da Inglaterra onde o catolicismo era mais fraco — pode se assemelhar (exceto em sua liturgia, há muito tempo formalizada sob autoridade episcopal) ao protestantismo escandinavo: subadornada, sua autoridade investida em um único pastor, muitas vezes bastante sombrio e contido em termos morais e de vestimenta — do tipo que figura com tanto destaque em grande parte da literatura inglesa do final do século XIX e do início do século XX, protestante em tudo menos no nome.

O que une essa religião estranha é sua identificação de longa data com o poder. Desde aquela pequena igreja em uma aldeia de Norfolk até as catedrais alto-anglicanas de Liverpool ou York, essa é a "Igreja da Inglaterra". Do ponto de vista histórico, a relação entre Igreja e Estado na Inglaterra foi extraordinariamente íntima, com a elite dominante proveniente na sua maioria de famílias anglicanas e a própria Igreja umbilicalmente ligada ao establishment político — inclusive através dos seus grandes bispos, todos os quais participam da Câmara dos Lordes e no passado exerceram uma influência real. Os bispos e arcebispos eram tipicamente nascidos em uma pequena rede de famílias, reproduzindo ao longo dos anos uma classe de administradores eclesiásticos que poderiam com a mesma facilidade ter sido oficiais do Exército, governadores imperiais, ministros reais e assim por diante. A identidade do establishment associado ao anglicanismo tem, portanto, um significado muito maior do que seus marcadores teológicos bastante nebulosos. Essa era acima de tudo uma Igreja *inglesa*; seu cristianismo podia, por vezes, parecer quase secundário.

Eliot foi para a década de 1930 o que Matthew Arnold havia sido para o final do período vitoriano tardio: a voz de um certo nervosismo moral em face da modernidade, transmitida através de uma sensibilidade literária e cada vez mais religiosa. Não devemos, contudo, negligenciar a nêmesis de Eliot em Cambridge, o crítico literário F. R. Leavis: apreciado e desgostado em igual medida de acordo com o gosto e a sensibilidade. Levando em conta as muitas diferenças, pode-se comparar a posição local dele à de Lionel Trilling do outro lado do oceano — um intérprete e controlador influente do gosto literário, misturando julgamento estético elevado com intervenção política ocasional.

Você pode ver a semelhança com o círculo de Bloomsbury em Londres: a própria ideia inglesa de que preferências estéticas são fundamentais para visões políticas e (especialmente) morais. Por certo essa era uma indulgência a que apenas pessoas que tinham vivido a maior parte da vida em Bloomsbury ou Cambridge podiam se permitir. Há algo disso também em Eliot, embora sua noção de escolhas estéticas fosse tão mais ampla que a deles e seu engajamento moral mais abrangente e, é claro, limitado por uma sensibilidade cada vez mais religiosa.

O que vemos em operação, creio, era uma variedade de abordagens do problema da restauração da ordem e da previsibilidade do juízo moral ou estético. Uma das preocupações que caracterizariam a década de 1930 na Inglaterra — e ecoariam até os anos 1950 — era um temor de se afogar no "relativismo", fosse ele intelectual ou político. Como Sartre, por estranha que a comparação possa parecer, Eliot (e Leavis, tão influente na geração de meus professores) falava em favor da visão de que era preciso fazer escolhas, de que não se preocupar não era mais uma opção e de que era preciso identificar critérios normativos para o juízo, embora nem sempre fosse claro de onde eles deviam ser recuperados.

O sentimento emergente, em uma variedade de chaves estéticas e literárias, de que você precisava dizer o que é certo, o que é errado e por que as coisas são assim, foi uma característica importante da era inglesa do compromisso, igualmente na literatura e na política. Às vezes, essa sensibilidade beira a fé, um aspecto desses anos que tendemos a minimizar, em retrospecto secular.

3.

SOCIALISMO FAMILIAR: MARXISTA POLÍTICO

Meu avô paterno, Enoch Yudt, nasceu em Varsóvia, hoje a capital da Polônia, na época uma metrópole ocidental do Império Russo. Como tantos jovens judeus da época e do lugar, Enoch era socialista. Suas simpatias eram com o *Bund*, o primeiro grande partido socialista no Império Russo. Era um partido judaico, operando em iídiche, a língua nativa da maioria dos judeus eurōpeus orientais, mas defendia a revolução socialista em todo o Império Russo, da Europa ao Pacífico. O filho dele, meu pai, Joe Judt, deixou a escola aos 14 anos para se tornar um homem que fazia bicos, primeiro em Dublin, depois em Londres. Ele também era socialista. Quando menino, pertencera ao *Hashomer Hatzair*, o movimento juvenil socialista-sionista comprometido em levar jovens judeus para a Palestina, a fim de construir o socialismo ali. Esse era um conceito muito diferente do socialismo do *Bund*, que insistia bastante em que os judeus deveriam mudar a ordem social onde estavam, em vez de emigrar para terras exóticas.

Em algum momento antes da Segunda Guerra Mundial, quando meu pai estava no fim da adolescência, ele se mudou para o Partido Socialista da Grã-Bretanha, um minúsculo partido marxista dissidente baseado em Londres, que atraía fortemente judeus autodidatas como ele. Agora ele tinha mais ou menos abandonado o sionismo de sua juventude, embora viesse a experimentar momentos de reversão. Nasci em 1948, o ano em que Israel foi estabelecido e a Tchecoslováquia se tornou comunista, completando o bloco oriental sob domínio soviético. Cresci no mundo da Guerra Fria, tendo por certo que os países do leste europeu de onde minha família vinha eram agora e para sempre comunistas, com seus regimes sustentados pela União Soviética. A política e a vida judaicas já não eram ligadas a esses lugares, mas os debates sobre marxismo certamente eram.

Meu pai e eu assistíamos a J. P. Taylor dando suas palestras de uma hora na televisão, sem roteiro, apresentadas brilhantemente, sobre a história da Europa, enquanto meu pai fazia críticas *marxizantes* da poltrona. No meu aniversário de 13 anos, meu pai me comprou os três volumes da biografia de Leon Trotsky, escrita por Isaac Deutscher, provavelmente raciocinando que era hora de eu aprender a distinguir os bandidos dos mocinhos (Stalin, claro, era o principal vilão na história). Trotsky foi uma figura importante para a esquerda socialista naqueles anos. Depois de servir como o mais próximo colaborador de Lenin na Revolução Russa, ele tinha sido ludibriado por Stalin na luta pela sucessão que se seguiu à morte de Lenin.

A biografia muito simpática a Trotsky, escrita por Deutscher, que meu pai também leu, ajudou a sustentar a lenda de um comunismo que poderia ter sido. Pessoas como meu pai estavam dispostas a pensar bem de Trotsky em grande medida porque viam Lenin como equivocado, e não malévolo: para elas, a podridão começava com Stalin. Não era talvez sem motivo que muitos dos partidários e aliados de Trotsky tinham sido judeus. Esses volumes biográficos foram os primeiros livros pesados que ganhei. Muito mais tarde, retribuí oferecendo a meu pai uma coleção de obras de Deutscher que incluía o famoso ensaio "O judeu não judeu". Não tenho certeza de que ele ficou totalmente satisfeito.

O assunto de Deutscher já era familiar para mim. Acho que comecei a ler Marx mais ou menos com aquela idade; meu pai tinha uma edição abreviada do *Capital*, publicada pelo Partido Socialista da Grã-Bretanha. Também li *Trabalho assalariado e capital*; *Valor, preço e lucro*; Engels sobre

Socialismo: utópico e científico; *O manifesto comunista*; e *Anti-Dühring*, do qual não entendi nada. Suponho que eu lia Marx durante minha adolescência, com compreensão devidamente limitada, cerca de cinco anos à frente de meus contemporâneos. Li *A era das revoluções*, de Eric Hobsbawm, quando tinha uns 15 anos, não muito tempo depois de ele ter sido publicado, em 1962. Meu pai, claro, me incentivou a ler George Orwell, o grande crítico inglês do totalitarismo, cujos ensaios e romances eu devorava naqueles anos. Também li *Darkness at Noon* [Escuridão ao meio-dia], de Arthur Koestler, e seu ensaio sobre a desilusão comunista em *The God that Failed* [O deus que falhou]. Esses eram os textos fundamentais de uma educação de esquerda dissidente nas décadas do pós-guerra, e eu era o sortudo beneficiário neófito.

Sempre foi entendido, em minha casa, que o comunismo soviético não era o marxismo, e que os comunistas soviéticos, a partir de Stalin em todo caso, não eram portanto marxistas apropriados. Meu pai costumava me deliciar com suas lembranças de manifestações antifascistas no final da década de 1930 no East End de Londres. Os organizadores comunistas, ele explicava, enviavam as pessoas para encontrar e lutar contra os fascistas, antes de ir para o café aguardar o resultado. Os comunistas, nesse modo de pensar, eram pessoas que deixavam os trabalhadores saírem para ser mortos em seu nome e depois colhiam os benefícios. Como resultado, e muito injustamente, aprendi a ver os organizadores comunistas como cínicos e covardes. Essa devia ser uma visão familiar na década de 1940 entre membros do Partido Socialista da Grã-Bretanha (SPGB), onde meu pai tinha a maioria de seus conhecidos políticos. Na década de 1960, no entanto, meu pai e muitos de seus contemporâneos do SPGB tinham se retirado para uma espécie de vernáculo marxista desencantado, que poderia explicar qualquer coisa e tudo enquanto demonstrava como todos os outros tinham feito concessões e estavam traindo. Portanto, meu entusiasmo adolescente pelo Partido Trabalhista, quando ele finalmente ganhou a eleição geral, em 1964, recebeu um banho de água fria em casa: não se devia esperar nada *daquele* grupo.

Minha mãe tinha em relação à política e às ideias de meu pai o tipo de atitude que, *toutes proportions gardées*, Heda Margolius Kovály mostrou em relação às ilusões de seu marido em *Under a Cruel Star* [Sob uma estrela cruel], suas incomparáveis memórias da vida na Tchecoslováquia comunista: os homens são iludidos, contam a si mesmos histórias e acreditam em abstrações, enquanto nós mulheres conseguimos ver direito. Mas o casamento de Kovály com o judeu comunista tcheco Rudolf Margolius era talvez mais próximo que o de meus pais. Mesmo depois que foi julgado numa farsa judicial e condenado à morte, em 1952, Rudolf se lembrou, durante a última visita da esposa, de dizer que ela estava bonita.

Em 1968, o ano da última chance para o marxismo na política europeia, eu era estudante de graduação em Cambridge. Ao contrário de alguns de meus amigos, eu não estava na linha de frente, nem desempenhava um papel de liderança. Se eu estava irritado naqueles anos, era com a Guerra do Vietnã, uma opinião convencional, embora fortemente sentida na época. Tomei parte nas grandes manifestações sobre o Vietnã do final da década de 1960; me lembro muito bem, em especial, da famosa marcha de Grosvenor Square e do inconvincente ataque à embaixada americana. Também participei de reuniões e manifestações em Cambridge e Londres. Mas essa era a Inglaterra, e o que isso significa pode ser descrito como se segue.

Eu estava em uma manifestação em Cambridge contra Denis Healey, que era secretário de Defesa do Partido Trabalhista, então no governo, em um momento em que os trabalhistas, pelo menos em princípio, apoiavam a guerra de Lyndon Johnson. Healey estava em seu carro deixando Cambridge após uma palestra, seguindo para o Sul pela Trumpington Street. Um monte de estudantes, entre eles eu, corria ao lado do carro, pulando e gritando; um amigo meu, Peter Kellner, chegou a saltar sobre o carro e começou a bater no teto. O carro foi embora, é claro, e lá estávamos nós, presos no lado errado da Trumpington Street com a hora do jantar na faculdade se aproximando rapidamente. Então começamos a correr de volta para o centro da cidade. Eu me vi correndo ao lado de um dos policiais que haviam sido designados para controlar a manifestação. Enquanto trotávamos, ele se virou para mim e perguntou: "Então, como foi a manifestação, senhor?" E eu, não encontrando nada de estranho ou absurdo em sua pergunta, virei-me e respondi: "Eu acho que foi bastante bem, você não acha?" E seguimos nosso caminho. Isso não era jeito de fazer uma revolução.

Fui a Paris na primavera de 1968, e fui arrebatado como todos os outros. Mas minha formação socialista-marxista residual me fez instintivamente suspeitar da noção, popular na França, de que os estudantes podiam agora ser uma — *a* — classe revolucionária. Portanto, embora eu estivesse muito impressionado com as greves da Renault e outras ocupações daquele ano, nunca consegui me entusiasmar com Dany Cohn-Bendit e "*Sous le pavé, la plage*".

Essa distinção entre política de esquerda e mero ativismo estudantil foi primeiramente explicitada para mim naquele outono pelo historiador Eric Hobsbawm. Em 1968, eu era o secretário da King's College Historical Society, como Eric tinha sido muitos anos antes. Hobsbawm foi em muitos aspectos importantes o verdadeiro e leal homem de King's: o College, do qual ele fora aluno nos anos 1930 e *fellow* até meados dos anos 1950, que significava tanto para ele em certas áreas de sua vida quanto o Partido Comunista, com o qual ele é mais famosamente associado. Ele foi ao King's e fez um sermão político sutil, rejeitando de forma implícita a juventude revolucionária daquele ano e invertendo a famosa 11ª tese de Marx sobre Feuerbach: às vezes a real questão não é tanto mudar o mundo, mas compreendê-lo.

Isso me fez lembrar algo: sempre fora o Karl Marx analítico, o comentarista político e não o prognosticador revolucionário, que mais me atraíra. Se você me perguntasse qual ensaio de Marx eu recomendaria a um estudante, tanto para apreciar os talentos de Marx quanto para captar a mensagem central, acho que seria *O 18 brumário de Luis Bonaparte*, seguido de perto talvez por *As lutas de classe na França de 1848 a 1850* e *A guerra civil em França*. Marx era um comentarista polêmico de gênio, quaisquer que sejam as deficiências de suas especulações teóricas mais amplas. Por essa razão, eu era em grande parte indiferente aos debates da década de 1960 entre os defensores do "jovem" e do "velho" Marx, o filósofo da alienação e o teórico da economia política. Para mim, Marx foi sempre e acima de tudo um observador dos acontecimentos políticos e da realidade social.

Vamos começar com alguns marxistas políticos iniciais, os teóricos e os homens e as mulheres de partido da virada do século XIX para o XX. Essas eram pessoas que liam Marx e liam umas às outras, e que simultaneamente abrigavam esperanças autênticas de chegar ao poder por meio de revolução, greve geral ou até mesmo (embora isso fosse então controverso) eleições. Esse era o período da Segunda Internacional, de 1889 a 1917, grosso modo o tempo entre a morte de Marx (em 1883) e a revolução de Lenin. Essas eram pessoas que intelectualmente faziam parte do establishment. Eram muitas vezes universitários cultos e falavam a linguagem filosófica de seu tempo; em geral, bastante confiantes em relação à política, não só no sentido simples de acreditar que o tempo estava do seu lado, mas também no de achar que poderiam entender a ordem das coisas. E também estavam com raiva e eram articulados sobre sua raiva — o que os distingue, digamos, dos intelectuais de nossos dias, que tendem ou a ficar com raiva ou a ser articulados, mas raramente as duas coisas.

Há uma geração política distinta, e um perfil diferenciado de partidos políticos. Pense no aparecimento da Federação Social-Democrata sob Henry Hyndman, em Londres, na ascensão dos social-democratas na Alemanha sob Wilhelm Liebknecht, August Bebel, Karl Kautsky e Eduard Bernstein, e na supremacia de Jean Jaurès no partido francês, para não mencionar os italianos, os holandeses, os belgas, os poloneses e, é claro, os russos.

De onde eles vinham? Essa foi a primeira geração verdadeiramente pós-religiosa. Se você recuasse uma geração, estaria em meios aos debates de Darwin, ou dos cristão-socialistas, ou dos sobre o renascimento religioso do romantismo tardio. Algumas dessas pessoas falam sobre sua emergência como seres políticos ou pensantes como tendo sido banhada no brilho crepuscular do que Nietzsche teria chamado a morte de Deus. Não é só o fato de eles não acreditarem; a questão da fé já não é a coisa mais importante para eles. Sejam eles judeus depois da libertação, ou católicos franceses anticlericais, ou protestantes social-democratas não praticantes do Norte da Europa, estão isentos dos termos mais velhos, puramente morais em que a injustiça social havia sido criticada. Parece-me que não se pode explicar o materialismo obsessivo de Georgi Plekhanov e dos russos, ou de Jaurès e da esquerda francesa, se não se vir esse grupo como uma geração que procurou, com grande energia, pensar a sociedade como um conjunto de problemas *seculares*.

Se havia uma consideração transcendental em política, não era o significado da sociedade, mas sim seus propósitos. Essa foi uma mudança sutil, mas crucial. Podemos ver isso de forma clara se fizermos um desvio para o liberalismo inglês. A ruptura liberal com a fé começou, obviamente, no Iluminismo, no qual a fé como uma parte constitutiva do quadro de referência para pensar sobre os propósitos humanos simplesmente evapora. Mas há um segundo estágio, que é muito importante na Inglaterra (e na França): o colapso da verdadeira crença religiosa no terceiro trimestre do século XIX. Os novos liberais, nascidos naquele meio, reconheciam que seu mundo era um mundo sem fé, um mundo sem fundações. E assim eles tentaram fundá-lo sobre novos modos filosóficos de pensar. Nietzsche toca em um aspecto disso quando escreve que os homens precisam de fundamentos realistas para a ação moral, e contudo eles não podem tê-los porque não podem concordar sobre quais seriam esses fundamentos. Eles não têm base para esses fundamentos — já que Deus está morto —, e contudo, sem eles, não têm absolutamente nenhum fundamento para a ação.

Assim, Keynes, em *My Early Beliefs* [Minhas crenças iniciais], escreve sobre seu entusiasmo por G. E. Moore, filósofo de Cambridge. Moore, parece justo dizer, é o que Nietzsche teria sido se tivesse nascido na Inglaterra. Não há Deus, há uma radical não necessidade em todas as questões éticas, e contudo temos de encontrar regras a ser obedecidas, mesmo que elas sejam apenas para a elite. Portanto, essa elite fala para si mesma sobre as regras de seu próprio comportamento e depois sobre as razões que ela pode dar ao mundo em geral para segui-las. Na Inglaterra, isso produziu uma adaptação seletiva da ética utilitarista depois de John Stuart Mill: *nós* teremos imperativos éticos kantianos, mas o resto da humanidade vai se contentar com motivos utilitários para segui-los, porque esse vai ser o nosso presente para o mundo.

Isso é o que o marxismo da Segunda Internacional parece. Ele é um conjunto de regras e normas neokantianas autoatribuídas sobre o que está errado e o que deve ser, mas com uma penumbra científica com o propósito de explicar — a eles próprios e aos outros — como ir daqui para lá com a confiança de que a História está do seu lado. Falando estritamente, não se pode extrair da narrativa de Marx do capitalismo uma razão pela qual o socialismo deve (em sentido moral) acontecer. Lenin compreendeu isso, reconhecendo que a "ética" socialista era uma ressaca da autoridade religiosa e um substituto para ela. Hoje, é claro, essa ética é a maior parte do que resta da social-democracia, mas nos dias da Segunda Internacional ela representava uma ameaça ao duro realismo histórico do socialismo.

O marxismo exerceu uma atração distintiva, não só sobre aquela primeira geração de críticos intelectuais cultos, mas até a década de 1960. Temos a tendência de esquecer que o marxismo é um relato maravilhosamente persuasivo de como funciona a história, e de por que ela funciona. É uma promessa reconfortante para alguém aprender que a História está do seu lado, que o progresso está na sua direção. Essa afirmação distinguia o marxismo em todas as suas formas de outros produtos radicais da época. Os anarquistas não tinham nenhuma teoria real de como funcionava o sistema; os reformistas não tinham nenhuma história para contar sobre a transformação radical; os liberais não tinham nenhuma explicação para a raiva que esse alguém devia sentir no presente estado de coisas.

Você deve estar certo sobre religião, e me pergunto se você concordaria que ela se exaure de duas maneiras distintas e opostas.

Uma é a ética secular: o renascimento kantiano do final do século XIX em terras de língua alemã como um substituto da religião, melhor articulado na Segunda Internacional pelos austro--marxistas em Viena nas décadas de 1890 e 1900, que o marxista italiano Antonio Gramsci foi inteligente o suficiente para ver que precisava ser institucionalmente organizado. Daí a ideia de hegemonia de Gramsci: com efeito, os intelectuais do partido têm de reproduzir de maneira consciente a hierarquia da Igreja, institucionalizando desse modo a reprodução social da ética.

Mas há também a escatologia: a ideia de salvação final, o retorno do homem à sua própria natureza, todas essas ideias incrivelmente motivadoras pelas quais alguém pode fazer sacrifícios no mundo secular — a prioridade do sacrifício é ideia de Lenin, essencialmente. E me parece que cada um desses dois conceitos é um substituto satisfatório para a religião, mas que eles levam as pessoas a lugares muito diferentes.

Está correto. E eles surgem com força variada em diferentes lugares. Assim, a linha escatológica de raciocínio é muito desagradável para os protestantes escandinavos, por exemplo. Não basta dizer, como se faz, que não havia nenhuma razão para o comunismo se sair bem na Escandinávia porque a social-democracia já havia influenciado profundamente o eleitorado camponês-operário dominante em lugares como a Suécia. Isso é verdade, mas não é uma explicação suficiente. Na Escandinávia, nunca haveria — exceto brevemente na Noruega, entre uma franja raivosa de pescadores negligenciados — um círculo eleitoral para a política de tudo ou nada, de apostar tudo, de uma vez por todas.

Nem haveria um impulso subliminar para a organização neorreligiosa. A forma organizacional — a noção gramsciana de hegemonia, a ideia de que o partido deve substituir a religião organizada, com hierarquia, elite, uma liturgia e um catecismo — explica até certo ponto por que o comunismo organizado no modelo leninista se sai tão melhor em países católicos ou ortodoxos do que nos protestantes. O comunismo sempre se sairia melhor na Itália e na França (e de forma breve na Espanha) do que a social-democracia.

O argumento usual sobre os países católicos é que não havia nenhuma força de trabalho substancial capaz de desenvolver o sindicato como uma forma de organização dentro da qual um partido de massas de esquerda poderia tomar forma. Mas isso não é bem verdade. Havia na França um número muito grande de operários, que estavam em vários pontos muito bem-organizados. Só que eles não estavam estruturados *politicamente*. A organização política da classe trabalhadora no Cinturão Vermelho de Paris, por exemplo, foi de forma inquestionável uma realização dos comunistas; até então, os *syndicats* tinham muito pouca influência, em grande medida por causa da ausência de qualquer vínculo orgânico com qualquer partido político. Eles eram bastante suspeitosos do socialismo precisamente por causa de suas ambições organizacionais.

A evidência *a contrario* vem do caso inglês. Lá você tem um movimento operário qualificado, avançado, que está plenamente formado em 1870; a partir da década de 1880 — isto é, mais ou menos no mesmo momento em que a social-democracia estava tomando forma —, uma força de trabalho não qualificada adicional e cada vez mais importante surgiu nas grandes cidades: turbulenta, desprivilegiada e facilmente mobilizada. O resultado foi um movimento sindicalista em rápida expansão, mais ou menos legal desde o início dos anos 1880, cujas atividades políticas foram canalizados para um Comitê de Representação do Trabalho em 1900 e se tornou seis anos depois um Partido Trabalhista abrangente, dominado e financiado por seus senhores sindicais pelo resto do século. Mas — apesar, ou talvez por causa, das origens desproporcionalmente metodistas e dissidentes dos líderes trabalhistas daqueles anos — tanto a escatologia religiosa quanto a organização eclesiástica que caracterizaram o radicalismo continental estavam inteiramente ausentes.

Não faz parte do segredo do marxismo que ele era surpreendentemente compatível com tradições nacionais de política radical?

O marxismo era a estrutura profunda do pensamento radical europeu. Mais do que ele percebeu, o próprio Marx sintetizou muitas das tendências do começo do século XIX em crítica social e teoria econômica: ele foi, por exemplo, tanto um panfletário político francês exemplar quanto um comentarista menor de economia britânica clássica. E assim esse estudante alemão da metafísica hegeliana legou à esquerda europeia a única versão de sua herança compatível com as tradições locais de raiva radical e que oferecia uma história que poderia transcendê-las.

Na Inglaterra, por exemplo: a economia moral do artesão radical ou do agricultor deserdado do século XVIII alimentava diretamente o marxismo ao insistir em uma narrativa centrada na criatividade destrutiva do capitalismo e nos destroços humanos deixados em sua esteira. Aqui, como no próprio marxismo, encontramos a história de um mundo perdido, que podemos ainda recuperar. É claro, as versões mais antigas (e moralizadas) — na pena de Richard Cobbett, por exemplo — enfatizam a *destruição*, acima de tudo a corrosão das relações humanas; Marx, por outro lado, transforma essa própria destruição em vantagem, por meio de sua visão, em uma forma mais elevada de experiência humana que pode surgir dos detritos do capitalismo.

Nesse aspecto, pelo menos, a escatologia de Marx não é senão um acréscimo ao profundo sentimento de perda e de ruptura que a industrialização inicial causou. E, portanto, sem que ele próprio soubesse, Marx forneceu um modelo dentro do qual as pessoas poderiam representar e reconhecer a história que vinham contando havia algum tempo. Essa é uma das fontes do apelo do marxismo. Um relato impreciso do funcionamento do capitalismo, junto com uma garantia de resultados futuros — poucos dos quais ocorrem — não teria por si só sido capaz de capturar a imaginação de intelectuais, trabalhadores, oportunistas políticos e ativistas sociais de quatro continentes diferentes, ao longo de mais de um século, se as suas raízes sentimentais já não estivessem presentes.

Mas essa é a magia de Hegel, não é, Tony? Porque o que Marx está combinando, no que você diz, é uma visão essencialmente conservadora, uma visão espiritual do passado, com o argumento dialético de que o que é ruim para nós é na verdade bom para nós. Pense em Engels escrevendo sobre a família, por exemplo, mas também na ideia de Marx sobre natureza da espécie antes de ela ser corrompida pela propriedade: aqui você tem descrições de integridade humana e harmonia no passado pré-histórico ou não histórico que nos fazem parar para pensar ainda hoje graças à sua absoluta intensidade. Por meio da dialética hegeliana, a nostalgia é combinada com a capacidade não apenas de aceitar, mas de saudar o que quer que esteja destruindo a beleza do passado. Você pode abraçar a cidade, e você pode abraçar a fábrica: ambas representam destruição criativa. O capitalismo pode parecer nos oprimir, nos alienar, e certamente nos pauperiza, mas ainda assim ele tem sua própria beleza e é uma realização objetiva, que mais tarde seremos capazes de explorar quando restituirmos nossa própria natureza a nós mesmos.

Lembre-se, é isso que dá ao marxista uma vantagem distinta em confrontos dialéticos. Para liberais e progressistas que afirmam que tudo é para o melhor, Marx oferece uma poderosa narrativa de sofrimento e perda, deterioração e destruição. Dos conservadores, que concordariam com isso e reforçariam a afirmação insistindo na superioridade do passado, Marx era, é claro, desdenhoso: essas mudanças, por menos atraentes que sejam a médio prazo, são o preço necessário e, em todo caso, inevitável que pagamos por um futuro melhor. Eles são o que são, mas valem a pena.

O apelo do marxismo também se liga ao cristianismo e ao darwinismo: ambos, de maneiras diferentes, ultrapassados pelo sentimento filosófico e político dos últimos anos do século XIX. Acho que estamos caminhando para concordar que a esquerda socialista os deixou para trás apenas para reinventá-los de várias maneiras. Pense no cristianismo e no significado atribuído ao sofrimento de Cristo: seu propósito é concedido a nós nesta terra imperfeita apenas na medida em que a salvação aguarda após a morte. Quanto aos popularizadores de Darwin (e seus vulgarizadores, inclusive Friedrich Engels): a evolução, eles insistiam, era não apenas compatível com uma visão de mudança política, mas insistia nela — as espécies surgem, elas competem. A vida — como a natureza — é bastante sangrenta, rubra em seus dentes e garras, mas a extinção de espécies (não menos que a de classes) é razoável não apenas em termos científicos, mas também morais. Ela leva a espécies melhores; portanto, no fim das contas estamos onde estamos, e as coisas acabam sendo boas.

No início do século XX, a versão engelsiana era de longe a mais influente. Engels viveu por treze anos depois da morte de Marx: tempo suficiente para que implantasse suas próprias leituras da versão geralmente aceita de textos marxistas populares. Ele escrevia com mais clareza que seu amigo. E teve a sorte de estar escrevendo logo após o pensamento científico popular ter entrado na corrente política e educacional em voga graças a Herbert Spencer e outros. Por exemplo, "Socialismo: utópico e científico", de Engels, é inteligível para qualquer jovem de 14 anos instruído. Mas é claro que esse é o problema. O expurgo feito por Engels da teoria da evolução do século XIX reduziu Darwin a um conto admonitório da vida cotidiana. O marxismo era agora uma história acessível de tudo: não mais uma narrativa política, uma análise econômica ou mesmo uma crítica social, mas pouco menos que uma teoria do universo.

Em suas formas originais, a neorreligiosidade de Marx envolvia um telos, um ponto final a partir do qual toda a história assumia seu sentido: ela sabia para onde estava indo. Nas mãos de Engels, ela é comprimida em uma ontologia simples: a vida e a história vêm de onde vêm e vão para onde devem ir, mas se elas têm um significado discernível, certamente ele não é derivado de suas perspectivas futuras. Nesse aspecto, e não obstante suas muitas virtudes, Engels se assemelhava a Herbert Spencer: mecanicista, demasiado ambicioso em suas afirmações, abrangente em sua visão, montando a partir de materiais mal escolhidos uma história que poderia ser aplicada a qualquer coisa, da história dos relógios à fisiologia dos dedos. Esse relato para todos os fins provou ser magnificamente útil: era ao mesmo tempo acessível a todos e podia justificar a autoridade interpretativa exclusiva de uma elite clerical. O modelo distintivo de partido de Lenin seria impensável sem ele. Mas precisamente por esse motivo temos Engels para culpar pelos absurdos do materialismo dialético.

> *Vamos retornar a seu argumento de que o marxismo tem mais ressonância em países católicos do que em países protestantes por causa de certos tipos de práticas rituais que têm a ver com a maneira como se usa a linguagem e em que cenários. Pode-se apresentar esse tipo de argumento para o judaísmo e seu engajamento na política radical?*

Que o marxismo é uma religião secular parece evidente. Mas exatamente *qual* religião ele está seguindo? Isso nem sempre é tão claro. Ele abrange muito da escatologia cristã tradicional: a queda do homem, o Messias, seu sofrimento e a redenção vicária da humanidade, a salvação, a ascensão e assim por diante. O judaísmo também está lá, mas menos em substância do que em estilo. Em Marx e em alguns dos mais interessantes marxistas posteriores (Rosa Luxemburgo, talvez, ou Léon Blum) — e sem dúvida nos intermináveis debates socialistas alemães realizados nas páginas do *Die Neue Zeit* — podemos prontamente discernir uma variedade de *pilpul*, a dialética autoindulgente brincalhona que está no centro dos julgamentos rabínicos e na moralização e contação de histórias judaicas tradicionais.

Pense, se quiser, na pura inteligência das categorias: o modo como as interpretações marxistas podem inverter e deslizar de forma transversal uma à outra de maneira que o que é acaba por não ser, e o que era retorna com nova roupagem. A destruição é criativa, enquanto a preservação se torna destrutiva. O grande deve ser pequeno e as verdades presentes estão fadadas a perecer como ilusões passadas. Quando menciono esses aspectos bastante óbvios das intenções e da herança de Marx para pessoas que o estudaram e até escreveram sobre ele, elas frequentemente ficam constrangidas. Não raro, são judeus e ficam nervosos pela ênfase na própria origem judaica de Marx, como se tivesse feito alusão a assuntos de família.

Eu me lembro da cena no livro de memórias *Quel beau dimanche* [*Um belo domingo*], de Jorge Semprún. Depois que sua família foi expulsa da Espanha, ele, com a idade de 20 anos, foi arrastado para a Resistência Francesa e posteriormente preso como comunista. Enviado para Buchenwald, foi posto sob a asa de um velho comunista alemão — o que, sem dúvida, explica sua sobrevivência. Em dado momento Semprún pede ao homem mais velho que lhe explique a "dialética". E vem a resposta: "C'est l'art et la manière de toujours retomber sur ses pattes, mon vieux" — a arte e a técnica de sempre cair de pé. E assim é com a retórica rabínica: a arte e a técnica — acima de tudo a arte — de aterrissar de pé em uma sólida posição de autoridade e convicção. Ser um revolucionário marxista era fazer uma virtude de sua falta de raízes, em especial a ausência de raízes religiosas, e ao mesmo tempo se apegar — ainda que apenas semideliberadamente — a um estilo de raciocínio que teria sido muito familiar a qualquer aluno de escola hebraica.

> *As pessoas esquecem que os socialistas judeus foram anteriores e mais bem-organizados que outros no Império Russo. O Bund de fato antecede e durante algum tempo ofuscou tentativas de criar um partido russo. Na verdade, para definir sua própria posição Lenin teve de separar seus seguidores do Bund — uma divisão*

mais importante do que aquela mais conhecida entre bolcheviques e mencheviques.

Como você vê Lenin operando nessa geração, nesse meio, na Segunda Internacional?

Os russos eram uma presença bastante desconfortável na Segunda Internacional, que era uma coleção de partidos marxistas geralmente mais integrados aos sistemas políticos nacionais do que os radicais russos poderiam ser dentro da autocracia czarista. Questões de participação em governos burgueses, o tema dominante na Internacional na véspera da Primeira Guerra Mundial, não eram de interesse para os súditos de um império autocrático.

Os marxistas russos estavam profundamente divididos entre a maioria social-democrata de estilo alemão, materialista — exemplificada por Plekhanov, mais velho — e uma minoria ativista radical liderada por Lenin, mais jovem. Essa é, quando você pensa sobre isso, uma divisão convencional e familiar entre opositores de todas as sociedades autoritárias: entre os que estão dispostos a creditar a boa-fé a reformas marginais de um governante autoritário e aqueles para quem essas reformas são o maior perigo de todos — elas enfraquecem e dividem as forças que buscam uma mudança mais radical.

Baseando-se no marxismo, Lenin reinterpretou, revisou e assim reviveu a tradição russa nativa de revolução. Na geração anterior, eslavófilos revolucionários haviam nutrido o agradável pensamento de que havia uma história russa distinta e uma trajetória distintamente russa para qualquer ação radical naquele país. Alguns deles endossavam o terrorismo como uma forma de preservar as virtudes peculiares da sociedade russa e ao mesmo tempo minar a autocracia. Embora Lenin não tivesse paciência com a antiga herança russa de ativismo, revolução pelo ato, niilismo, assassinato etc., ele insistia em preservar a ênfase que os acompanhava na ação voluntarista. Mas o voluntarismo dele era cingido por uma visão marxista de revoluções vindouras.

Mas Lenin não desprezava menos os social-democratas russos que compartilhavam sua aversão pela violência sem sentido. Na tradição russa, os opositores dos eslavófilos eram os ocidentalizantes, que essencialmente acreditavam que o problema da Rússia era seu atraso. A Rússia não tinha virtudes distintas; o objetivo dos russos devia ser levar o país para o caminho do desenvolvimento já estabelecido por países europeus mais ocidentais. Os ocidentalizantes também adotaram o marxismo, inferindo de Marx e dos evolucionistas políticos que tudo o que acontecera e aconteceria no Ocidente veio primeiro e de forma mais pura. O capitalismo, o movimento operário e a revolução socialista seriam todos experimentados em primeiro lugar nos países avançados; em sua forma russa eles podem vir mais lentamente e mais tarde, mas valeria a pena esperar — uma atitude que despertava em Lenin paroxismos de desprezo retórico. Assim, o líder bolchevique conseguiu combinar uma análise ocidental com o radicalismo russo tradicional.

Isso costumava ser visto como prova de intenso brilho teórico, mas não tenho tanta certeza. Lenin era um tático soberbo e não muito mais, mas na Segunda Internacional você não poderia ser importante a menos que tivesse reputação teórica, e portanto Lenin se apresentava e era anunciado por seus admiradores como um dialético marxista de gênio.

Eu me pergunto se o sucesso de Lenin não tem a ver também com uma certa audácia sobre o futuro. Lenin tratava Marx como um determinista, um cientista da história. Os marxistas mais inteligentes da época — Gramsci, Antonio Labriola, Stanislaw Brzozowski e György Lukács — recusavam-se a seguir seu exemplo (embora Lukács depois tenha mudado de ideia). Mas nesse aspecto Lenin era a leitura dominante, depois de Engels.

Então Lenin decidiu que os "cientistas da história" têm permissão não apenas para observar a experiência, mas para intervir nela, para dar um empurrãozinho nas coisas. Afinal, se sabemos de antemão quais são os resultados, por que não chegar lá mais depressa, especialmente se os resultados são tão desejáveis. Mas acreditar na grande ideia lhe dá confiança sobre o significado presente de fatos que de outra forma seriam pequenos, triviais e sem glamour.

* * *

> *Isso, por sua vez, estava relacionado às formas kantianas do marxismo, ainda disseminadas naqueles anos: tentativas de dotar o marxismo de uma ética própria e autossuficiente. Para Lenin, a ética é retroativamente instrumental. Pequenas mentiras, pequenos enganos, traições insignificantes e dissimulações passageiras, tudo isso fará sentido à luz de resultados posteriores e será tornado moralmente aceitável por eles. E o que é verdade para as pequenas coisas acaba se aplicando também às grandes.*

Você não precisa nem estar confiante sobre o futuro. A questão é se em princípio você concorda em permitir que as contas sejam apresentadas em nome do futuro, ou se você acredita que elas devem ser fechadas no fim de cada dia.

Uma outra distinção de consequência diz respeito àqueles que fazem cálculos dependentes do futuro em seu próprio benefício ou em benefício de outros, e aqueles que fazem tais cálculos e se sentem livres para impô-los aos outros. Uma coisa é eu dizer que estou disposto a sofrer agora por um futuro desconhecido, mas possivelmente melhor. Outra coisa é eu autorizar o sofrimento de outros em nome dessa mesma hipótese inverificável. *Este*, em minha opinião, é o pecado intelectual do século: fazer um julgamento sobre o destino de outros em nome do futuro deles como você o vê, um futuro em que você pode não ter nenhum investimento, mas em relação ao qual você reivindica informação exclusiva e perfeita.

> *Há pelo menos duas formas de raciocinar do presente para o futuro. Um delas é partir de uma imagem do futuro e então fazer um esforço para voltar ao presente, e em seguida dizer que se sabe quais devem ser as etapas. Outra é partir do presente e dizer: não seria um pouco melhor se o futuro próximo fosse algo parecido com o presente, mas melhorado em um certo aspecto definível? E isso parece permitir uma distinção entre o planejamento político e a revolução comunista.*

Concordo que essa distinção é importante. Mas você está assumindo um ligeiro impedimento histórico: *essas duas* formas de pensar a política pública têm suas raízes em um único projeto iluminista.

Tomemos o caso de um liberal clássico do século XIX como David Lloyd George. Seus projetos de tributação inovadores, como as políticas nacionais de seguro que ele introduziu nos governos liberais de 1906 a 1911, envolvem um determinado conjunto de pressupostos não questionados: pode-se esperar razoavelmente que certos tipos de ações presentes gerem resultados desejáveis, mesmo ao preço de um custo ou da impopularidade política a curto prazo. Assim, mesmo Lloyd George se vê, como deve acontecer com qualquer reformador coerente, afirmando de forma implícita que suas ações presentes são e só podem ser justificadas por benefícios futuros a que os homens seriam tolos se se opusessem.

Nesse sentido, não há nenhum abismo epistemológico profundo separando o socialismo (ou pelo menos a social-democracia) do liberalismo. Ambos, porém, são bastante distintos de uma política pública baseada obsessivamente em dispositivos de planejamento calculados de forma matemática. Esses últimos só se justificam na medida em que possam reivindicar conhecimento perfeito ou quase perfeito de resultados futuros (para não mencionar a informação presente). Como nem a informação presente nem a futura — sobre a economia ou qualquer outra coisa — jamais nos é concedida de forma perfeita, o planejamento é inerentemente ilusório, e quanto mais abrangente o plano, mais ilusórias suas afirmações (algo muito semelhante pode ser dito, mas raramente é, sobre a noção de mercados perfeitos ou eficientes).

Mas enquanto o liberalismo ou a social-democracia não ascendem ou caem com base no sucesso de suas afirmações sobre o futuro, o comunismo o faz. É por isso que acredito que o colapso da social-democracia como modelo, como ideia, como narrativa grandiosa, na esteira do desaparecimento do comunismo, é não só infeliz mas injusto. É também uma má notícia para os liberais, uma vez que tudo que pode ser dito contra as maneiras social-democratas de conceber os assuntos públicos também pode ser dito contra os liberais.

Deixe-me fazer uma tentativa de separar epistemologicamente o liberalismo do marxismo. O liberalismo começa com pressupostos otimistas sobre a natureza humana, mas na prática é fácil escorregar por uma ladeira, onde se aprende que se deve ser um pouco mais pessimista, o que requer um pouco mais de intervenção, um pouco mais de condescendência, um pouco mais de elitismo, e assim por diante. E essa é, de fato, a história do liberalismo, pelo menos do novo liberalismo do início do século XX, com sua aceitação da intervenção do Estado.

Enquanto o liberalismo assume um otimismo sobre a natureza humana que é um pouco erodido com a experiência, o marxismo, graças à sua herança hegeliana, assume pelo menos um fato não contingente: a nossa alienação. A visão marxista diz mais ou menos o seguinte: nossa natureza é bastante ruim, mas poderia ser bastante boa. A fonte tanto da condição quanto da possibilidade é a propriedade privada, uma variável contingente. Em suma, a mudança está verdadeiramente à nossa disposição, e de uma forma surpreendente: com a revolução vem um fim não só ao regime de propriedade, mas também, e por meio dele, da injustiça, da solidão e das vidas mal vividas. Porque esse futuro está à nossa disposição, a própria natureza se torna fungível — ou melhor, a nossa atual condição insatisfatória torna-se antinatural. À luz de tal visão, praticamente qualquer passo radical e atitude autoritária se tornam imagináveis e até desejáveis — uma conclusão a que um liberal simplesmente não pode chegar.

Olhe, essa fissura epistemológica e moral não separa liberais e marxistas tanto quanto divide os marxistas entre si. Assim, se examinarmos os últimos 130 anos, mais ou menos, vemos que a linha mais importante era a que separava os marxistas que eram atraídos para a versão mais extrema dessa história (especialmente em sua juventude), mas que em última instância não aceitavam suas implicações — e portanto, no fim, suas premissas — e aqueles para quem ela permaneceu digna de crédito até o fim, com suas consequências e tudo o mais. A noção de que tudo é, ou não é — de que tudo é uma coisa ou outra, mas não pode ser ambas ao mesmo tempo, de que se alguma coisa (por exemplo, a tortura) é má, ela não pode ser dialeticamente tornada boa em virtude de seus resultados: esse é e sempre foi um pensamento não marxista e foi devidamente punido, como você sabe, como "revisionismo". E com razão, porque esse empirismo epistemológico tem suas raízes no pensamento político liberal e representa — na verdade, sempre representou — uma ruptura clara com o estilo religioso de raciocínio que está no cerne do apelo do marxismo.

Ainda assim, durante grande parte do século passado muitos social-democratas que teriam ficado horrorizados de se verem como qualquer coisa que não fosse marxista — muito menos como "liberal" — não foram capazes de fazer o movimento final para o necessitarismo retroativo. Na maioria dos casos, eles tiveram a sorte de evitar a escolha. Na Escandinávia, o acesso ao poder foi aberto aos social-democratas sem necessidade de derrubar ou reprimir as autoridades existentes. Na Alemanha, aqueles que não estavam dispostos a aceitar a restrições constitucionais ou morais se retiraram do consenso social-democrata.

Na França, a questão era irrelevante graças aos compromissos impostos pela política republicana e na Inglaterra ela era redundante graças à marginalidade da esquerda radical. Paradoxalmente, em todos esses países, aqueles autointitulados marxistas puderam continuar a contar histórias a si mesmos: puderam persistir na crença de que a narrativa histórica marxista informava suas ações, sem enfrentar as implicações de tomar essa afirmação a sério.

Mas em outros lugares — dos quais a Rússia foi o caso primeiro e exemplar — o acesso ao poder foi na verdade aberto aos marxistas precisamente em razão de suas afirmações intransigentes sobre a história e sobre outros povos. E assim, após a Revolução Bolchevique de 1917, houve um cisma acentuado e duradouro entre aqueles que não digeriam as consequências humanas de suas próprias teorias, e aqueles para os quais essas mesmas consequências eram odiosas exatamente da maneira como eles tinham pensado que seriam, e ainda mais convincentes por essa razão: é mesmo difícil; temos realmente de fazer escolhas difíceis; não temos opção senão fazer coisas ruins; isto é uma revolução; se estamos no negócio de fazer omelete, este não é o momento de cozinhar os ovos em fogo baixo. Em outras palavras, esta é uma ruptura com o passado e com os nossos inimigos, justificada e explicada por uma lógica abrangente de transformação humana. Os marxistas para os quais tudo isso sugeria mera repressão foram (não totalmente sem razão) acusados de não compreender as implicações de sua própria doutrina e condenados à lata de lixo da História.

O que acho atraente em Karl Kautsky, o homem que — até 1917 — tinha sido a autoridade intelectual da Europa socialista, é que quando a Revolução Russa irrompe ele não para de pensar nem engole as consequências. Em vez disso, como outros intelectuais marxistas menos proeminentes, ele submete as ações de Lenin à grade de uma análise marxista habitual e há muito estabelecida. Em contraste com alguns outros líderes socialistas, ele não pode simplesmente decidir acreditar que a Revolução Bolchevique foi marxista porque Lenin disse.

Isso mesmo. Karl Kautsky e Eduard Bernstein — que até 1917 tinham estado em desacordo sobre as brigas divisivas em relação ao revisionismo que haviam caracterizado os debates socialistas alemães no pré-guerra — não podiam, nenhum deles, digerir as implicações das ações russas para o pensamento marxista crítico (talvez valha a pena mencionar aqui que cada um a seu modo tinha estado mais próximo de Engels, e, portanto, do marxismo convencional em anos anteriores, do que qualquer outra pessoa).

Rosa Luxemburgo, que havia sido crítica igualmente de Kautsky e Bernstein por sua resposta apática à urgência radical deles, era um caso diferente. Ela estava pelo menos tão consciente quanto eles das deficiências do leninismo — na verdade, sua crítica aos bolcheviques era talvez a intelectualmente mais rigorosa de todas —, mas, diferentemente de seus colegas alemães, ela continuou a insistir na possibilidade e na necessidade de uma ruptura radical com o passado: mas em termos muito diferentes dos estabelecidos por Lenin.

A fé na possibilidade de tal ruptura parece ser central, mesmo já em 1917, especialmente já em 1917.

Por analogia com uma visão religiosa de mundo medieval ou cristã moderna inicial, o que de fato importa é a sua salvação. Se sou um crente, devo me preocupar mais com sua alma mortal do que com suas preferências, devo tentar salvá-lo. Mesmo que isso signifique torturá-lo, mesmo que isso signifique, no fim, matá-lo; se pudesse salvar sua alma, eu teria feito não só a coisa certa, mas também o que é evidente que eu deveria *fazer.*

Esse é um estilo de raciocínio do qual o liberalismo realmente se separa. Ou seja, ele considera que os propósitos das pessoas emergem delas de forma individual e são empiricamente discerníveis para os outros e obrigatórios para eles. Foi o hegelianismo que introduziu no pensamento de Marx a discernibilidade do mais profundo propósito e significado das coisas, e portanto a compreensão leninista (tal como era) da herança marxista.

Desse modo, os propósitos finais da história — atingidos e entendidos à luz da Revolução — tornaram-se homólogos à alma imortal: ser salvo a qualquer preço. Isso, então, era praticamente mais que apenas fé ou crença em um sentido trivial. Durante décadas, ele atribuiu à "revolução" um mistério e um significado que podiam justificar e de fato justificavam todos os sacrifícios — em especial aqueles de outros, e quanto mais sangrento, melhor.

Para entender por que tantas pessoas se vincularam e vincularam sua vida ao leninismo e à União Soviética após a revolução de 1917, você tem de pensar não só em fé, mas em comunidade e contexto histórico. A miragem comunista é muito mais abrangente do que a mera social-democracia — a democracia com o Estado de bem-estar social anexado. Suas ambições pretensiosas atraíam pessoas que pensavam em termos de explicações holísticas da história e que generalizavam ao ponto da abstração a relação entre objetivos sociais e compromisso individual. Ninguém jamais falou do deus da social-democracia falhando para eles. Mas o deus do comunismo falhando é uma história muito maior — e ela é, claro, precisamente sobre a perda da fé.

Sim, é como se, após a Revolução Russa de 1917, os bolcheviques monopolizassem o misticismo. Por que a fé vinha tão facilmente para os companheiros de viagem, para aqueles que se identificavam com a União Soviética durante os momentos mais sangrentos?

A história da União Soviética, para aqueles que tinham fé nela, seja como comunistas, seja como companheiros de viagem progressistas, não estava, na verdade, relacionada com o que eles viam. Perguntar por que pessoas que iam para lá não viam a verdade é não entender o essencial. A maioria das pessoas que entendiam o que estava acontecendo na União Soviética não precisava ir até lá para ver. Ao passo que aqueles que iam para a União Soviética como verdadeiros crentes geralmente voltavam na mesma condição (André Gide foi uma exceção famosa e rara).

Em todo caso, o tipo de verdade que um crente estava buscando não era testável por referência à evidência contemporânea, mas aos resultados futuros. Tratava-se sempre de acreditar em uma omelete futura que justificaria um número infinito de ovos quebrados no presente. Se você *deixasse* de acreditar, não estava simplesmente abandonando dados sociais que tinha, aparentemente, entendido mal até então; estava abandonando uma história que poderia justificar quaisquer dados que se desejasse, desde que a recompensa futura estivesse garantida.

O comunismo também oferecia um intenso sentimento de comunidade com os companheiros crentes. No primeiro volume de suas memórias, o poeta francês Claude Roy recorda seu fascismo da juventude. O livro se chama *Moi*. Mas o segundo volume, que lida com seus anos comunistas, é significativamente intitulado *Nous*. Isso é sintomático. Pensadores comunistas se sentiam parte de uma comunidade de intelectuais com sentimentos semelhantes, o que lhes dava a sensação de que não só estavam fazendo a coisa certa, mas também se movendo na direção da história. "Nós" estávamos fazendo isso, e não apenas "eu". Isso sobrepujava a noção de multidão solitária e colocava o indivíduo comunista no centro não só de um projeto histórico, mas de um processo coletivo.

E é interessante como muitas vezes as memórias dos desiludidos são expressas em termos da *perda* da comunidade, além da perda da fé. O difícil não era abrir os olhos para o que Stalin estava fazendo, mas romper com todas as outras pessoas que haviam acreditado naquilo junto com você. E assim essa combinação de fé e atrativos, muito consideráveis da fidelidade compartilhada, davam ao comunismo algo que nenhum outro movimento político poderia ostentar.

É claro, diferentes grupos de pensadores foram atraídos para o comunismo por diferentes razões. Uma geração, nascida por volta de 1905, como Arthur Koestler, foi atraída para o leninismo em seus primeiros anos e foram desiludidas no mais tardar pelas farsas judiciais de Stalin, em 1936, ou pelo Pacto Molotov-Ribbentrop, em 1939. Essa geração é, portanto, bastante diferente daqueles que foram seduzidos pela imagem do Exército Vermelho vitorioso na Segunda Guerra Mundial, pelo heroísmo da resistência dos partidos comunistas (real e imaginado) e pela sensação de que, se os Estados Unidos eram a alternativa, e representavam o capitalismo em sua encarnação mais crassa, o comunismo era uma escolha fácil.

Essa geração posterior tende a enfrentar a desilusão em 1956, na forma da invasão soviética da Hungria. Enquanto para a geração anterior de comunistas eram o fracasso da social-democracia e a escolha aparentemente inexorável entre fascismo e comunismo que mais importavam, nas décadas de 1940 e 1950 as escolhas pareciam muito diferentes, embora Stalin se esforçasse para apresentar a Guerra Fria como um conjunto essencialmente similar de opções. E assim os companheiros de viagem — simpáticos ao comunismo, mas não exatamente comprometidos em aderir a ele — importaram mais na história posterior do que no entreguerras, quando a questão saliente era se e quando as pessoas deixavam de ser comunistas e se tornavam... ex-comunistas.

> *O momento em que alguém se torna membro do partido comunista, ou declara sua associação com o comunismo, é muito importante biograficamente. Há uma espécie de armadilha temporal dupla: a partir daquele momento, a revolução recua diante da pessoa, como um arco-íris. Ela quer continuar perseguindo-a. Enquanto isso, recuando atrás dela está aquele momento em sua juventude em que ela fez essa escolha, e com ela provavelmente fez muitos bons amigos, ou descobriu novos tipos de*

amante. E acho que consideravam muito difícil isolar-se daquelas pessoas, daquele momento.

Mais uma vez, pense nas memórias de Eric Hobsbawm. Há uma sensação de que toda a sua vida, e suas lealdades de outro modo inexplicáveis, pode ser ligada ao último ano da República de Weimar na Alemanha. Em 1932, ele estava vivendo em Berlim como um jovem de 15 anos, vendo a democracia alemã desmoronar, ingressando no Partido Comunista, claramente sentindo que esse era o grande momento de virada do século e que ele estava fazendo uma escolha no momento que deveria. Essa escolha não só moldou o resto de sua vida como deu razão e significado a tudo o que veio antes. Muitos dos que fizeram essa mesma escolha mas anos depois a rejeitaram ficaram então desnorteados para explicar exatamente o que agora dava sentido à sua vida — que não fosse o compromisso de escrever e falar contra a coisa que antes dava.

Se você pensar sobre ex-crentes como Ignazio Silone, ou Whittaker Chambers, ou Manes Sperber, você vê dois tipos de conotação emocional: a tentativa de expressar a perda da fé e a de racionalizar a fé que existia antes. A perda da fé, é claro, não é tão atraente quanto a fé: assim, embora possa ser racional se afastar, você perde mais do que ganha. Um exemplo interessante de racionalização é Annie Kriegel, a historiadora francesa que foi primeiro stalinista e depois anticomunista. Suas memórias são chamadas *Ce que j'ai cru comprendre* [O que pensei que entendia]. As memórias de Sidney Hook, *Out of Step* [Fora do passo], também são uma série de tentativas de explicar por que "Eu pensei que entendia as coisas claramente na época". *Le passé d'une illusion* [O passado de uma ilusão], de François Furet, é a mesma coisa, sob o disfarce de uma história do século XX. Essa é uma maneira de afirmar que "minhas" escolhas anteriores não eram tanto uma questão de fé, mas de respostas razoáveis a uma determinada situação. É uma maneira, portanto, de orgulhar-se, tanto da escolha de ser comunista quanto da opção de deixar de ser.

Há um belo exemplo de hiper-racionalização em Furet, em que ele nos diz que, em 1947, leu Darkness at noon *[Escuridão do meio-dia] de Koestler. Longe de ser convencido, pelo relato de Koestler do terror na União Soviética, de que ele não devia se tornar comunista, o jovem Furet ficou impressionado com a racionalidade tanto do interrogador quanto do interrogado durante as farsas judiciais stalinistas.*

Lembre-se, porém, de que Koestler não tinha se libertado dos encantos da dialética quando escreveu o romance. O que Koestler queria mostrar era por que tantas pessoas tinham sido seduzidas por essas formas de pensar. Mas uma parte da razão pela qual o romance funciona tão bem é que o próprio Koestler ainda está um pouco seduzido.

É por isso que Darkness at noon *é um bom relato de dentro, de por que as pessoas eram atraídas para o comunismo. Mas não é um bom relato de como era de fato o Grande Terror, não diz nada sobre as centenas de milhares de operários e camponeses que foram mortos em 1937 e 1938.*

No relato de Koestler — e ele compartilha isso com Hobsbawm — os mocinhos e os bandidos são todos comunistas. Em primeiro lugar, todas as vítimas — certamente todas as que importam — são comunistas. Além disso, os "perpetradores" são stalinistas que abusam do comunismo "bom" para seus próprios fins e depois exploram a lei ou o poder que têm para condenar companheiros comunistas com quem não concordam ou que desejam eliminar. Como você nota, esse não é o aspecto mais importante da história soviética naqueles anos; e é claro que ele não faz justiça ao Terror. Mas para os intelectuais era o que contava.

O que de fato importava para os intelectuais era um ambiente: as pessoas que você conhecia — ou que eram como as que você conhecia — e as coisas que aconteciam com elas. Além desse ambiente, estavam os camponeses coletivizados que perderam suas terras e passavam fome aos milhões, no início da década de 1930, e depois foram mortos às centenas de milhares mais tarde nessa década.

Há um delicioso texto de Koestler em *The Trial of the Dinossaur* [O julgamento do dinossauro] chamado "Os pequenos flertes de Saint-Germain-des-Prés". Ele escreve sobre companheiros de viagem e comunistas franceses como voyeurs, olhando através de um buraco na parede para a história, embora não tenham de experimentá-la eles próprios. As vítimas do comunismo poderiam ser confortavelmente redescritas (e muitas vezes foram) como as vítimas não dos homens, mas da História. O comunismo, portanto, passava como o espírito de Hegel fazendo o trabalho da história, em países onde ela não tinha conseguido fazer o trabalho por si mesma. De tal distância, pode-se apresentar argumentos sobre os custos e benefícios da História: mas os custos são suportados por mais alguém e os benefícios podem ser qualquer coisa que você quiser imaginar.

Em certo sentido, isso é bastante semelhante aos debates sobre a Revolução Industrial que estudamos no King's College quando eu era aluno de graduação: ela pode ter tido terríveis resultados humanos no curto prazo, mas foi necessária e benéfica. A transformação foi necessária porque sem industrialização não teria sido gerada a riqueza fundamental para superar os obstáculos malthusianos em sociedades agrárias; e foi benéfica porque a longo prazo o padrão de vida de todos aumentou.

O argumento, portanto, se assemelha ao caso proposto por apologistas ocidentais do comunismo (nas ocasiões em que eles reconheceram a escala dos crimes do comunismo). A diferença, claro, é que ninguém estava sentado em Londres em 1833 planejando a Revolução Industrial e decidindo que, quaisquer que fossem seus custos, valia a pena impô-los aos outros em nome dos benefícios de longo prazo.

Esse ponto de vista é resumido no detestável poema de Bertolt Brecht, admirado por tantas pessoas: "Mesmo o ódio da miséria / Torna a sobrancelha rígida. Mesmo a raiva contra a injustiça / Torna a voz áspera. Infelizmente, nós / Que quisemos lançar as bases da gentileza / Não pudemos ser gentis." Para, em suma, justificar crimes presentes devemos manter nossos olhos firmemente focalizados em ganhos futuros. Mas fazemos bem em ter em mente que nesses relatos os custos são sempre atribuídos a outros, e muitas vezes a outro tempo e outro lugar.

Isso me parece um exercício de romantismo político aplicado. Nós o vemos em casos semelhantes em outros lugares no século XX. Em um mundo onde muitas pessoas — intelectuais, acima de tudo —

já não acreditam na vida após a morte, ela tem de adquirir um significado alternativo. Deve haver uma razão para ela; ela deve fazer avançar a história: Deus está morto, vida longa à morte.

Tudo isso teria sido muito mais difícil de imaginar na ausência da Primeira Guerra Mundial e do culto da morte, e da violência a que ela deu origem. O que intelectuais comunistas e seus homólogos fascistas tinham em comum nos anos seguintes a 1917 era uma atração profunda pela luta mortal e por seus resultados sociais ou estéticos benéficos. Os intelectuais fascistas em especial tornavam a morte ao mesmo tempo a justificativa e o atrativo da guerra e da violência civil: daquele pandemônio nasceriam um homem e um mundo melhores.

Antes de começarmos a nos parabenizar por ter dito "adeus a tudo aquilo", lembremos que essa sensibilidade romântica não foi de forma alguma abandonada. Eu me recordo bem da reação da Condoleezza Rice, então secretária de Estado dos Estados Unidos sob o presidente George W. Bush, à Segunda Guerra do Líbano, em 2006. Ao comentar sobre a invasão israelense do sul do Líbano e a escala de sofrimento de civis a que ela deu origem, ela de forma confiante afirmou que essas eram "as dores do parto de um novo Oriente Médio". E me lembro de ter pensado na época: já ouvi isso antes. Você sabe o que quero dizer: mais uma vez, as provações de outras pessoas estão sendo justificadas como o modo da História de apresentar um novo mundo, e portanto atribuir significado a eventos que seriam de outra forma imperdoáveis e inexplicáveis. Se uma secretária de Estado americana conservadora pode recorrer a uma impostura como essa no século XXI, por que intelectuais europeus não deveriam invocar justificativas semelhantes meio século antes?

Vamos voltar, então, a Eric Hobsbawm por um minuto. Como é possível que alguém que cometeu esse tipo de engano, e nunca o corrigiu, tenha se tornado com o tempo um dos intérpretes mais importantes do século? E o caso dele não é único.

A resposta para isso, eu creio, é bastante reveladora. Nunca perdemos completamente aquela sensação de que — como é provável que o próprio

Hobsbawm ainda insistiria — você não pode avaliar plenamente a moldagem do século XX, se não partilhou antes as ilusões dele, e a ilusão comunista em particular. Nesse ponto, o historiador da vida intelectual do século XX entra essencialmente em um território insolúvel. Os tipos de escolha que as pessoas fizeram na década de 1930 (e suas razões para fazê-las) são inteligíveis para nós. Isso é verdade mesmo que não possamos nos imaginar tendo feito aquelas escolhas, e ainda que saibamos perfeitamente bem que vinte anos depois muitas daquelas mesmas pessoas se arrependerão de sua escolha ou a reinterpretarão em uma luz favorável: erro de juventude, o peso das circunstâncias ou o que seja.

> *Se alguém foi comunista, tem uma compreensão simpática, sabe como era, esteve envolvido com as que pareciam ser as principais questões do tempo e tem matéria-prima para trabalhar. Isso lhe dá uma vantagem como historiador, porque a compreensão simpática é algo que presumivelmente todos queremos. No entanto, se a afirmação é que há vantagens intelectuais em ter sido um stalinista, parece seguir-se que esse alguém desejaria também, de uma perspectiva puramente metodológica, ser um ex-nazista.*

A escolha feita por alemães proeminentes em 1933 de acolher os nazistas — e aceitar que eles os acolhessem, os nomeassem para postos altos, ao preço de sua cumplicidade e silêncio: isso *não é* inteligível para nós hoje, exceto como um ato de covardia humana. E, portanto, ele continua a ser problemático em retrospecto e somos totalmente relutantes a permitir que "erros de juventude" ou "o peso das circunstâncias" sejam invocados como justificativas atenuantes. Somos, em suma, bastante implacáveis com um tipo de pecadilho político passado, mas tolerantes e até mesmo simpáticos a outro. Isso pode parecer inconsistente e mesmo incoerente, mas há uma certa lógica nessa atitude.

Eu vejo pouco benefício, para nossa compreensão da história do século XX, em nos inserirmos na mente de quem formulou ou propagou políticas nazistas (uma das razões pelas quais não compartilho a adulação contemporânea a *Les Bienveillantes* [*As benevolentes*], de Jonathan Littell). Simplesmente não consigo pensar em um único intelectual nazista cujo raciocínio se sustente como um relato histórico interessante do pensamento do século XX.

Inversamente, posso pensar em uma série de razões para ler com cuidado — embora não com simpatia — os textos desagradáveis de certos intelectuais fascistas romenos e italianos. Não estou dizendo que o fascismo em sua forma não alemã era de alguma forma mais tolerável, mais digerível para nós porque no fim não teve a ver com genocídio, destruição maciça de povos etc. O que quero dizer é que outros fascismos operavam em um quadro reconhecível de *ressentimento* nacionalista ou injustiça geográfica que não apenas era inteligível, mas tinha e ainda tem uma aplicabilidade mais ampla, se quisermos entender o mundo que nos cerca.

No entanto, a maior parte do que os intelectuais alemães na era nazista diziam — quando falavam como nazistas ou simpatizantes — se aplicava exclusivamente ao caso alemão. De fato, o nazismo — como as tradições nacionais românticas e pós-românticas em que ele se baseava — foi parasitário em um conjunto de afirmações sobre o que tornava os alemães únicos. Muitos dos intelectuais fascistas romenos — ou italianos, ou espanhóis — acreditavam, em grande parte do tempo, estar abraçando verdades e categorias universais. Mesmo quando eram mais narcisicamente patrióticos, intelectuais franceses fascistas como Robert Brasillach ou Drieu la Rochelle ingenuamente imaginavam ter relevância e interesse muito além das fronteiras da França. Nesse sentido, pelo menos, eles são comparáveis a seus homólogos comunistas: também estavam propondo um relato da modernidade e seus descontentes. Temos, por conseguinte, algo a aprender com eles.

Quando o patriota liberal italiano Giuseppe Mazzini escreveu sobre o nacionalismo no século XIX, estava confiante de que ele poderia e deveria ser uma proposta universal nos termos que você está sugerindo: se a autodeterminação nacional era boa para a Itália, não havia razão em princípio para que não fosse boa para todos. Podem existir muitas nações liberais. E, portanto, o fascismo nas décadas de 1920 e 1930 pode ser entendido como um herdeiro distorcido desse pensamento no pós-guerra: em princípio, um fascista de uma nação pode ter empatia com as ambições de seus

*companheiros fascistas em outras terras. Mas um nacional-
-socialista não pode desejar tal coisa: o nazismo tem a ver com a
Alemanha e não pode ser um modelo para os outros, já que tanto
sua forma quanto seu conteúdo são especificamente alemães.*

*E, no entanto, me pergunto se, precisamente por causa do que você
diz, o nacional-socialismo não era, afinal, universal. O culto de
uma fantasia da própria raça é um caso extremo, o caso extremo.
Mas, com certeza todos temos essa capacidade de ceder à falácia de
nossa própria singularidade, não? A tendência a abrir exceções
para si não é a falha humana universal?*

Talvez. Você está apresentando um argumento mais abstrato que diz respeito não aos pensadores em si, mas ao que podemos aprender da natureza geral das falácias de que eles, ou melhor, seus milhões de vítimas, foram alvo. Eu repetiria que podemos e devemos manter uma distinção entre os nazistas e aqueles intelectuais que, a seus próprios olhos, preservaram e insistiram em suas qualidades universais — a ideia caracteristicamente iluminista de que eles faziam parte de uma conversa internacional: fosse ela a política, ou as origens da sociedade humana, ou o funcionamento do capitalismo, ou o significado do progresso, e assim por diante. Podemos dizer com confiança que os intelectuais comunistas — ou, com determinadas qualificações, fascistas — eram os herdeiros dessas conversas. Simplesmente não podemos dizer isso sobre os nazistas.

4.

O KINGS'S E OS KIBUTZIM: SIONISTA DE CAMBRIDGE

Em 1963, meu pai sugeriu que eu talvez gostasse de ir para Israel, que ele e minha mãe tinham visitado pela primeira vez não muito tempo antes. Meus pais encontraram uma organização de jovens judeus, Dror, que era associada a um movimento kibutziano e organizava viagens de verão a Israel para jovens judeus ingleses. Fiquei encantado com os recrutadores israelenses que dirigiam o movimento em Londres: Zvi e Maya Dubinsky, que representavam o Hakibbutz Hame'uhad, um antigo movimento kibutziano de esquerda. Zvi, o proselitista oficial, era um sionista devoto carismático de 20 e tantos anos; sua mulher, Maya, nascida em Paris (cuja tia, como se revelou mais tarde, era casada com um de meus primos de segundo grau) era bela e cosmopolita. Fui para Israel com eles naquele verão e fiquei completamente maravilhado.

Assim começou meu romance com o kibutz. Israel tinha garotas atraentes e garotos judeus francos e amigáveis, não perturbados por seu judaísmo ou pela hostilidade circundante. Ali estava um lugar onde os arredores, sem ser particularmente familiares, ainda assim não eram muito diferentes ou estranhos. Mas ao me jogar no sionismo e em sua penumbra ideológica, acho que mesmo então eu de forma inconsciente retinha algo de mim. Nos kibutzim mais ideológicos, naqueles dias, os recém-chegados da diáspora recebiam nomes hebraicos. O nome hebraico ou era o equivalente bíblico do nome europeu de um visitante, ou tinha alguma relação com ele, e fazia parte do processo não tão sutil de extrair jovens judeus de sua herança europeia e inseri-los em seu futuro no Oriente Médio. Como não havia equivalente bíblico para "Tony", meus novos amigos do kibutz pegaram o "n" e o "t", inverteram-nos e tentaram me chamar de "Nathan". Rejeitei isso prontamente; as pessoas só me chamavam de Tony.

Trabalhei por sete semanas no Kibbutz Hakuk, na Galileia. Entendi mais tarde que, além de ser preparado para a imigração, eu era mão de obra temporária barata: fazia muito sentido econômico para o kibutz enviar representantes encantadores à Inglaterra a um custo considerável, se eles voltassem com jovens dispostos a trabalhar na fazenda. Isso, é claro, era precisamente o que meus patrocinadores estavam buscando. O Hakibbutz Hame'uhad era o movimento kibutziano do Achdut Ha'avodah, um dos principais partidos políticos de centro-esquerda de Israel naqueles dias. Para o partido, o movimento kibutziano representava capital financeiro, social, político e simbólico, e nós, os novos recrutas, éramos seu futuro. Mas, se isso era exploração, ninguém se opunha. Eu certamente adorava: colher bananas, gozar de boa saúde rudimentar, explorar o país de caminhão, visitar Jerusalém com garotas.

A essência do Sionismo Trabalhista está na promessa de Trabalho Judaico: a ideia de que jovens judeus da diáspora seriam resgatados de sua vida assimilada estéril e transportados para remotos assentamentos coletivos na Palestina rural — para lá criar (e, como dizia a ideologia, recriar) um campesinato judaico vivo, nem explorador nem explorado. Eu via Israel através de uma lente cor-de-rosa: uma terra singular de centro-esquerda, onde todos que eu conhecia eram filiados a um kibutz e onde eu poderia projetar para toda a população judaica um idealismo social-democrata peculiarmente judaico. Nunca encontrei um árabe: os movimentos kibutzianos de esquerda evitavam empregar mão de obra árabe. Como vejo agora, isso servia menos para lustrar suas credenciais igualitárias do que para isolá-los dos fatos inconvenientes da vida no Oriente Médio. Tenho certeza de que não avaliei tudo isso naquela época — embora eu me lembre de me perguntar por que nunca vi um árabe no curso de minhas longas estadas em kibutz, apesar de viver perto das comunidades árabes mais densamente povoadas do país.

Eu estava engajado, era um dos "dançarinos"de Milan Kundera: ingressei em círculos, aprendi a língua em ambos os sentidos: literal e politicamente. Eu era um deles — ou, mais precisamente, um de *nós*. E portanto posso dizer, com alguma convicção, que partilho com Kundera ou Pavel Kohout o conhecimento especial concedido a insiders de como é estar dentro do círculo: olhando com presunção e desdém para os descrentes, os ignorantes, os desinformados e os não esclarecidos.

Voltei para a Inglaterra um sionista socialista comprometido, e com a idade de 15 anos ambas as partes dessa identificação eram centrais para minha fé. O sionismo, para mim, foi sem dúvida uma revolta adolescente, mas não acho que contra nenhuma norma paterna, ou social, ou autoridade específica. Eu com certeza não estava abraçando uma forma de política que era estranha a meus pais: bem ao contrário. Nem estava em revolta contra a cultura, o vestuário, a música ou a política da Inglaterra — pelo menos não mais do que qualquer outra pessoa naquele momento, e talvez um pouco menos do que muitos outros. Eu me revoltava era contra meu *anglicismo*, ou, antes, contra a até então não questionada ambiguidade de minha infância: ser ao mesmo tempo 100% inglês e ao mesmo tempo inequivocamente o filho de judeus do leste europeu. Em Israel, em 1963, resolvi a ambiguidade e me tornei Tony Judt, sionista.

Minha mãe ficou horrorizada. Ela pensava que o sionismo era apenas uma forma vistosa de judaicidade; e em sua mente o judaísmo ostentoso era ao mesmo tempo insosso e imprudente. Mas ela também era inteligente o suficiente para ver que o sionismo poderia atrapalhar meus estudos, o que de fato aconteceu. Continuou a defender o argumento do sucesso acadêmico antes de tudo, enquanto eu estava convencido de que poderia ser mais divertido administrar uma plantação de bananas no Mar da Galileia do que estudar para os A-levels (os exames nacionais britânicos que qualificam os alunos a ingressar na universidade).

Em particular, minha mãe podia ver que eu estava muito atraído pelo carismático casal que me apresentara a Israel. É verdade que eu estava muito atraído por Maya, que não era muito mais velha que eu. Não chegaria a dizer que ela foi a razão de eu dedicar os quatro anos seguintes da minha vida ao sionismo, mas ela certamente estava no centro da história. Maya representava algo, como minha mãe viu, que podia me seduzir a me afastar de meu outro eu, a criança solitária, intelectual, autorreferenciada dos meus anos anteriores. Exatamente por esse motivo, meu pai a princípio ficou entusiasmado — até que ele também começou a observar os mesmos sinais de perigo. Eles dois começaram então a fazer uma forte pressão contra meu desejo de abandonar a escola e partir para um kibutz.

Chegamos a um acordo informal: eu poderia ir para Israel, mas primeiro tinha de ser aprovado em meus A-levels. Se aceitei esses termos, foi porque eu não era tão rebelde. Em todo caso, nunca fiz a maioria dos meus A-levels — mas também não desisti da escola. Em vez disso, um ano mais cedo e a pedido de meus mestres, prestei o exame de ingresso na Universidade de Cambridge. Os regulamentos da época estipulavam que se você fosse aprovado nesse exame em um nível suficientemente alto e fosse aceito por um dos *colleges*, tinha cumprido os requisitos mínimos para admissão na universidade.

Nos meses que antecederam o exame de Cambridge, no outono de 1965, namorei sério uma garota do movimento da juventude sionista, à custa evidente de minha preparação para o exame. Ao voltar para casa uma noite, por volta das duas da manhã, fiquei aterrorizado ao encontrar meu pai na sala de jantar, esperando por mim. Fui submetido a uma palestra sobre a temeridade, para dizer de forma educada, de favorecer a companhia feminina em detrimento da lição de casa. Não acho que mais tarde tenha me ressentido da bronca; talvez mesmo naquele momento eu tenha ficado grato pelo que meu pai estava fazendo por mim. Sem a menor cerimônia, descartei a pobre menina, estudei dia e noite e tive naquele exame um desempenho melhor do que em qualquer prova que fiz, antes ou depois.

Naquela época, os *colleges* de Cambridge enviavam um telegrama — um telegrama de verdade — para notificar se você havia ganhado uma bolsa de estudos. E assim, numa noite no norte de Londres, na casa de alguns amigos sionistas — o principal atrativo dessa família era que havia duas garotas muito atraentes da minha idade — recebo um telefonema de meus pais, dizendo que havia um telegrama para mim. Naturalmente eles o tinham aberto e lido que eu havia sido premiado com uma dotação para o King's College Cambridge. Eles me perguntaram o que isso significava, e eu expliquei que era a oferta de uma bolsa de estudos e um lugar para morar. Você tem de voltar para casa, eles insistiram, queremos lhe dar os parabéns. Quando cheguei em casa, só consegui ouvir uma briga vindo de algum lugar no andar de cima. Meus pais, como ficou claro, estavam envolvidos em um intenso debate sobre qual lado da família tinha fornecido o material genético que possibilitara meu sucesso...

Na semana seguinte, enviei uma carta ao tutor sênior do King's College Cambridge, perguntando se ele me permitiria abandonar minha preparação para o A-level — em resumo, abandonar a escola. Em uma resposta extraordinariamente generosa e compreensiva, o tutor sênior respondeu que sim, porque você fez as provas de francês e alemão em seu exame de ingresso, e atingiu um nível acima dos A-levels, você cumpriu as qualificações, no que nos diz respeito, e pode fazer o que quiser.

Com grande alívio deixei para trás seis anos de escola e passei a primavera e o verão de 1966 em Israel, no Kibbutz Machanayim. Escolhi o Machanayim apenas porque a organização kibutziana me instruiu a fazê-lo. Lá, eu trabalhava nos laranjais — um trabalho mais fácil do que nas plantações de banana à beira do lago de Hakuk: o cheiro de cítrico é muito preferível à presença de cobras d'água.

Machanayim fazia parte do mesmo movimento kibutziano do Hakuk, embora seus membros adotassem uma linha um pouco mais rígida em questões ideológicas do dia a dia (por exemplo, a distribuição de aparelhos elétricos, cupons de vestuário etc.) Era uma comunidade maior e mais bem-organizada que o Hakuk, mas muito menos amigável e de forma alguma receptiva a opiniões dissidentes. Passei alguns meses lá, mas achei a atmosfera cada vez mais sufocante e inóspita, lembrando uma fazenda coletiva.

Quando meus colegas de kibutz sabiam que eu tinha sido aceito na Universidade de Cambridge e planejava cursá-la, ficavam horrorizados. Toda a cultura de "aliyah" — "viajar para o norte" (para Israel) — presumia o corte de ligações e oportunidades na diáspora. Os líderes do movimento da juventude naquela época sabiam perfeitamente bem que uma vez que um adolescente na Inglaterra ou na França tivesse permissão para ficar lá durante a universidade, ele ou ela estavam provavelmente perdidos para Israel para sempre. A posição oficial, por conseguinte, era que alunos ligados à universidade deviam renunciar a seus lugares na Europa; comprometer-se com o kibutz por alguns anos como colhedores de laranja, motoristas de trator ou classificadores de banana; e, então, se as circunstâncias permitissem, se apresentar à comunidade como candidatos ao ensino superior — no entendimento de que o kibutz determinaria coletivamente, se fosse o caso, qual curso de estudos eles deviam adotar, com ênfase em sua utilidade futura para o coletivo.

Eu fui para a universidade. Como posso ver agora, fui para Cambridge no outono de 1966 como membro de uma geração bastante característica. Por certo, seria difícil escrever sobre a Inglaterra um livro como *Génération intelectuelle*, de Jean-François Sirinelli, um estudo do grupo que se formou na École Normale Supérieure no final da década de 1920: Merleau-Ponty, Sartre, Aron, De Beauvoir e outros que dominariam a vida política e intelectual francesa durante grande parte do meio século seguinte. Mesmo que Oxford, Cambridge e a London School of Economics fossem agrupadas (e não deveriam ser), seus graduados ainda seriam muito grandes em número e muito variados em suas afinidades para constituir uma geração intelectual coerente. E contudo, ainda assim, há algo muito impressionante na geração que passou por universidades britânicas entre o início da década de 1960 e começo da de 1970.

Essa foi a geração de jovens que se beneficiou da Lei da Educação de 1944 e das reformas subsequentes, que tornaram o ensino secundário britânico livre e aberto a qualquer pessoa capaz de se beneficiar dele. Essas reformas estabeleceram um sistema de escolas secundárias estaduais seletivas, de elite, as *grammar-schools*, que era pedagogicamente antiquado, muitas vezes tomando como modelo as antigas escolas públicas (o que na Inglaterra significa, é claro, escolas particulares), mas aberto a talentos de todas as classes. Além disso, havia também um número menor de escolas meritocráticas e igualmente elitistas, as Direct Grant, tecnicamente privadas mas subsidiadas pelas autoridades locais ou pelo governo central, de forma que o benefício para os estudantes era comparável.

Os meninos e as meninas das classes baixas ou médias que frequentavam essas escolas eram aqueles que tinham um bom desempenho no exame nacional aplicado a crianças com idade de 11 anos, às quais era, assim, oferecida uma formação acadêmica secundária (aquelas que não eram aprovadas no exame estavam, no mais das vezes, fadadas a escolas "técnicas" medíocres e normalmente desistiam ao atingir, idade mínima de frequência escolar, que na época era de 15 anos). Os alunos mais talentosos ou mais bem-preparados das *grammar schools* ou das Direct Grant eram então devidamente filtrados através da malha fina dos exames de admissão de Oxford e Cambridge.

No final da década de 1960, o Partido Trabalhista aboliu esses processos de seleção, estabelecendo a educação abrangente, como foi chamada, na linha do modelo do sistema de ensino secundário americano. O resultado dessa reforma bem-intencionada era mais que previsível: na metade da década de 1970, todo pai que tinha condições de pagar para tirar seu filho do sistema estatal o fez. E assim a Grã-Bretanha retrocedeu, de uma meritocracia social e intelectual recentemente estabelecida para um sistema regressivo e socialmente seletivo de ensino secundário em que os ricos podiam mais uma vez comprar uma educação praticamente indisponível para os pobres. Desde então o ensino superior britânico tem feito esforços exagerados: tentando desesperadamente encontrar maneiras de avaliar as crianças do setor público e separar os melhores entre eles, diante de escolas que, no mais das vezes, não podem lhes fornecer a preparação necessária para a universidade.

O resultado é que a Grã-Bretanha vivenciou uma espécie de *génération meritocratique*, como os franceses poderiam chamá-la, que começou com os primeiros produtos da Lei de Educação e terminou com a abrangentização. Como cheguei bem no meio dessa geração, estou muito consciente desse processo. Posso confirmar que na Cambridge de meu tempo — pela primeira vez — havia um número considerável de alunos cujos pais não tinham frequentado a universidade, ou, como no meu caso e no de alguns de meus amigos, cujos pais não tinham sequer concluído o ensino secundário. Isso tornava minha Cambridge um tipo de lugar muito diferente da Cambridge das gerações anteriores, onde os alunos eram tipicamente os filhos e netos de ex-alunos.

Uma característica distintiva dessa geração acadêmica meritocrática e com mobilidade ascendente era que uma proporção incomum de nós estava interessada em fazer carreira nos mundos acadêmico ou relacionado à academia. Essa, afinal, era a rota pela qual havíamos sido promovidos e alcançado o sucesso; era o que nos interessava e era como nos víamos em relação às origens e comunidades das quais provínhamos. Assim, um número desproporcional de meus colegas se formaria e ingressaria na vida acadêmica, na faixa superior do ensino escolar (muitas vezes lecionando em escolas secundárias muito boas, do tipo em que eles próprios haviam se formado), no setor editorial, nos níveis mais altos do jornalismo e do serviço público.

A vida acadêmica naqueles dias apresentava perspectivas que já não apresenta para a maioria das pessoas: era gratificante e era emocionante. É claro que os acadêmicos não eram pessoas necessariamente aventureiras — e, como é da natureza das profissões liberais, não atraíam um grande número de pessoas dispostas a correr riscos. Mas a questão não era essa. Conhecimentos, ideias, debate, ensino e formulação de políticas naqueles dias eram não apenas caminhos altamente respeitáveis e razoavelmente bem-pagos para uma carreira; eram também, e acima de tudo, o que pessoas inteligentes e interessantes *queriam* fazer.

O King's College, Cambridge, apesar de sua antiga reputação liberal e não convencional, era descaradamente elitista. Todos que conheci em meu primeiro ano lá tinham se saído muito bem no exame de ingresso e a maioria deles era extremamente inteligente, embora seus interesses variassem muito. Eu me tornei amigo íntimo de Martyn Poliakoff, que é hoje membro da Royal Society e professor de Química Inorgânica da Universidade de Nottingham, na Inglaterra. Enquanto o resto de nós se ocupava variadamente com sexo, política e música pop, Martyn não parecia particularmente interessado em nada disso. Seu pai era um cientista e empresário russo; seu avô havia desempenhado um papel importante na construção das estradas de ferro no Império Russo — o próprio Martyn tinha sido incentivado a aprender russo, uma língua que ele ainda fala. Ele se casou com uma matemática do Newnham College (uma das três faculdades para mulheres da época) e é um dos raros amigos meus daquela época que se manteve casado com a mesma pessoa.

Outro amigo, John Bentley, foi o primeiro membro de sua família a frequentar a universidade; ao que parecia, isso era praticamente tudo o que tínhamos em comum. John vinha de uma família de classe operária em Leeds, no norte da Inglaterra, e seu principal interesse aparente na vida, além de mulheres, cerveja e seu cachimbo (em ordem ascendente), era caminhar pelos pântanos. E, no entanto, quando penso na Inglaterra hoje com alguma afeição, é o mundo de John que me vem à mente, não o meu. John lecionou inglês e se tornou diretor de escola no norte da Inglaterra, em Middlesbrough, ensinando literatura inglesa por quatro décadas: não tenho ideia de se isso era o que ele sempre quisera. Ele e eu temos mantido um relacionamento alegre, às vezes escabroso, bastante íntimo e afetuoso, agora reforçado pela mágica do e-mail.

A nosso modo, minha geração Cambridge era, naturalmente, muito sensível às nuances de origem. Nos Estados Unidos, você poderia perguntar às pessoas que escola frequentaram e, em geral, saberia muito pouco sobre elas. A resposta deixaria em aberto uma variedade de possibilidades de origem social e cultural, exceto, claro, nos extremos sociais. Tenho observado que, na maior parte, os estudantes universitários americanos sabem muito pouco sobre a experiência e o cenário do ensino secundário de seus colegas. Mas na Inglaterra, uma vez que você soubesse a escola que alguém tinha frequentado, sabia quase tudo necessário para situá-lo em uma origem muito específica e detalhada.

Eu me lembro da primeira noite em que todos ficamos juntos, um grupo tímido de garotos no final da adolescência, recém-instalados em residências de Cambridge. Instintiva e previsivelmente, a primeira coisa que perguntávamos uns aos outros era em qual escola tínhamos estudado. Lembro-me de ter perguntado a Mervyn King, hoje o presidente do Banco de Inglaterra, em qual escola secundária ele estudara. Como era previsível, para o nosso grupo, ele também vinha de uma família de classe média baixa e frequentara uma *grammar school* para as crianças talentosas da comunidade local. O contraste com nossos professores de Cambridge saltava aos olhos: fui ensinado, acho, exclusivamente por homens que haviam estudado na Winchester, na Haileybury ou em outras escolas pagas de elite.

Éramos, portanto, o próprio epicentro de uma grande mudança sociológica e, contudo, penso, não nos sentíamos outsiders. O King's era o *college* de John Maynard Keynes e E. M. Forster, e tão conscientemente não convencional que ninguém, exceto um reacionário homofóbico, poderia ter se sentido de fato pouco à vontade lá. Acho que eu me sentia e me comportava como se essa fosse a *minha* Cambridge, e não a de uma elite estranha na qual eu tinha sido equivocadamente autorizado a entrar. E acredito que o mesmo sentimento inclusivo era sentido pela velha guarda do King's, talvez com um punhado de exceções. Certamente havia outro Cambridge funcionando, em paralelo, a reserva de uma minoria social e econômica, de cujas ações sabíamos pouco e aos quais não dávamos a mínima importância. Em todo caso, tínhamos as garotas mais bonitas.

Em Cambridge, naquele outono de 1966, passei muito tempo indo e voltando para Londres, principalmente para participar de reuniões do Dror. Eu estava namorando uma garota particularmente atraente, Jacquie Philips, que estava no movimento da juventude sionista e que eu havia conhecido em 1965. Ela era a minha ligação com Londres, num momento em que a maioria dos meus contemporâneos e amigos estava criando laços dentro de Cambridge. Embora Jacquie estivesse envolvida — como eu e, em certa medida, por meu intermédio — com o sionismo, ela não era uma pessoa muito política. Tinha, acho, sido atraída para o movimento pela razão usual — porque queria passar o verão em Israel — e depois permanecera porque era uma comunidade social agradável e porque nós tínhamos nos envolvido. Em todo caso, nosso vínculo com o sionismo e um com o outro nos levaria mais uma vez a Israel.

Na primavera de 1967, pouco antes da Guerra dos Seis Dias, desempenhei um papel ativo na organização de apoio a Israel durante o prelúdio para o conflito. Organizações sionistas, kibutzim e fábricas em Israel haviam emitido um pedido de voluntários para trabalhar lá, substituindo os reservistas que haviam sido convocados antes da batalha. De Cambridge ajudei criar uma organização nacional para encontrar e enviar voluntários. Então eu mesmo fui para Israel, acompanhado por Jacquie e outro amigo, Morris Cohen, embarcando no último avião a partir para Israel antes que o aeroporto de Lod fosse fechado para o pouso de aviões. Mais uma vez, tive de solicitar a permissão do King's para deixar meus estudos prematuramente (se bem que nesse caso por apenas algumas semanas, e já tendo prestado os exames do primeiro ano) e novamente essa permissão me foi generosamente concedida.

Quando chegamos, havia um ônibus esperando para aquela carga específica de voluntários para Machanayim. Mas eu não tinha intenção de voltar para lá e informei ao motorista do ônibus que nós três, pelo menos, devíamos ser deixados no Hakuk. Disfarçando, eu disse que essa era a colônia para a qual tínhamos sido designados. Israel estava então sob blecaute total, à espera da guerra, e eu tive de dar instruções ao motorista no escuro. Quando chegamos, por sorte Maya Dubinsky estava na sala de jantar: isso foi fortuito, já que não éramos esperados e tínhamos aparecido sem nenhum aviso.

Maya, a quem eu não via fazia dois anos, não estava, talvez, na melhor condição para nos receber. Estava no meio de um caso amoroso — certamente não seu primeiro — e o kibutz, longe de estar preparado para a batalha, estava constrangedoramente dividido entre os amigos de Maya e os que apoiavam a mulher abandonada de seu amante. Romanticamente buscando lembranças e aventura, eu tinha deparado com nada menos que um escândalo sexual interiorano e banal.

Mas lá estávamos nós. No decorrer da guerra e de suas consequências imediatas trabalhei uma vez em uma plantação de bananas ao lado do Mar da Galileia. Mas algumas semanas depois, o Exército Israelense vitorioso emitiu um chamado a voluntários para se juntarem ao Exército como auxiliares e ajudarem nas tarefas do pós-guerra. Eu tinha 19 anos, e isso foi irresistível. Então, me ofereci com um amigo, Lee Isaacs: seguimos juntos para as Colinas de Golã e fomos anexados a uma unidade de lá.

Deveríamos dirigir caminhões do Exército da Síria capturados de volta para Israel, mas fui rapidamente, e de maneira um tanto decepcionante, designado para o trabalho de tradução. Naquela altura eu falava hebraico com competência razoável, e tinha um francês fluente. O local estava inundado de falantes de inglês e francês que haviam chegado a Israel do mundo inteiro com pouco ou nenhum domínio da língua. Assim, por um curto período me tornei um intérprete de três vias entre jovens oficiais israelenses e os auxiliares falantes de francês e inglês designados para suas unidades.

Como consequência, vi mais do Exército Israelense do que poderia ter feito se tivesse meramente dirigido caminhões para o vale, e essa foi uma experiência um tanto reveladora. Pela primeira vez, passei a perceber que Israel não era um paraíso social-democrata de paz e amor, judeus residentes em fazendas que apenas por acaso eram israelenses, mas no mais eram como eu. Tratava-se de uma cultura e um povo muito diferentes do que eu tinha aprendido a ver, ou insistia em imaginar para mim mesmo. Os oficiais subalternos que conheci eram extraídos das cidades e vilas, e não dos kibutzim, e graças a eles vim a perceber algo que deveria ter sido óbvio para mim muito antes: que o sonho do socialismo rural era apenas isso. O centro de gravidade do Estado judeu estaria e deveria estar em suas cidades. Em resumo, percebi que eu não vivia e nunca tinha vivido no Israel real.

Em vez disso, eu tinha sido doutrinado em um anacronismo, vivido um anacronismo, e agora vi a profundidade de minha ilusão. Pela primeira vez, conheci israelenses que eram chauvinistas em todos os sentidos da palavra: antiárabes em um sentido que beira o racismo; bastante tranquilos com a perspectiva de matar árabes sempre que possível; frequentemente lamentando não terem sido autorizados a seguir lutando até Damasco e sujeitar os árabes de uma vez por todas; cheios de desprezo pelo que chamavam de "os herdeiros do Holocausto", judeus que viviam fora de Israel e que não compreendiam ou apreciavam os novos judeus, os israelenses nativos.

Esse não era o mundo de fantasia de Israel socialista que tantos europeus amavam (e amam) imaginar — uma projeção auspiciosa de todas as qualidades positivas da Europa Central judaica sem nenhuma das desvantagens. Esse era um país do Oriente Médio que desprezava seus vizinhos e estava prestes a fazer com eles uma ruptura catastrófica, que duraria uma geração, por tomar e ocupar suas terras. No fim daquele verão deixei Israel me sentindo claustrofóbico e deprimido. Só voltei dois anos depois, em 1969. Mas quando o fiz, descobri que desgostava intensamente de quase tudo que via. Eu agora era visto por meus ex-colegas e ex-amigos do kibutz como um outsider e um pária.

Trinta anos depois, voltei ao tema de Israel, publicando uma série de ensaios críticos de práticas israelenses na Cisjordânia e o apoio dos Estados Unidos a elas. No outono de 2003, no que se tornou um ensaio famoso publicado na *New York Review of Books*, argumentei que uma solução de Estado único, por mais implausível e, para a maioria dos protagonistas, indesejável que fosse, era agora a perspectiva mais realista para o Oriente Médio. Essa afirmação, impulsionada tanto por desespero quanto por expectativa, despertou uma intensa reação de ressentimento e incompreensão. Realmente sinto, como judeu, que se tem a responsabilidade de criticar Israel de forma enérgica e rigorosa, de maneira que os não judeus não podem fazer — por medo de acusações espúrias, mas eficazes, de antissemitismo.

Minha experiência como sionista me permitiu identificar o mesmo fanatismo e a mesma visão exclusivista estreita, míope, em outros — notadamente a comunidade de líderes de torcida americanos favoráveis a Israel. Na verdade, eu agora via (e vejo) o problema de Israel como cada vez mais um dilema para *os americanos*. Todos os meus textos sobre o Oriente Médio foram implícita ou explicitamente dirigidos ao problema da política americana na região e ao papel pernicioso desempenhado por organizações da diáspora aqui nos Estados Unidos em agitar e exacerbar o conflito. Portanto me vi envolvido inevitavelmente em um debate intra-americano, em que os próprios israelenses desempenham só um papel periférico. Nesse debate tenho o luxo não só de ser judeu, e portanto alheio à chantagem moral de companheiros judeus censores; também sou um judeu que viveu em Israel e foi um sionista comprometido — na verdade, um judeu que até se ofereceu para ajudar o Exército Israelense na época da Guerra dos Seis Dias: um ativo ocasionalmente útil diante da crítica hipócrita.

Quando discuti uma solução de Estado único, estava deliberadamente tentando forçar a abertura de um debate suprimido. Por um lado, eu estava lançando uma pedra na plácida piscina do consentimento acrítico, afirmativo, que caracteriza a autodefinida "liderança" judaica aqui nos Estados Unidos. Mas a outra plateia para meus textos era e é a de americanos não judeus ativamente interessados no Oriente Médio, ou mesmo apenas preocupados com a política dos Estados Unidos lá — homens e mulheres que se sentem silenciados pela acusação de antissemitismo sempre que levantam a voz: sobre os excessos do lobby de Israel, a ilegalidade da ocupação, a impropriedade da chantagem israelense do "Holocausto" (se você não quer outra Auschwitz, não nos critique) e os escândalos de guerra no Líbano ou em Gaza.

Eram pessoas como essas, em todo o país, que me convidariam para ir falar: a grupos de igrejas, a organizações de senhoras, a escolas e assim por diante. Americanos normais com uma consciência acima da média do mundo exterior, esses eram os leitores do *New York Times*, telespectadores da PBS, professores, todos em busca de um guia para os perplexos. E ali, excepcionalmente, estava alguém disposto a ir falar abertamente sem nenhuma agenda partidária ou identificação étnica discernível.

Não fui, não sou e não me comporto como anti-israelense. Entendo quanto há de errado no mundo árabe e não me sinto nem um pouco inibido em falar sobre isso. Tenho amigos israelenses e árabes. Sou um judeu que não é nada relutante a discutir as consequências perturbadoras de nossa obsessão contemporânea com a comemoração do Holocausto. Apesar de todo o meu estilo intransigente, não sou um polemista natural e acima de tudo não sou homem de partido. E assim eu abria uma conversa com crianças de escola secundária, com frequentadores de igreja ou grupos de leitura, e na conclusão eles me diziam como estavam agradecidos pela rara oportunidade de uma discussão aberta sobre esses assuntos carregados.

> *A tensão entre a assimilação judaica (no seu caso Cambridge e a carreira acadêmica) e o engajamento judaico (no seu caso os anos em Israel) está lá desde o início da política judaica moderna. Na verdade, se poderia ver o sionismo original de Theodor Herzl do final do século XIX como uma tentativa de um judeu bastante assimilado de exportar uma melhor forma de vida europeia para o Oriente Médio — na forma de um Estado nacional judeu na Palestina.*

Havia Europas diferentes, diferentes tipos de judeus europeus, diferentes sionismos. Em termos estritamente intelectuais, podemos falar, portanto, dos judeus na Alemanha ou na Áustria ou na França que — como Herzl — haviam crescido no mundo desencantado da Europa do final do século XIX e para quem o sionismo era, em parte, pelo menos, uma extensão de sua existência europeia cosmopolita. Mas isso simplesmente não se aplica aos judeus — a esmagadora maioria, pelo menos entre os asquenazes — que viviam mais a leste: na Zona de Assentamento e na Rússia propriamente dita. E, claro, esses eram os judeus que teriam mais importância nas décadas seguintes. O mundo deles ainda era religioso — um mundo encantado, apesar de todos os seus problemas —, e portanto para eles rebelião e separação assumiam um caráter inteiramente mais dramático.

> *Mas também podemos ver uma diferença, que já discutimos, entre uma experiência judaica centro-europeia de assimilação decepcionada, e uma experiência judaica mais leste-europeia de separação e atração para a revolução. Isso está presente no sionismo, muito especialmente; na versão russa do Sionismo Trabalhista que você experimentou. A ideia de que se pode recriar uma comunidade rural ideal não é apenas uma ideia sionista, é mais e, de fato, acima de tudo uma ideia socialista russa.*

Uma das grandes confusões da história do sionismo, como é percebido em retrospecto, é a incapacidade de ver a enorme tensão entre os pensadores sionistas e outros radicais que emergiram do Império Russo e aqueles cujas raízes estão na Europa Central ou Ocidental. Essa tensão vai além da questão de que tipo de país eles pretendiam inventar; ela tem a ver com atitudes muito diferentes em relação aos seus críticos e opositores.

Os radicais no Império Russo, judeus ou não, raramente conseguiam entender a questão do compromisso. Do ponto de vista dos primeiros sionistas russos (ou poloneses), imersos na narrativa intransigente de um passado trágico, a história era apenas e sempre uma narrativa de conflito — e uma narrativa em que o vencedor leva tudo. Contrariamente, os centro-europeus podiam pelo menos imaginar uma visão liberal da história mais uma vez como a história do progresso em que todos podem encontrar um lugar, e em que o próprio progresso garante espaço e autonomia para todos. Essa maneira inequivocamente vienense de pensar foi desde o início rejeitada por radicais russos sensatos, como Vladimir Jabotinsky, como mero absurdo. O que os judeus buscavam na Palestina, ele costumava dizer, não era progresso, mas um Estado. Quando você constrói um estado, você faz uma revolução. E em uma revolução sempre há vencedores e perdedores. Desta vez, nós judeus vamos ser os vencedores.

A despeito de minha doutrinação inicial em uma variante mais moderada e socialista de sionismo, passei com o tempo a apreciar o rigor e o realismo sensato das críticas de Jabotinsky. Em todo caso, era a tradição russa, no caso do sionismo revisionista de Jabotinsky uma tradição de revolução *reacionária*, que viria a prevalecer. Hoje, são os herdeiros do revisionismo sionista de Jabotinsky que governam e dominam Israel, não a mistura bastante constrangedora de utopia de esquerda russa com liberalismo centro-europeu que governou o país durante suas primeiras três décadas.

Em aspectos reveladores, Israel hoje lembra os pequenos Estados nacionalistas que surgiram na Europa Oriental após o fim do Império Russo. Se Israel tivesse — como a Romênia, ou a Polônia, ou a Tchecoslováquia — sido estabelecido em 1918, em vez de 1948, ele teria acompanhado de perto os Estados pequenos, vulneráveis, irredentistas, ressentidos, inseguros, etnicamente exclusivistas a que a Segunda Guerra Mundial dera origem. Mas Israel só nasce depois da Segunda Guerra Mundial. Como consequência, ele se destaca por sua cultura política nacional um pouco paranoica e se tornou doentiamente dependente do Holocausto — sua muleta moral e sua arma preferida para se defender de todas as críticas.

A separação radical entre os judeus e a Europa — primeiro o assassinato em massa e depois o deslocamento da história judaica da Europa Oriental para Israel — os distanciou da recém-surgida ética secular da Europa pós-cristã. Não podemos deixar de notar que a Europa hoje não é apenas pós-cristã — sua fé e suas práticas tradicionais foram amplamente abandonadas —, mas também pós-judaica em um sentido mais dramático.

Na Europa de hoje os judeus serviram no papel de uma espécie de messias coletivo: por muito tempo foram um aborrecimento considerável — causaram muitos problemas, introduziram muitas ideias revolucionárias ou liberais incômodas. Mas quando morreram — foram exterminados em massa — eles ensinaram aos europeus uma lição universal que, depois de três ou quatro décadas de contemplação desconfortável, os europeus começaram a tornar sua. Para os europeus, o fato de que os judeus não estão mais entre nós — que nós os matamos, deixando que os remanescentes fugissem — se tornou a lição mais importante que o passado nos legou.

Mas essa incorporação dos judeus no sentido da história europeia só foi possível precisamente porque eles se foram. Na escala do que havia antes, não há realmente muitos judeus na Europa, e muito poucos que contestam o seu papel na nova ética mnemônica da Europa. Nem, por falar nisso, restaram muitos judeus para dar uma contribuição significativa para a vida intelectual ou cultural europeia, pelo menos não da maneira que eles costumavam fazer antes de 1938. De fato, os judeus que existem na Europa hoje constituem uma contradição: se a mensagem que o povo judeu deixou exigia sua destruição e sua expulsão, a presença dele só tende a confundir as coisas.

Isso leva a uma atitude europeia positiva — mas só condicionalmente positiva — em relação a Israel. O significado do Estado de Israel para os europeus está atado ao Holocausto: ele aponta para um messias perdido de cujo legado fomos, pelo menos, capazes de extrair uma moralidade nova, secular. Mas os judeus realmente existentes em Israel perturbam essa narrativa. Eles causam problemas. Seria melhor — assim diz esse pensamento — se eles não causassem tantos problemas e permitissem que nós europeus os interpretássemos em paz — daí o foco nos delitos de Israel entre os comentaristas europeus. Aqui, como você pode ver, estou defendendo Israel.

Muito bem: em sua versão cristã da história judaica, os judeus — como Cristo — só podem realmente ganhar quando (ou melhor, depois) perdem. Se parecem ser vitoriosos, estar conquistando seus fins (à custa de outros), há um problema. Mas essa apropriação europeia, da história de outra pessoa para propósitos bem diferentes suscita complicações. A primeira delas, como você nota corretamente, é que Israel está lá.

Isto é bem como se — me permita ofendê-lo — Jesus Cristo tivesse sido reencarnado como uma versão bastante venal, mas de resto talentosa de seu antigo eu: instalado em um café de Jerusalém, dizendo as mesmas coisas como ele sempre dizia e fazendo seus perseguidores de outrora se sentirem culpados por crucificá-lo — se ficam profundamente ressentidos com ele por lembrá-los disso. Mas pense no que isso significaria. Isso sugeriria que em pouco tempo — uma geração ou duas — a lembrança incômoda do sofrimento de Jesus seria completamente apagada pela irritação despertada pela invocação sem fim que Jesus faria dele.

E então você terminaria com uma história mais ou menos assim. Os judeus — como Jesus — se tornam a prova martirizada de nossas imperfeições. Mas a única coisa que conseguimos ver neles é a imperfeição *deles*, sua insistência obsessiva em viver de nossas deficiências em benefício deles. Acredito que estamos mesmo hoje vendo esse sentimento surgir. Nos próximos anos, Israel vai desvalorizar, minar e, finalmente, destruir o significado e a utilidade do Holocausto, reduzindo-o ao que muitas pessoas já dizem que ele é: a desculpa de Israel para seu mau comportamento.

Costumávamos ouvir essa linha de argumentação das franjas lunáticas ou fascistas. Mas hoje ela já entrou e se tornou um lugar-comum no mainstream intelectual contracultural. Vá à Turquia, por exemplo, ou a Amsterdã, ou mesmo a Londres (embora ainda não aos Estados Unidos): em qualquer discussão séria sobre o Oriente Médio ou Israel, alguém vai lhe perguntar — com perfeita boa-fé — se não chegou o momento de fazer uma distinção entre Israel e o Holocausto, uma vez que não se deve permitir que esse último sirva como um cartão gratuito Saia da Prisão para um Estado delinquente.

Eu não vejo por que a ideia de Jesus voltar e passar o tempo como um irritante intelectual de café ofenderia um cristão! Isso não é tão distante do que ele foi na primeira vez. Certamente toda a questão sobre Ele é que Ele é de fato humano; se Ele quer lavar os pés de prostitutas, acho que Ele está fadado a fazer isso. Então temo que você não tenha conseguido ofender — Jesus em um café de Jerusalém é uma ótima imagem.

Mas, a sério: algo está acontecendo aqui entre os Estados Unidos e a Europa em relação ao Holocausto. Embora cada lado reivindique tratá-lo como a fonte de uma moral universal ("não farás..."), no exemplo prático recente mais importante, a Guerra do Iraque, as lições aplicadas foram extremamente diferentes. O Holocausto é facilmente visto como um argumento em favor tanto da guerra quanto da paz. Parece que de um ponto de vista europeu a mensagem da Segunda Guerra Mundial e do Holocausto é mais ou menos a seguinte: evitar guerras ilegais, agressivas justificadas por mentiras — elas exporão o que há de pior em você, e você pode fazer coisas horríveis. Certamente, você não vai fazer a coisa mais horrível de todas, mas pode ir mais longe nesse caminho do que imagina.

Para contrastar, a resposta americana poderia ser assim: Munique nos ensinou que se você não resistir à agressão, coisas horríveis acontecerão a pessoas inocentes. E Munique — apaziguamento, ou um olho cego para os crimes dos outros — se aplica em qualquer cenário existente. Devemos, portanto, fazer todo o possível para evitar a repetição de uma situação parecida com a da Europa às vésperas da Segunda Guerra Mundial.

Nesse relato, a Guerra do Iraque se relaciona diretamente ao sofrimento dos judeus, porque os espectadores inocentes que provavelmente serão arrastados para o vórtice são os israelenses. Saddam Hussein, como fomos frequentemente lembrados, era um inimigo dos israelitas; enquanto isso, o Governo israelense apoiou e confirmou a narrativa, encorajando ativamente — contra seus próprios interesses, a meu ver — a invasão do Iraque por suas próprias razões.

Muito bem, então: como devemos decidir entre as duas posições? É possível fazê-lo, mas não se nos ativermos às abstrações. O que está em questão é uma interpretação não da ética, mas da história. Se Munique não é uma analogia apropriada — e acredito que não é — isso é porque há circunstâncias e variáveis locais demasiadas para que o passado e o presente sejam postos ordenadamente um ao lado do outro. Mas se eu quiser defender esse argumento tenho de começar com essas circunstâncias e variáveis. Em suma, tenho de começar com os fatos. Esse simplesmente não é um argumento que se preste à resolução pela justaposição de histórias éticas concorrentes.

Desde Ben-Gurion, a política israelense insistiu de forma bastante explícita na afirmação de que Israel — e, com ele, todos os judeus do mundo — continua vulnerável a uma repetição do Holocausto. A ironia, claro, é que o próprio Israel constitui uma prova em contrário muito forte. Mas, se aceitarmos, como certamente devemos, que nem judeus nem israelenses enfrentam extermínio iminente, somos obrigados a reconhecer que o que está acontecendo é a alavancagem política da culpa e a exploração da ignorância. Como Estado, Israel — na minha opinião, de forma irresponsável — explora os medos de seus próprios cidadãos. Ao mesmo tempo em que explora os medos, as memórias e as responsabilidades de outros Estados. Mas ao fazer isso ele corre o risco de, com o tempo, consumir o próprio capital moral que o capacitou inicialmente a exercer tal exploração.

Que eu saiba, ninguém na classe política israelense — e certamente ninguém nas forças armadas ou na elite governante de Israel — jamais manifestou alguma dúvida privada quanto à sobrevivência de Israel: certamente não desde 1967, nem, na maioria dos casos, antes. O temor de que Israel possa ser "destruído", "varrido da face da Terra", "empurrado para o mar", ou de qualquer outra forma exposto a algo mesmo remotamente parecido com uma repetição do passado, não é um temor genuíno. É uma estratégia retórica politicamente calculada. Talvez isso seja bastante justo: pode-se entender o valor de uso para um Estado pequeno em uma região turbulenta de afirmar em todas as ocasiões sua vulnerabilidade, seu desamparo e sua necessidade de simpatia e apoio estrangeiro. Mas isso não explica por que outsiders mordem a isca. A resposta curta, é claro, é que isso tem muito pouco a ver com as realidades do Oriente Médio contemporâneo e tudo a ver com o Holocausto.

Tem muito a ver, eu acho, com o sentimento de culpa generalizado em uma comunidade que você não nomeou explicitamente: os judeus americanos que não fazem aliyah.

* * *

Um sionista, costumávamos dizer, é um judeu que paga para que outro judeu viva em Israel. Os Estados Unidos estão cheios de sionistas. Os judeus americanos têm um problema de identidade muito incomum: são uma minoria "étnica" substancial, bem-estabelecida, proeminente e influente em um país onde as minorias étnicas têm um lugar distintivo e — na maioria dos casos — afirmativo no mosaico nacional. Mas os judeus, singularmente, são uma minoria étnica que não pode se descrever exatamente assim. Falamos de ítalo-americanos, hispano-americanos, americanos nativos e assim por diante. Esses termos adquiriram conotações nitidamente positivas para as pessoas que eles descrevem.

Mas quem falasse de "judeo-americanos" seria imediatamente suspeito de preconceito; os próprios judeus americanos com certeza não usariam o termo. E ainda assim eles são, é claro, judeus e são americanos. Então o que é que os distingue? Seguramente não sua religião, com a qual a maioria já há muito tempo perdeu contato. Com exceção de uma minoria atípica, os judeus americanos não estão familiarizados com as práticas culturais judaicas tradicionais. Eles não têm uma língua privada ou herdada distinta — a maioria dos judeus americanos é muito ignorante de iídiche e hebraico. Diferentemente dos polaco-americanos ou dos irlando-americanos, eles não têm lembranças afetuosas do "velho país". Então, o que é que os une? A resposta, em termos muito simples, é Auschwitz e Israel.

Auschwitz representa o passado: a memória do sofrimento de outros judeus em outros lugares em outros tempos. Israel representa o presente: a realização judaica na forma de um Estado militar agressivo e autoconfiante — o anti-Auschwitz. Com o Estado judaico, os judeus dos Estados Unidos podem estabelecer uma etiqueta de identificação e uma associação positiva sem de fato ter de se mudar para lá, pagar impostos lá ou de qualquer forma trocar as lealdades nacionais.

Parece-me haver algo patológico nessa transferência de autodescrição contemporânea para pessoas bastante diversas de si em outros tempos e outros lugares. Certamente não pode ser saudável para os judeus americanos se identificarem tão sentimentalmente com vítimas judias no passado, ao ponto de acreditar — como muitos certamente fazem — que a melhor razão para manter Israel operando é a probabilidade de que outro Holocausto esteja próximo. Ser judeu realmente exige que você preveja uma repetição de

1938 onde quer que você olhe? Se for assim, suponho que faz mesmo sentido oferecer apoio incondicional a um Estado que afirma esperar algo nesse sentido. Mas isso dificilmente constitui um modo de vida normal.

Bem, se vamos falar sobre os judeus americanos, acho que há dois outros fatores atuando. Eu acentuaria uma de suas observações e sugeriria que os judeus americanos que têm as opiniões articuladas de forma mais eficaz sobre as políticas americanas no Oriente Médio não se identificam com Israel como tal. Em vez disso, eles apostaram sua sorte no Likud — ou talvez naqueles elementos do Likud que os fazem sentir-se mais culpados. A direita israelense, em outras palavras, faz seu público americano se sentir mal — e eles, por sua vez, a autorizam a se comportar mal.

Mas há mais. Os judeus americanos, acredito, têm algo em comum com os negros — uma qualidade compartilhada que nem sempre é evidente para outsiders: os judeus, como os negros, sabe quem eles são. Os judeus americanos conseguem identificar prontamente outros judeus americanos. Os israelenses não conseguem. Em toda a minha vida só um judeu americano perguntou se eu sou judeu, e isso aconteceu em um ambiente confuso, em uma ponte em Praga. Os israelenses me perguntam o tempo todo.

Quando os israelenses vêm para os Estados Unidos, é apenas um pequeno exagero dizer que eles olham em volta e não têm a menor ideia de quem é judeu e quem é um batista do Kansas. Os judeus americanos, ao contrário, vivem a sua vida constantemente identificando essas distinções — das quais outros americanos podem ser totalmente inconscientes. Afinal, não judeus americanos geralmente não conseguem diferenciar um judeu de nenhuma outra pessoa e evitam fazer isso.

Isso não são apenas boas maneiras: a maioria dos americanos realmente não consegue ver quem é e quem não é judeu. Penso que, em geral, se você perguntasse às pessoas nos Estados Unidos,

Paul Wolfowitz é judeu?, elas... não, Tony, estou lhe dizendo, esse é o meu pessoal. Elas iriam parar e pensar naquilo, e diriam, sabe, agora que você falou nisso, talvez ele seja judeu.

Bem, se você está certo — e terei de confiar em sua palavra —, isso é muito interessante.

Ao passo que um judeu americano olha para Paul Wolfowitz e diz, sim, esse é um dos nossos — e, oh, meu Deus, que bagunça é essa em que ele está nos metendo? Que consequência isso vai ter para nós, judeus, essa guerra insana no Iraque (ou, como poderia ser, essa guerra maravilhosa no Iraque)?

Isso coloca os judeus nos Estados Unidos em uma posição peculiar. Eles sabem quem são, mas a sociedade em torno deles não sabe — ou no mínimo sabe muito menos do que os judeus americanos muitas vezes pensam. Além disso, a sociedade em torno deles realmente não se importa muito — de novo, certamente menos do que os judeus americanos pensam. A maioria dos americanos fica preocupada ao saber que Steven Spielberg é judeu? Não acredito. Não acho nem que eles se preocupam muito com o fato de Hollywood ser predominantemente judaica. De qualquer maneira, as realizações ou a proeminência judaicas simplesmente não têm muita ressonância neste país.

É como se tivéssemos preservado metade dos padrões de separação asquenazitas tradicionais — saber quem é seu povo —, mas perdido completamente a outra metade, porque não temos a tradição de um campesinato cristão instintiva e suspeitosamente concientes dos judeus em seu meio. Os Estados Unidos são simplesmente um país muito grande e diversificado — e a colônia judaica muito concentrada geograficamente — para que esse tipo de consciência e reconhecimento seja sustentado.

* * *

Talvez. Mas, certamente, você deve incorporar em sua explicação o surpreendente sucesso da legislação antirracista, a política multicultural e a correção política dos últimos quarenta anos. Em uma variedade de maneiras, os americanos foram esclarecidos de que não se deve ficar obcecado — não se pode ficar obcecado — sobre se alguém é negro, ou judeu, ou o que quer que seja. Com o tempo, reforçada por lei e na prática, a indiferença se torna sistêmica. Se você disser às pessoas com bastante frequência que identificar os outros por sua cor, religião ou cultura é um comportamento ofensivo — e não há nenhuma pressão contraposta na forma de partidos racistas, preconceito institucionalizado, medo em massa ou qualquer outro modo de mobilização demagógica —, as pessoas acabam fazendo a coisa certa por hábito.

Nunca houve pressão legislativa ou cultural comparável para a assimilação e a indiferença étnica em nenhum outro lugar do mundo, exceto na França. E o caso francês, como você sabe, foi impulsionado por um conjunto muito diferente de considerações e circunstâncias. Mesmo assim, alguns dos efeitos foram comparáveis. Considerando o fato de que existe a estranha personalidade de destaque com um nome inequivocamente judeu (estrangeiro) como Finkielkraut, é bastante comum que as audiências, os ouvintes e os leitores franceses não tenham consciência de que um intelectual ou comentarista público é judeu — e sejam indiferentes a essa informação.

Para citar talvez o caso contemporâneo mais conhecido, nunca ouvi Bernard-Henri Lévy — que dificilmente poderia ser tomado por qualquer outra coisa que não judeu, no mínimo graças a seu nome — ser descrito como um judeu, mesmo por aqueles que o tratam com desprezo. Parece ser entendido que sejam quais forem suas qualidades ou seus defeitos como figura pública na França, eles podem ser muito adequadamente catalogadas, de forma favorável ou não, sem que se recorra a um rótulo étnico. Mas note que, com toda a certeza, a situação não era essa antes de 1945.

Parece-me que surge uma pergunta interessante a propósito de sua sugestão de que os judeus nos Estados Unidos têm uma compreensão estritamente subjetiva de sua identidade distinta e que isso não é compartilhado por observadores externos. Se é de fato verdade que os judeus só conseguem identificar uns aos outros, os Estados Unidos devem ser um desafio permanente às próprias premissas do sionismo. Afinal, se você pode vir para um país em que — com o tempo — as pessoas não vão saber que você é judeu a menos que você deseje que elas saibam, então realizamos uma das grandes ambições dos assimilacionistas. Nesse caso, por que precisamos de Israel?

Portanto, é um paradoxo curioso que, em um dos poucos países onde a assimilação de fato funcionou, encontremos judeus quase singularmente obcecados precisamente com as circunstâncias em que a assimilação ou fracassou ou foi completamente rejeitada: extermínio em massa e o Estado judeu. Por que, logo nos Estados Unidos, os judeus se ocupam tanto com essas questões?

Agora eu deveria lembrá-lo de que meus professores sionistas têm uma resposta para esses paradoxos: mesmo que os gentios gostem de você e o tratem como um deles, você não vai gostar de si mesmo. Na verdade, você vai gostar ainda menos justamente por essa razão. E você vai procurar outras maneiras de afirmar sua judaicidade distintiva. Mas o preço da assimilação é que a judaicidade que você reivindica vai ser perversa e doentia.

Às vezes acho que os sionistas têm razão.

> *Há outra coisa que importa aqui, eu acho, que tem a ver não apenas com uma trajetória geral de assimilação, mas com os Estados Unidos e sua distância geográfica e política da Europa Oriental e do Oriente Médio. As duas experiências que mais importam — o Holocausto, Israel — não são sequer eventos na história dos judeus americanos, certamente não de nenhuma forma direta para a maioria das pessoas.*

Isso é verdade. Porque a maioria dos judeus americanos pode situar a chegada de seus ancestrais neste país em um momento bem anterior seja ao Holocausto, seja ao nascimento do Estado de Israel.

> *Mas veja, aqui estou eu montando uma defesa das preocupações dos judeus americanos com Auschwitz e Israel. Olhe para isso de um ponto de vista judaico americano: lá estava você, tropeçando, assimilando-se à vida americana; às vezes é cômico, às vezes é difícil, mas a transição tinha mais ou menos sido concluída... e então você é atingido do exterior.*

* * *

Pense nos judeus americanos durante a Segunda Guerra Mundial e nas dificuldades que tinham em reagir ao Holocausto. Hitler declara que os judeus começaram a guerra e que seus inimigos estão lutando em nome da conspiração judaica internacional, o que coloca os judeus americanos em uma situação embaraçosa. E havia muito mais antissemitismo nos Estados Unidos nas décadas de 1930 e 1940 do que há hoje.

Muitos judeus americanos raciocinavam que, se tratassem o assassinato de judeus como um casus belli, *eles estariam caindo na armadilha de Hitler. Por conseguinte, muitos optaram pelo silêncio e pela inação — embora com raiva de Hitler por ele tê-los colocado em tal situação. Naqueles anos, quem desejava que os Estados Unidos entrassem em guerra era prudentemente aconselhado a manter certa discrição em relação ao próprio mal que, hoje, tratamos como o evento central da guerra.*

Reconheço isso. E concordo que a história dos judeus americanos é, em muitos aspectos, a história de uma reação tardia — muitas vezes adiada por uma geração ou mais — a eventos na Europa ou no Oriente Médio. A consciência da catástrofe judaica — e suas consequências na criação do Estado de Israel — veio bem depois do fato. A geração da década de 1950 preferiria ter continuado a ignorar os fatos — algo que posso confirmar a partir da experiência britânica, diferente mas comparável. Israel naqueles anos era como um parente distante: alguém de quem se falava com carinho e a quem se enviava um cartão de aniversário regularmente, mas se ele o visitasse e permanecesse além do tempo conveniente, isso seria constrangedor e acabaria se tornando um transtorno.

Acima de tudo, muito poucos dos judeus que conheci naqueles anos teriam desejado ir e visitar o parente, muito menos viver com ele. E se isso era verdade na Inglaterra, quanto mais para os americanos dos Estados Unidos, de forma bastante semelhante a como os israelenses, nesse aspecto, valorizavam sucesso, realização, promoção, individualismo, superação dos impedimentos ao avanço pessoal e a uma indiferença desdenhosa pelo passado. O Holocausto, por conseguinte, não era uma História totalmente tranquila, em particular com respeito à opinião generalizada de que os judeus tinham ido "como cordeiros para o abate".

Eu iria mais longe. Não acho que o Holocausto se encaixou de forma confortável nas sensibilidades judaicas americanas — muito menos na vida pública americana em geral — até que a própria narrativa nacional aprendesse a acomodar e mesmo idealizar histórias de sofrimento e de vitimização. Os ingleses estiveram sempre à vontade com os Dunquerques — fracassos constrangedores reformulados como sucessos heroicos. Mas os americanos eram historicamente antipáticos ao fracasso até muito pouco tempo atrás, e preferiam negá-lo ou encontrar alguma dimensão positiva moral.

Portanto, houve um longo período durante o qual os judeus americanos continuaram a recorrer, por hábito e preferência, a uma velha narrativa: uma história de fuga da velha terra — não lamentada — e de chegada a um novo lar onde identidades passadas contavam pouco. Irving Berlin era judeu russo. Mas, em vez de pensar, falar ou escrever sobre sua judaicidade russa, se distinguiu por escrever canções americanas, com cativantes versos narrativos otimistas, para autocelebração musical: algo que ele fez muito melhor do que a maioria dos americanos nativos. Berlin era idolatrado. Mas quem naquelas décadas comemorava Isaac Bashevis Singer? Tudo isso mudaria, mas acho que não antes da década de 1980.

Não há alguns estágios intermediários, e algumas outras razões pelas quais os judeus americanos hesitaram em identificar-se com o Holocausto? Pense na Guerra Fria e no que isso implicava. Pode-se argumentar que os alemães ocidentais foram o mais importante aliado americano no continente europeu a partir da década de 1950, uma dura realidade que exigia sua reabilitação precipitada. E Adenauer, o chanceler democrata-cristão, de forma um tanto deliberada, propôs trocar a lealdade e o apoio alemães ocidentais pela concordância americana de não falar sobre o desagradável passado recente.

Enquanto isso, na Alemanha Ocidental — e não só lá — houve aquela bizarra inversão de alianças pela qual a esquerda passou da admiração pelo bravo pequeno Israel social-democrata à aversão pelo imperialismo sionista, enquanto a direita abandonou o antissemitismo e aprendeu a amar nossos fortes pequenos aliados no Estado judeu.

A percepção internacional sobre Israel tem uma história própria. Quando o país nasceu, Stalin foi a parteira. A visão da esquerda, tanto os comunistas quanto os não comunistas, era que, por razões ideológicas e genealógicas, um Estado que abrangesse judeus do leste-europeu de origens socialistas certamente devia ser um parceiro solidário. Mas Stalin logo percebeu, mais rápido do que a maioria, na verdade, que a trajetória natural de Israel seria fazer uma aliança com protetores no Ocidente, em particular levando em conta a crescente importância do Oriente Médio e do Mediterrâneo para a segurança e os interesses econômicos ocidentais. O restante da esquerda demorou a entender isso: ao longo da década de 1950 e de boa parte da de 1960, Israel ainda era associado com a esquerda política e intelectual dominante e admirado por ela. Na verdade, o país foi governado durante suas três primeiras décadas por uma elite política composta exclusivamente de autointitulados social-democratas de algum tipo.

Não foi tanto na Guerra dos Seis Dias, de 1967, mas sim no período entre essa guerra e a Guerra do Yom Kippur, de 1973, que a esquerda internacional abandonou Israel. Isso, eu creio, teve mais a ver com o tratamento de Israel aos árabes do que com as suas políticas internas, que pouco mudaram nesses anos.

É verdade que a Guerra dos Seis Dias convenceu muitos judeus americanos sobre Israel, embora seu impacto tenha sido menor do que na Europa, eu acho. Mas o entendimento contemporâneo do Holocausto tem algo a ver com a ideia de que se deve usar violência para defender direitos humanos em casos extremos. O Holocausto se torna uma associação mais cômoda quando é identificado não só com a vitimização, mas com direitos humanos — e, portanto, com a intervenção militar em nome desses direitos.

Assim, quando se recorda como os americanos justificaram a intervenção nas guerras dos Balcãs da década de 1990, é claro que todos os envolvidos invocavam o Holocausto como um modelo: a pior violação dos direitos humanos de todos os tempos, a coisa que "não deve acontecer nunca mais". A geração que detinha a autoridade política na época havia sido ensinada a pensar assim, e foram argumentos nessa linha que acabaram sendo invocadas para justificar a intervenção dos Estados Unidos contra a Sérvia.

Tais argumentos poderiam ressoar de forma eficaz com relação aos eventos acontecendo na Europa. De forma curiosa, a universalização do Holocausto realmente fazia mais sentido em seu ponto de origem — fazia sentido acima de tudo na Europa, porque os europeus mais velhos entendiam de forma instintiva o raciocínio e intuitivamente concordavam com as conclusões.

Mas esse mesmo raciocínio tem, eu acredito, uma ressonância muito diferente quando aplicado ao mundo em geral — ou quando aplicado pelos norte-americanos, como ocorre tantas vezes, a Israel e ao Oriente Médio. Aqui, o risco é que o caráter universal da lição a ser tirada de Auschwitz seja aplicado a Israel, que, por sua vez, é transformado de um país em uma metáfora universal: nunca mais um lugar como Israel sofrerá um acontecimento como o Holocausto. Mas, vista de qualquer lugar fora da América — no próprio Oriente Médio, por exemplo —, essa extensão de uma analogia moral à arena política local parece um pouco peculiar.

Quanto mais você se distancia da costa dos Estados Unidos, mais o comportamento de Israel parece simplesmente exploração política de uma narrativa de vítima. No fim, é claro, você fica tão longe que chega a países e continentes — Ásia oriental, África — onde o Holocausto é uma abstração desconhecida. Nesse ponto, a única coisa que as pessoas conseguem ver é o espetáculo bizarro de um país pequeno, sem importância em uma região perigosa alavancando o país mais poderoso do mundo em proveito próprio, mas em detrimento dos interesses de seu protetor.

Portanto, existem três dimensões para essa situação peculiar. Há o envolvimento americano acrítico, mediado por uma grosseira universalização do significado de um genocídio europeu. Depois, há a resposta europeia: espere um minuto, mesmo que admitamos prontamente que o Holocausto era tudo o que vocês dizem que foi, isso constitui uma apropriação indébita. Finalmente, há o resto do mundo: o que, perguntam eles, é essa história ocidental que estão nos impondo com consequências geopolíticas grotescamente distorcidas?

> *Vamos voltar aos Estados Unidos, à fonte. Vou montar agora uma defesa dos judeus americanos e de sua visão de mundo, que seria algo assim: Vindo da Inglaterra, Tony, você não tem de enfrentar a religiosidade profunda, desconcertante, do gentio. Ela simplesmente não está lá. Certamente, as pessoas pertencem à Igreja da Inglaterra; é uma instituição respeitada e socialmente útil, marcando o calendário e dando às viúvas algo para fazer. Mas ela dificilmente poderia ser considerada uma fonte de religiosidade fervorosa.*
>
> *Ao passo que aqui nos Estados Unidos, uma vez que você se afaste de um punhado de bairros nas costas leste e oeste, você encontra os cristãos — verdadeiros cristãos. Eles celebram o Natal, e alguns deles levam isso a sério. A Páscoa também, com todas as suas ressonâncias sangrentas ameaçadoras. E então, à medida que você vai mais longe no campo — que sabidamente é algo que não há tantos judeus americanos dispostos a fazer —, você encontra formas cada vez mais estranhas de crença cristã exótica fervorosa.*
>
> *E isso — embora eu pense que a comparação é muito imprecisa, essa é minha impressão — faz os judeus americanos em algum nível reflexivo pensarem sobre a Rússia, a Polônia, a Ucrânia ou a Romênia: ali também havia pessoas que tinham rituais diferentes e que realmente acreditavam neles, que podiam ser não apenas diferentes, mas verdadeiramente ameaçadoras. Acho que é esse medo, é claro que normalmente não enunciado, que está por trás da incipiente ansiedade em torno da perspectiva de um novo Holocausto e que explica o desejo de manter Israel como um*

refúgio futuro. Isso me parece não razoável e profundamente equivocado, mas de forma alguma incompreensível.

Agora, outra reação a isso — uma reação minoritária, neoconservadora — foi o engajamento. Tenho em mente a aliança entre sionistas americanos, que acreditam que Israel deve existir como uma pátria para outros judeus, e cristãos fundamentalistas americanos, que acreditam que Israel deve existir como um ponto de encontro para os judeus antes de seu extermínio no fogo do apocalipse vindouro. Por um lado, você tem judeus que sabem pouco sobre Israel; por outro, cristãos que sabem pouco sobre os judeus. Mas eles têm visões e razões sobrepostas para querer que os judeus vão para Israel e, na verdade, para querer guerras no Oriente Médio. Não posso deixar de pensar que, em retrospecto, essa vai parecer uma das alianças mais estranhas na história política dos judeus: ela faz a cooperação sionista revisionista com a Polônia na década de 1930 parecer absolutamente prosaica.

Vamos analisar isso de forma mais ampla. Assim como você está argumentando que os Estados Unidos parecem um pouquinho diferentes, graças à religiosidade intensa e estranha do mundo circundante não judaico, eles são também diferentes no intenso e agressivo igualitarismo cívico que a Constituição impõe e que é repetidamente martelado para as pessoas como parte do que significa ser americano. Como você observou, cresci em um país onde o cristianismo em sua forma bastante diluída, a anglicana, era a condição-padrão de vida, até e inclusive as instituições estabelecidas do Estado — na verdade, acima de tudo, as instituições estabelecidas do Estado. Sou muito mais informado em questões do Novo Testamento, salmos, hinos, catecismos e rituais da Igreja cristã do que qualquer judeu americano que conheço que não as estudou profissionalmente. Ao contrário dos americanos, não tenho em meu eu essa insistência visceral na distinção entre religião e identidade cívica ou nacional. E, portanto, os Estados Unidos são diferentes também nesse sentido: são distintos em ambos os extremos. Você concorda?

* * *

Muito. Mas há também algo nessa diferença que torna os judeus americanos mais diferentes de você do que talvez você se dê conta. Identificar-se intensamente com o Estado na divisão Igreja-Estado permite um nível de ignorância que era e é inimaginável na Europa. Os judeus americanos, por exemplo, têm dificuldade em fazer a distinção entre diferentes tipos de religiosidade cristã. E me refiro não só às várias denominações protestantes confusas, mas às diferenças centrais entre fundamentalistas e não fundamentalistas; católicos praticantes e católicos não praticantes; ou mesmo católicos e protestantes.

Essas misturas surgem de uma espantosa ignorância cultural, um impressionante desconhecimento do Novo Testamento. Isso é algo que distingue os judeus americanos dos judeus ingleses muito mais do que se esperaria à primeira vista — porque você pode supor que, no mínimo por autodefesa, os judeus americanos tirariam uma tarde para se familiarizar com esses misteriosos e, afinal, bastante breves adendos à Bíblia.

Isso, eu acho, ocorre porque o mundo cristão que se espalha nas Grandes Planícies e além das Montanhas Rochosas é muito mais estranho e talvez mais ameaçador do que se suporia. Ao passo que na Inglaterra, parece-me, o cristianismo tem referências culturais mais amplas e mais familiares. Quando, por exemplo, você fala da Bíblia do Rei James, você não está apenas aludindo a uma entre várias versões do Livro Sagrado. Você está falando de um texto cultural, tão universal e familiar quanto Shakespeare. Essa é uma perspectiva partilhada por poucos judeus americanos.

Na Inglaterra, a religiosidade em seu nível textual ou mnemônico mínimo, mas portanto mais facilmente assimilado, ainda era universal na minha infância. Não conheço nenhum judeu inglês que ficaria profundamente incomodado se entrasse em um trem e — encontrando-se no fundo de Lincolnshire — descesse na Estação Lincoln e entrasse na Catedral Lincoln, ou mesmo na paróquia local. É provável que ele achasse isso uma experiência bastante agradável e até familiar, em especial se tivesse nascido antes de 1960. Enquanto suponho que alguém do Upper West Side depositado por acaso no noroeste do Texas, em uma igreja batista, poderia muito bem ficar incomodado por todos os motivos.

Você já teve a sensação de que alguém estava tentando lê-lo como alguém da comunidade judaica americana?

Em seus comentários na *The New Republic* a propósito do meu famoso ensaio na *New York Review*, Leon Wieseltier, como é notório, observou que eu era claramente um judeu que passara muito tempo em jantares em Nova York, ouvindo pessoas criticarem Israel, e ficava constrangido pela associação e procurando me distanciar dela. Essa me pareceu uma curiosa leitura equivocada: sempre *odiei* jantares e fazia de tudo para evitá-los! Ainda odeio, embora, é claro, hoje não tenha mais de inventar motivos para recusar convites.

Além disso, ouvir críticas a Israel nunca despertou em mim constrangimento como judeu — por um lado, não me identifico com o país; por outro, não sofro nenhuma confusão ou insegurança sobre minha judaicidade. Portanto, essa parece uma maneira estranha de me excluir da comunidade judaica americana de direita, à qual, em todo caso, nunca pertenci. Uma acusação mais eficaz poderia ter sido sugerir que eu estava tão incomodado com o comportamento de Israel *porque* eu era judeu. No entanto, como você já apontou, não me importo muito de ser expulso de comunidades: talvez eu até goste disso. Essa exclusão oferece a oportunidade de mais uma vez se ver como o outsider, e para mim essa foi sempre uma posição segura, até confortável.

Bem, cair de paraquedas no centro de Manhattan e depois se definir em oposição à judaicidade americana dominante é certamente um programa para conseguir se tornar um outsider!

Os riscos nunca foram grandes. Vamos supor que eu tivesse sido expulso não de uma comunidade na qual, como Groucho Marx, para início de conversa, eu nunca tivesse querido particularmente ingressar, mas sim de um lugar e de uma sociedade que constituíssem a fonte de minha renda e minha situação profissional. Isso teria sido outra história. Então reajo com desconforto genuíno quando as pessoas dizem: ah, você é um herói por assumir posições impopulares.

É claro que ninguém se opõe a ser admirado e respeitado por escrever bem ou por dizer algo verdadeiro ou interessante. Mas o fato é que exigiu muito pouca coragem publicar um artigo controverso sobre Israel na *New York Review of Books* quando eu ocupava uma cátedra vitalícia em uma grande universidade. Se eu de fato corria riscos, eles eram altamente localizados — é provável que tenha perdido alguns amigos de Nova York; decididamente contingentes — suponho que encerrei as possibilidades de publicação em um ou dois jornais.

Portanto, certamente não me considero tão corajoso. Apenas me vejo — se quiser ser um pouco imodesto — como um tanto mais honesto e sincero do que algumas pessoas que conheço.

5.

PARIS, CALIFÓRNIA: INTELECTUAL FRANCÊS

Em Cambridge, e depois em Paris, o socialismo não era apenas um objetivo político, mas a minha área de estudo acadêmico. Em alguns aspectos, isso não mudou até o início da meia-idade. Quando fui pela primeira vez para Cambridge como estudante de graduação, em 1966, era o trigésimo aniversário da Frente Popular, a coalizão de esquerda francesa que havia brevemente ocupado o poder na França, com o socialista Léon Blum como primeiro-ministro. Na época, esse aniversário motivou o lançamento de uma onda de livros descrevendo e avaliando o fracasso da Frente Popular. Muitos daqueles que se envolveram nesse assunto o fizeram com o objetivo explícito de ensinar lições que garantiriam o sucesso da próxima vez: uma aliança transformadora de partidos de esquerda ainda parecia possível e desejável para muitos.

Eu não estava principalmente interessado nas questões políticas imediatas implicadas nesses debates. Da perspectiva da minha criação específica, o comunismo revolucionário tinha sido um desastre desde o início, e eu via pouco sentido em reavaliar suas perspectivas presentes. Por outro lado, fui para Cambridge no meio do cínico, exaurido, lamentoso e cada vez mais malsucedido governo de Harold Wilson. Parecia haver pouco a esperar daí. Portanto, meu interesse nas perspectivas da social-democracia me levaram ao exterior, a Paris, o que sugere que foi a política que me levou aos estudos franceses e não o contrário.

Embora isso possa parecer estranho em retrospecto, dada a minha própria política e a turbulência lá, eu precisava de Paris para me tornar um estudante de História propriamente dito. Concederam-me a bolsa anual de Cambridge para uma vaga de pós-graduação na École Normale Supérieure, uma posição ideal para estudar e observar a vida intelectual e política francesa. Depois que me estabeleci na cidade, em 1970, tornei-me um verdadeiro estudante — mais do que realmente fora em Cambridge — e fiz sérios progressos em minha tese de doutorado sobre o socialismo francês na década de 1920.

Comecei a procurar orientação acadêmica. Em Cambridge, você não era exatamente ensinado: apenas lia livros e conversava sobre eles. Havia uma variedade considerável entre meus professores: historiadores empiristas ingleses liberais à moda antiga; historiadores das ideias metodologicamente sensíveis; e havia ainda alguns historiadores econômicos da velha escola de esquerda do entreguerras. Em Cambridge, meus supervisores de doutorado, longe de me induzirem a metodologias históricas, ficavam o tempo todo desaparecendo. O supervisor a quem eu tinha sido designado, David Thomson, morreu pouco depois que o conheci. Meu segundo supervisor, J. P. T. Bury, era um historiador da França da Terceira República, idoso e muito afetuoso, que servia um xerez excelente, mas sabia pouco sobre o meu tema. Acredito que não nos reunimos mais que três vezes ao longo do meu trabalho de doutorado. Assim, fiquei completamente desorientado no primeiro ano de estudos de doutoramento em Cambridge, 1969-1970.

Eu não só tive de encontrar o tema de minha tese, como também tive de inventar a *problématique*, as perguntas que teria sentido fazer e os critérios que deveria invocar quando respondesse a elas: por que o socialismo não conseguiu cumprir suas promessas? Por que o socialismo na França ficou aquém das conquistas da social-democracia do Norte da Europa? Por que não houve nenhum levante ou revolução na França em 1919, apesar das expectativas de que haveria e da revolta radical em outros lugares? Por que naqueles anos o comunismo soviético foi tão mais capaz de herdar o manto da Revolução Francesa do que o socialismo desenvolvido localmente da França republicana? Bem no fundo estavam as perguntas implícitas sobre o triunfo da extrema-direita na década de 1930. A ascensão do fascismo e do nacional-socialismo devia ser entendida simplesmente como um fracasso da esquerda? Era assim que eu pensava sobre isso na época; só muito mais tarde é que esses espectros de perguntas ganharam vida para mim.

Eu lia tudo em que conseguia pôr as mãos. Elaborei o melhor que pude quais deviam ser as fontes para esse tema e onde encontrá-las; então comecei a lê-las. A única coisa de útil que consegui fazer na Inglaterra, antes de me mudar para Paris e ter acesso a arquivos franceses, foi ler a imprensa francesa do período pós-Primeira Guerra Mundial. Durante a Quaresma de 1970, fui para Londres, onde me hospedei na casa da mãe de Jacquie Phillips, e trabalhei na coleção de jornais franceses do British Museum, em Colindale, buscando uma maior familiaridade com a França da década de 1920. Como era de esperar, essa *séjour* me aproximou ainda mais da família Phillips, e Jacquie e eu nos casamos no ano seguinte. Tivemos um casamento judaico grande e bastante tradicional, sob a chupá, inclusive com a quebra de um copo.

Ao assumir minha bolsa de estudos na École Normale Supérieure, eu estava a caminho de outro tipo de envolvimento: com a França, a história francesa e os intelectuais franceses. Graças à minha preparação em Cambridge, eu sabia exatamente com quem precisava falar em Paris, fiz meus contatos lá e basicamente eu mesmo me orientei (apesar de ter sido formalmente designado a um orientador acadêmico francês — professor René Rémond —, não ligávamos muito um para o outro, e de comum acordo só nos encontramos uma vez).

De repente, eu estava no epicentro do establishment intelectual da França republicana, passada e presente. Tinha ciência de que estudava no mesmo prédio onde Émile Durkheim e Léon Blum tinham estudado no final do século XIX, ou Jean-Paul Sartre e Raymond Aron trinta anos depois. Estava muito contente, cercado por estudantes inteligentes, que tinham os mesmos interesses que eu, em um cenário semelhante a um câmpus no quinto arrondissement que combinava conforto residencial com uma biblioteca (quase desconhecida em Paris na época e depois) singularmente hospitaleira, da qual era possível, de fato, pegar livros por empréstimo.

Para o bem e para o mal, comecei a pensar e falar como um *normalien*. Isso era em parte uma questão de forma: tomar posições e adotar um estilo, em termos acadêmicos e em outros; mas era também um processo de adaptação osmótica. A École era cheia de jovens franceses absurdamente ultracultos, com egos inchados e peitos encolhidos: muitos deles são hoje professores ilustres e diplomatas seniores em todo o mundo. Era uma atmosfera intensa, que estimulava o desenvolvimento acelerado, muito diferente de Cambridge, e lá aprendi um modo de raciocinar e de pensar que permaneceu comigo. Meus colegas e contemporâneos discutiam com rigor e profundidade admiráveis, embora às vezes fossem menos abertos a evidências e exemplos do tipo fornecido pela experiência mundana. Adquiri as virtudes desse estilo, mas sem dúvida também seus vícios.

Refletindo sobre aquela época, creio que devo muito de minha identificação com a vida intelectual francesa a meu encontro com Annie Kriegel, a grande historiadora do comunismo francês. Fiz contato com ela em Paris simplesmente porque ela havia escrito o livro sobre meu tema, sua obra magna em dois volumes: *Aux origines du Communisme français*. Sua insistência em compreender o comunismo de uma perspectiva histórica — o movimento, não a abstração — exerceu em mim uma grande influência. E ela era uma pessoa dramaticamente carismática. Annie, por sua vez, ficou pasma de encontrar um inglês que falava um francês decente e que estava interessado em socialismo, e não em comunismo, que estava na moda.

O socialismo naqueles anos parecia morto como tópico de história. O Partido Socialista francês tinha se saído mal nas eleições parlamentares de 1968 e entrado em colapso em 1971, depois de um desempenho fraco nas recentes eleições presidenciais. Claro, ele foi devidamente reconstruído pelo oportunista François Mitterrand, mas como uma máquina eleitoral sem alma, com um novo nome e despojado de seu antigo espírito. No início da década de 1970, o único partido de esquerda com perspectivas a longo prazo parecia ser o comunista. Na eleição presidencial de 1969 eles haviam conquistado 21% dos votos, superando de longe todos os outros partidos de esquerda.

O comunismo, portanto, parecia ocupar o lugar central no passado, no presente e no futuro da esquerda francesa. Na França, como na Itália, sem falar das terras mais a leste, ele podia se apresentar, e se apresentava, como o vencedor da história: o socialismo parecia ter perdido em todos os lugares, exceto no extremo norte da Europa. Mas eu não estava interessado em vencedores. Annie entendia essa posição e a via como uma qualidade louvável em um historiador sério. Assim, foi graças a ela e a seus amigos — em particular o grande Raymond Aron — que encontrei meu caminho para a história da França.

Annie Kriegel era uma mulher valente e complicada. Enganosamente diminuta — tinha 1,50 metro de altura —, Annie ingressara na Resistência Francesa aos 16 anos (seu contemporâneo Maurice Agulhon, mais tarde o autor de *La République au village*, recordava-se de ela manter uma submetralhadora na parede de seu quarto de dormir muito tempo após a libertação). Ela se tornou uma stalinista doutrinária no início da década de 1950, quando foi secretária de organização e comissária política, de fato, do movimento estudantil comunista em Paris. Como tantos outros de sua geração, renunciou à adesão política juvenil depois da Revolução Húngara e de sua repressão pelos soviéticos, em 1956. Com o tempo, tornou-se a especialista reconhecida no tema de suas filiações passadas.

No momento em que a conheci, Annie dedicava a Israel e ao sionismo os mesmos compromisso e fervor inquestionáveis que antes reservara à URSS. De forma curiosa, ou talvez não, aconteceu, assim, de eu me ver intensamente atraído por uma mulher cujo passado comunista e presente sionista me eram quase igualmente antipáticos. E contudo Annie Kriegel foi uma de minhas duas grandes influências intelectuais na década de 1970 (a outra foi George Lichtheim). Diz muito sobre Annie o fato de que, embora eu discordasse de suas conclusões em minha tese de doutorado, ela concordou com entusiasmo em prefaciar a tese quando foi publicada na França, como meu primeiro livro (*La Reconstruction du Parti Socialiste, 1921-26*).

Na verdade, citei Annie naquele trabalho só para discordar dela; como regra geral, evitei a discussão da literatura secundária sobre meu tema. Estava bastante determinado a não escrever apenas mais uma monografia histórica em estilo inglês ou americano convencional que trata de todas as interpretações e depois, especulativamente, acrescenta uma pequena revisão própria. Eu queria ver o que poderia conseguir por conta própria.

Se isso soa um pouco arrogante para um jovem estudante em seus 20 anos, minha desculpa deve ser não só que eu simplesmente não conhecia muito da literatura secundária, mas também que nunca tinha sido *ensinado* a me dedicar a ela. Em questões historiográficas, eu era em grande parte autoeducado. Apesar da minha graduação em História em Cambridge, eu era uma espécie de — talvez em demasia — autodidata. Mais do que eu poderia ter entendido na época, eu tinha, assim, me colocado em uma longa e ocasionalmente ilustre tradição de historiadores que deviam muito — demais — de sua formação à sua própria leitura sem orientação.

Em Paris, nesses mesmos anos, também conheci Boris Souvarine, um dos fundadores do comunismo francês, mas talvez mais conhecido como o autor dos primeiros textos (e ainda um dos melhores) sobre Stalin e o stalinismo. Foi com Souvarine que aprendi — ou talvez tenha confirmado — algo que tentei transmitir em vários de meus livros: a profunda fé marxista que sustentava a política da velha esquerda europeia, independentemente de onde ela estava no espectro da política radical. Souvarine me contou uma história engraçada que ilustra muito bem isso.

Charles Rappoport era outra figura daquela geração comunista fundadora; ele e Souvarine estavam conversando em algum momento no início da década de 1920 sobre Jean Longuet, um dos líderes do Partido Socialista francês na época da Primeira Guerra Mundial. Longuet era um conciliador natural, sempre procurando um meio-termo entre Lenin e os socialistas europeus convencionais, e, em razão de suas manobras, era muito antipatizado por seus colegas radicais. Era também neto de Marx. Assim, Rappoport virou-se para Souvarine e comentou: "Você vê, o problema de Longuet era que *il voulait contenter tout le monde et son grand-père*". Ele queria agradar a todos e a seu avô, uma alusão espirituosa a "*Il voulait contenter tout le monde et son père*", a frase-clímax de *Le meunier, son fils et l'âne* [*O moleiro, seu filho e o burro*], uma das mais conhecidas fábulas de La Fontaine. Isso capturava perfeitamente Longuet e sua turma, procurando desesperadamente conciliar suas lealdades marxistas com qualquer situação em que se vissem. Mas essa história, com todas as suas referências, capta outra coisa essencial nos intelectuais de esquerda: as referências compartilhadas que nasceram não apenas de um objetivo político comum, mas de uma grande quantidade de leitura.

Ao optar por estudar em minha dissertação os anos 1921-1926, mantive certa distância da década de 1930 e da questão da Frente Popular. Mas ainda assim eu já era atraído pela figura trágica de Léon Blum, que ocupava o centro das políticas do Partido Socialista como eu as descrevia na década de 1920, e que, claro, viria a ser primeiro-ministro da França na década seguinte. Na época, eu não teria pensado em escrever história com inflexão biográfica, mas Blum já era central para meu relato, porque incorporava algo além do socialismo político: uma tentativa sustentada de adotar ideais do século XIX na política de massa do século XX.

Embora eu não gostasse e não goste de fazer entrevistas, entrevistei Robert e Renée-Robert Blum, o filho e a nora de Léon Blum. Eu estava tentando, por mais desajeitadamente que fosse, encontrar meu caminho para dentro do mundo mental da geração de intelectuais europeus nascidos entre 1870 e 1910. O próprio Blum nasceu em 1872: pouco depois de Rosa Luxemburgo, três anos antes de Luigi Einaudi, sete antes de William Beveridge, e dez antes de Clement Attlee e John Maynard Keynes. O que Blum tem em comum com todos esses é a mistura caracerística do final do século XIX de autoconfiança cultural informada por um dever de participar no melhoramento público.

Ao me interessar pelo período antes de 1939, mas limitando minha atenção aos herdeiros de esquerda da Europa liberal, eu estava, sem dúvida, evitando certas questões cruciais sobre a vida política e, acima de tudo, intelectual nessas décadas. O que faltava no pensamento de esquerda e de centro do entreguerras era uma avaliação da possibilidade do *mal* como um elemento restritivo, muito menos dominante, nos assuntos públicos. A criminalidade política deliberada, do tipo que era realizado pelos nazistas, era simplesmente incompreensível para a maioria dos observadores e críticos contemporâneos, de direita ou de esquerda.

O fato de que as fomes e o terror stalinistas da década de 1930 não eram compreendidos pela maioria dos comentaristas ocidentais ilustra isso. A Primeira Guerra Mundial havia certamente enterrado muitas das ilusões progressistas de décadas anteriores, mas ainda não as havia substituído pela própria impossibilidade de poesia. Na verdade, havia aqueles para quem a década de 1930 não era absolutamente a "década baixa, desonesta" de Auden.

O historiador Richard Cobb, de Oxford, que nasceu em 1917, recordou a Paris da Frente Popular como um lugar feliz, cheio de esperança e otimismo. Para Cobb e muitos outros a década de 1930 foi uma época de enormes energias, apenas esperando para ser mobilizadas. Ninguém estava de forma alguma dominado pela sensação de desgraça ou do fim de uma era. A própria Frente Popular (na França como na Espanha) foi uma coalizão notável de socialistas, comunistas e radicais. As reformas que ela trouxe para a França, entre as quais férias remuneradas, uma semana de trabalho mais curta, o reconhecimento dos direitos sindicais e mais, foram muito além do que os aliados de Blum tinham previsto. Os comunistas, em especial, sob instruções de Moscou para apoiarem um governo burguês de esquerda na França contra a ameaça emergente da Alemanha nazista, não tinham interesse em assustar a classe média, muito menos em promover a revolução.

No entanto, para as pessoas de direita, uma revolução parecia estar mesmo acontecendo. O brilhante crítico reacionário Robert Brasillach, escrevendo em *Je suis partout* [Eu estou em todos os lugares], estava bastante convencido de estar vivendo uma reedição da Revolução Francesa. Mas essa, pensava Brasillach, era uma revolução cujas consequências superariam as de suas antepassadas francesa e russa, porque podia realmente ter sucesso sem violentar seus próprios princípios. Pior ainda, ela era liderada por Léon Blum, um intelectual judeu.

O que me interessava em Blum como judeu era precisamente isto: o ódio que ele despertava. Temos dificuldade hoje de sequer imaginar o grau de preconceito e aversão abertos e impenitentes que alguém como Blum podia inspirar naqueles anos, principal e simplesmente por causa de sua origem judaica. Por outro lado, o próprio Blum muitas vezes era surdo à escala e às implicações do antissemitismo público e de sua invocação contra ele. Havia, é claro, certa ambivalência na própria identidade de Blum: descarada e totalmente francês, ele era também aberta e orgulhosamente judeu. Em anos posteriores, combinou uma grande simpatia pelo recém-nascido Estado judeu no Oriente Médio com uma quase indiferença à mensagem sionista em si. Essas identificações e esses entusiasmos, ostensivamente incompatíveis, talvez não estivessem tão longe dos meus, em vários momentos, o que pode explicar meu interesse de longa data em Blum.

Na época, porém, eu mantinha as questões judaicas bem longe de minhas preocupações acadêmicas. Apesar de meu recente e animado envolvimento com Israel, não naqueles anos, no início da década de 1970, eu não pensaria em adotar o judaísmo de Blum como tema de estudo. O engajamento político judaico tinha absorvido todas as minhas atenções adolescentes. Mas, uma vez que renunciei a ele, era como se eu não mais visse questões judaicas em minha vida profissional, muito menos me envolvesse com elas. Em retrospecto, posso ver que tinha terminado minha "década judaica" e estava totalmente envolvido em me preparar para sua sucessora francesa.

O que me obcecava durante a década de 1970 eram instituições, partidos políticos e teorias sociais: eu tendia a considerar tudo isso, sem nunca dizê-lo de forma explícita, como produto de condições sociais. Na Cambridge da época e cada um a seu modo, Quentin Skinner e John Dunn ensinavam a história das ideias com referência privilegiada à contextualização cultural, epistemológica e textual da produção intelectual. Eu lhes dou todo o crédito por meu interesse em pensar seriamente sobre o que significa interrogar ideias inicialmente desenvolvidas e expostas em outro tempo ou lugar. Mas, para mim, o contexto permaneceu social, ou no máximo o da alta política, e não religioso, cultural ou hermenêutico.

Em Paris, fiz o que um acadêmico devia fazer: escrevi uma dissertação, encontrei uma editora para ela e procurei novos campos. Mas em outros aspectos eu não sabia exatamente o que estava fazendo nem para onde estava indo. Não tinha noção clara de como me tornar um historiador acadêmico nem o que isso significaria, embora estivesse qualificado para pouca coisa mais. No fim, consegui conciliar meus vários interesses e afinidades com uma carreira acadêmica, mas apenas como resultado de boa sorte e da ajuda generosa de outros.

Ao completar meu doutorado, no início não consegui encontrar uma bolsa ou uma posição acadêmica segura, e já me resignara a assumir um cargo em uma prestigiada escola para meninos no sul de Londres. Graças a John Dunn, meu amigo e mentor no King's, adiei a aceitação desse cargo durante tempo suficiente para ser informado de que me haviam oferecido uma bolsa de pesquisa no King's.

Se consegui uma oportunidade em Cambridge, isso se deu em grande parte graças a George Lichtheim, o grande historiador do marxismo e do socialismo, um benfeitor com quem nunca me encontrei. Eu tinha lido todos os seus livros importantes entre 1968 e 1973, e, sem dúvida, devia muito à sua perspectiva: a de um observador simpático, mas implacavelmente crítico do marxismo do final do século XIX e do início do século XX. Tanto Lichtheim quanto Annie Kriegel aparentemente escreveram cartas muito fortes me apoiando, baseados, em ambos os casos, em sua leitura de minha tese de doutorado. Devo-lhes tudo — e não consigo imaginar duas outras pessoas com quem preferiria ter uma dívida de gratidão.

Mas Lichtheim e Kriegel representavam um gosto minoritário, e ambos eram outsiders — pelo menos para a academia inglesa. Richard Cobb, o principal especialista em história da França de língua inglesa da época e uma figura influente em minha área, nunca me considerou um historiador de verdade. Para Cobb, eu era um intruso disciplinar com todos os piores instintos de um intelectual francês: escrevendo sobre política sob o disfarce de conhecimento histórico.

Graças ao poder de veto de Cobb, fui reprovado em todas as outras bolsas e cargos Oxbridge para os quais me candidatei naqueles anos. Minha dissertação não encontrou nenhuma editora britânica. Embora ela garantisse a bolsa do King's, só foi publicada em francês: foi-me oferecido um contrato para um livro pela Presses de la Fondation Nationale des Sciences Politiques, que devem ter recebido uma recomendação excepcionalmente forte antes de se comprometer com o primeiro livro de um inglês desconhecido — provavelmente de Annie Kriegel.

O fato de eu nunca mais ter tentado encontrar uma editora de língua inglesa talvez sugira outra coisa: eu *era* de fato um intelectual e não um acadêmico, e absolutamente ingênuo quando se tratava de cálculos de carreira ou planejamento estratégico. Simplesmente nunca me ocorreu que publicar meu primeiro livro em francês era um movimento tolo se eu quisesse ter sucesso na profissão de historiador americano ou britânico. Cobb não estava totalmente equivocado: tinha havido um espécie de erro de categoria. Eu estava trilhando a carreira de um historiador inglês, mas me via como um intelectual francês dissidente e agia em conformidade com isso.

No início da década de 1970, ainda era possível ensinar história na Inglaterra e ser completamente desligado da comunidade acadêmica norte-americana. O Atlântico era muito mais vasto naqueles dias. No entanto, alguns anos depois que ganhei a bolsa no King's, o acaso e o mais breve dos contatos humanos me ofereceram uma oportunidade de ir para a Califórnia. Aconteceu de eu jantar uma noite no King's com F. Roy Willis, um graduado no King's que agora lecionava na Universidade da Califórnia em Davis e tinha escrito uma história inicial da unificação europeia, *France, Germany and the new Europe*. Nove meses depois de nosso breve encontro, ele me visitou em Cambridge e perguntou se eu gostaria de ir para Davis por um ano.

Do jeito americano peculiar, Willis mencionou um salário anual. Hesitei: era tão superior ao que eu ganhava em Cambridge que me perguntei se o ouvira bem. Ele, por sua vez, entendeu mal minha hesitação e aumentou a oferta: a primeira e uma das mais bem-sucedidas de minhas incursões em negociação! Jacquie e eu voamos para Boston no verão seguinte e, depois de uma curta estada com um amigo em Cambridge, Massachusetts, compramos um enorme Buick usado e cruzamos o país.

Aquele ano em Davis, 1975-1976, foi minha primeira exposição aos Estados Unidos. Foi uma experiência maravilhosa. Nada dependia dela. Eu lecionei cursos amplos em história europeia pela primeira vez, e percebi que não poderia fazer na Califórnia o que quase todo mundo fazia em Cambridge, que era ler minhas aulas. Em vez disso, aprendi a improvisar e me tornei um professor universitário competente.

Meus alunos americanos encaravam o aprendizado de modo muito diferente do de seus colegas britânicos. Na Califórnia, eu ensinava jovens que realmente não sabiam muito, mas que não tinham vergonha de admitir isso e estavam ansiosos para aprender. Na Inglaterra, poucas pessoas com mais de 16 anos de idade admitem ignorância, certamente não em Cambridge. Isso contribui para um estilo de conversa mais confiante, mas também significa que o aluno inglês típico com frequência passa anos sem ler certos textos fundamentais porque ninguém nunca questiona sua familiaridade com eles.

Em nossa volta para a Inglaterra, em 1976, Jacquie e eu começamos a nos afastar; em dezembro de 1976 nos separamos, e dois anos depois nos divorciamos. As razões para esse rompimento não são difíceis de encontrar. A Califórnia tinha ampliado meus horizontes; e, apesar de eu ter recusado a oferta de um cargo permanente em Davis, o retorno a Cambridge se mostrou decepcionante e, em última análise, insatisfatório. Antes de partirmos para os Estados Unidos, Jacquie e eu morávamos em um minúsculo apartamento de dois quartos; quando voltamos da Califórnia, obviamente era hora de comprar algo maior. Mas o ato de comprar um imóvel, como ocorre tantas vezes, concentra a mente. Até então, como me parece em retrospecto, eu tinha apenas seguido pelo monotrilho estabelecido para mim na faculdade; agora já não estava tão certo de querer que minha vida assumisse essa forma. Não conseguia aceitar que isso era tudo o que haveria nela: uma carreira, uma universidade, uma casa, uma esposa.

Depois que Jacquie e eu nos separamos, fui morar na França por algum tempo para pesquisar meu segundo livro, *Socialism in Provence*. A maior parte do primeiro semestre de 1977 foi passada na baixa Provença, no departamento do Var, onde estavam localizadas minhas fontes — e onde Nicholas Kaldor, economista de Cambridge e membro do King's, me havia oferecido o uso de sua casa em La Garde-Freinet, uma cidadezinha cerca de 12 quilômetros ao norte de Saint-Tropez. Era uma encantadora antiga casa provençal do século XVIII em uma rua de casas vazias, fechadas — de um lado, banhadas pelo sol, do outro, sombras, grama e morros. Eu estava feliz de estar de novo solteiro, pela primeira vez desde os 18 anos: morando sozinho, com apenas um propósito e o punhado de posses de que precisava para trabalhar e viver: um carro, uma mala cheia de roupas, apenas o dinheiro suficiente e uma casa que era minha até o verão.

A vida em La Garde-Freinet tinha uma rotina estabelecida de longa data. Antes de os turistas chegarem no verão, a região ainda era muito antiga Provença, inclusive com alguns sobreviventes geriátricos que falavam o dialeto tradicional. Os movimentos diários de ovelhas e pastores, os antigos padrões da economia rural e a vida nas ruas da vila no morro permaneciam similares aos do século XIX. Meu tema — as fontes econômicas e sociais do socialismo rural na Provença — ainda me cercava. Eu estava *bien dans ma peau* em todos os sentidos.

Todas as manhãs eu acordava e cambaleava de minha porta até o venerável Citroën DS 19 conversível que tinha comprado ao retornar dos Estados Unidos; dava partida nele rolando morro abaixo (o motor de arranque estava imprestável) e — uma vez que a estrada seguia em declive todo o caminho até o litoral — dava ao carro uma carga diária, suficiente para me levar de volta para casa. Estacionava em Sainte-Maxime, comprava uma baguete, um pouco de queijo, algumas frutas, uma garrafa de água mineral e os jornais locais, e ficava na praia por três horas, nadando e lendo; então era voltar para o carro e subir a montanha para tomar um banho, tirar um cochilo, e depois muitas horas de trabalho no livro, noite adentro.

Passei tardes em bibliotecas de vilarejos, arquivos municipais, os arquivos departamentais da vizinha Draguignan e os arquivos urbanos da cidade litorânea de Toulon. Já pesquisei para outros livros, mas nunca na mesma escala intensiva, nem com a mesma familiaridade local. A experiência firmou em mim a opinião de que nenhum historiador deve realizar um trabalho de pesquisa primária baseado em fontes, a menos que tenha a garantia de acesso próximo, durante um prazo longo, aos materiais de arquivo. A pesquisa de longa distância com base em breves visitas ocasionais é, na melhor das hipóteses, frustrante, e geralmente insuficiente para sua finalidade.

Eu estava agora me aproximando dos 30 anos e me separando de minha primeira mulher, para decepção dos meus pais. Claro, eu me divorciaria de novo, minha irmã Deborah se divorciaria duas vezes, e no fim até meus pais se divorciaram; mas o meu foi o primeiro divórcio de um parente próximo. Embora eu tenha aprendido mais tarde que o divórcio e os casamentos múltiplos, com várias permutações e misturas, eram bastante comuns na história de minha família, meus pais e eu éramos assimilados na Inglaterra da década de 1950 o suficiente para ver o divórcio como algo incomum e a ser evitado.

Afora minha incapacidade emergente de encontrar a esposa certa, no entanto, parecia a meus pais que minha vida era bem-vivida, embora um tanto opaca para eles. Não era nada óbvio (para eles) que eu estava em nenhum sentido reconhecível "trabalhando", ainda mais porque meu patrão parecia não ter nenhuma objeção a meu desaparecimento no sul da

França por seis meses. Minha mãe, que (como todos de sua geração) havia sido profundamente influenciada pelo desemprego da década de 1930, tinha medo de que Cambridge me tirasse o emprego se eu ficasse longe por muito tempo. Com o tempo, passaram a entender a vida, a pesquisa e a estabilidade acadêmicas — embora eu não tenha certeza de que algum deles compreendesse bem o que exatamente eu fazia antes da publicação e do sucesso do *Pós-guerra*.

Em 1977, enquanto eu pensava e escrevia sobre os trabalhadores rurais franceses e a classe operária francesa do século XIX, acho que ainda defendia e até praticava um certo tipo de marxismo — pelo menos como abordagem histórica —, ao mesmo tempo que mantinha distância dele politicamente e reconhecia apenas pela metade seu impacto em meu trabalho. Meu primeiro livro também tinha sido sobre marxistas, mas não era de forma alguma história social como era concebida na época, já que tratava principalmente de partidos políticos e ativistas.

Eu não tinha nada contra o que via como história social clássica. Bem ao contrário: mais que qualquer outra coisa naqueles anos, eu era motivado pelo exemplo de Maurice Agulhon e seu *La République au village*. Agulhon tinha revelado e ilustrado as fontes de radicalismo político que se formaram no interior da França durante a primeira metade do século XIX; em particular, ele descrevia as esperanças generalizadas de um certo socialismo rural, destruídas em 1851 pelo golpe de Estado de Louis Napoleon Bonaparte.

Influenciado por Agulhon e outros historiadores do Sul francês rural, me propus a escrever minha própria história social dos camponeses: um estudo regional da Provença no fim do século XIX, embora em algum nível esse tipo de texto histórico básico não fosse minha aptidão natural nem correspondesse a minhas inclinações intelectuais. Eu me enterrei naqueles arquivos do Var. Muitos anos antes, um ex-professor meu em Cambridge, Christopher Morris, havia me advertido (de forma um tanto sentenciosa) que um historiador deve saber o preço dos porcos na feira anual. Bem, depois de uma pesquisa de alguns anos, eu sabia o preço dos porcos (e muito mais) nas feiras anuais do Var para todos os anos de 1870 a 1914. E também (essa pesquisa parecia anunciar) podia fazer história social propriamente dita. E fiz. E depois disso nunca mais voltei a fazer.

Eu ficava de fato perplexo com os textos de história social da década de 1970. Economia, política e mesmo a própria sociedade estavam saindo do foco, e na verdade completamente fora do campo. Eu ficava irritado com o uso de dados sociais e culturais seletivos para substituir explicações contextuais ou políticas convencionais de grandes eventos: assim, a Revolução Francesa podia ser reduzida a uma revolta de gênero, ou mesmo a uma expressão adolescente de descontentamento intergeracional. As características que antes eram evidentemente tomadas como as mais importantes de grandes eventos no passado eram substituídas por aqueles aspectos que até então haviam sido totalmente periféricos.

Estudei história moderna porque ela me parecia claramente um caminho para o engajamento intelectual e o investimento cívico. Mas como você se engaja intelectualmente como cidadão, muito menos apela a seus concidadãos, quando o que faz está tão obviamente preocupado com aspectos sociais secundários que interessam apenas a seus colegas acadêmicos? Muitos de meus colegas pareciam estar tomando parte em uma espécie de charivari acadêmico semiconsciente: uma inversão de papéis meio irresponsável em que historiadores sociais de segunda classe tinham recebido a liberdade de aparecer e dominar o campo, menosprezando e destruindo os principais estudiosos cujas publicações e preocupações tinham governado a profissão durante décadas.

Eu estava, portanto, em desacordo com as principais tendências em minha disciplina: elas se inclinavam para a teoria da modernização, por um lado, e — com um pouco de atraso — para os "estudos culturais", por outro. O que eu achava particularmente irritante, suponho, era a afirmação de muitas dessas novas abordagens da história social que ampliava ou enriquecia um marxismo que elas em grande medida entendiam mal.

A teoria da modernização, naqueles anos, se beneficiou de seus respeitáveis antecedentes nos textos da década de 1950 sobre a sociedade industrial: notadamente os de Ralf Dahrendorf e Raymond Aron. Em suas formas mais crassas, no entanto, ela propunha uma narrativa de progresso com um ponto final claro e não questionado: a sociedade industrial e seu duplo político — a democracia. Isso tudo me parecia uma teleologia bastante espalhafatosa e nada sutil, oferecendo uma visão de certeza sobre processos passados e resultados futuros que eu achava imprópria como historiador — e até, por mais estranho que possa parecer, como historiador marxista. Quanto aos estudos culturais, percebi que eles eram deprimentemente superficiais: impulsionados pela necessidade de separar dados e experiências sociais de quaisquer raízes ou influências econômicas, para melhor distinguir suas afirmações do desacreditado marxismo, ao qual, de resto, eles recorriam descaradamente.

Nos debates políticos e acadêmicos das décadas anteriores, o marxismo sempre fora tratado em última análise como um modelo histórico alimentado pelo motor do interesse e da ação do proletariado. Mas exatamente por esse motivo, à medida que o proletariado industrial diminuía em número e relevância nas sociedades avançadas, o marxismo parecia vulnerável à implausibilidade de suas premissas.

O que acontece, afinal, quando o proletariado deixa de funcionar como um motor da história? Nas mãos de praticantes dos estudos culturais e sociais na década de 1970, a máquina ainda pode ser posta para funcionar: você simplesmente substituía "trabalhadores" por "mulheres"; ou estudantes, ou camponeses, ou negros, ou — no fim — gays, ou na verdade qualquer grupo que tivesse uma boa razão para estar insatisfeito com a presente disposição de poder e autoridade.

Se tudo isso me parecia desinteressante e imaturo, eu devia minha irritação ao curso distintivo da minha própria educação. Na década de 1970 eu estava preso em uma espécie de deformação do tempo. Entendia e em grande medida compartilhava a visão de mundo dos Eric Hobsbawms e dos E. P. Thompsons mais do que as preocupações de minha geração acadêmica. Esses eram homens formados pelos problemas das décadas de 1920 e 1930, os problemas que eu tinha escolhido como meus em minha dissertação.

Os contemporâneos americanos, em particular, me pareciam estar avançando um pouco depressa demais, antes mesmo de adquirir uma compreensão plena do que estavam perdendo. Eu, por outro lado, tendo completado um doutorado aos 24 anos, já era um membro do corpo docente num momento em que meus colegas estavam conhecendo seus orientadores de pós-graduação, e sendo incentivados a procurar novas áreas de interesse e novos métodos. Caminhando sozinho, me faltavam ligações geracionais. Portanto, não é de surpreender que eu tenha reagido mais de uma vez contra as tendências de minha própria geração.

Fiz algumas escolhas ruins nesses anos. Não muito tempo depois de voltar da Provença para Cambridge, em 1977, me envolvi com Patricia Hilden, uma estudante de pós-graduação de Davis que tinha vindo trabalhar comigo. Por causa de sua influência, abri uma exceção para a história das mulheres em minha crítica da nova história social, embora eu realmente fosse muito ignorante do assunto e o pouco que conhecia não me tivesse impressionado. Mas Patricia era uma feminista muito agressiva e autoconfiante, afiada e implacável: uma mistura curiosamente sedutora. Assim, com incoerência desavergonhada, me dediquei à história das mulheres ao mesmo tempo em que permanecia implacável em meu menosprezo por todos os outros tipos de estudos hifenizados ou de identidade.

Nosso relacionamento foi mal concebido desde o início, e não só porque me forçou a entrar em território intelectualmente desonesto. Nos anos seguintes, viajei para um lado e para o outro entre a Inglaterra e os Estados Unidos; em grande parte seguindo Patricia, que nunca parecia satisfeita onde estava. Na primavera de 1978, me candidatei e fui aprovado para dois empregos nos Estados Unidos, na Universidade de Harvard e na Universidade da Califórnia em Berkeley. Escolhi Berkeley pretensamente porque Harvard parecia muito semelhante à Cambridge que eu estava deixando. Essa, pelo menos, foi a razão que dei a mim mesmo. Mas a principal consideração foi que Patricia queria voltar para a Califórnia. Também gostei da ideia de ir para lá, embora meus interesses intelectuais já estivessem se afastando do foco social-histórico que tinha despertado em mim o interesse em Berkeley.

Fiquei, portanto, preso ensinando história social em Berkeley de 1978 a 1980: indo na direção contrária a minhas preferências. Num dos semestres, ofereci um curso sobre a história do socialismo e do comunismo na Europa. Apareceram mais de duzentos alunos, então, o que começou como um seminário se tornou um curso extenso. Quando cheguei a Leon Trotsky e à tragédia da Revolução Russa, a fonte de minha popularidade ficou clara. Desde a década de 1920 havia marxistas (na verdade leninistas) que viam Trotsky como o caminho não percorrido, a história que de alguma forma saiu do curso, o rei que voltará para nos salvar. No norte da Califórnia no final da década de 1970, como ficou claro, eles ainda estavam presentes. Um grupo de jovens se aproximou de mim depois de minha aula sobre Trotsky e disse, com efeito: "Tony, estamos gostando muito de seu curso, e pensamos se você poderia ir falar com o Grupo da Quarta Internacional em São Francisco sobre os erros de Trotsky — e como evitá-los da próxima vez."

Ali, em uma terra distante, estava um reflexo das preocupações de juventude de meu pai, e talvez também das minhas: o que havia dado errado na esquerda revolucionária? Não seria seu fracasso, talvez, em parte responsável pela horrível violência das décadas de 1930 e 1940 na Europa? Para esses estudantes, como, aliás, para meu pai e alguns de seus amigos, essas questões ainda exigiam respostas que eram de natureza pessoal: a solução para o dilema do leninismo era Trotsky, não Stalin. Eu nunca vira as questões exatamente dessa maneira, e estava havia muito tempo distante de qualquer tipo de marxismo revolucionário. Mas reconheci uma sensibilidade familiar, um desejo familiar. Percebi que o que estava de fato ensinando era uma espécie de curso vocacional com inflexão histórica sobre como praticar a política de extrema-esquerda. Berkeley tinha seus encantos.

Mas Patricia insistira em que vivêssemos em Davis e não em Berkeley. E assim lá nos estabelecemos, o que significava que eu tinha de viajar para Berkeley: 100 quilômetros em cada sentido no ônibus universitário. Naquele mesmo verão (1979), nos casamos em Davis. Mas no semestre seguinte eu pelo menos consegui me mudar para Berkeley — Patricia, sempre insatisfeita com sua presente localização, tinha a essa altura voltado à Inglaterra para fazer um pós-doutorado.

No decorrer de meu segundo ano na Califórnia, tornou-se perfeitamente claro para mim que eu estava fora de lugar. Berkeley parecia muito longe da Europa, e ainda mais longe de meus interesses. No sistema americano, os departamentos e as universidades concedem prêmios e "vitaliciedade" a docentes juniores promissores, mantendo a perspectiva de um futuro emprego permanente como catedrático. Assegurar a condição de vitalício para si (ou negá-la aos outros) é, portanto, a obsessão dominante da vida universitária, já que alguém assim promovido alcança, por esse meio, posição, prosperidade, autonomia e segurança: uma recompensa nada desprezível.

Meu caso de vitaliciedade em Berkeley se deu sob a sombra projetada por um longo artigo que publiquei em 1979 criticando tendências populares em história social, sob o título "A Clown in Regal Purple" [Um palhaço em púrpura régia]. Vários colegas do departamento de história pomposamente me avisaram que, em razão desse ensaio notório, teriam de votar contra mim. Como um deles me explicou, isso não se devia ao conteúdo polêmico do ensaio, mas sim ao fato de ele ter "mencionado nomes". Em particular, William Sewell, um dos que eu tinha listado como um perpetrador do tipo mais equivocado de história social, era pós-graduado em Berkeley. Para um jovem professor assistente como eu, menosprezar o trabalho de alunos de seus colegas era *lèse-institution*, e imperdoável. Sem lealdade institucional nem instintos prudenciais, eu, claro, nunca entendera a extensão da minha ofensa. Graças a esse ensaio, a votação pela vitaliciedade em meu departamento ficou dividida, embora com uma maioria positiva. Quaisquer que fossem minhas perspectivas a longo prazo, a atmosfera parecia envenenada.

Então decidi voltar para a Inglaterra, se pudesse. Foi aberta uma vaga na Faculdade de Política em Oxford, um cargo de professor na universidade que incluía uma bolsa de estudos no St. Anne College. Eu me candidatei e fui aceito. Voltei para a Inglaterra inequivocamente feliz. Sentiria falta de meus dias na Califórnia — andando pela costa na Highway One em um Mustang conversível, trocando notas políticas com os trotskistas etc. E senti falta de meus alunos. Mas nunca me arrependi de ter deixado Berkeley.

Aqui, bem no meio, eu gostaria de interromper a narrativa.

Tanto na vida privada como na vida profissional você é um rebelde à esquerda, mas não um rebelde contra a esquerda. Mesmo seu sionismo é socialista, e você se rebela contra Israel quando descobre que o sionismo de algumas pessoas não é. Como estudioso, você adota temas muito tradicionais para um historiador marxista, e sua insatisfação na década de 1970 tem algo a ver com o abandono por colegas de esquerda de categorias marxistas — que se insinuam no final de seu artigo "A Clown in Regal Purple". Lá você fala de um colapso total da história social, o que representa uma "perda da fé na história". Mas acho que você está fazendo, nessa fase de sua vida e carreira, uma última tentativa de se convencer de que tudo pode ser enquadrado nas categorias marxistas.

Mas muito da história do século XX pode ser entendido sem as categorias marxistas, ou na verdade sem o quadro de referência maior do esclarecimento e suas variações, das quais o marxismo é uma. E, considerando o que você disse em nossa discussão anterior sobre os fascistas, acho que você concorda com isso. Então, vamos discutir a extrema-direita antes de voltar à esquerda ou suas falhas. Vamos inserir a vida intelectual da extrema-direita e falar sobre os fascistas.

Já falamos e vamos falar de novo sobre o apelo emotivo e intelectual do marxismo e do leninismo. Afinal, a Frente Popular é uma forma de antifascismo. E, contudo, é lógico, antes do antifascismo deve vir o fascismo: a ascensão de Mussolini ao poder, em 1922, a aparentemente semelhante ascensão de Hitler ao poder, em 1933, a crescente influência dos fascistas romenos na década de 1930 — e, por falar nisso, a mais fraca mas ainda importante corrente de pensamento fascista na França e na Grã-Bretanha.

Portanto, deixe-me começar por lhe perguntar a respeito do assunto sobre o qual você não *escolheu escrever em sua dissertação. Por que negligenciamos com tanta facilidade os intelectuais fascistas das décadas de 1920 e 1930?*

Quando falamos dos marxistas, poderíamos começar com conceitos. Os fascistas não têm realmente conceitos. Eles têm atitudes. Têm respostas características à guerra, à depressão e ao atraso. Mas não começam com um conjunto de ideias que depois aplicam ao mundo.

Eu me pergunto se outro motivo pelo qual temos dificuldade de lembrar os fascistas é que, na medida em que eles tinham argumentos, estes eram geralmente argumentos contra *alguma coisa: o liberalismo, a democracia, o marxismo.*

Até o final da década de 1930 (ou mesmo o início da década de 1940, durante as ocupações de guerra), quando eles começam a se envolver em políticas de consequência real, como a legislação antissemita, os intelectuais fascistas não se destacam claramente de grande parte das outras discussões políticas nos anos entre as guerras. É difícil separar os franceses Pierre Drieu la Rochelle e Robert Brasillach, que eram visivelmente fascistas, dos editoriais da grande imprensa francesa de centro-direita sobre assuntos importantes, como a Guerra Civil Espanhola, a Frente Popular, a Liga das Nações, Mussolini, os Estados Unidos.

As críticas da social-democracia ou do liberalismo ou atitudes em relação ao marxismo ou ao bolchevismo também são muito difíceis de separar. Isso é em grande parte verdade, mesmo na Alemanha antes de 1933, onde um conjunto muito semelhante de atitudes sobre política externa vai, digamos, do liberal Gustav Stresemann até os nazistas. E na Romênia, é claro, as pessoas que hoje identificaríamos como intelectuais fascistas — Mircea Eliade, Emil Cioran — não eram apenas mainstream, eram a intelligentsia dominante.

Quais podem ser as virtudes intelectuais dos intelectuais fascistas?

Tomemos o caso de Robert Brasillach. Ele era visto pelos contemporâneos como uma das vozes mais sofisticadas da extrema-direita. E ele é típico por ser jovem; chega à maturidade na década 1930. Escrevia muito bem — como muitos intelectuais fascistas. Com frequência, eles eram espirituosos e mais sarcásticos que os intelectuais de esquerda, que tendiam a ser excessivamente sérios. Há uma sensibilidade estética, o que permite uma reação simpática e culta às artes modernas. Brasillach, por exemplo, era crítico de cinema — e muito bom. Se você lê o trabalho dele agora, e se você for justo, vê que suas críticas dos filmes de esquerda da década de 1930, precisamente aqueles mais admirados agora, são bastante mordazes.

Em contraste com a geração de intelectuais de esquerda dominantes do pós-guerra — a geração de Sartre, que é imediatamente seguinte à dos intelectuais dominantes —, os intelectuais fascistas da década de 1930 costumavam ser menos propensos a afirmar pontos de vista sobre tudo. Eles não são intelectuais paus para toda obra; tendem a se concentrar em determinadas áreas e ser conhecidos por isso. Tendem a ter muito orgulho de ser críticos culturais, ou especialistas em política externa, ou o que quer que seja, e não vagam a esmo por toda a gama de políticas públicas. Alguns deles são admirados, embora com relutância, por uma gama de pessoas muito mais ampla do que se fossem simplesmente vistos como intelectuais fascistas multifacetados. Assim, Brasillach tem muitos admiradores de sua crítica de cinema, e alguns de seus outros ensaios culturais, apesar de ele os publicar em um pasquim de direita como *Je suis partout*. Essa especialização, eu acho, tornou os intelectuais fascistas muito mais bem-situados para defender-se contra a acusação de serem meros escritores habilidosos.

Finalmente, no caso de alguém como Brasillach, havia uma espécie de individualismo culto que, é claro, pega bem na direita e tende a ser incômodo na esquerda. Os intelectuais de direita parecem os críticos culturais dandificados, digamos, das décadas de 1830 e 1840; eles são um tipo social mais reconhecível e simpático do que o intelectual ideológico das gerações posteriores da esquerda. Alguém como Brasillach não se identifica de nenhum modo muito ativo ou coerente com um partido político. Ora, parte da ironia, é claro, é que não há nenhum partido político de importância na extrema-direita com o qual ele possa se identificar na França. Mas isso é verdade também em outros lugares. Os intelectuais de direita — Jünger, Cioran, Brasillach — não eram, na maioria, homens de partido. Todos esses são pontos fortes em um mundo intelectual.

De onde vêm os intelectuais fascistas? Podemos falar de uma genealogia puramente intelectual dos fascistas?

A história genética convencional é que o fascismo surgiu das incertezas da geração pré-Primeira Guerra Mundial quando confrontada com a guerra e o período imediatamente seguinte à guerra. O que você tem então é um tipo deformado e distintamente novo de nacionalismo, transfigurado pela energia e pela violência da Primeira Guerra Mundial em um movimento político de novo tipo, um movimento de massa, em potencial, de direita. Zeev Sternhell, em contraste, enfatiza que as atitudes pré-Primeira Guerra Mundial em relação à democracia, ou à decadência, juntamente com a experiência da guerra e o fracasso da esquerda na guerra, levam toda uma geração para o fascismo. Nesse relato, as verdadeiras origens do fascismo, e acima de tudo suas políticas econômicas e sua crítica da democracia, estão na *esquerda*.

Você não precisa escolher entre essas histórias. Não é difícil encontrar indivíduos que seguiram as duas trajetórias. E talvez ambas sejam também um pouco anacrônicas. Se fosse possível parar o relógio em 1913, o ano anterior ao da eclosão da Primeira Guerra Mundial, e perguntar sobre a postura política e as prováveis filiações futuras da geração mais jovem, você veria que a divisão entre a esquerda e a direita não é bem a questão. A maioria dos movimentos se definia deliberadamente como nem de esquerda nem de direita. Eles se recusavam a ser definidos dentro do léxico revolucionário francês que tinha por tanto tempo fornecido os parâmetros para a geografia política moderna.

Antes, eles viam os debates na sociedade liberal como sendo eles próprios o problema e não como contendo uma solução. Pense nos futuristas italianos em seus manifestos e seus empreendimentos artísticos da década anterior à Primeira Guerra Mundial. Na França houve uma pesquisa, "*Les jeunes gens d'aujourd'hui*" (Os jovens de hoje), que se tornou uma espécie de manifesto da direita jovem, embora seus autores afirmassem não ter essa intenção. O que os jovens tinham em comum era uma crença de que só eles podiam apreender o século. Gostaríamos de ser livres, afirmavam: queremos liberar as energias profundas da nação. Em 1913, você não saberia se esse sentimento era de esquerda ou de direita: ele teria, de forma muito plausível, servido como um manifesto modernista de esquerda — tem de haver mudança, haverá rupturas radicais, devemos acompanhar o presente e não ficar confinados ao passado. Mas, ao mesmo tempo, essas expressões de impulsos juvenis frustrados soam classicamente *de direita* no tom: vontade nacional, propósito nacional, energia nacional. O século XIX foi o século burguês. O século XX seria o século da mudança, que nos ataca tão depressa que só os jovens e os não comprometidos poderiam esperar aproveitar a oportunidade e acompanhá-la. A velocidade era essencial: o avião e o automóvel tinham acabado de ser inventados.

Na Alemanha, todos, de grupos vegetarianos a clubes de ciclismo, clubes de caminhada e sociedades naturistas, se viam — com exceções — inclinados para a direita nacionalista. Inversamente, na Inglaterra o mesmo tipo de pessoa — usando roupas notavelmente semelhantes e fazendo exercícios similarmente motivados — inclinava-se para a esquerda: falando sobre papel de parede William Morris, erguendo os trabalhadores a um nível cultural mais elevado, difundindo o conhecimento sobre contracepção e dieta para o bem maior das massas etc.

Depois de 1913, há a Primeira Guerra Mundial, e em seguida a aplicação do princípio da autodeterminação nacional, e a Revolução Bolchevique. Eu me pergunto se não podemos isolar alguns desses fatores no surgimento do fascismo por tempo e lugar.

O que é surpreendente mesmo em retrospecto é que a violência da Primeira Guerra Mundial não tenha tido o efeito que suporíamos hoje. Foi precisamente o aspecto sangrento, mortífero, da guerra que foi tão comemorado por aqueles para quem ela foi o momento definidor de sua juventude. Quando você lê Ernst Jünger, ou Drieu la Rochelle, ou as reações raivosas a Erich Maria Remarque, percebe que a celebração retrospectiva da união no conflito deu à guerra um brilho muito especial para muitos membros da Geração do Front. Os veteranos se dividiam entre aqueles que abrigavam uma *nostalgie de la boue* de vida inteira e aqueles que eram para sempre alienados de todas as formas de política e militarismo nacionalistas. Esses últimos talvez tenham sido a maioria absoluta, em especial na França e na Grã-Bretanha; mas eles decididamente não eram a maioria entre os intelectuais.

A Revolução Bolchevique ocorreu em fins de 1917, portanto antes do fim da guerra. Isso significa que mesmo antes do efetivo início do período do pós-guerra já havia a ameaça iminente de um segundo distúrbio: uma revolução europeia facilitada e justificada pela ruptura da guerra e pela injustiça (real ou percebida) dos acordos de paz. Se você percorrer país por país, começando pela Itália, verá que sem a ameaça de uma revolução comunista teria havido muito menos espaço para os fascistas se oferecerem como uma garantia de ordem tradicional. Na verdade, o fascismo, pelo menos na Itália, não sabia ao certo se era radical ou conservador. Ele foi para a direita em grande medida por causa do sucesso de sua ala direita em apresentar o fascismo como a resposta apropriada à ameaça do comunismo. Na ausência do espectro da revolução de esquerda, os fascistas de esquerda poderiam muito bem ter predominado. Em vez disso, Mussolini teve de expurgá-los, como fez Hitler dez anos depois.

Por outro lado, a relativa fraqueza da esquerda revolucionária na Grã-Bretanha, na França ou na Bélgica do pós-guerra restringiu a credibilidade dos esforços de direita para explorar o espectro comunista durante a década seguinte. Na Grã-Bretanha, mesmo Winston Churchill foi ridicularizado por sua obsessão com a Ameaça Vermelha e os bolcheviques.

Muitos dos fascistas admiravam Lenin, admiravam sua revolução, admiravam o Estado soviético, e viam o governo de partido único como um modelo.

Ironicamente, a Revolução Bolchevique e a criação da União Soviética suscitavam problemas muito mais complicados para a esquerda do que para a direita. Nos primeiros anos do pós-guerra, sabia-se muito na Europa Ocidental sobre Lenin e sua revolução. Por conseguinte, havia muita reformulação abstrata autointeressada de desenvolvimentos russos de acordo com as preferências locais: essa era uma revolução sindicalista, uma revolução anarquista, um socialismo marxista adaptado à circunstância russa, uma ditadura temporária e assim por diante. A esquerda tinha de se preocupar com o fato de uma revolução em um país atrasado, agrário, não se conformar às previsões de Marx, e poder, portanto, gerar resultados deturpados e até mesmo tirânicos. Ao passo que para os fascistas os aspectos do leninismo que mais incomodavam os marxistas convencionais — a ênfase no voluntarismo e a disposição arrogante de Lenin para acelerar a história — eram o que eles achavam mais agradável. O Estado soviético era violento, decidido e firmemente liderado de cima: naqueles primeiros anos ele era tudo que os futuros fascistas almejavam e julgavam que faltava na cultura política de suas sociedades. Ele confirmava para eles que um partido pode fazer uma revolução, apossar-se de um Estado e governar pela força, se necessário.

* * *

> *Naqueles primeiros anos a Revolução Russa também produziu propaganda eficaz e até mesmo bela. Com o passar do tempo, além disso, os bolcheviques tiveram uma aptidão notável para explorar locais públicos.*

Eu iria mais longe. As faces públicas do fascismo e do comunismo eram com frequência e, de forma surpreendente, semelhantes. Os planos de Mussolini para Roma, por exemplo, parecem assustadoramente semelhantes à Universidade de Moscou. Se você não soubesse nada da história da Casa do Povo de Nicolae Ceaușescu, como poderia determinar se ela era arquitetura fascista ou comunista? Havia também um conservadorismo compartilhado (e superficialmente paradoxal) de gosto nas belas-artes, após o entusiasmo inicial dos anos revolucionários. Na música, na pintura, na literatura, no teatro e na dança, comunistas e fascistas eram extraordinariamente desconfiados da inovação ou da imaginação. Na década de 1930, os radicais estéticos eram tão mal recebidos em Moscou quanto em Roma ou Berlim.

> *Uma coisa que me impressiona é que para os fascistas romenos cantar em público era muito importante. E eu me pergunto se o fascismo não depende — aqui vem um tipo de argumento marxista sobre o fascismo — de um certo nível de desenvolvimento tecnológico, em que as pessoas podem ser facilmente deslocadas, mas a informação nem tanto. Afinal, um coral é um meio de comunicação que faz sentido antes do rádio, que era escasso no campo romeno entre as guerras.*

Estamos exatamente no momento em que as sociedades da Europa estão ingressando na era das massas. As pessoas podem ler jornais. Elas trabalham cm aglomcraçõcs muito grandes e estão expostas a experiências compartilhadas — na escola, nas forças armadas, viajando de trem. Então você tem comunidades autoconscientes em grande escala, mas na maior parte nada que se assemelhe a sociedades genuinamente democráticas. Por conseguinte, países como a Itália ou a Romênia eram particularmente vulneráveis a movimentos e organizações que combinavam forma não democrática com conteúdo popular.

Eu penso que essa é uma das razões pelas quais tão poucas pessoas os entendiam; certamente, seus críticos não o faziam. Os marxistas não conseguiam encontrar nenhuma "lógica de classe" nos partidos fascistas: portanto, eles os menosprezavam como meros representantes superestruturais da velha classe dominante, inventados e instrumentalizados com o objetivo de mobilizar apoio contra a ameaça da esquerda — uma explicação necessária, mas longe de suficiente, para o apelo e a função do fascismo.

Portanto, faz sentido que, no rescaldo da Segunda Guerra Mundial, com o estabelecimento de democracias estáveis em grande parte da Europa Ocidental e em partes da Europa Central, o fascismo tenha perdido sua vantagem. Em décadas posteriores, com a chegada da televisão (e *a fortiori* da internet), as massas se desagregam em unidades cada vez menores. Como consequência, apesar de todo o seu apelo demagógico e populista, o fascismo tradicional tem sido prejudicado: a única coisa que os fascistas fazem supremamente bem — transformar minorias raivosas em grandes grupos, e grandes grupos em multidões — é agora extraordinariamente difícil de realizar.

Sim. O que os fascistas faziam bem era a desfragmentação de forma transitória e em nível nacional. Eu acho que provavelmente agora ninguém pode fazer isso, pelo menos não da mesma maneira.

As perspectivas para o fascismo hoje dependem de um país ficar preso em alguma combinação de sociedade de massa e instituições políticas frágeis, fragmentadas. Hoje em dia, não consigo pensar em nenhum lugar no Ocidente onde essas condições prevaleçam de forma suficientemente aguda.

No entanto, não se segue de forma alguma que demandas de estilo fascista — ou indivíduos com disposição fascista — tenham desaparecido definitivamente. Nós os vimos recentemente na Polônia e na França; podemos observá-los se saindo muito bem na Bélgica, na Holanda e na Hungria. Mas os protofascistas de hoje estão em desvantagem: em primeiro lugar, eles não podem confessar abertamente sua devoção política natural. Em segundo lugar, o apoio a eles permanece confinado a cidades individuais, ou a projetos de interesse único: a expulsão de imigrantes, por exemplo, ou a imposição de "testes de cidadania". E, finalmente, os pretensos fascistas hoje enfrentam um ambiente internacional modificado. Sua propensão instintiva a pensar em termos exclusivamente nacionais não casa bem com a ênfase contemporânea em instituições transestatais e cooperação interestatal.

Talvez os fascistas fossem os últimos a acreditar que o poder era belo.

Que o poder era *belo*, sim. É claro que os comunistas acreditaram até o fim que o poder é *bom*: invocações de poder, devidamente cercadas pela embalagem doutrinária certa, ainda podiam ser apresentadas sem pretexto. Mas a apresentação sem remorso do poder como beleza? Sim, isso era exclusivamente fascista. Mas me pergunto se você está correto quanto ao mundo não europeu. Afinal, pense na China, a ilustração mais evidente do que estamos tratando.

Eu acho que a China é uma excelente ilustração.

Voltando, porém, à Europa: o fascismo e o nacional-socialismo são muitas vezes explicados como o resultado de acordos de paz injustos depois da Primeira Guerra Mundial. Embora os americanos tenham introduzido o princípio da autodeterminação nacional, na prática as fronteiras foram traçadas em grande medida como no passado: para punir inimigos derrotados e recompensar aliados.

Mas de fato quase não parece importar se os Estados obtiveram, por assim dizer, território demais ou muito pouco território como resultado da Primeira Guerra Mundial. Os romenos, para tomar um caso óbvio, obtiveram demais — e eles eram uma peça de mostruário central do fascismo na Europa do entreguerras. Portanto, é difícil sustentar o argumento de que se trata de uma questão de insatisfação com acordos de paz.

Os italianos certamente estavam entre os vitoriosos. Sim, havia coisas que eles queriam e não conseguiram, mas eles estavam do lado dos vencedores, como os romenos. E não obstante o fascismo chega ao poder. Então, talvez precisemos de uma narrativa mais profunda, que explicasse a insatisfação dos fascistas independentemente da quantidade de território que seus países conseguiram em nome da autodeterminação nacional.

Com território, e de fato precisamente com mais território, o problema é ainda maior. Os fascistas sempre se ressentiram da presença de minorias em seu meio: prova viva de que o Estado nacional, por mais fisicamente extenso que seja, não é bem como eles o queriam. Uma presença cancerosa — de húngaros, ucranianos, judeus — está danificando a imagem que o poeta tem da Romênia, ou a imagem que o patriota tem da Polônia, ou o que quer que seja.

Tais sentimentos podem coincidir perfeitamente bem com a sensação de que, apesar de toda a sua expansão recente, a nação ainda é muito pequena em algum outro sentido: aos olhos de outras nações, ou quando comparada a outras civilizações. Assim, mesmo os fascistas mais estéticos, sofisticados e cosmopolitas — sendo os romenos um ótimo exemplo — frequentemente decaem para o nacionalismo mais rudimentar, mais ressentido. Por que, eles perguntam, as pessoas não apreciam quão importante somos? Por que as pessoas não entendem que a Romênia (ou a Polônia, ou a Itália) é o centro cultural da Europa? Portanto, a distinção entre os países infelizes e os países felizes se torna muito difícil de fazer. Mesmo os países que conseguiram tudo o que queriam não conseguiram o que queriam em um sentido mais amplo; não se tornaram o país que tinham pensado que a guerra os tornaria — mas que, no fundo de si mesmos, eles sempre souberam que nunca poderiam ser.

A ideia de que a criação de um Estado será o fim da história ou realizará as aspirações das massas se revela muito rapidamente falsa, como ocorre na Polônia ou nos países bálticos. A variante é que você já tem um Estado pequeno, mas acredita que a única coisa de que precisa é mais território, como na Romênia — isso também muito rapidamente se revela falso.

* * *

É exatamente esse enigma que permite aos fascistas reformular o problema em seus próprios termos. A questão, eles argumentavam na década de 1920, não é a ausência de um Estado (o que já não é um problema para a maioria dos países europeus após 1919); antes, é a presença do tipo errado de Estado. O Estado — burguês, liberal, cosmopolita — é muito fraco. Ele foi modelado em imitações imprudentes de precedentes ocidentais. Foi obrigado pela força a aceitar e fazer concessões à presença do tipo errado de pessoa, e está portanto etnicamente poluído, e assim por diante.

Mas, para os fascistas nos primeiros anos do entreguerras, a consciência perturbadora da fraqueza nacional foi muitas vezes impulsionada pela realidade econômica. A maioria dos países pequenos da Europa central e meridional (fossem vitoriosos ou derrotados) foi devastada materialmente: ou como resultado da guerra, ou em virtude dos rearranjos territoriais que se seguiram. Em particular, o comércio entrou em colapso. Os antigos impérios, independentemente de suas deficiências, eram grandes zonas de comércio livre; os novos Estados-nação eram tudo menos isso.

Aqui o fascismo prosperou sobre uma fraqueza característica da esquerda democrática contemporânea: os sociais-democratas não tinham política econômica. Tinham certamente políticas sociais e ideias gerais sobre como pagariam por elas. E é claro que tinham teorias — mesmo econômicas — sobre por que o capitalismo funcionava mal. Mas tinham pouca ideia de como gerir economias capitalistas disfuncionais agora que se encontravam em uma posição de responsabilidade.

Portanto, o silêncio absoluto da esquerda democrática na década 1920 e durante a Grande Depressão deixou os fascistas com carta branca, com liberdade para propor medidas econômicas radicais com pouca concorrência. Na verdade, muitos dos mais interessantes convertidos ao neofascismo naqueles anos eram jovens profissionais de esquerda extremamente cultos e promissores, como Henri de Man, John Strachey, Oswald Mosley e Marcel Déat, que abandonaram o socialismo desapontados com sua incapacidade de dar respostas imaginativas à catástrofe econômica.

Os fascistas conseguiram fazer o que queriam em experiências iniciais com o Estado do bem-estar precisamente porque estavam isentos das discordâncias marxistas sobre reforma versus revolução, despreocupados com qualquer tipo de ortodoxia. E assim eles ficaram livres para dizer: talvez devêssemos planejar, os soviéticos fazem isso, e parece funcionar; ou talvez devêssemos roubar dos judeus e redistribuir, isso parece prático.

Para lhes fazer justiça, havia também uma consideração mais sofisticada: por que não instrumentalizamos o Estado para planejar e impomos políticas econômicas, em vez de insistir nos tediosos mecanismos da política parlamentar? No futuro, vamos simplesmente decretar a política, em vez de buscar apoio para ela. Essa versão do argumento aparecia com mais frequência nos textos de ex-esquerdistas desiludidos com a "democracia burguesa", ou então nos projetos elaborados por jovens impacientes que nunca haviam se envolvido com política. Por que, eles perguntavam, devemos modelar a política pública no comportamento individual? Um homem não deve tomar emprestado mais do que ele pode pagar, mas essa restrição não se aplica a um Estado.

E é aí, claro, que o fascismo entra: a ideia de que o Estado é livre para fazer o que quiser. Imprimir dinheiro, se isso for necessário; realocar despesas e trabalhadores para onde for necessário; investir recursos públicos em projetos de infraestrutura mesmo que eles não se paguem por décadas; não importa. Essas ideias não eram fascistas em si: na verdade, em formas sofisticadas, logo seriam associadas aos textos de Keynes. Mas na década de 1930 só os fascistas estavam interessados em adotá-las.

Na Alemanha, Hjalmar Schacht poderia facilmente — se esquecermos sua aquiescência ao antissemitismo nazista — ser visto como um adaptador da teoria keynesiana e da prática do New Deal. Em parte por essas razões, o fascismo realmente era não apenas respeitável, mas — até 1942 — o guarda-chuva institucional para muito pensamento econômico inovador. Ele era desinibido quanto ao uso do Estado, ignorando impedimentos políticos à inovação radical nas políticas, e feliz de transcender restrições convencionais ao gasto público. Note, porém, o consequente gosto por conquistas estrangeiras como a maneira mais fácil de cobrir o déficit.

Essa é uma diferença importante; Keynes faz propostas para obter o equilíbrio em economias nacionais, enquanto Schacht e seus sucessores recorriam ao saque de outros.

* * *

Dito isso, me pergunto se não estaríamos sendo muito apressados ao excluir os fascistas das continuidades reais no pensamento europeu. A ideia de que a nação de alguém não são as pessoas que vivem no país, mas sim aqueles que falam uma língua, ou se associam a uma tradição, ou prestam culto em uma determinada igreja, deriva diretamente dos românticos e pode ser vista muito prontamente também no nacionalismo do século XIX. O que quero dizer é que as entonações desses últimos nos parecem ingênuas e de alguma forma inofensivas quando lidas hoje, mas, não obstante, parece de fato haver uma continuidade que se pode traçar entre Fichte e Herder, por um lado, e os fascistas um século depois, por outro.

Essas continuidades sempre podem ser desenterradas. Você começa com Byron, por exemplo, celebrando a Grécia e suas virtudes como a fonte de todo o bem, em todos os lugares. E termina com o poeta romeno Mihai Eminescu — que claramente *não é* alguém que acredita que o mundo inteiro se beneficiaria do abraço generoso da identidade cultural romena, mas sim que toda a Romênia se beneficiaria da exclusão de não romenos do território que define o lugar em que devem residir apenas romenos. Em outras palavras, com a ascensão do nacionalismo, a noção romântica encolhe e se inverte ao longo do tempo. E o que começa como uma celebração da identidade universal se torna pouco mais que uma defesa do lugar.

Isso é verdade mesmo para a França. Tome Victor Hugo, por exemplo. Seu conceito romântico de "francesismo" — mesmo em seu tratado antinapoleônico de meados do século, *Les Châtiments* [Os castigos] — celebrava qualidades da França que todas as pessoas de boa-fé deviam compartilhar. A França, nesse relato, é uma destilação de virtudes e possibilidades humanas. No entanto, quando você chega a escritores do entreguerras sobre o tema da França, o país deles se tornou não um modelo universal, mas a vítima da história: da Alemanha, da Grã-Bretanha, de seus próprios erros e assim por diante. Invocações da França nessa chave são pouco mais que recordações neorromânticas de uma glória perdida que precisa urgentemente ser recuperada. O mapa da França (correspondendo, para esses fins, a mapas comparáveis da Romênia, da Polônia, da Alemanha etc.)

torna-se uma espécie de talismã de direita: uma perfeição inata no espaço e no tempo, a melhor e a única França possível.

> *Os comunistas tendiam a adorar o que viam como o não contingente: o que tinha de ser, o que estava vindo para todos, o que era inevitável e, portanto, desejável. Ao passo que os fascistas também acreditavam na história, mas adoravam o voluntarista, o contingente, o aleatório. Afinal, a língua de alguém é aleatória, sua etnia é aleatória, sua língua materna e sua pátria são aleatórias. E você tem de se determinar a amá-las dessa forma. O que pode explicar o estilo e também o dandismo.*

Eu entendo o apelo de sua generalização; mas mesmo na adoção do contingente os fascistas estavam longe de ser coerentes. É terrivelmente fácil cometer o erro de falar sobre uma abstração chamada "posições intelectuais fascistas". O fascismo variou de país para país e de pessoa para pessoa. Os intelectuais dandificados do mundo de alguém como Brasillach são muito diferentes em sua indulgência no particular de intelectuais nacionalistas calejados pela violência, como Ernst Jünger, ou dos intelectuais formuladores das políticas fascistas. Veja: alguém como Drieu la Rochelle não distinguia uma extremidade de um argumento econômico de outra. Enquanto Marcel Déat, o socialista que virou fascista, era um *normalien* muito talentoso, com um entendimento sólido da economia keynesiana. Portanto, ao contrário dos intelectuais comunistas, eles não estão unidos por nada nem remotamente tão firme quanto uma fidelidade a um projeto ou mesmo a um evento. Eles são como o próprio fascismo: muito mais claro no estilo e nos inimigos do que no conteúdo.

> *Os comunistas aceitam a violência como a exigência objetiva do desenrolar da história. Os fascistas parecem gostar da violência como o método para impor sua subjetividade aos outros. Os dândis podem ser muito violentos. Eu me refiro aos romenos.*

O espaço entre conversa cultural e assassinato retórico é muito tênue. Não estou falando de Codreanu e dos loucos semirreligiosos dos movimentos estudantis, que aos poucos desaparecem no fascismo romeno real. Estou falando de pessoas que teriam sido absolutamente *salonfähig* [socialmente aceitável] e respeitáveis em qualquer sala comunitária de universidade do mundo — e, na verdade, mais tarde foram: Mircea Eliade, para citar apenas uma.

Elas eram perfeitamente capazes de falar sobre expulsar os judeus, ou matar os húngaros, ou a necessidade de usar a violência para limpar o corpo poluído da Romênia de todas as suas minorias malignas. Consideravam as fronteiras, as fronteiras romenas, como uma pele exterior a ser protegida da violação. Essa é uma linguagem de raiva, mesmo que as próprias pessoas não pareçam estar individualmente de fato raivosas. É como se fossem permeadas por uma retórica extrema, mesmo quando querem dizer algo que não é óbvia nem necessariamente extremo.

Isso foi observado, mas nem sempre comentado, por pessoas que as enfrentaram. Em seu diário de Bucareste na década de 1930 e no início da de 1940, Mihail Sebastian escreve sobre conversas com Mircea Eliade e Nae Ionescu. Eles vão a cafés no centro de Bucareste, e estão tomando o que parece ser um tipo de café de estilo parisiense e conversando sobre arquitetura, ou pintura, ou o que for. E, de repente, como Sebastian registra em seu diário, Eliade se sai com algum comentário completamente maldoso sobre os judeus. O interessante é que não lhe ocorre que isso pode ser uma coisa estranha de dizer a Sebastian, que é judeu. E até mais tarde isso não ocorre plenamente ao próprio Sebastian. É como se ser maldoso a respeito de minorias fosse uma parte tão natural da conversa que teria exigido um grande esforço de autoconsciência imaginar a ofensa que poderia estar sendo feita, ou que poderia haver um rompimento.

> *Sebastian é incomum, eu acho, porque, embora pareça não estar perplexo com o ocorrido, ele não obstante o nota. E é aí que penso que sua judaicidade intervém, o fato de que ele se preocupa em anotar. Eu acho que para Sebastian isso é precisamente a política se afastando da cultura. Porque comentários antissemitas parecem estranhos, para dizer o mínimo, quando você sabe que os judeus estão sendo queimados em Bucovina. O que torna esses diários tão fascinantes é que Sebastian não sabe de fato o que acontece na Segunda Guerra Mundial; ele é morto em um acidente em 1945 e*

nunca fica sabendo do Holocausto tal como o entendemos. Ele está escrevendo sobre a Romênia e um declínio particularmente romeno.

Esse é um pequeno exemplo do problema maior para pessoas como nós: como devemos encontrar o nosso caminho para aquele mundo de conversa fascista? E precisamos ter cuidado com os rótulos. Por qualquer medida, a Guarda de Ferro e Corneliu Codreanu são muito mais diretamente fascistas no que fazem, e em como se organizam, como se mobilizam, em sua política, em sua propaganda etc. Os intelectuais não saem nas ruas e cortam a garganta das pessoas e as penduram em ganchos de açougueiro e assim por diante. Por outro lado, Codreanu está operando em um tom um pouco diferente, e chamá-lo de fascista — embora capte algo sobre o que ele *faz* — não identifica com precisão o que ele está dizendo.

A organização de Codreanu era conhecida como a Guarda de Ferro, mas na verdade era chamada de Legião do Arcanjo Miguel — Codreanu teve uma visão do Arcanjo Miguel em sua cela na prisão. Acho que os princípios da coisa eram: amar a Deus, amar uns aos outros, cumprir nossa missão etc. Ninguém deduziria esses objetivos de uma definição de livro didático do fascismo.

E eles pareceriam muito estranhos a alguns dos fascistas cinicamente não religiosos, irreligiosos, antirreligiosos mais a oeste.

Antes, em relação ao marxismo e ao liberalismo, você falou da primeira geração a crescer em um mundo sem religião, em que a fé não era a questão. Esse poderia ser o caso individualmente para liberais ou para marxistas, mas sociologicamente importa muito em qual Deus todos os outros não acreditam, ou ainda podem vir a acreditar. E, portanto, o caso romeno, é claro, é a ortodoxia cristã, e isso parece importar.

Ela informa sobre a versão particular do culto da morte. Os fascistas romenos realmente tinham uma fixação com a morte individual — e não apenas a morte da pessoa que você estava matando, mas a que você mesmo esperava, como uma ressurreição. Isso parece ser uma perversão do cristianismo, e não outra coisa.

Isso nos leva aos países católicos que são governados pela direita na década de 1930 — Espanha, Portugal, Áustria, Itália. A França entra na lista durante a guerra.

Em países católicos, diferentemente dos ortodoxos, a Igreja tem uma base institucional segura e mais ou menos autônoma. E há lealdades e tradições institucionais específicas dentro de cada país católico. Na França, a esmagadora maioria da população é nominalmente católica e em metade do país, grosso modo, católicos praticantes. A Igreja Católica está em uma posição oposicionista historicamente determinada: ela foi excluída do poder, funcional e legalmente — contudo, permanece imensamente influente na maior parte do século XX. Ele não se vinculou a partidos da extrema-direita; era firmemente ligada aos partidos convencionais de centro-direita. Essa é uma das razões pelas quais o fascismo não chegou ao poder na França, exceto depois e, por decreto externo, durante a Segunda Guerra Mundial.

A outra razão, é claro, é que o partido francês que sociologicamente chega mais perto de se parecer com um partido fascista — com uma classe média baixa ressentida e assustada, com medo da revolução de esquerda e ressentida com a riqueza e o poder, é o Partido Radical. Ele estava, por motivos contingencialmente franceses, ligado à esquerda: em seu anticlericalismo e em sua associação à Revolução Francesa como a base para a legislação que seus apoiadores preferiam. Essa é talvez uma das razões, aliás, pelas quais os intelectuais fascistas franceses não tinham uma fidelidade partidária óbvia de nenhum significado coletivo.

Você poderia olhar para a Bélgica ou a Holanda e dizer que lá os partidos católicos são a forma de organização dominante em que a política de direita se expressa. O próprio Vaticano foi dominado de 1938 a 1958 por uma estrutura organizacional e uma hierarquia de extrema-direita, de forma que a sobreposição de autoridade católica e política conservadora era muito confortável naqueles anos.

Enquanto isso, o Partido Conservador na Inglaterra não fazia nada sem trabalhar em estreita colaboração com a hierarquia anglicana. Esse é um dos motivos pelos quais ele era um partido guarda-chuva tão bem-sucedido, minimizando assim as oportunidades para um movimento fascista separado. Surtos ocasionais de extremismo podiam irromper dentro desse partido conservador ligado à igreja e ser neutralizados como política culturalmente reacionária de um velho tipo.

Em 1933, Hitler chega ao poder, e fica claro em, digamos, 1936, no mais tardar, que a Alemanha nazista vai ser o Estado de direita poderoso na Europa. Como todos esses fascistas em seus contextos domésticos lidam com isso?

Eles normalmente reenfatizam sua associação com o fascismo *italiano*. Este, que não tem conotações abertamente racistas, e — na maioria dos países europeus — nenhuma associação em particular ameaçadora, torna-se o tipo de encarnação internacional respeitável da política que eles gostariam de ver praticada em seus países. Isso aconteceu na Inglaterra, onde Oswald Mosley admirava bastante Mussolini. Muitos da direita francesa viajavam para a Itália, liam italiano e professavam familiaridade com a vida italiana. A Itália cumpriu até um certo papel na proteção da Áustria contra a Alemanha nazista, entre 1933 e 1936.

Mas ainda era perfeitamente possível naqueles anos expressar admiração por Hitler, e muita gente fazia isso. A mulher e a cunhada de Mosley foram à Alemanha, conheceram Hitler e relataram todos os tipos de coisas admiráveis sobre sua força, determinação, originalidade. Também houve algumas visitas franceses à Alemanha, embora menos; os fascistas franceses eram na maioria formados originalmente no molde nacionalista, e o nacionalismo na França naqueles dias era, por definição, não só anti-inglês mas também antialemão.

Os romenos mostravam muito pouco interesse na Alemanha, pelo menos até a guerra. Eles se viam como extensões da cultura latina, e estavam muito absorvidos com a Guerra Civil Espanhola, que eles viam como a grande escolha cultural da década de 1930. Em resumo, a maioria dos fascistas romenos era um pouco relutante a se associar a Hitler: menos porque Hitler representava alguma política desagradável específica do que porque ele era alemão. Muitos deles tinham sido moldados por um clima antialemão decorrente da Primeira Guerra Mundial, durante a qual os alemães tinham derrotado decisivamente os romenos (embora no fim da guerra a Romênia, como aliada da Entente, tinha sido considerada vitoriosa). A Romênia ganhou uma quantidade enorme de território no fim da guerra, em especial da Hungria, mas isso se deu graças à sua aliança com a França e a Grã-Bretanha. Já que Hitler estava determinado a destruir a ordem do pós-guerra, criada por aqueles acordos de paz, os romenos tinham motivo para contenção. Quando Hitler demonstrou que podia ditar fronteiras na Europa, a partir de 1938, os romenos não tiveram escolha senão fazer lidar com ele. Na verdade, uma vez que Hitler providenciou para que uma parte do território romeno fosse devolvido à Hungria, eles não tiveram escolha.

Às vezes, embora isso fosse excepcional, o caráter do nacional-socialismo alemão era uma atração. Considere Léon Degrelle, o líder fascista na Bélgica. Degrelle, ainda que falasse francês, representava uma espécie de revisionismo belga, mais difundido nas áreas flamengas. Os revisionistas viam corretamente a Alemanha como mais simpática que os vizinhos franceses, ou holandeses, ou ingleses, que estavam comprometidos com o status quo. Eles estavam particularmente preocupados com pequenas revisões territoriais e direitos de língua flamenga, os quais lhes foram todos concedidos inteligentemente pelos alemães em 1940, quando ocuparam a Bélgica. Mas o caso destacado de fascismo pró-alemão ocorreu na Noruega com o partido de Quisling. Esses noruegueses se viam como extensões do *Deutschtum*, como parte do grande espaço nórdico no qual eles poderiam esperar ter um papel nas ambições nazistas. Mas até a guerra eles tiveram pouca importância.

No entanto, o nacional-socialismo alemão também apresentava certo apelo europeu. Os alemães tinham uma história que os italianos não tinham: da Europa, pós-democrática, forte, dominada pela Alemanha, mas na qual outros países ocidentais também seriam beneficiadas. Muitos intelectuais no Ocidente foram atraídos por isso — e alguns acreditavam profundamente nisso. A ideia europeia, como tendemos a esquecer, era então uma ideia de direita. Era uma contraposição ao bolchevismo, claro, mas também à americanização, à vinda dos Estados Unidos industriais com seus "valores materialistas", seu capitalismo financeiro cruel e aparentemente dominado pelos judeus. A nova Europa, economicamente planejada, seria forte — na verdade, só poderia ser forte se transcendesse fronteiras nacionais irrelevantes.

Tudo isso era muito atraente para os intelectuais fascistas mais jovens, mais economicamente orientados, muitos dos quais acabariam administrando países ocupados. Então, depois de 1940, após a queda da Polônia, da Noruega e em especial da França, o modelo alemão adquiriu, de maneira momentânea, um certo brilho.

Contra isso tem de ser posto o problema dos judeus. Foi então, durante a guerra, que a questão racial se tornou inevitável — e muitos intelectuais fascistas, em particular na França e na Inglaterra, não podiam evitá-la. Uma coisa era pronunciar-se infindavelmente sobre os encantos do antissemitismo cultural; outra, bem diferente, era se alinhar atrás do assassino em massa de nações inteiras.

> *A ascensão de Hitler ao poder também traz, após uma protelação de cerca de um ano, uma reorientação completa da política externa soviética, expressa pela Internacional Comunista. Os soviéticos assumiram a bandeira do antifascismo. Os comunistas não mais combateriam todos à sua direita, inclusive e acima de tudo os social-democratas. Em 1934, eles fariam alianças eleitorais com partidos socialistas e venceriam as eleições em nome de uma Frente Popular. Assim, o antifascismo permite que o comunismo soviético se apresente como uma causa universal atraente, unindo todos os inimigos do fascismo. Mas esse universalismo, dadas as circunstâncias da época, foi em grande parte realizado na França. O Partido Comunista Francês se torna muito mais importante do que tinha o direito de ser. O KPD alemão já não existe...*

... e a maioria dos outros partidos comunistas europeus era irrelevante. A única opção era o Partido Comunista Francês (PCF). Em 1934, Stalin percebeu que ele era tudo que lhe restava como uma alavanca utilizável dentro das democracias ocidentais remanescentes. O PCF de repente passou de um participante bem pequeno, porém barulhento, na política de esquerda francesa a um importante instrumento de relações internacionais.

O PCF era um animal peculiar. Estava enraizado em uma longa e forte tradição de esquerda nacional, e atuava no único país que tinha tanto um sistema político democrático aberto quanto uma esquerda revolucionária forte. Ele começou grande, em 1920. Em toda a Europa a Revolução Bolchevique obrigou os socialistas a escolher entre comunismo e social-democracia, e na maioria dos lugares os social-democratas se saíram melhor. Mas não na França. Lá, os comunistas permaneceram maiores até meados da década de 1920.

Então, de forma constante, graças às táticas impostas por Moscou, às divisões internas e à incapacidade dos comunistas de apresentar um argumento racional para votarem neles, eles encolheram. Nas eleições de 1928, o grupo parlamentar do PCF era pequeno; após as eleições de 1932, microscópico. O próprio Stalin estava bastante abalado com o colapso do comunismo como uma força na vida política francesa. Naquele momento, tudo o que restava era o domínio comunista de sindicatos e municípios no "cinturão vermelho" de Paris. Mas isso era muita coisa: em um país onde a capital é tudo e onde não havia televisão, mas muito rádio e vários jornais, a onipresença dos comunistas em greves, disputas e na rua, em todos os subúrbios radicais de Paris, dava ao partido uma visibilidade muito maior do que seus números justificavam.

Para a sorte de Stalin, o PCF era também surpreendentemente maleável. Maurice Thorez — um fantoche obediente — foi posto no comando em 1930, e em poucos anos o Partido Comunista passou da completa marginalidade à proeminência internacional. Com a mudança de Stalin para a estratégia da Frente Popular, os comunistas não eram mais obrigados a afirmar que a verdadeira ameaça aos trabalhadores na esquerda era o "social-fascista" Partido Socialista.

Ao contrário, agora era possível fazer uma aliança com os socialistas de Léon Blum, para proteger a República contra o fascismo. Isso pode ter sido um artifício em grande parte retórico para proteger a União Soviética contra o nazismo, mas foi muito cômodo. Antigas preferências domésticas de esquerda por uma aliança contra a direita casavam bem com a nova preferência da política externa comunista de que as repúblicas burguesas se aliassem com a União Soviética contra a direita internacional. Os comunistas, é claro, nunca aderiram ao governo que surgiu da Frente Unificada nas eleições da primavera de 1936, mas eram considerados pela direita, não totalmente sem motivo, como o partido constituinte mais forte e mais perigoso na coalizão da Frente Popular.

A interpretação de Stalin do interesse do Estado soviético tinha mudado de tal maneira que agora parecia em consonância com os interesses do Estado francês. E assim, de repente, em vez de Thorez ter de dizer em todas as ocasiões que estava de fato ansioso por ceder a Alsácia e a Lorena aos alemães, como a linha anterior ditava, a Alemanha podia se tornar o grande inimigo — uma posição muito mais conveniente de assumir.

A coisa vai mais longe que isso. Os países que de alguma forma decepcionaram a França ao recusar-se a formar uma frente comum contra a ameaça crescente da Alemanha se tornaram países que estavam agora decepcionando a União Soviética ao não garantir passagem livre para o Exército Vermelho em caso de guerra. A Polônia tinha assinado uma declaração de não agressão com a Alemanha em janeiro de 1934, e todos sabiam que a Polônia nunca se disporia a permitir a passagem de tropas soviéticas. Então, os interesses franceses e soviéticos pareciam de alguma forma coincidentes, e era adequado para um grande número de franceses acreditar nisso. A Frente Popular também era um lembrete da aliança franco-russa desde a década de 1890 até a Primeira Guerra Mundial, que foi a última vez em que a França foi forte nas relações internacionais.

Havia também uma atitude francesa distinta para com a União Soviética, na qual pensar sobre Moscou é sempre de alguma forma o mesmo que pensar sobre Paris. A questão do stalinismo era vista na França principalmente como um enigma histórico: a Revolução Russa é a herdeira legítima da Francesa? Se sim, ela não deveria ser defendida contra todas as ameaças externas? A sombra da Revolução Francesa, assim, se interpunha o tempo todo, tornando difícil ver o que estava de fato acontecendo em Moscou. Portanto, as farsas judiciais, que começaram em 1936, foram vistas por muitos intelectuais franceses, que não eram de modo algum todos comunistas, como terror robespierriano, em vez de assassinato em massa totalitário.

> *A Frente Popular permite um certo amálgama entre comunismo e democracia. Porque Hitler está ao mesmo tempo se livrando do que resta da democracia alemã: ele bane o Partido Comunista alemão no primeiro semestre de 1933. Um ano depois, a URSS incentiva os comunistas a trabalhar dentro de democracias. E depois há a agradável coincidência de que o Partido Comunista Francês continua a funcionar em um sistema que é democrático.*

O Partido Comunista Francês já existia, lembre-se, havia uma dezena de anos na época. Então, ainda era possível para muita gente que queria pensar bem dele tratá-lo como "um de nós", quando se tratava de alianças de esquerda tradicionais. E, de fato, muitos comunistas não ficavam infelizes de se verem de volta à família.

> *E é uma reunião de família bastante barulhenta e dramática: não apenas a formação do governo da Frente Popular, em junho de 1936, mas todos os gestos que vieram antes dela, com os comunistas começando a cantar* La Marseillaise *e as reuniões públicas em Paris...*

... de socialistas e comunistas se unindo de forma simbólica em grandes manifestações na Place de la Nation, na Bastille, na Place de la République e assim por diante, de maneiras que surpreenderiam qualquer pessoa que estivesse familiarizada com os dez anos anteriores de enfrentamentos violentos em subúrbios de esquerda. Havia um forte desejo de recuperar essa unidade de esquerda perdida, agora convergindo com o medo crescente do nazismo.

Em 1936, pela primeira vez, todos os três partidos de esquerda, com algumas exceções em nível local, concordaram em não se posicionar uns contra os outros no segundo turno das eleições — em outras palavras, em garantir que houvesse um bloco de esquerda que ganharia. E na maioria dos casos isso significava que era o socialista, o candidato intermediário entre os membros do Partido Radical e os comunistas, que era o compromisso aceitável. Assim, para espanto de todos, os socialistas de Blum emergiram como o maior partido na França pela primeira vez — e, ao menos numericamente, o partido dominante na coalizão da Frente Popular. Todos, aí incluída a maioria dos socialistas, esperavam que o Partido Radical dominasse.

Blum estava perfeitamente consciente de quem eram os comunistas: ele havia sido o alvo principal deles por muitos anos. Mas ele desejava profundamente a solidariedade de esquerda, a cooperação e um fim ao amargo cisma intraesquerda. Blum era o homem certo para servir não apenas como figura de proa, mas como porta-voz dessa unidade.

O que exatamente em Blum permitiu que ele cumprisse esse papel tão bem, de um ponto de vista, mas também de forma tão odiosa, de outro?

Blum era um crítico de teatro judeu de origem alsaciana, com uma voz aguda. Ele era mais intelectual do que a maioria dos intelectuais e nunca fazia concessões em termos de vestimenta: pincenê, polainas, o pacote completo. Ele era imensamente popular entre as multidões de camponeses no Sul, onde representava o velho eleitorado de Jean Jaurès e ficava da mesma forma à vontade entre mineiros e trabalhadores ferroviários.

Em nível pessoal, fica claro que Blum era, de um modo incomum, carismático. Ele era tão obviamente honesto, falava com uma seriedade tão manifesta, não tentava ser nada diferente do que era, que, na verdade, era muito atraente e aceito do seu jeito. Seu estilo — que nos pareceria muito romântico e um pouco supereducado para uso político, em especial na esquerda — era na verdade considerado prova de que a esquerda tinha um líder com classe. E, claro, alguém profundamente odiado pelos comunistas, por um lado, e pela direita francesa, por outro.

Blum era também a única pessoa que entendia o que seu partido, o Partido Socialista, tinha de fazer para continuar a ser uma força política na França. Se os socialistas abandonassem o marxismo e tentassem se tornar uma espécie de partido social-democrata baseado no modelo norte-europeu, eles simplesmente se misturariam ao Partido Radical existente, com cuja base social eles tinham muito em comum. Por outro lado, os socialistas não podiam competir com os comunistas como um partido revolucionário, antissistema. E assim Blum trilhou um caminho estreito, fingindo liderar um partido revolucionário comprometido com a derrubada do capitalismo, mas que ao mesmo tempo funcionava na prática como a coisa mais próxima que a França tinha de um partido social-democrata.

A estratégia comunista se baseava na suposição de que os radicais ganhariam e formariam um governo de centro-esquerda benigno que não amedrontaria ninguém e, portanto, seria um líder sólido da República, mas que poderia ser empurrado para uma política externa pró-soviética. Em vez disso, eles obtiveram um governo socialista, liderado por um homem que estava, pelo menos retoricamente, comprometido em transformar a administração da França, sua estrutura institucional e as suas políticas sociais. A liderança comunista não estava nada interessada na mudança radical na França, muito menos em revolução. Estava interessada em uma França que servisse aos interesses da União Soviética.

Blum teve problemas. Ele foi prejudicado pela fragilidade de sua coalizão. Os radicais não queriam quase nenhuma inovação política, e os comunistas só queriam mudanças na política externa. Eles não pretendiam criar dificuldades domésticas que poderiam enfraquecer o governo. Sua missão era manter um governo de esquerda no poder e direcionar sua política externa para interesses soviéticos. Os socialistas foram, portanto, deixados sozinhos, exigindo, e tentando aprovar no parlamento, limitações à jornada de trabalho, reformas coloniais, reconhecimento de sindicatos em fábricas, férias remuneradas e assim por diante.

Blum sabia pouco sobre economia. Ele era basicamente desinformado sobre noções de financiamento do déficit, investimento público e coisas do tipo. Como consequência, ele fez pouco, e em consequência causou ressentimento em todos os lados. A direita o via como aventureiro de forma excessiva; a esquerda ficou decepcionada com sua resposta sem imaginação. Ele foi subjugado.

O tempo todo, Blum também teve problemas para encontrar aliados no exterior. A Espanha também tinha um governo de Frente Popular, mas sob a ameaça de um golpe militar. Blum, apesar de toda a sua simpatia pessoal, pouco fez para ajudar. Ele estava preocupado ao ponto da paranoia com a possibilidade de perder o apoio britânico, o que explica sua relutância a fornecer ajuda à República Espanhola.

> *Paris era um lugar especial para a esquerda, e não apenas para a francesa. Tornou-se uma espécie de capital europeia do comunismo na segunda metade da década de 1930, em um momento em que a política na União Soviética era especialmente destrutiva e sangrenta. Você concordaria com a proposição de que, porque alemães e outros refugiados políticos de esquerda podiam viver em segurança na Paris antifascista, a lealdade deles a Stalin pôde continuar?*

> *A vitória de Hitler e o subsequente esmagamento do Partido Comunista Alemão, o KPD, foi um golpe terrível para a fé comunista deles, para a atitude de deferência deles em relação a Stalin. Mas em Paris essas pessoas tinham uma variante de política de esquerda mais agradável com que se consolar. O comunismo parecia permitido pela linha mais branda da Frente Popular, e parecia possível em razão da chegada de um verdadeiro governo de Frente Popular na França.*

Não parecia implausível naqueles anos temer que a batalha final fosse entre comunismo e fascismo, com a democracia espremida no meio: era melhor saber qual lado você ia escolher. Mesmo na Inglaterra, Orwell não conseguiu publicar seu livro de memórias da Guerra Civil Espanhola, *Homage to Catalonia* [Homenagem à Catalunha], por uma editora de esquerda importante: a esquerda *bien-pensant* não queria ser associada a ataques ao comunismo. Mas Paris também teve um efeito direto sobre os comunistas. Pense em Arthur Koestler, que em suas memórias admite que havia abandonado o stalinismo, mas não podia reconhecer abertamente sua apostasia por causa da necessidade de manter a unidade antifascista. A lógica do antifascismo era binária: quem não está conosco está contra nós. Isso tornava muito mais difícil criticar Stalin, uma vez que isso poderia parecer ajudar Hitler.

* * *

> *Koestler está vindo de Carcóvia, da Ucrânia soviética, onde havia passado algum tempo. Ele viu a coletivização forçada e a fome. É um dos poucos intelectuais do grupo sobre o qual vimos falando que realmente vê com seus próprios olhos o pior do projeto soviético. E então ele chega a uma Paris onde, como você diz, era indelicado falar sobre essas coisas.*

Koestler rompeu o silêncio — e acho que isso é muito importante — sobre a Guerra Civil Espanhola, não sobre a União Soviética. Paris era o lugar para falar, mas a Espanha era o lugar para ir. Orwell e Koestler foram ambos para a Espanha, como fizeram muitos dos melhores pensadores da esquerda.

Em 1931, a monarquia na Espanha havia sido derrubada e fora declarada uma república. A Espanha tivera uma espécie de versão branda de Mussolini de 1923 até então. Ninguém tinha prestado muita atenção. Qualquer que fosse a admiração por figuras do tipo de Mussolini, ela estava limitada ao próprio *Duce*, e o líder espanhol Primo de Rivera era muito pouco conhecido. Mas, uma vez que a República surgiu, as configurações políticas na Espanha — que ainda não causavam grande preocupação para a maioria dos estrangeiros — se tornaram bem mais salientes. De um lado, a Igreja e o Exército se viam como a encarnação da Espanha eterna; do outro, estavam os anarquistas andaluzes, autonomistas e sindicalistas catalães, nacionalistas bascos, mineiros asturianos: todos cujas demandas políticas e econômicas radicais correspondessem às exigências de autonomia local e ao ressentimento de longa data com Madri. A princípio nada disso significava muito para outsiders. Mas isso começou a mudar em 1934, quando os mineiros asturianos se rebelaram e foram aniquilados, e o que agora parecia ser um confronto de classe conhecido, baseado em trabalhadores, se tornou notícia internacional. Esses eventos coincidiram exatamente com um golpe clerical-autoritário na Áustria e ocorreram apenas um ano após a ascensão de Hitler ao poder na Alemanha.

Mas por que a Espanha se tornou tão importante em 1936? Uma parte da resposta é que, para a maioria dos observadores, o país estava seguindo um padrão agora familiar: o de uma república democrática sob ameaça de forças fascistas — ou, de qualquer forma, antidemocráticas. No caso da Espanha, as forças antidemocráticas em questão eram visivelmente reacionárias: o Exército, os latifundiários e a Igreja. Os proprietários de terras, em especial — e legitimamente, do ponto de vista deles —, se sentiam ameaçados pelas políticas de coligação da Frente Popular vitoriosa: tributação progressiva de propriedades rurais de médio porte e muita conversa sobre coletivização da terra. Isso era muito atraente para os apoiadores do novo governo no sul, especialmente, mas nem tanto para os pequenos proprietários do centro e do oeste. Assim, a esquerda teve alguma responsabilidade por empurrar potenciais eleitores moderados para a direita naqueles anos. Mas, obviamente, o fato central na Espanha em 1936 foi o golpe militar, lançado contra um governo eleito democraticamente. Em termos históricos, esse foi um golpe espanhol bastante convencional, no qual o Exército, como ocorre tantas vezes, reivindicava falar e agir pela nação contra uma classe política que estava traindo seus interesses. Mas dessa vez a guerra civil entre o Exército e os políticos absorveu uma série de conflitos internos e guerras civis locais, cada um deles exacerbado pela associação com o cisma nacional.

E depois havia a guerra civil europeia: tomando forma na discussão parisiense, na doutrina soviética, em discursos de Hitler e Mussolini. Todos esses pareciam estar refletidos na lente espanhola. Em toda a Europa era, portanto, conveniente igualmente à esquerda e à direita afirmar que no conflito espanhol o comunismo estava desempenhando um papel importante: ao passo que, de fato, a presença comunista só começou a importar quando Stalin declarou seu apoio aos republicanos, em outubro de 1936. O resto da esquerda era dividido internamente e, mesmo no simpático relato de Orwell, politicamente incompetente e militarmente marginal.

Assim, o conflito na Espanha se tornou um conflito intelectual, político e militar europeu em grande parte por causa da redescrição estrangeira dele: comunismo contra fascismo, trabalhadores contra capitalistas, em vez de Catalunha contra Madri, ou dos trabalhadores sem terra do sul contra a classe média rural proprietária de terras do oeste, ou regiões fortemente católicas contra regiões amplamente anticlericais. Os comunistas espanhóis reivindicavam um papel central, quando na verdade eles eram inicialmente periféricos; os socialistas locais e o centro republicano não podiam sobrepujá-los — tanto mais porque, com o passar do tempo, eles precisaram desesperadamente de todo o apoio disponível.

O preço que os defensores não comunistas da República pagaram pela ajuda soviética foi uma maior influência comunista em áreas que eles agora controlavam. Enquanto isso, em regiões dominadas pelos republicanos, havia distritos que se tornaram praticamente autônomos, dirigidos por comunistas, socialistas ou anarquistas. Havia, portanto, uma espécie de revolução acontecendo dentro da revolução: algumas vezes, verdadeiramente radical; outras, vezes apenas um caso de comunistas tomando o controle local para eliminar a concorrência de esquerda.

Se você fosse um intelectual no exílio, a França o escolhia. Paris estava simplesmente lá. Mas a Espanha era uma escolha ativa. Por que tanta gente vai para a Espanha lutar?

Ir para a Espanha lutar pela república tinha um enorme apelo. Era uma maneira de ser antifascista, envolvido em uma sociedade que enfrentava escolhas muito simples, em um ambiente atraente. Havia alguns voluntários para a direita, inclusive alguns romenos, mas predominantemente os voluntários iam para a esquerda, como o azarão contra as forças de reação. Mas você também conseguia finalmente — lembre-se, estamos agora a uma geração de distância da Primeira Guerra Mundial — sair para fazer algo sobre a crescente ameaça à democracia, às repúblicas, ao progresso, ao mundo do Iluminismo e assim por diante. Ela podia ser descrita de maneiras muito intelectuais e era o lugar romântico para ir morrer.

Então, voltando a Arthur Koestler — em benefício dele próprio e também como um exemplo. Por que, a seu ver, é a Espanha que o leva finalmente a rejeitar o modelo soviético e a deixar de seguir a linha comunista?

Koestler esteve no corredor da morte por algum tempo — mas em uma prisão fascista, por isso não é evidente por que a experiência concentraria sua mente no que estava acontecendo em Moscou. Acho que foi em parte porque ele estava longe de Paris. Separado da comunidade protegida de intelectuais progressistas, longe do ambiente em que havia muitas boas razões não tanto para as pessoas fingirem, mas para manterem silêncio sobre suas dúvidas.

Pois Koestler estava agora na Espanha, a qual tinha a ver com ação; não se tratava mais de mitologia, nem unidade, nem qualquer outra coisa. Acho que era mais fácil para ele contar a verdade para si mesmo quando não tinha de enfrentar na manhã seguinte companheiros ex-comunistas que haviam optado por permanecer em silêncio e eram abominados por dizer o que de fato pensavam.

Uma vez que esse limiar é ultrapassado, o resto vem incrivelmente depressa. Você invoca Darkness at noon, *o livro dele sobre as farsas judiciais stalinistas, que é escrito...*

... por volta de 1940. Os três livros que são relevantes para esse aspecto da história de Koestler — *Spanish testament* [Testamento espanhol], *Scum of the earth* [Escória da terra] e *Darkness at noon* — foram escritos em um ritmo assombroso, dentro de dois anos. O primeiro reflete sobre sua experiência espanhola, o segundo sobre a realidade da Europa em 1940 e o que o mundo de Koestler se tornara, e o terceiro é a consequência dos dois primeiros: com essa experiência, e depois da perda de tanta coisa além, Koestler agora podia escrever abertamente sobre a tragédia do comunismo.

Mais tarde o próprio Koestler escreve sobre sua desilusão. Mas me parece que o capítulo de Koestler em The God that Failed [*O deus que falhou*] *é de natureza qualitativamente diferente...*

... da de todos os outros...

... porque Koestler conta em detalhes plausíveis e convincentes as suas razões para aderir ao Partido Comunista.

Eu acho que se houvesse um derby Orwell-Koestler, uma disputa entre os dois pelo posto de o mais importante intelectual político escrevendo em inglês, você, ao contrário da maioria das pessoas, colocaria Koestler à frente de Orwell.

Orwell opera, parece-me, em dois níveis, o muito alto e o muito baixo. O baixo é o insight inglês sobre as peculiaridades dos ingleses, as nuances características de classe e ilusão na Inglaterra. E foi essa habilidade incomparável com o pequeno esboço que o serviu tão bem na Espanha em *Homage to Catalonia*, apesar de conclusões maiores estarem sendo extraídas.

Na outra ponta, Orwell é, claro, o melhor romancista em inglês do totalitarismo — embora ele não chegue ao nível das obras-primas russas. Aqui, ele está operando no nível mais alto, na maior das questões: em *A revolução dos bichos* e, obviamente, em *1984*, os traços característicos do totalitarismo são esboçados com o propósito de apontar grandes lições sobre o preço da fé, da ilusão e do poder em nosso tempo.

Koestler não me parece operar nem na escala pequena nem na muito grande. É precisamente na escala do meio que ele sobressai. Seu interesse não é descrever modelos ideológicos e suas deficiências, mas sim ilustrar as atitudes da mente, e percepções errôneas do mundo: ele tem muito menos interesse no mundo que está sendo mal-entendido.

Isso o torna (muito mais que Orwell, que nessas questões pode ser abruptamente desdenhoso), de maneira incomum, empático com a maior história do século XX: como tantas pessoas inteligentes podiam ter contado a si próprias tais histórias com todas as terríveis consequências que se seguiram. Isso Koestler faz melhor do que ninguém. E é precisamente, é claro, porque ele próprio era um deles. Ao passo que Orwell — que nunca foi iludido desse modo — é um observador inigualável dessas pessoas, mas não particularmente empático.

> *Mas para ambos a ligação da Espanha com a União Soviética é extraordinária. Há uma passagem perto do fim de* Homage to Catalonia, *de Orwell, relacionada ao tumulto em Barcelona, sobre a conversa por telefone, onde ele escreve que as consequências disso não estão apenas em Barcelona, não estão apenas na Espanha, as consequências disso serão sentidas no mundo inteiro. O que, fora de contexto, parece absurdo...*

Até bizarro.

> *... mas ele está absolutamente certo. Porque aquilo em que ele tocou faz parte da lógica do Grande Terror na União Soviética.*

Stalin estava de fato pensando sobre a Espanha e a União Soviética como parte da mesma luta. Ele estava vendo essas questões exatamente da mesma maneira que Orwell, embora, é claro, com a avaliação oposta. Preocupava-o que o que poderia acontecer na Espanha nunca fosse permitido na União Soviética. Para ele, a luta era a mesma. E como para Stalin ela era a mesma, isso significa que Orwell está correto...

... em vê-la como a mesma. Aqueles que não acreditaram em Orwell em 1939 seriam obrigados a recuar em anos posteriores: de 1945 até meados da década de 1950, um elemento crucial em todos os julgamentos do Bloco Soviético daqueles anos — seja na Polônia, na Tchecoslováquia, na Hungria, na Bulgária, na Romênia ou na Alemanha Oriental — seriam as ações dos acusados durante a Guerra Civil Espanhola. A questão, enfatizada repetidas vezes, era que a dissidência, ou mesmo o pensamento independente, era inaceitável para a hierarquia comunista. A relativa autonomia dos comunistas individuais na Espanha — ou, em menor escala, durante a Resistência Francesa — tinha de ser punida retrospectivamente.

Nesse sentido, a estratégia comunista na Espanha acaba por ter sido um ensaio para a tomada do poder na Europa Oriental depois de 1945. É claro, isso era muito difícil de perceber naquele momento. Moscou, afinal, foi o único apoiador importante e eficaz da república espanhola. A União Soviética era cada vez mais considerada o único baluarte remanescente contra a ascensão do fascismo na Europa Central e Oriental — e, portanto, também na Espanha. Todos os outros, inclusive a Grã-Bretanha, estavam mais que felizes em tolerar... desde que não fossem afetados.

Então vamos nos retirar um pouco dos confortos de Paris e do desafio da Espanha. Esse era o momento dos julgamentos de Moscou, o auge do Terror. Ao longo da década de 1930, o que estava acontecendo na União Soviética em termos de escala e de repressão era incomparavelmente pior do que qualquer coisa que estava sendo feita na Alemanha nazista. Os soviéticos estavam matando de fome milhões de pessoas quando Hitler chegou ao poder; no Grande Terror de 1937 e 1938 eles mataram mais de

700 mil pessoas. No máximo, o regime nazista poderia ser responsabilizado por cerca de 10 mil mortes antes da guerra.

Para começar, a Alemanha nazista ainda era em alguns aspectos uma espécie de *Rechtsstaat* [Estado de direito}, por mais estranho que isso possa parecer. Tinha leis. Podiam não ser leis atraentes, mas desde que você não fosse judeu, ou comunista, ou dissidente, ou deficiente, ou socialmente indesejável, você não teria de entrar em conflito com elas. A União Soviética também tinha leis: mas *qualquer pessoa* poderia entrar em conflito com elas apenas por ser recategorizada na classe dos inimigos. Então, da perspectiva da vítima, a URSS era muito mais assustadora — porque menos previsível — do que a Alemanha nazista.

Afinal, devemos lembrar que um número muito significativo de visitantes das democracias viajava para a Alemanha nazista e não via nenhum defeito nela. Na verdade, ficavam bastante encantados com seus sucessos. Certamente, havia também viajantes ocidentais iludidos para a União Soviética. Mas a Alemanha nazista não precisava montar um show. Ela era o que era, e muitas pessoas gostavam bastante dela.

A União Soviética, em contraste, era em grande parte desconhecida e decididamente não era como ela própria se descrevia. Mas muitas pessoas precisavam acreditar em sua autodefinição como a pátria da revolução — inclusive muitas de suas vítimas. Hoje, não sabemos o que fazer com os muitos observadores ocidentais que aceitaram os julgamentos-espetáculo, minimizaram (ou negaram) as fomes dos ucranianos, ou acreditaram em tudo que foi dito sobre a produtividade, a democracia e a nova grande Constituição Soviética de 1936.

Mas não se esqueça de que as pessoas que sabiam tudo o que havia para saber muitas vezes também acreditavam nessas coisas. Tomem-se, por exemplo, as memórias de Evgeniia Ginzburg: lá está ela, arrastada para o Gulag, passando por todas as piores prisões de Moscou, despachada de trem para a Sibéria. Ela não apenas encontra companheiras vítimas, mulheres que ainda são grandes crentes — e que estão convencidas de que deve haver lógica e justiça por trás de seu sofrimento; ela própria continua comprometida com certo ideal comunista. O sistema, ela insiste, pode ter se desencaminhado muito: mas ele ainda podia ser corrigido. Essa capacidade — esta profunda necessidade — de pensar bem do projeto soviético estava tão firmemente incorporada em 1936 que até mesmo suas vítimas não perdiam a fé.

Mas penso que a outra coisa a lembrar, se quisermos compreender os julgamentos-espetáculo, pelo menos antes de 1940, é que até mesmo seus críticos no Ocidente não tinham nenhum termo de comparação. O que faltava era um exemplo histórico por meio do qual fosse possível compreender o significado dos acontecimentos contemporâneos. De forma paradoxal, quanto mais liberal o observador, quanto mais democrático o seu país, mais difícil era entender o comportamento de Stalin. Sem dúvida, um observador ocidental poderia comentar: as pessoas simplesmente não confessam crimes terríveis, a menos que haja alguma verdade na acusação.

Afinal, se você se declara culpado em um tribunal inglês ou americano, isso põe fim à questão. Então, se os homens que Stalin estava acusando se declaravam culpados com tanto entusiasmo, quem somos nós, na Inglaterra ou na América para expressar ceticismo? Seria necessário sustentar a priori a hipótese de que todos haviam sido torturados. Mas isso, por sua vez, implicava que a União Soviética devia ser moral e politicamente corrupta, um sistema dedicado não à revolução social, mas à preservação do poder absoluto. Caso contrário, por que ela faria tais coisas? Mas nutrir tais pensamentos em 1936 exigia um grau de clareza e independência de espírito que era muito raro.

Era, de fato, muito raro que um europeu de fora da URSS realmente visse o pior dos crimes soviéticos e depois voltasse à Europa para falar sobre eles. Quer dizer, pensamos no amigo de Koestler em Carcóvia, Alexander Weissberg, que — como Koestler — viu a fome na Ucrânia. Então, ele foi arrastado nas prisões que antecederam o Terror. Weissberg sobreviveu por um golpe de sorte: ele foi um dos presos trocados entre os soviéticos e os alemães em 1940. Em consequência, acabou na Polônia, sobreviveu ao Holocausto e escreveu seu livro de memórias sobre o Terror — um corretivo para o romance de seu amigo Koestler.

Bem, é um caso semelhante ao de Margarete Buber-Neumann, que publicou seu *Prisoner of Hitler and Stalin* [Prisioneira de Hitler e Stalin] em 1948.

Buber-Neumann e Weissberg estavam no mesmo transporte do NKVD que saiu da União Soviética em 1940, direto para os braços da Gestapo.

A questão não é só que muitas pessoas acreditavam no sistema mesmo depois de terem sido reprimidas na União Soviética. É que, em geral, aqueles que foram punidos tinham bastante certeza de que houvera algum tipo de erro. E se isso é o que você pensa, só pode ser porque você acha que o sistema em si é fundamentalmente correto. Você é uma vítima de um erro judicial, enquanto seus companheiros prisioneiros são sem dúvida criminosos. Você vê seu próprio caso como excepcional, e isso parece resgatar as vítimas do sistema universal.

Observe como tudo isso é diferente da condição dos presos de campos de concentração nazistas: eles sabem perfeitamente bem que não fizeram nada e foram encarcerados por um regime criminoso. Por certo, isso não melhora suas chances de sobrevivência, e certamente não ajuda em nada a diminuir o sofrimento. Mas torna muito mais fácil ver com clareza e dizer a verdade.

Por outro lado, a experiência do comunismo deixa seus sobreviventes intelectuais preocupados de maneira peculiar com suas próprias crenças — mais do que com os crimes em si: em retrospecto, é a fidelidade ilusória que é responsável pelo trauma deles, mais que qualquer coisa que eles tenham sofrido nas mãos de seus carcereiros. O título das memórias de Annie Kriegel — *Ce que j'ai cru comprendre* [O que eu achei que entendesse] — capta bem isso. É a sensação de autoquestionamento reiterado: entendi mal? O que entendi? O que vi e o que deixei de ver? Em suma, por que não vi com clareza?

O terror soviético era individualista. E, assim, havia as pessoas nos julgamentos-espetáculo que individualmente confessaram crimes totalmente implausíveis, mas faziam isso como indivíduos. Mas as prisões também foram na maior parte individuais, mesmo durante as ações de massa. Das 700 mil pessoas mortas nesse período, em 1937 e 1938, a maioria foi presa no meio da noite, uma por uma. Isso deixou essas pessoas e suas famílias sem condições de entender o que tinha acontecido. E essa sombra aterrorizante, essa incerteza indefinida, continua a fazer parte da paisagem da memória soviética até o presente.

Penso que é por isso que, quando pensamos em Orwell como alguém que simplesmente enxergava com clareza, estamos deixando de ver metade do quadro. Como Koestler, Orwell tinha uma capacidade de imaginar conspirações e tramas — por mais absurdas que pudessem parecer — ocorrendo nos bastidores e depois tratá-las como reais: tornando-as assim reais para nós.

Eu acho que esse é um ponto crucial. Aqueles que entenderam direito o século XX, seja em antecipação — como Kafka —, seja como os observadores contemporâneos, tiveram de ser capazes de imaginar um mundo para o qual não havia precedentes. Tiveram de supor que uma situação sem precedentes e aparentemente absurda era de fato o caso — em vez de supor com todos os outros que ela era, de forma grotesca impensável. Ser capaz de pensar o século XX dessa maneira era extraordinariamente difícil para os contemporâneos. Pela mesma razão, muitas pessoas se tranquilizaram de que o Holocausto não poderia estar acontecendo, apenas porque não fazia sentido. Não que ele não o fizesse para os judeus: isso era óbvio. Mas também não fazia sentido para os alemães. Dado que eles queriam ganhar sua guerra, é certo que os nazistas iriam explorar os judeus, em vez de matá-los a um grande custo.

Essa aplicação ao comportamento humano de um cálculo moral e político perfeitamente razoável, evidente para homens criados no século XIX, simplesmente não funcionou no século XX.

6.

GERAÇÃO DO ENTENDIMENTO: LIBERAL EUROPEU ORIENTAL

Voltei da Califórnia para a terra de Margaret Thatcher, que se tornara primeira-ministra em 1979 e permanecera no cargo até 1990.
Se em Berkeley eu ainda estava preocupado com o que eu via como preocupações culturais imaturas da esquerda acadêmica pós-marxista, na Inglaterra de repente fui confrontado com uma revolução na economia política — vinda da direita.

Eu tinha dado como garantido determinadas conquistas da esquerda, ou, antes, da social-democracia. Na Grã-Bretanha de Thatcher da década de 1980 logo vi quão facilmente ganhos passados podiam ser desmontados e solapados. As grandes realizações do consenso social-democrata de meados do século XX — escolaridade meritocrática, ensino superior gratuito, transporte público subsidiado, um serviço nacional de saúde viável, apoio do Estado para as artes e muito mais — podiam todas ser desfeitas. A lógica do programa de Thatcher era, a seu modo, impecável: a Grã-Bretanha, em declínio pós-imperial, não podia mais sustentar o nível de gasto social de um período anterior. Minha resistência a esta lógica não era apenas uma questão de intuições sobre os altos custos sociais de tal política; era também o resultado de uma nova maneira de pensar sobre política, que me permitia ver que qualquer lógica orientadora desse tipo era provavelmente um erro.

Meu novo cargo em Oxford foi em Política, o que me exigiu pensamento tanto analítico como prescritivo e me proporcionou a oportunidade de melhorar minhas habilidades em ambos; a perspectiva mais distanciada do historiador poderia ser deixada de lado, pelo menos em parte. Para minhas aulas, eu lia agora (em muitos casos pela primeira vez) escritores contemporâneos como John Rawls, Robert Nozick e Ronald Dworkin — além dos clássicos do pensamento liberal e conservador. Talvez pela primeira vez, portanto, fui obrigado a pensar em termos de gêneros concorrentes de explicação política. Eu não estava mais ocupado acima de tudo com as inadequações do marxismo; *todas* as teorias políticas, como agora me parecia, eram por sua própria natureza relatos parciais e incompletos das complexidades da condição humana... e tanto melhor que fossem assim.

Estava me tornando um pluralista, no sentido característico da palavra dado por Isaiah Berlin. Na verdade, cheguei aos textos de Berlim no curso daqueles anos, embora tivesse lido antes alguns de seus ensaios mais conhecidos. (Quanto ao próprio Berlin, mal o conheci em Oxford: só nos reunimos em algumas breves ocasiões. Minha adesão era estritamente intelectual.)

A lição berliniana mais pertinente para a análise política e o debate cotidianos é o lembrete de que todas as escolhas políticas implicam custos reais e inevitáveis. A questão não é se existe ou não uma decisão certa e uma errada a ser tomada, nem mesmo se você enfrenta uma escolha tal que a decisão "certa" consiste em evitar os piores erros. *Qualquer* decisão — inclusive qualquer uma certa — implica renunciar a certas opções: privar--se do poder de fazer certas coisas, algumas das quais poderiam muito bem ter valido a pena fazer. Em suma, há escolhas que estamos certos em fazer, mas que de forma implícita envolvem rejeitar outras opções cujas virtudes seria um erro negar. No mundo real da política, como na maioria das outras áreas da vida, todas as decisões que valem a pena implicam ganhos e perdas indubitáveis.

Se não há um bem único, então provavelmente não há nenhuma forma única de análise que capte todas as diversas formas do bem, e nenhuma lógica política única que possa dominar toda a ética. Essa não era uma conclusão facilmente atingível através das categorias ou dos métodos do pensamento político continental contemporâneo. Nessa tradição, o conceito dominante era o dos benefícios absolutos e custos negligenciáveis: o argumento político nessa chave tinha uma qualidade de soma zero. Havia sistemas e objetivos bons e maus, escolhas certas e erradas decorrentes de suas premissas não menos certas ou erradas. Nesse modo de pensar, reforçado no passado recente pela experiência de guerra total, a política realmente era descrita e tratada como um jogo de tudo ou nada, perde-ganha, de vida ou morte. O pluralismo, por definição, era um erro de categoria, um engano deliberado ou uma ilusão trágica.

Foi também naqueles anos que li a melhor crítica do marxismo já publicada. No momento da publicação de *Main currents of Marxism* [Principais correntes do marxismo], em 1979, eu ainda conhecia pouco da história política ou intelectual polonesa, embora tivesse ouvido falar de Leszek Kolakowski na década de 1960, quando ele ainda era o líder revisionista marxista na Polônia. Ele perdeu sua cadeira de História da Filosofia na Universidade de Varsóvia, em 1968, após as autoridades comunistas o acusarem, bastante razoavelmente, de ser o líder espiritual de uma geração de estudantes rebeldes. Sua saída da Polônia constitui um dos melhores momentos para datar o fim do marxismo como força intelectual séria na Europa continental. Kolakowski acabou indo para o All Souls College, Oxford, onde o encontrei pela primeira vez, logo após a publicação da edição inglesa de *Main currents*. Aqueles três volumes são um monumento de erudição humanista. Fiquei assombrado com a escala do empreendimento, e não poderia deixar de me impressionar pela seriedade com que Kolakowski abordava o marxismo ao mesmo tempo que se punha a estripar sua credibilidade política.

A perspectiva de Kolakowski — de que o marxismo, em especial em seu auge, merecia atenção intelectual, mas era desprovido de perspectivas políticas ou valor moral — se tornaria a minha. Depois de ler Kolakowski, que via o leninismo como uma leitura plausível, mas não inevitável, de Marx (em todo caso, a única politicamente bem-sucedida que temos), tornou-se cada vez mais difícil para mim manter a distinção, incutida em mim desde a infância, entre pensamento marxista e realidade soviética. Nunca conheci bem Kolakowski. Na verdade, eu era mesmo muito tímido (tanto mais depois de ler sua obra-prima) e é provável que não tivesse pedido para encontrá-lo. Mas minha esposa na época, que era tudo menos tímida, insistiu em fazê-lo, e então nós três almoçamos em Oxford em algum momento no começo da década de 1980. Depois disso me encontrei com Leszek em algumas ocasiões, a mais recente pouco antes de sua morte. Ele permaneceu para mim um objeto de irrestrita admiração e respeito.

Foi nesses anos que conheci um de meus amigos mais próximos nas décadas seguintes. Richard Mitten era de uma família de classe média baixa de origem alemã no Missouri; tinha cursado a Southeast Missouri State University e ido trabalhar, como um trotskista entusiasmado, nos pátios ferroviários em Chicago. Então, por uma série de acasos felizes, ele foi estudar em Columbia e em Cambridge. Rich nunca concluiu seu doutorado em História em Cambridge, talvez porque ele empreendeu de maneira insensata o estudo dos austro-marxistas na Viena do início do século XX. Esse tema, por mais importante e fascinante que fosse, exigia um treinamento linguístico e intelectual sofisticado que Rich na verdade adquiriria ao longo dos anos, mas em grande parte por estabelecer-se em Viena e fazer a vida lá. A mudança o isolou de seu contexto universitário doméstico — de forma muito semelhante a como as pessoas da minha geração costumavam ficar presas em Paris: "virando locais" e se tornando estudiosas ou intelectuais verdadeiramente integrados no mundo de seus estudos, mas por esse exato motivo não conseguindo concluir o projeto que as levou para lá. Rich, no entanto, concluiu um doutorado na Universidade de Viena, lecionando lá e na Central European University, na vizinha Budapeste. Ele agora dirige o programa de Estudos Internacionais do Baruch College, na City University of New York.

Meu outro amigo próximo na Inglaterra naqueles anos também era americano. David Travis, que, como Rich, era cerca de cinco anos mais novo que eu, tinha sido aluno de graduação em um seminário que dei em Davis, em 1975. Na época, eu era consideravelmente mais jovem que a maioria dos professores americanos, e David era bem mais velho que a maioria dos estudantes universitários de graduação americanos — tinha trabalhado para a Departamento de Caça e Pesca da Califórnia — uma circunstância que facilitou nossa amizade. Encorajado por mim, David se candidatou a um doutorado em história italiana em Cambridge, e assim ele estava morando na Inglaterra quando cheguei a Oxford. Dois anos depois, David foi escolhido para uma bolsa de pós-doutorado em Oxford e pudemos desfrutar juntos nos sentirmos americanos e "não ingleses".

Em certa ocasião — fartos da comida da faculdade — fomos ao McDonald's em Oxford, onde pedi um quarteirão com queijo. A educada jovem atrás do balcão respondeu: "Sinto muito, estamos sem queijo." Como poderia o McDonald's estar sem *queijo*? E, no entanto, era isso mesmo — a globalização ainda estava por vir. Outra vez, fomos assistir a *Brother from Another Planet*, o filme de John Sayles, de 1984, em um cineminha congelado na região leste de Oxford aquecido por uma lareira elétrica no corredor. O filme trata de um extraterrestre negro fugindo da prisão, que aterrissa em Nova York por acidente e é levado ao Harlem, onde a população local o trata como perfeitamente normal. Há um momento hilariante no metrô em que ele e um novo amigo pegam o trem A em direção ao norte. O amigo (um nova-iorquino) diz a ele: "Eu posso lhe mostrar que tenho poderes mágicos, consigo fazer os brancos desaparecerem." Quando o trem chega à rua 59, de onde ele segue direto para a rua 125, no coração do Harlem negro, o amigo diz: "Quando as portas se abrirem, vou fazer todos os brancos desaparecerem." As portas se abrem e todas as pessoas brancas saem — para espanto do alienígena. David e eu rolamos de rir nos corredores; todo mundo no cinema se manteve em silêncio. Meu senso egocêntrico de marginalidade cultural foi divertidamente confirmado.

Pouco depois que cheguei a Oxford, minha mulher, Patricia — fiel à sua natureza — decidiu que queria voltar para os EUA. Ela se candidatou a uma vaga na Universidade Emory, em Atlanta, conquistou o posto e se mudou em janeiro de 1981. Para acompanhá-la, aceitei uma vaga de professor visitante no ano seguinte. Eu tinha uma intensa antipatia por Atlanta: uma zona cinzenta de umidade, tédio, subúrbios e isolamento. A Emory em si, vista por seu corpo docente como um oásis de cultura e sofisticação no deserto do sul, me parecia um lugar triste e medíocre: uma opinião que não tive a oportunidade de rever, por mais injusta que possa parecer. Um ponto alto de minha estada lá foi a visita de Eric Hobsbawm, que ia participar de uma conferência em Atlanta. Nós dois provavelmente estávamos bastante felizes de desfrutar a companhia um do outro, por algumas horas, nos alienantes arredores do monótono centro de Atlanta.

A consequência mais importante e duradoura de minha temporada em Atlanta foi a visita de um sociólogo político polonês (hoje, historiador), Jan Gross. Como eu estava no departamento de Política em Oxford, fui designado na Emory para o departamento de Sociologia, como professor visitante de Sociologia Política. O reitor da faculdade, ansioso por melhorar a qualidade bastante antiquada do departamento, aproveitou a oportunidade para me colocar em um comitê de pesquisa para substituir um sociólogo político aposentado. A maioria dos candidatos que estavam sendo considerados eram clones genéricos do modelo quantitativo do Meio-Oeste na Sociologia americana.

E então havia Gross. Jan era um emigrante político da Polônia, forçado ao exílio durante a campanha antissemita de 1968. Ele tinha concluído um doutorado em Yale, onde ocupou seu primeiro cargo acadêmico. Eu me lembrava de ter lido seu livro sobre o domínio alemão na Polônia durante a guerra, e imediatamente pensei: *este* é o cara. Consegui que ele fosse pré-selecionado, juntamente com três sociólogos políticos respeitáveis, mas intercambiáveis. Então, Jan foi convidado a ir a Atlanta e fez o que deve ter parecido ao seu público uma fala quase totalmente incompreensível: Galícia isso, Volínia aquilo, Bielorússia aquilo outro — baseado em material do que se tornaria seu clássico estudo sobre a anexação pelos soviéticos do leste da Polônia durante a guerra, um tema sem nenhum interesse para o departamento de Sociologia da Emory.

Ele e eu jantamos e conversamos sobre o Solidariedade, o sindicato na Polônia comunista que acabara de ser proibido pela lei marcial, em dezembro de 1981. O Solidariedade, um movimento genuíno de massas que tinha conseguido atrair o apoio intelectual tanto da direita quanto da esquerda, ajudara a reintroduzir a Polônia no Ocidente. Jan, como muitos outros da geração polonesa de 1968, estava em contato com intelectuais na Polônia, e estava ativamente envolvido na interpretação de desenvolvimentos poloneses para plateias ocidentais. Achei o homem e o assunto completamente fascinantes; no curso daquela noite senti pela primeira vez que minha estada em Atlanta não foi desperdiçada: longe de ter desembarcado no Planeta Zurg, eu estava mais uma vez, de fato, entre pessoas como eu.

Depois que a comissão de busca ter devidamente recomendado (contra minha discordância minoritária) que deviam nomear um dos clones, fui pelas costas do departamento falar com o reitor: você pode reproduzir este departamento de Sociologia medíocre, se quiser, eu o aconselhei; ou então pode trazer Jan Gross, um verdadeiro intelectual europeu e um acadêmico importante, um homem que entende de Sociologia, mas de muitas outras coisas também, e que transformaria o prestígio da sua divisão de estudos sociais. O reitor, que não era nada bobo, prontamente contratou Jan. O departamento nunca me perdoou.

A mulher de Jan, Irena Grudzińska-Gross, era uma acadêmica estabelecida (de Literatura Comparada) por seus próprios méritos, e eles tinham dois filhos pequenos. Como Jan, ela tinha atuado no movimento estudantil em Varsóvia, em 1968, e deixara o país depois disso. No período que passou na Emory, Jan se estabeleceu firmemente como uma figura importante nos estudos do leste europeu e um dos historiadores mais proeminentes da região. Mais tarde, ele se mudaria para a New York University e dali para Princeton. A monografia que ele publicou depois, sobre a anexação soviética do leste da Polônia, *Revolution from Abroad* [Revolução do exterior], é um raro monumento vertical na execrável aridez da Sovietologia, uma disciplina cujo tema se autodestruiria alguns anos depois. Nos anos seguintes, Jan publicaria dois estudos controversos da experiência dos judeus na Polônia durante a guerra e o pós-guerra: *Neighbors* [Vizinhos] e *Fear* [Medo]. O primeiro, em particular, tornou-se um clássico instantâneo, transformando o modo como o Holocausto e a participação da Polônia nele são discutidos na Polônia.

Graças, em grande medida, a Jan e Irena, a Europa Oriental e os europeus orientais começaram a me oferecer uma vida social alternativa que, por sua vez — e de forma muito apropriada para a região — tornou-se uma existência intelectual renovada e redirecionada. Se não fosse por Jan e Irena, eu teria sido ainda mais relutante do que fui a voltar para Atlanta no outono de 1984, como professor visitante. Na época, Jan e Irena tinham se estabelecido lá com a família, e eu passava um bom tempo na casa deles. Acho que Patricia odiava isso. Jan, Irena e eu compartilhávamos uma sensação de isolamento e *dépaysement*. Nós nos sentíamos europeus em um ambiente que não era apenas americano, mas americano do sul, e portanto duplamente estrangeiro: fumávamos, bebíamos, ficávamos acordados até tarde, trocávamos ideias, para dar ênfase ou para nos exibir passávamos a falar francês e italiano, discutíamos o Solidariedade e trocávamos percepções culturais e piadas. Patricia, que não era capaz de sustentar essas conversas e se ressentia profundamente de sua exclusão implícita, queria nada mais do que ir para casa, ler a *Newsweek* na cama e mastigar sementes de abóbora.

No início de 1985 Patricia e eu nos separamos. Fiquei muito aliviado, mas mesmo assim toda a mudança nas circunstâncias me deixou inseguro e deprimido. Jan, com quem mantive contato estreito mesmo depois de voltar para Oxford, sugeriu que eu me distraísse fazendo novos amigos. Em particular, recomendou que eu fizesse contato com alguns de seus amigos e contatos poloneses em Paris — uma cidade para a qual os exilados poloneses de 1968, assim como muitos antes deles, haviam sido instintivamente atraídos. Anotei os nomes deles: Wójciech Karpiński, Aleksander Smolar e Barbara Toruńczyk, editora da *Zeszyty Literackie*, uma das principais revistas literárias polonesas.

No final do Período Hilary (primavera) de Oxford, de 1985, tirei férias na Europa, visitando primeiro David Travis em Roma e depois retornando por Paris. Lá, no impulso, decidi procurar Barbara Toruńczyk — conhecida como Basia no diminutivo polonês. Ela me convidou para ir a um apartamento bagunçado, catastrófico, onde por cerca de seis horas a observei editar a *Zeszyty*. Então, ela se virou para mim: "Agora vou esquiar nos Alpes da Saboia com alguns amigos; quer ir?" Eu tinha acabado de chegar de Roma de trem naquela manhã, mas mesmo assim aceitei, seguindo para o sul naquela noite em outro trem com um grupo de poloneses cheios de energia determinados a esquiar: quebrado mas aventureiro.

F azia anos que eu não esquiava, e em todo caso nunca fora muito bom. Era o final da temporada e as pistas estavam perigosas: a neve tinha derretido em certos trechos, o que nos forçava a desviar de grama e pedras.

Não pudemos utilizar o teleférico, e fomos obrigados a subir a pé a encosta da montanha em torno de Briançon. Portanto, me esforcei, em parte por puro terror e em parte, sem dúvida, para impressionar Basia, com quem fui deixado sozinho quando os outros voltaram para casa.

Barbara Toruńczyk é uma mulher incomum e fascinante. Corajosa e talentosa — fora apontada pela polícia como uma instigadora da rebelião estudantil polonesa e agora estava editando sozinha a revista literária mais impressionante na Europa Oriental — ela me aproximou ainda mais da Polônia. Como Jan, Basia era minha contemporânea próxima: eu estava tomando consciência do vínculo espiritual que unia nossa geração através da divisão política.

Meu 1968, com certeza, tinha sido muito diferente do de meus amigos poloneses; minha educação agora envolvia entender essas diferenças. Como a maioria dos europeus ocidentais da minha geração, eu tinha tido apenas uma vaga noção de eventos que aconteciam além da Cortina de Ferro naquele ano. Fui a Paris, mas não fui à Polônia, onde os estudantes eram atacados com bombas de gás lacrimogêneo, espancados, presos e expulsos em números que teriam sido chocantes no Ocidente. Eu estava apenas vagamente consciente de que os governantes da Polônia comunista tinham assegurado a seus cidadãos que ali o movimento estudantil era organizado e liderado por "sionistas"; e que eles estavam emitindo documentos de viagem para poloneses de origem judaica, permitindo que eles saíssem, mas privando-os de qualquer direito de regresso.

Confesso que também estava envergonhado de minha ignorância do leste da Europa e muito consciente de quão diferente minha década de 1960 tinha sido da experiência de Jan, Basia e seus companheiros. Eu tinha mesmo *sido* um sionista, uma indulgência divertida e praticamente sem custo, no exato momento em que o governo *deles* os acusava (e a milhares de outras pessoas) de "sionismo" a fim de isolá-los do mainstream e de seus compatriotas poloneses. Todos tínhamos vivenciado a desilusão: eu tinha me desencantado com meus sonhos sionistas, eles, com o que restava de seu marxismo reformista. Mas enquanto minhas ilusões não haviam me custado nada mais que tempo, meus contemporâneos poloneses tinham pagado um preço substancial pela deles: nas ruas, na prisão e, por fim, na emigração forçada.

No decorrer daqueles anos eu me vi deslizando de forma confortável para outro mundo, tomando meu lugar em uma linha do tempo alternativa: uma que é provável que sempre tenha estado lá à espreita implicitamente abaixo da superfície, moldada por um passado do qual eu só estava semiconsciente. Um passado em que a Europa Oriental deixava de ser apenas um lugar; sua história era agora para mim um quadro de referência direto e extremamente pessoal.

Afinal, Jan, Irena, Basia e os outros não eram apenas meus contemporâneos; todos podíamos, a não ser por pequenas reviravoltas do destino, ter nascido no mesmo lugar. O pai do meu pai, afinal, vinha de Varsóvia. A maioria de seus conhecidos — os velhos e as velhas de minha infância — tinha vindo daquela região. Minha educação era ao mesmo tempo marcadamente diferente da de meus amigos poloneses e, contudo, colorida por frequentes referências comuns e pontos de parada compartilhados. Onde quer que minha geração chegasse à maturidade, ela tinha se soltado das amarras do dogma marxista mais ou menos na mesma época, embora por razões diferentes e em circunstâncias distintas. Por certo, a História havia concedido àqueles no leste um ponto de observação privilegiado; foi Leszek Kolakowski, importante tanto para meus amigos poloneses quanto para mim, que fez a conhecida observação de que reformar o socialismo era como fritar bolas de neve. Na Europa Ocidental, a mensagem demorou um pouco mais para ser convincente — uma geração, digamos.

Basia Torunczyk teve grande dificuldade para me transmitir a importância do mundo perdido da cultura, da literatura e das ideias polonesas: perdido para o Ocidente, é claro, mas também para os próprios poloneses graças ao impacto destrutivo de hegemonia soviética. Ele claramente importava muito para ela, e as frustrações envolvidas no uso de uma terceira língua (o francês, que falávamos juntos), provavelmente tornava a tarefa ainda mais difícil. Mas nunca se esperava de fato que nós ocidentais penetrássemos a mística. Timothy Garton Ash uma vez me contou uma história. Sua mulher, Danuta, é polonesa, seus filhos, portanto, são bilíngues. Em certa ocasião, quando os meninos eram pequenos, ele estava explicando para o mais velho — então conhecido como Alik e hoje como Alec — que ele tinha de ir a Michigan para dar uma palestra. "Sobre o que você vai falar, papai?", perguntou o garoto. "Eu vou lhes contar sobre a Polônia", respondeu Tim. Seguiu-se um silêncio. Então, o pequeno Alik mudou de modo instintivo do inglês para o polonês e disse "*oni nic nie zrozumieją*": eles não vão entender nada.

Timothy Garton Ash foi o inglês que *de fato* entendeu a Europa Oriental. Embora ambos vivêssemos em Oxford, só o conheci graças a Basia. Você realmente precisa conhecer Garton Ash, ela insistia: *on rozumie* — *il comprend*: ele *entende*. Na época, Tim era muito jovem, ainda com menos de 30 anos. Já havia publicado seu maravilhoso livro sobre o Solidariedade e era visto por muitos como a única pessoa no mundo de fala inglesa que podia apresentar a Polônia com simpatia e de fato com entendimento, sem cair na apologética. Nós três nos encontramos em meu apartamento para jantar. Senti uma afinidade imediata e natural com Tim (mesmo antes de saber, muitos anos depois, que crescemos a algumas ruas de distância um do outro no sudoeste de Londres).

O livro de Tim sobre *The Polish revolution* [A Revolução polonesa] é um trabalho sério de análise política. Mas também é um livro profundamente engajado, escrito por alguém que não tem nenhuma pretensão de distanciamento ou fria objetividade. A Polônia era a Espanha de Tim, e suas passagens sobre Gdańsk são comparáveis ao relato de Orwell sobre Barcelona na Guerra Civil Espanhola. Nos anos seguintes, depois de uma década de ensaios brilhantes sobre a Europa centro-oriental, Tim veria seu tema desaparecer da melhor maneira possível. Ele o entendera corretamente e viria a desempenhar um papel ativo em seu desmantelamento. Naquele primeiro jantar, falamos sobre Thatcher, Oxford, a Europa Oriental; provocamos Basia sobre a coisa da "compreensão"; e tivemos uma noite muito agradável. Acho que não compreendi bem na época, mas o "entendimento" estava se tornando para mim um objetivo cada vez mais central: mais difícil, profundo e duradouro do que meramente "estar certo".

Conhecer Tim contribuiu ainda mais para a constituição de um novo meio: expôs minha ignorância da história da outra metade da Europa, mas ao mesmo tempo me levou para mais perto de "casa". De forma curiosa, muitos dos meus contemporâneos da Europa Oriental eram de origem mais exaltada do que a minha: na maioria dos casos, eram filhos ou filhas da elite comunista. Basia os descrevia como a "juventude banana" — uma brincadeira com a ideia francesa e polonesa de uma "juventude dourada", uma adolescência privilegiada, para os brilhantes e afortunados. Para mim, bananas lembravam uma fantasia sionista socialista; para eles, bananas eram um sinal de graça, já que na Polônia comunista elas, muitas vezes, só estavam disponíveis em lojas especiais para a elite do Partido.

Eu era agora um insider em uma comunidade de outsiders, uma sensação nova e bastante agradável. Mas, mesmo assim, eu mantinha certa distância. Meu caminho particular para a Europa Oriental, apesar das minhas várias amizades polonesas, passava pela Tchecoslováquia. Eu tinha chegado a isso em Oxford, mas totalmente por acaso. Em 1981, o proeminente historiador e publicista de esquerda inglês E. P. Thompson havia escrito um ensaio particularmente tolo na *New Statesman* criticando um intelectual tcheco anônimo por sugerir que as coisas estavam piores em seu país do que no Ocidente, e que a propensão da esquerda europeia oriental a condenar os dois lados igualmente (ou até a culpar seus próprios governos pelas tensões internacionais) era equivocada. Escrevi uma carta à *New Statesman* dizendo como julgava provinciana a resposta de Thompson e como ela era ignorante da realidade a leste da Cortina de Ferro.

No decorrer de uma conversa, logo depois, Steven Lukes, sociólogo de Oxford, perguntou se eu estaria interessado em conhecer alguns de seus amigos e colegas tchecos. E foi assim que me vi em Londres, no apartamento de Jan Kavan. Jan, que havia sido um dos ativistas estudantis da Primavera de Praga, em 1968, havia fugido para a Inglaterra em 1969 (sua mãe era inglesa). Na época, ele estava num mau momento — deprimido, tomando medicamentos, convencido de que nem ele nem sua terra natal tinham muito futuro. Ele também tinha acabado de dar uma entrevista longa e bastante autopromocional para a London Weekend Television sobre o contrabando subterrâneo de livros para a Tchecoslováquia. Em retrospecto, Jan estava apavorado com a possibilidade de, em seu entusiasmo, ter entregado informações confidenciais que podiam prejudicar seus amigos.

Como nosso encontro coincidiu com esse dilema, Jan Kavan — superestimando muito a influência de um obscuro *don* de Oxford — me pediu que usasse minha posição para convencer a rede de televisão a não transmitir o programa. E assim, em quase completa ignorância do assunto, do programa e do contexto, me apresentei à London Weekend Television e defendi o caso de Kavan. Os jornalistas de lá, sentindo precisamente o escândalo que eu estava buscando evitar, ficaram ainda mais interessados na transmissão do programa. Acho que não aconteceu nada de terrível em consequência, mas não há dúvida de que o desempenho de Kavan aumentou sua reputação de personagem um tanto inconfiável: após a libertação de seu país, ele acabaria se tornando ministro do Exterior, mas só depois de anular rumores de que havia colaborado como informante das autoridades comunistas.

Enquanto isso, voltei para Oxford consciente da natureza ligeiramente ridícula de minha intervenção e da extensão constrangedora de minha ignorância. Naquele mesmo dia fui à livraria Blackwell e comprei *Teach yourself Czech* [Aprenda tcheco sozinho]; alguns meses depois, me matriculei num curso de tcheco na universidade. E decidi que no devido momento começaria a lecionar política e história contemporânea da Europa Oriental na faculdade de Política de Oxford. Seguiu-se um ano de leitura difícil: histórias nacionais convencionais, periódicos de ciências políticas, materiais primários — concentrados sobretudo na Tchecoslováquia, mas baseados amplamente em toda a região da Europa Central.

O primeiro livro que li de ponta a ponta em tcheco foram as conversas de Karel Čapek com Tomáš Masaryk, uma série maravilhosamente aberta e honesta de conversas entre o escritor tcheco e o presidente da Tchecoslováquia. Mas tudo o que eu lia naqueles anos parecia urgente, original e imediatamente relevante. O contraste com a história francesa, que me parecia na década de 1980 afogar-se em teoria cultural e marginalidade histórica, foi revigorante. Acho que não tinha percebido quão entediado estava com a França, depois de estudá-la por duas décadas: a Europa Oriental me ofereceu um novo começo.

Meus amigos poloneses eram às vezes céticos em relação a esse interesse tcheco recém-descoberto. A língua, em particular, lhes parecia completamente indigna de atenção séria. Jan Gross me dava o exemplo de uma cena de *Otelo* em que o herói trágico homônimo grita "Śmierć!", que é o termo polonês para "morte". Em tcheco, isso aparece como uma sequência de consoantes impactadas "Smrt!". Para meu ouvido inglês, a coisa soava pouco diferente em polonês, mas para Jan a distinção era crucial, demarcando uma pequena e provinciana região eslava de um país e uma língua com uma história orgulhosa e ressonante. Acho que senti que poderia obter um domínio da história e da língua tchecas muito mais rápido do que das polonesas, talvez precisamente pelo motivo dado por Jan. Mas havia também algo que me atraía na qualidade autodepreciativa, autozombeteira, irônica, eternamente *deprimida* da cultura literária e política tchecas.

Eu só começaria a escrever sobre a Europa Oriental quando fosse convidado a fazê-lo, e isso demorou algum tempo para acontecer. Daniel Chirot, estudioso da Romênia da Universidade de Washington com quem eu já tinha trocado ideias sobre a sociologia do atraso, me pediu que escrevesse um texto para um simpósio em Washington no Woodrow Wilson Center; no ano seguinte, em 1988, esse texto se tornou "The Dilemmas of Dissidence" [Os dilemas da dissidência], publicado em um novo periódico: *East European Politics and Societies*. Fiz um levantamento dos países da Europa comunista, buscando as pequenas aberturas que os oposicionistas haviam encontrado para a política, notando as diferenças entre os casos. Gorbachev estava no poder na União Soviética desde 1985, mas em 1987 ou 1988 havia poucos sinais de que os satélites estavam prestes a ganhar sua liberdade. Portanto, esse não era um artigo triunfante, mas uma tentativa modesta de fazer uma sociologia empírica de grupos concretos sobre os quais, na época, pouco se sabia.

Talvez mais do que vi na época, eu estava preocupado com a ligação entre "viver na verdade" e a política real. O artigo começava com uma citação de *O processo*, de Kafka, em que K. diz que, se devemos aceitar que a lei está fundamentada apenas na necessidade, então mentir se torna um princípio universal. Essa foi minha primeira contribuição substancial ao estudo da Europa Oriental, escrita pouco antes das revoluções.

A Europa Oriental me havia aberto um novo tema e uma nova Europa; mas isso também coincidiu com uma mudança radical de perspectiva e, como me parece após refletir, a maturidade. Os anos que passei em Oxford, 1980 até 1987, e a filosofia política que lá li e ensinei parecem ter incitado certa modéstia e reflexão. Eu tinha chegado ao fim da minha estrada particular. Meu artigo "A clown in Regal Purple", de modo muito semelhante a *Socialism in Provence*, embora em um tom muito diferente, representou a fruição de toda a formação inicial que recebi: como meus outros textos da década de 1970 e do início da de 1980, eles demonstravam destreza intelectual; uma certa inteligência rápida que, em retrospecto, eu associo a meus anos em Cambridge e Paris; mas também um fraco pelo exibicionismo dialético. Assim, ao buscar demonstrar que a história social estava em um beco sem saída, eu provavelmente tinha inadvertidamente ilustrado os limites de minha própria abordagem naqueles anos.

Eu tinha crescido, por assim dizer, falando francês (e talvez Marx). Conhecia meu assunto intimamente: era intensamente familiarizado com a França — geográfica, histórica, política, cultural e linguisticamente. O resultado foi um pouco como viver com alguém por tempo demais: a familiaridade e a intimidade que antes tornavam tudo tão fácil podem se tornar fontes de irritação e, no fim, de desrespeito. O tcheco, por outro lado, era uma língua e um mundo que eu tinha começado a aprender nos meus 30 anos. Eu estava abrindo meu caminho através da leitura com lentidão frustrante para um assunto que nunca poderia esperar dominar como tinha dominado a esquerda francesa. O resultado foi uma consciência adequadamente humilhante de minhas limitações que não me fez mal nenhum.

E, no entanto, seria graças a Oxford e à Europa Oriental que eu voltaria à história francesa, revigorado e até inspirado: meu último grande trabalho como intelectual francês, por assim dizer, seria *Past Imperfect* [Passado imperfeito], um ajuste de contas autoconsciente com o filocomunismo da esquerda francesa do pós-guerra informado pelos contatos e leituras de meus anos em Oxford. Era lá que eu tinha terminado meu terceiro livro, *Marxism and the French Left: Studies in Labor and Politics in France 1830-1982* [Marxismo e a esquerda francesa: estudos sobre trabalho e política na França 1830-1982]. Esse livro de ensaios até então inéditos constituiu, como vejo agora, meu "adeus a tudo aquilo". Na época eu pensava nele de forma bastante diferente: como uma crônica parcial do fim do socialismo, na sua forma francesa distintiva.

Como tanto de meu trabalho inicial, *Marxism and the French Left* teve mais impacto na França do que na comunidade histórica de língua inglesa. Nessa ocasião, eu devi sua ressonância a François Furet, historiador e obituarista da Revolução Francesa, que generosamente escreveu uma introdução à tradução francesa, publicada em 1986. *Penser la Revolution*

Française, do próprio Furet, publicado pela primeira vez em 1978, era um exercício assombroso e tinha me influenciado imensamente. Em uma série notavelmente compacta de ensaios, Furet conseguira, e de forma definitiva, historicizar a tradição nacional de escrita histórica sobre a Revolução Francesa, ao mesmo tempo ilustrando de forma brilhante quão políticas as interpretações tinham sido desde o início e as maneiras como um modelo de análise e apropriação de duzentos anos tinha sido esgotado.

Em 1986 eu devia tirar um ano sabático de Oxford. Fazia tempo que decidira passar o ano em Stanford, onde a Hoover Institution oferecia um acervo inigualável sobre história europeia oriental e história intelectual europeia em geral. Por algum tempo, eu planejara um novo projeto, um livro sobre intelectuais franceses e a miragem comunista, com base particularmente em minhas novas leituras de história europeia oriental. Eu me candidatei a uma bolsa de estudos no Stanford Humanities Center e fui contemplado; fui para lá passar o ano de 1986-1987. Como tinha casado com Patricia Hilden na Califórnia, uma mudança de volta tinha a vantagem adicional de facilitar o início e a rápida conclusão do processo de divórcio lá também.

Na Califórnia, fiquei amigo íntimo de Helen Solanum, a bibliotecária europeia ocidental da Hoover Institution. Helen era amiga de Jan e Irena Gross, por quem nós fomos apresentados; como acontecera com eles, com Helen descobri muitos interesses comuns e perspectivas coincidentes. Ela nasceu na Polônia, em 31 de agosto de 1939, um dia antes da invasão alemã à sua terra natal que deu início à Segunda Guerra Mundial. Sua família fugiu para o leste, para a região invadida e ocupada pela União Soviética, depois de 17 de setembro de 1939. Como dezenas de milhares de outros judeus, Helen e a família então foram deportados, em 1940, para o Cazaquistão soviético, em condições terríveis: sua irmã morreria ali. Depois da guerra, a família de Helen primeiro voltou para a Polônia, para Wałbrzych, na Silésia. Lá, ela foi instruída pelos pais a esquecer o russo, exatamente como na União Soviética tinha sido aconselhada a esquecer o iídiche nativo da família. Nessa época, ela tinha 6 anos e estava vivendo em território atribuído à Polônia, após a derrota alemã, os alemães haviam sido expulsos.

E ela era judia, vivendo em um país do qual mais de 90% de seus compatriotas judeus tinham sido eliminados. Tendo sobrevivido à guerra no Cazaquistão, a família de Helen agora enfrentava preconceito, perseguição e coisas piores da população circundante. Foram prudentes e se mudaram. Da Silésia, onde o governo polonês tinha inicialmente planejado reassentar os judeus, eles foram para um campo alemão de pessoas deslocadas: como tantos dos sobreviventes naqueles meses, eles se sentiam mais seguros na Alemanha derrotada do que nas terras libertadas mais a leste. Depois de esforços malsucedidos para garantir admissão nos Estados Unidos, a família seguiu para a França, onde Helen viveria por dez anos, antes que a permissão para entrar nos Estados Unidos fosse por fim concedida.

"Solanum" não era, é claro, o nome da família. Ele deriva do termo em latim para "batata": as memórias de Helen do Cazaquistão eram dominadas pela morte e por batatas, e assim ela escolheu uma associação com elas em um ato de homenagem retrospectiva. Ela era um linguista formidável: além do polonês, do iídiche e do russo de sua juventude, havia adquirido um bom hebraico, um francês quase nativo e, é claro, um inglês perfeito, além do espanhol e do português que estudara na faculdade. A amizade com Helen me proporcionou acesso privilegiado às coleções fechadas na torre da Hoover Institution, um tesouro incomparável de publicações francesas obscuras e muito além disso. A Hoover Institution tem pequenas tiragens inestimáveis de revistas, periódicos, jornais provinciais e outros materiais que são quase impossíveis de encontrar na França, muito menos fora dela.

Em sua concepção original, *Past Imperfect* seria uma história da vida intelectual de esquerda na Paris dos anos seguintes à Segunda Guerra Mundial, coincidindo com a transição para o comunismo na Europa Central e Oriental. No final da década de 1980, é claro, tornara-se convencional na França menosprezar Jean-Paul Sartre e seus companheiros de viagem contemporâneos como talentosos e influentes, por certo, mas tolamente brandos com o comunismo. Mas eu não estava interessado em acerto de contas retrospectivo. O que tinha em mente era mais ambicioso. Minha intenção era escrever um estudo de caso de uma deficiência nacional: a impressionante incoerência, tanto na política quanto na ética, que marcava as reações de intelectuais franceses à ascensão do totalitarismo.

Além disso, sempre vi esse assunto como compreensível apenas em um contexto mais amplo, que vai desde a desilusão da Frente Popular durante os anos de colaboração e de resistência até o clima político deprimente e divisivo da década seguinte à guerra. Era uma história que os próprios franceses ainda tinham de enfrentar. No final dos anos 1980, estudiosos franceses estavam acompanhando seus colegas americanos e britânicos ao enfrentar Vichy e os mitos da Resistência e a conturbada história da colaboração da França na Solução Final. Na verdade, o culto da autointerrogação sobre a "síndrome de Vichy" estava chegando ao auge. Mas muito poucos historiadores sérios escreviam sobre os dilemas morais dos anos da Guerra Fria e os compromissos que estes tinham acarretado. Mais uma vez, meu tema não estava — pelo menos ainda — no mainstream acadêmico. Concluí o livro em 1991, quando a União Soviética entrou em colapso.

Relendo *Past Imperfect*, fico impressionado com sua perspectiva centro-europeia. A ênfase na sociedade civil, por exemplo, e minha crítica à propensão dos intelectuais a colocar a História e o Estado em um pedestal, refletia diretamente meu envolvimento com debates que surgiam na Europa Central no final da década de 1970, datando em particular da fundação da Carta 77.

Essa concepção de vida pública, enraizada na ideia de dissidência *de* uma pólis centrada no Estado, representava uma contestação direta da concepção francesa de cidadania, com sua ênfase na iniciativa e na centralidade do Estado republicano. Como consequência, muitos críticos franceses leram esse aspecto de *Past Imperfect* como um ataque tipicamente *inglês* à tradição política francesa. Em essência, julgaram que eu estava perguntando: por que os franceses não são mais como os ingleses — mais liberais, mais descentralizados? Por que, em resumo, Sartre não é John Stuart Mill?

Mas isso era ler mal meu propósito. O que eu argumentava, ou tentava argumentar, era bem diferente. O livro era uma ilustração e uma crítica de uma maneira caracteristicamente francesa de conceber o lugar do Estado — uma concepção de modo algum, é claro, restrita à França, embora suas raízes se encontrem no século XVIII francês — que em mais de uma ocasião fez muito mal ao espaço cívico. Essa era uma crítica que emanava natural e organicamente da experiência da política centrada no Estado na metade oriental da Europa; mas já em 1992 ela ainda era substancialmente desconhecida para muitos leitores ocidentais, para não mencionar críticos franceses suscetíveis.

Era uma crítica liberal, mas o liberalismo não era talvez tão reconhecível como eu poderia ter desejado. Eu não estava preocupado com o caso de longa data contra o planejamento econômico, nem era sequer remotamente simpático ao emergente consenso crítico do Estado do bem-estar. Apesar de eu dar uma atenção estreita a determinado momento e lugar histórico, meu argumento era essencialmente conceitual e até mesmo ético: a impropriedade intelectual e a imprudência política de atribuir a qualquer instituição isolada, narrativa histórica monopolista, partido político ou pessoa isoladamente, a autoridade e os recursos para regular e determinar todas as normas e formas de uma vida pública bem ordenada. A boa sociedade, como a própria bondade, não pode ser reduzida a uma única fonte; o pluralismo ético é a precondição necessária para uma democracia aberta.

> *Eu gostaria de acompanhar esse pensamento, e ver se não podemos usá-lo para unificar os períodos antes e depois da Segunda Guerra Mundial. A ideia do bem único, uniforme, nos leva de volta à nossa discussão das Frentes Populares, uma vez que toda a premissa da política internacional do pré-guerra era a redutibilidade da ética a uma unidade, e a expressão dessa unidade em um único sistema. Na esquerda, a exemplificação política do antifascismo é a Frente Popular, que reduz a Europa a fascistas e antifascistas e que, em última instância, se destina a proteger a pátria da revolução, a União Soviética. E, como você observou em relação à Espanha, a maneira como os soviéticos estabeleceram governos na Europa Oriental em primeiro lugar foi precisamente baseada no modelo da Frente Popular.*

Sim, a Frente Popular tem de ser o ponto de partida se você quer entender a política do final da década de 1940. Na Europa Oriental havia comunistas no governo, ou como parte da coalizão governante, procurando uma maneira de dominar certos ministérios-chave, embora muito menos preocupados no início com os altos cargos do Estado. O apelo à noção de uma Frente Popular, a um governo de unidade nacional, era uma máscara sob a qual você poderia, por exemplo, absorver o partido socialista local. Você separava os socialistas anticomunistas renitentes, a quem não poderia esperar atrair, dos mais brandos, que queriam unidade de esquerda ou eram vulneráveis à pressão comunista, ou estavam apenas com medo.

Você acabava com um grande partido de esquerda, composto de comunistas e qualquer elemento do partido socialista que conseguisse reunir; então incentivava o equivalente local de radicais da Frente Popular, ou democratas cristãos do pós-guerra do Ocidente, a se alinhar com a frente progressista — de novo, muitas vezes, separando-os de seus membros mais prescientes ou recalcitrantes, na maior parte das vezes uma minoria. E assim você produzia um grande partido guarda-chuva, ou frente, ou coalizão, que então estava em condições de justificar medidas repressivas contra os partidos que não podia absorver. Pode-se argumentar que é isso o que a Espanha era em miniatura, particularmente em Barcelona, em 1938. Na França, Léon Blum, em fevereiro de 1948, escreveu um editorial no jornal socialista *Le Populaire* reconhecendo que estava errado ao acreditar que era possível para os socialistas trabalhar com os comunistas.

De maneira mais profunda, há uma unidade nesse período de meados da década de 1930 a meados da de 1950 que era óbvia na época e que agora é obscurecida. É uma unidade de sensibilidade; é uma unidade de contexto social e cultural, no sentido de que muita coisa mudou desde meados da década de 1950. A Segunda Guerra Mundial não pode realmente ser enquadrada dentro de seis anos. Não faz nenhum sentido começar nossa compreensão da Segunda Guerra Mundial no dia em que a Grã-Bretanha declara guerra à Alemanha, ou quando a Alemanha invade a Polônia, o que ainda é arbitrário. Para os europeus orientais, não faz sentido terminar a história em maio de 1945. Limitar o relato a 1939-1945 só se aplica a países que basicamente não foram afetados por frentes populares, por ocupação, por extermínio e por reocupação ideológica ou política nos anos seguintes. O que significa que essa é uma história que só faz sentido para a Inglaterra.

A experiência europeia oriental começa com a ocupação, com os anos de extermínio, com o confronto germano-soviético. A história francesa não faz sentido, se você separar Vichy do que veio depois — porque muito do que veio depois era uma função do lembrar ou o esquecer Vichy. E Vichy não faz sentido, se você não entender a guerra civil em que de fato a

França estava, desde a Frente Popular até o ataque alemão. A história toda é obscurecida pela Guerra Civil Espanhola, que termina em abril de 1939, mas é realmente fundamental para a nossa compreensão, não apenas dos propósitos soviéticos, mas das reações ocidentais. E essa história tem de começar, como a da Frente Popular francesa, com a vitória da esquerda nas eleições de 1936. E, em uma chave bastante diferente, a fé no comunismo, as ilusões (deliberadas ou ingênuas) sobre o stalinismo, igualmente no Ocidente e no Oriente, não fazem sentido se você começar em 1945 — ou continuar após 1956, quando as circunstâncias mudam de modo acentuado. Assim, não faria sentido tratar os anos 1936-1956 como um único período da história europeia.

> *No muito especial caso francês, uma continuidade ao longo dessas duas décadas é a da consideração das realizações da União Soviética. Furet apresenta o argumento de que Sartre e os outros estão presos ao imaginário da Revolução Francesa e, portanto, tendem a ver a revolução bolchevique como um eco da Revolução Francesa. Eles também querem abraçar essa revolução dentro de uma história francesa, de alguma forma, para tornar o universal francês e o francês universal. Eu me perguntava se isso não faz parte do tipo de dilema patético dos intelectuais franceses do pós-guerra, em que eles ainda trabalhavam para tornar a União Soviética francesa.*

A projeção da Revolução no exterior tem um duplo significado. Um é a projeção emocional da França como o Reino do Meio, o modelo francês tanto em sua desejabilidade quanto em sua primazia natural. Nesse sentido, veja, é mais fácil entender os franceses se você se lembrar dos americanos. De acordo com esta tendência, temos de supor que o resto do mundo está apenas esperando para ser como nós. Mas a outra parte disso, é claro, é a noção marxista de que as revoluções têm uma estrutura, de que há uma história sobre revoluções, de que ela é parte de uma história sobre a história, e de que a Revolução que ocorre na Rússia deve ser em algum sentido a versão local — admitindo-se a diferença no tempo e nas circunstâncias — do que aconteceu na França. Não é a revolução republicana deles, mas pelo menos é a revolução antifeudal deles. E, mutatis mutandis, mais violenta, porque a Rússia é muito maior e menos civilizada que a França.

> *Isso também, parece-me, permite uma espécie de realismo falso: sabemos que as revoluções são sangrentas porque passamos por uma; portanto, pensa-se que se está sendo duro e até apropriadamente cínico, quando de fato se é ignorante e ingênuo.*

Lembre-se de que após a Segunda Guerra Mundial houve um aumento significativo no realismo macho presente nos textos intelectuais franceses: em particular entre as mulheres. Foi Simone de Beauvoir que argumentou que o único colaborador bom é um colaborador morto, e assim por diante. Sartre falava sobre a ocupação como algo sexual, com os alemães "penetrando" os franceses. Essa é a posição de sujeito durão implícita no existencialismo: você é feito pelas escolhas que faz, mas as escolhas que faz não são irrestritas: são as únicas que a história lhe apresenta.

Esse era o modo francês de apresentar o argumento de Marx no *18 brumário* de Luís Bonaparte "Os homens fazem sua própria história, mas não a fazem sob circunstâncias escolhidas por eles, mas sob circunstâncias com que se defrontam de forma direta, dadas e transmitidas pelo passado." Bem, diz o existencialista do pós-guerra, aqui estamos nós, tendo de fazer nossa própria história, mas não podemos escolher as circunstâncias. E os russos também não. Nossa escolha é entre abandonar a Revolução ou aceitar suas deficiências.

> *Em sua obra,* Past Imperfect, *o colapso da república francesa em 1940 desempenha um papel importante, mas ele vem pelos flancos, como se nós leitores já tivéssemos uma noção de como deve ter sido Vichy e de como deve ter sido a guerra para a França. Mas isso não está de fato no livro.*

Vichy foi um choque cataclísmico de um modo que eu acho que não avaliei plenamente na época. Nós anglo-americanos não temos nem o início de uma noção, eu acho, do que significava para aquela geração de franceses ver não apenas a derrota, mas o fim da República. O país entrou em colapso além de institucional, moralmente, em todos os sentidos. Não havia mais uma República, apenas pessoas correndo. Havia velhos políticos republicanos estabelecidos apavorados com a ideia não de uma vitória alemã, mas de um levante comunista que eles achavam que resultaria dela. Por conseguinte, eles correram para os braços dos alemães ou de Pétain, ou de quem os salvaria disso. Havia guerreiros — Pétain, Weygand, todos os outros da Primeira Guerra Mundial que eram ícones da França entre as guerras — enfileirados para dar aos alemães tudo que eles pedissem. Tudo isso em apenas seis semanas.

O fim da guerra não foi muito melhor. A Segunda Guerra Mundial para a França são quatro anos de ocupação seguidos por alguns meses de libertação, constituídos principalmente de bombardeios e artilharia americanos e uma tomada americana, assim parecia, da França. Não houve tempo para digerir o significado de tudo isso. A nação havia sido artificialmente remodelada entre as guerras como uma Grande Potência. Os Estados Unidos tinham se retirado para o isolamento; a Inglaterra, para o semi-isolamento; a Espanha colapsou internamente; a Itália estava sob Mussolini; a Alemanha caíra nas mãos do nazismo: a França era a única potência democrática importante que restara na Europa.

Depois de 1945, essa história se desfez. Os franceses necessitavam reconstruir sua comunidade, entender suas divisões e reafirmar seus valores comuns. De algum modo, eles precisavam encontrar não apenas algo de que se orgulhar, mas uma história em torno da qual o país pudesse se unir. Mas esse sentimento, intimamente ligado ao ânimo de resistência e libertação, foi rapidamente desalojado pela avaliação de que a recuperação da França dependia da restauração da Europa, algo que não poderia ser alcançado sem proteção e assistência americanas. Mas essa era a perspectiva de uma pequena elite administrativa bem-informada.

Os intelectuais permaneceram resolutamente antieuropeus — ou, na melhor das hipóteses, não europeus. A maioria deles (Raymond Aron é a exceção mais conhecida) via os planos para a unificação ou integração europeia como uma trama capitalista, e permanecia igualmente antiamericana: eles se ressentiam da hegemonia recente dos EUA como pouco mais que uma tomada imperial — ou pior, a vitória alemã por outros meios. Para essas pessoas, a França tivera a infelicidade adicional de ficar presa no lado errado da Guerra Fria.

É por isso que se deu tanta ênfase na França à neutralidade. Muito poucos de fato acreditavam que a França poderia se manter neutra em uma guerra entre a União Soviética e os Estados Unidos, ou a Inglaterra. Mas havia um sentimento amplamente partilhado de que a França *devia* ser, tanto quanto possível, neutra em conflitos entre as Grandes Potências, simplesmente porque não tinha interesse neles. Desconfiava-se amplamente da Grã-Bretanha: em razão da destruição da frota francesa durante a guerra pela Royal Navy e dos acordos secretos de Londres com Washington depois da guerra — acordos que a França só descobria depois de feitos. Assim, entre uma consciência ressentida de que a França já não podia "seguir sozinha" e a desconfiança dos novos "amigos" do país, muitos intelectuais da esquerda e da direita inventaram efetivamente um mundo pós-guerra à sua própria imagem: um mundo em conformidade com suas ideias e ideais, mas que tinha pouca relação com a realidade internacional.

A França é uma grande potência depois da guerra, embora apenas intelectualmente. Na verdade, parece que o caráter discursivo autônomo da política de esquerda na França importa mais na medida em que a própria França importa menos.

Então, se os camponeses franceses no século XIX abraçam um programa que não é realmente de seu interesse, mas o resultado é que os socialistas se elegem, como na França de seu segundo livro sobre a Provença, isso de fato não importa tanto. Se Léon Blum tem de fazer seu próprio marxismo dar certo na década de 1930 e se vê de mãos atadas, isso pode ser uma espécie de desastre nacional; se Blum está mais confuso do que deveria quando, por fim, chega ao poder, isso é um problema europeu. Mas depois da guerra, quando a França importa menos como uma potência tradicional, então — pelo menos acho que este é o seu argumento, se juntarmos todos os livros — o discurso tem mais importância porque os franceses só têm importância na medida em que as pessoas os estão ouvindo ou não.

Você disse e resumiu muito bem. Acho que havia muitas questões se juntando nos anos do pós-guerra. O interesse latino-americano em coisas francesas atingiu o auge nas décadas de 1940 e 1950. Os Estados Unidos, Nova York em particular, ainda pareciam paroquiais, pelo menos em assuntos intelectuais: não havia nada vindo dos Estados Unidos comparável ao cenário europeu. A maioria dos intelectuais americanos teria concordado naqueles anos: eles ainda eram escravos da civilização europeia de seus pais ou avós. Lembre-se também de que toda uma nova geração de intelectuais europeus havia recentemente migrado para os Estados Unidos graças ao comunismo e ao nazismo. Com o tempo, eles refariam e revitalizariam a vida intelectual americana, deslocando a França e grande parte da Europa ao longo do caminho. Mas, por enquanto, a Europa mantinha sua centralidade intelectual — e a França era a única opção na Europa. Além disso, o francês ainda era a única língua estrangeira a qual a maioria dos estrangeiros tinha acesso fácil, portanto os textos e os pensadores franceses eram acessíveis. Novamente, e pela última vez, Paris se tornou a capital do século.

Portanto, há uma continuidade da ilusão. E quanto à desilusão? Se se apresenta esse argumento, agora em escala europeia, de 1936 a 1956, quais são os momentos-chave em que as pessoas se desiludem com o comunismo?

O ano de 1936 assistira a um reiludimento com o marxismo: o renascimento da fé no marxismo como uma política popular nos países em que não houvera nenhuma ação política desde o começo da década de 1920. A Frente Popular significou mais que apenas vitórias eleitorais na Espanha e na França: foi também greves, ocupações, manifestações — o renascimento da política de esquerda popular. Para a maioria dos observadores de esquerda, a guerra civil na Espanha teve o mesmo efeito. Para cada Koestler, ou Orwell, ou Georges Bernanos na França, havia dezenas e dezenas de jornalistas de esquerda que escreviam com entusiasmo sobre o papel positivo que os comunistas estavam desempenhando ao defender a República espanhola durante a Guerra Civil.

Então, veio o Pacto Molotov-Ribbentrop, em agosto de 1939 — a aliança entre Stalin e Hitler. Isso foi decepcionante para os adeptos brandos e para a maioria dos comunistas mais velhos. Por outro lado, não parece ter danificado a fé da geração mais dura, mais jovem, recrutada na década de 1930. Mas as pessoas que tinham vindo para o comunismo porque odiavam o fascismo, e não porque acreditavam na história e na Revolução, foram profundamente abaladas pelo Pacto.

Dentro de dois anos, no entanto, os próprios motivos para desesperar de Stalin eram agora razões para mais uma vez jogar sua sorte com ele. Hitler atacou a União Soviética em 22 de junho de 1941. Nesse momento, tornou-se plausível afirmar, em retrospecto, que o Pacto Molotov-Ribbentrop tinha sido uma manobra tática brilhante. Stalin não tinha escolha: a Alemanha era forte, e o Ocidente estava cinicamente manobrando para deixar Stalin e Hitler destruir-se um ao outro — por que Stalin não se protegeria, pelo menos a curto prazo, até que estivesse em condições de defender a pátria da revolução?

Quanto ao resultado da Segunda Guerra Mundial: ele também pareceu confirmar a sabedoria previdente dos cálculos brutais de Stalin. Os aliados ocidentais da União Soviética e muitos de seus cidadãos estavam mais que dispostos a aceitar o relato soviético dos acontecimentos em troca do papel de Moscou na derrota do nazismo. Não era apenas a propaganda soviética que apresentava o assassinato em massa de prisioneiros poloneses em Katyn, por exemplo, como um crime de guerra alemão e não soviético. A maioria dos ocidentais achava essa versão dos acontecimentos perfeitamente crível; e mesmo que eles tivessem dúvidas, preferiram guardá-las para si.

A grande mudança veio com as tomadas comunistas e a Guerra Fria, que obrigou muitos intelectuais a fazer o que tinham conseguido evitar desde a década de 1930: distinguir entre os interesses das democracias ocidentais e os da União Soviética. Na década de 1950, era muito difícil fugir à escolha: como você podia ser um defensor tanto da França republicana, democrática, quanto da União Soviética de Josef Stalin — exceto em um nível de abstração histórica que não tinha nenhuma relação com a política real?

Você não podia apoiar o Partido Comunista na França ou na Itália, depois de 1947, e ainda afirmar que era um defensor da democracia liberal. Como a própria União Soviética não acreditava que isso era possível, os progressistas foram forçados a escolher, por menos que desejassem fazê-lo. Essa questão fundamental influenciou a opção de todos, mesmo que o momento da decisão variasse de acordo com o país e as circunstâncias. Para alguns, o momento de ruptura veio com as eleições evidentemente falsas de janeiro de 1947 na Polônia; para outros, foi o golpe na Tchecoslováquia, em fevereiro de 1948, o Bloqueio de Berlim que começou naquele junho e durou quase um ano, ou a invasão norte-coreana da Coreia do Sul, em junho de 1950.

Para muitos daqueles que ainda eram comunistas leais quando Stalin morreu, em março de 1953, o momento revelador veio com o "discurso secreto" de Khrushchev, de fevereiro de 1956. Khrushchev tentou salvar o núcleo leninista abandonando a penumbra stalinista — um constrangimento considerável para os homens e as mulheres que haviam passado a vida inteira justificando Stalin por referência a Lenin. Quanto à revolta na Hungria que ocorreu pouco depois, penso que ela importou mais para amigos periféricos e simpatizantes do comunismo. Ela demonstrou que, em vez de permitir que um país emergisse livremente de sob sua autoridade, mesmo a União Soviética do sr. Khrushchev, para atingir seus fins, enviaria tanques e mataria pessoas.

Enquanto isso, os eleitores do Ocidente estavam se tornando menos ideológicos e menos confrontativos: seus interesses eram agora mais paroquiais e acima de tudo econômicos. O que isso queria dizer era que o marxismo como uma linguagem de confronto político e social cada vez mais se tornava marginal para a cultura política. Ele se retirou primeiro para a intelligentsia e dali para a academia, que é onde ele é superado na década de 1970.

> *Parece-me que qualquer pessoa que em 1956 teria se desiludido com o uso da violência já não devia ter acreditado. Porque uma parte enorme da atração pelo comunismo, pelo menos entre intelectuais, na verdade tinha a ver (como Koestler disse sobre seu eu jovem) com certo gosto pela violência. E Merleau-Ponty também deixa isso explícito. E tendo a pensar que uma das coisas que também estão acontecendo em 1956 é que o veredito de* Khrushchev *sobre Stalin, de que não vamos mais defender os mesmos tipos de violência, torna o marxismo e a URSS menos interessantes.*

* * *

A violência está agora desvinculada das ideias, ou pelo menos das grandes ideias. O compromisso húngaro que se seguiu à revolta de Budapeste em 1956 é revelador, no entanto, mais sobre política do que sobre ideologia ou mesmo economia. János Kádár reforma um pouco a economia, embora negue que esteja fazendo isso, ou que o que está fazendo comprometa de alguma forma o sistema. Os húngaros são autorizados a consumir e são mais ou menos deixados em paz, desde que não trabalhem ativamente contra o sistema. "Você finge que trabalha e nós vamos fingir que lhe pagamos." Quem não está contra nós está conosco. Do ponto de vista de Moscou e seus satélites no Ocidente, a lógica é semelhante: você finge que acredita, e nós vamos fingir que acreditamos em você.

A invasão da Hungria enfraquece a fé intelectual na União Soviética, sob a narrativa que ela vinha apresentando nos últimos trinta anos. Doze anos depois, os tanques soviéticos estão em Praga, reprimindo o movimento de reforma que recordamos como a Primavera de Praga. Isso é outra coisa. A intervenção na Tchecoslováquia destrói a fé na própria narrativa marxista: não apenas na União Soviética nem apenas no leninismo, mas no marxismo e em sua explicação do mundo moderno.

Entre Budapeste, em 1956, e Praga, em 1968, está a grande era de revisionismo, tanto na Europa Oriental quanto na Ocidental. O revisionismo deu origem à ilusão no Leste de que uma certa quantidade de espaço negociado de forma cuidadosa para a dissidência era possível e valia a pena alcançar. Ele dissemina no Ocidente a ilusão de que é coerente ser um comunista dissidente, ao passo que a categoria "ex-comunista" ainda era desaprovada. No Leste uma geração final é atraída pelo marxismo: a geração de Leszek Kolakowski, que é o mais interessante revisionista na década de 1960, antes de se tornar o crítico mais profundo do marxismo na década de 1970. A geração mais jovem na Europa Ocidental, quando é atraída para a política radical, é atraída para uma versão do marxismo que nem sequer se preocupa com os problemas da União Soviética ou da Europa Oriental.

Os reformistas tchecos de 1968 estavam entre os últimos no Leste a encarnar esse tipo de atitude revisionista ingênua em relação à política. Que nós tchecos podemos ser um modelo de marxismo, tanto que poderíamos ensinar um bocado ao Ocidente — e também a Moscou.

No Ocidente, entre a esquerda, os soviéticos deixam de ser a questão mais importante e passam a ser uma questão irrelevante. Khrushchev começa esse processo, Brejnev o termina. Sua justificativa para a invasão da Tchecoslováquia pelo Pacto de Varsóvia, a Doutrina Brejnev de "ajuda fraterna", é muito obviamente um disfarce para a política de grande potência, e o que ele está esmagando é, claro, um movimento de marxistas, de comunistas. É a violência, mas ela não mais é interessante: é tradicional, em vez de pessoal ou ideológica. A Doutrina Brejnev é um álibi, não uma teoria. Enquanto isso a URSS tem rivais para o título de pátria de revolução.

Certo. Havia três maneiras de permanecer um crítico feroz de todo o projeto soviético e ainda estar na extrema-esquerda. A primeira e menos significativa era o que Perry Anderson chamou de marxismo ocidental: os intelectuais obscuros da esquerda marxista alemã, ou italiana, ou francesa, ou inglesa, que tinham sido derrotados pelo comunismo oficial, mas continuavam a proclamar-se porta-vozes de um certo tipo de marxismo radical internamente coerente: Karl Korsch, György Lukács, Lucien Goldmann, e, de modo mais importante e um pouco diferente, Antonio Gramsci. Mas todas essas pessoas eram como Rosa Luxemburgo, cuja imagem também foi ressuscitada nesses anos, e o próprio Trotsky: tinham a virtude saliente de ser perdedoras. Estar do lado vencedor da história foi o trunfo soviético de 1917 a 1956: depois disso, os perdedores começaram a parecer bons. Pelo menos tinham as mãos limpas. A redescoberta desses dissidentes individuais — ou dissidentes oficiais, ou dissidentes subterrâneos, sendo Karl Korsch o mais marginal e Gramsci o mais importante — tornou-se um modo de acadêmicos e intelectuais se situarem em uma linha de dissidência a partir de um marxismo respeitável. Mas essa genealogia recém-descoberta veio com o preço do distanciamento da história real do século XX.

A segunda, e ligeiramente mais importante, maneira da qual se tornou possível alguém se ver como superando o comunismo na esquerda era se identificar com o jovem Marx. Isso significava compartilhar a apreciação renovada do Marx filósofo e a ênfase nele, no Marx hegeliano, no Marx o teórico da alienação. Os textos de Marx até o começo de 1845, principalmente os "Manuscritos econômico-filosóficos", de 1844, agora se deslocavam para o centro do cânone.

Ideólogos do partido, como Louis Althusser, levantaram-se contra isso, insistindo ao ponto do absurdo ao dizerem que havia uma ruptura epistemológica no marxismo, que qualquer coisa que Karl Marx escreveu antes de 1845 não era de fato "marxista". Mas a vantagem de redescobrir o jovem Marx era que ele fornecia todo um novo vocabulário. O marxismo se torna uma linguagem mais difusa: acessível aos estudantes e útil para novas categorias revolucionárias substitutas — mulheres, gays, os próprios estudantes e assim por diante. Essas pessoas podem agora ser prontamente inseridas na narrativa, apesar de não terem nenhuma ligação orgânica com o proletariado industrial.

O terceiro e mais importante fator, é claro, era constituído pela Revolução Chinesa e pelas revoluções rurais então em curso na América Central, na América Latina, na África Oriental e Ocidental, no sudeste da Ásia. Parecia que o centro de gravidade da história tinha se afastado do Ocidente e até mesmo da União Soviética para sociedades inequivocamente camponesas. Essas revoluções coincidem com o florescimento de estudos camponeses e de revolução rural na Europa Ocidental e nos Estados Unidos. O comunismo camponês de Mao tinha uma virtude distinta: podia ser adornado com qualquer significado que se escolhesse. Além disso, a Rússia era europeia, ao passo que a China era "o terceiro mundo": uma consideração de importância crescente para uma geração mais jovem, para a qual a Europa e a América do Norte eram uma causa perdida para a esquerda.

Bem, esse é um dos modos como a União Soviética fracassa tendo sucesso. A ideia, ou desvio, de Lenin, dependendo do ponto de vista, era que seria possível construir uma réplica da sociedade industrial burguesa após a Revolução...

E depois derrubá-la...

* * *

> *... a partir de dentro e construir o socialismo. Mas o que acontece é: no momento em que você constrói a réplica do capitalismo, o original mudou para algo muito mais agradável. E você está preso com a réplica, que parece cada vez mais desinteressante e incapaz de competir — seja com os confortos do Ocidente, seja com a empolgação do Terceiro Mundo.*

A União Soviética deixa de ser horrível para ser chata, aos olhos de seus críticos; de ser cheia de esperança para carecer de promessa, aos olhos de seus defensores.

Pense no próprio Nikita Khrushchev. De um lado, ele vai aos Estados Unidos e entra em uma discussão com Nixon sobre quem faz geladeiras melhores. De outro, volta a Moscou e se entrega ao entusiasmo revolucionário em relação a Cuba. Assim, a União Soviética se sai mal duas vezes: é uma cópia pobre dos Estados Unidos e está desesperada para se ver renovada em Cuba.

Enquanto Mao e (depois de Mao) Maos menores em outros lugares não têm essa ambição dupla. A Revolução Cultural, que é realmente uma espécie de réplica malévola de aspectos do stalinismo, foi percebida por meus contemporâneos em Cambridge, no final da década de 1960, como uma refrescante explosão de energia e determinação juvenil de sempre renovar a Revolução, em contraste com os velhos acomodados em Moscou.

> *A China é outro modo como o sucesso de Lenin é seu fracasso. Porque aquilo com que Lenin e Trotsky contavam era que, se eles tivessem uma revolução prematura em um país atrasado, as revoluções maduras se seguiriam nos países ocidentais industrializados ou em industrialização. E não é isso o que acontece; o que acontece é que a revolta leninista se torna a coisa em si. Ela se torna o modelo de revolução que pode se espalhar para outros países* agrários, *ainda menos adequados para a revolução de uma perspectiva marxista tradicional.*

A destruição por Stalin da intelligentsia soviética foi gradativa. E, essencialmente, a varejo. Mao assassinava por atacado; Pol Pot era universal.

O que você faz diante do risco de que os intelectuais, ou moradores urbanos, ou a burguesia (o que restou dela), possam constituir uma oposição descontente crítica, ou mesmo um potencial dissidente de oposição, ainda não formado? Você simplesmente os elimina. Você os aniquila. No momento em que a lógica do exterminismo revolucionário chega ao Camboja, os propósitos ideológicos comunistas se fundem com categorias coletivas nazistas.

> *Temos falado como se a única história fossem as desilusões das décadas de 1950 e 1960. Mas havia um grupo de intelectuais críticos do marxismo e da União Soviética que ou estavam desiludidos com o marxismo muito antes ou, em alguns casos, nunca se envolveram muito com o marxismo: os liberais da Guerra Fria.*

A verdadeira Guerra Fria em nível intelectual e cultural, também em nível político em muitos países, não foi travada entre a esquerda e a direita, mas *dentro* da esquerda. A verdadeira linha de falha política era entre comunistas e simpatizantes companheiros de viagem, de um lado, e os social-democratas, de outro — com casos especiais, como na Itália, onde os socialistas estiveram por algum tempo do lado dos comunistas. Culturalmente, a linha de falha era traçada pela política cultural herdada da década de 1930.

Uma vez que se entenda isso, é possível ver quem eram os liberais da Guerra Fria. Eram pessoas como Sidney Hook: um marxista judeu que virou não marxista, mas especialista em Marx, que foi para o City College em Nova York. Ele nasceu em 1902, na comunidade de esquerda de imigrantes judeus do Brooklyn, atraídos para o comunismo como ideologia. Hook se viu repelido pela ascensão de Stalin e por algum tempo foi simpático a Trotsky. Mais tarde, passou a ver Trotski ou como iludido, ou como uma variante do leninismo que não era de forma significativa superior ao stalinismo. Ele se tornou um crítico agressivamente socialista do comunismo.

O "agressivamente socialista" é crucial. Não há nada de reacionário em Sidney Hook. Não há nada de politicamente direitista nele, embora fosse conservador em alguns de seus gostos culturais — como muitos socialistas. Como Raymond Aron, ele estava do lado oposto da barreira em relação aos estudantes da década de 1960. Deixou a Nova York University enfastiado com o fracasso da universidade em enfrentar as ocupações e os protestos sentados — essa era uma espécie de postura liberal característica da Guerra Fria. Mas sua política doméstica foi sempre de centro-esquerda e uma herança direta da tradição socialista do século XIX.

Raymond Aron, nascido três anos depois de Hook, tinha muito em comum com ele. A geração dos liberais da Guerra Fria — nascidos em muitos casos na primeira década do século XX — era um pouco mais velha que os progressistas comuns, cuja experiência definidora foi a Segunda Guerra Mundial e não a década de 1930. Aron, como Hook, era judeu — embora isso importasse menos em sua geração de intelectuais franceses; ele recebeu uma educação de elite na École Normale Supérieure, em vez de uma educação popular numa faculdade estatal. Mas, como Hook, ele se tornou um grande especialista em marxismo — embora, ao contrário de Hook, nunca tenha sido marxista. Sua aversão pelo regime autoritário foi moldada pela observação em primeira mão do nazismo, durante uma estada prolongada na Alemanha.

Depois da Segunda Guerra Mundial, Aron adotou a visão de que, para os europeus, a escolha entre os Estados Unidos e a União Soviética era uma função não de qual dos dois você pensava ser um bom lugar, mas de qual dos dois você achava menos ruim. Aron é muitas vezes incompreendido como uma espécie de conservador de direita: ele nunca o foi. Na verdade, por qualquer padrão convencional, ele era de centro-esquerda. Seu desprezo, no entanto, era reservado não às idiotices da direita — para a qual ele não tinha tempo —, mas à loucura da esquerda companheira de viagem, aí incluídos ex-amigos, como Jean-Paul Sartre e Simone de Beauvoir.

Havia pessoas como Hook ou Aron na maioria dos países da Europa: com conhecimento do marxismo e poucas ilusões sobre os Estados Unidos. Não tinham problemas em identificar o que estava errado nos Estados Unidos — o racismo, uma história de escravidão, o capitalismo em sua forma mais crua —, mas essa já não era a questão. A escolha que se enfrentava era entre dois grandes agrupamentos imperiais: mas só era possível e, de fato, desejável viver sob um deles.

Claro, havia variações. Alguns liberais da Guerra Fria ficavam tristes e constrangidos quando confrontados com as formas mais extremas de anticomunismo de direita. Outros, como Hook ou Arthur Koestler, não tinham nenhum constrangimento. Você não pode ajudar as pessoas, como disse Koestler, estando certo pelas razões erradas. Os liberais da Guerra Fria nunca manifestaram nada além de nojo pelo macarthismo na política americana; mas também insistiam em que havia uma verdade central que McCarthy, Nixon e outros tinham identificado. O comunismo realmente *era* o inimigo: você tinha de fazer uma escolha, e não podia fingir que não havia uma terceira via.

Foram os liberais da Guerra Fria que dominaram organizações como o Congress on Cultural Freedom [Congresso sobre Liberdade Cultural] que publicava revistas como *Encounter*, ou *Preuves*, e assim por diante, e que organizavam reuniões bem divulgadas contra a propaganda comunista da paz.

Sabemos hoje em que medida os liberais da Guerra Fria não só estavam se organizando, mas sendo organizados.

As revistas e os congressos desses anos eram financiados pela CIA, principalmente por meio da Fundação Ford. Pode ser que eu seja insensível a alguma coisa aqui, mas minha visão da questão é mais ou menos a seguinte: as guerras culturais da década de 1950 foram em grande parte conduzidas em ambos os lados por organizações de fachada. Nas circunstâncias da época, quem somos nós para dizer que os sociais-democratas e os liberais deviam ter aberto mão de recursos financeiros para combater uma enorme máquina de propaganda soviética?

A CIA estava financiando um Plano Marshall propagandístico. Mas lembre-se do que era a CIA no início da década de 1950. Não era o FBI; e ainda não era a CIA desajeitada, incompetente, servil dos anos pós-Reagan. Ainda havia muitos dos jovens inteligentes que haviam ingressado na CIA através da OSS [Agência de Serviços Estratégicos] da época da guerra: tinham uma boa dose de discernimento no modo como escolhiam trabalhar contra a subversão e a propaganda soviéticas.

Raymond Aron é muito bom a esse respeito em suas memórias. Quero dizer, ele diz, devíamos ter pensado: de onde está vindo esse dinheiro? Não pensamos. Mas se você tivesse nos colocado contra a parede, é possível que tivéssemos admitido que ele provavelmente vinha de alguma fonte que preferíamos não saber. Aron está certo: não eram pessoas com muita experiência governamental. O próprio Aron passou apenas seis meses no governo, no Ministério da Informação dirigido por André Malraux, em 1945: sua única experiência de governo. Koestler nunca dirigiu nada. Hook era professor de filosofia.

Em termos intelectuais, há um liberalismo da Guerra Fria distinto?

É melhor pensar nos liberais da Guerra Fria como os herdeiros do progressismo americano e do New Deal. Essa é a *formação* deles, no sentido francês do termo; é como eles foram moldados; é o que os modelou intelectualmente. Eles viam o Estado do bem-estar e a coesão social que ele podia gerar como uma maneira de evitar as políticas extremistas da década de 1930. Era isso que alimentava e informava seu anticomunismo: este último também era impulsionado por um histórico que muitos deles compartilhavam em atividades antifascistas antes de 1939. As organizações, as frentes, os movimentos, os periódicos, as reuniões, os discursos antifascistas da década de 1930 têm sua contrapartida no liberalismo anticomunista da década de 1950.

Antes de 1939, progressistas e liberais estavam na defensiva. A noção de um meio-termo defensável estava espremida entre os argumentos e apelos do fascismo e do comunismo. Como Mark Mazower escreve em *Dark continent* [Continente negro], se você parasse o relógio em 1941, teria sido difícil argumentar que a história estava evidentemente do lado da democracia. Mas a década de 1950 foi diferente.

O otimismo dos liberais da Guerra Fria nasceu da vitória na Segunda Guerra Mundial e da resolução inesperadamente bem-sucedida da crise do imediato pós-guerra. O comunismo não fez nenhum novo avanço na Europa depois de 1948, ou 1949, no mais tardar, com a Alemanha Oriental, e nesse meio-tempo os americanos haviam se mostrado capazes de e dispostos a apoiar a economia liberal e as instituições democráticas no resto da Europa. Os liberais da Guerra Fria acreditavam que a história estava do seu lado: o liberalismo não era apenas um modo de vida possível e defensável, ele triunfaria sobre seus adversários. Ele precisava ser defendido não porque era inerentemente vulnerável, mas porque tinha perdido o hábito de afirmar suas virtudes de maneira agressiva.

Antes você citou Koestler sobre a inevitabilidade de pessoas estarem certas pelas razões erradas. Essa citação tem uma segunda parte, que é no sentido de que evitar tais pessoas decorre de uma falta de autoconfiança. Se houve um acontecimento que na época de fato minou a confiança de alguns dos liberais da Guerra Fria, e estou pensando em particular em Aron, foi a revolta dos estudantes europeus de 1968.

No caso de Aron, é também a Guerra dos Seis Dias, de 1967. Ele ficou bastante perturbado pela aversão a Israel e aos judeus expressa publicamente por Charles de Gaulle; e — como muitos judeus seculares de sua geração — se viu perguntando-se se sua identidade judaica e sua relação com Israel não deviam desempenhar, em sua percepção da política e do propósito coletivo, um papel mais importante do que permitira que fizessem até então.

O ano de 1968 é decisivo porque estava surgindo uma nova geração para a qual todas as velhas lições pareciam irrelevantes. Precisamente porque os liberais tinham vencido, seus filhos não compreendiam o que tinha estado em jogo em primeiro lugar. Aron na França, Hook nos Estados Unidos, o teórico político Jürgen Habermas na Alemanha, todos tinham uma visão muito semelhante: o ativo fundamental do liberalismo ocidental não era seu apelo intelectual, eram suas estruturas institucionais.

O que tornava o Ocidente um lugar melhor, em suma, eram suas formas de governo, direito, deliberação, regulação e educação. Tomadas em conjunto, ao longo do tempo, elas formavam um pacto implícito entre a sociedade e o Estado. A sociedade concederia ao Estado certo nível de intervenção, limitado pela lei e pelo hábito; o Estado, por sua vez, concederia à sociedade uma grande dose de autonomia limitada pelo respeito às suas instituições.

Parecia a muitos em 1968 que esse contrato implícito estava sob tensão. Para Aron ou Habermas, o inimigo, como na década de 1930, eram aqueles que procuravam rompê-lo: revelar, no vernáculo contemporâneo, a verdade sob a falsidade e as ilusões do liberalismo. Havia, devemos lembrar, motivos para algumas dessas afirmações. Na França, graças ao monopólio do poder e do governo do gaullismo, a política parecia "bloqueada". Na Alemanha, o Partido Social Democrata perdeu uma geração para a chamada esquerda extraparlamentar, que argumentava que o partido havia se desacreditado ao coabitar com um governo de coalizão liderado por um chanceler democrata cristão que já pertencera ao partido nazista.

Na década de 1970, os liberais da Guerra Fria envelhecem, e o confronto americano-soviético perde um pouco de sua nitidez ideológica.

Outra coisa estava mudando, de forma menos visível, mas nos fundamentos. Os liberais da Guerra Fria sofriam com o fim do monopólio intelectual e político que tinha sido exercido pelos reformadores do New Deal e seus homólogos europeus da década de 1930 à de 1960. O mundo ocidental de Roosevelt a Lyndon Johnson e mesmo a Richard Nixon foi dominado pela política interna progressista e pelo "grande governo". Na Europa Ocidental eram lugares-comuns compromissos entre social-democratas e democratas cristãos: Estados do bem-estar social e a desideologização da vida pública.

Mas esse consenso começou a se fraturar. Em 1971, os EUA deixaram de lastrear seus dólares com reservas de ouro, quebrando assim o sistema monetário internacional de Bretton Woods. Então, vieram a inflação do preço do petróleo e as recessões econômicas associadas daquela década sombria. A maioria dos liberais da Guerra Fria nunca pensara realmente em keynesianismo: como a base da política econômica, ele era apenas um dado. Eles com certeza não pensavam sobre os propósitos maiores do bom governo: isso também estava subentendido. Então, quando esses e outros pressupostos foram postos em questão por uma nova geração de intelectuais defensores de políticas conservadoras, os liberais tinham pouco a oferecer em resposta.

Então, de onde virá o liberalismo na década de 1970?

* * *

De outro lugar. De pessoas para quem o liberalismo permanecia um objetivo ainda não alcançado. Pessoas para quem a lógica de um Estado liberal era nitidamente oposta à de seus próprios governantes. Intelectuais para quem o liberalismo nunca tinha sido uma condição-padrão não questionada da política, mas sim um objetivo radical a ser buscado com um risco pessoal considerável. Na década de 1970, o pensamento liberal mais interessante estava na Europa Oriental.

Apesar de suas diferenças, Adam Michnik na Polônia, ou Václav Havel na Tchecoslováquia, ou os liberais húngaros da geração deles, todos tinham algo em comum: a experiência de vida inteira com o comunismo. Na Europa Oriental, em todo caso em Varsóvia e Praga, 1968 não foi, portanto, uma revolta contra o liberalismo dos pais, muito menos um protesto a respeito da miragem de liberdade política. Foi uma revolta contra o stalinismo dos pais da geração da década de 1960 — uma revolta com frequência conduzida sob o disfarce e em nome de um marxismo reformado ou restaurado.

Mas o sonho do "revisionismo" marxista seria derrubado pelos cassetetes da polícia em Varsóvia e dos tanques em Praga. Então, o que os liberais da Europa Centro-Oriental tinham em comum era um certo ponto de partida negativo: não há nada a ganhar na negociação com regimes autoritários. A única coisa que você realmente deseja alcançar é, por definição, algo que o regime não pode conceder. Qualquer negociação conduzida nessas circunstâncias deve ser sempre um exercício de má-fé de ambos os lados, estando seu resultado predeterminado. Ou deve seguir-se um confronto em que os pretensos reformadores são derrotados — ou então seus representantes mais maleáveis serão absorvidos no regime e sua energia será dissipada.

A partir dessas observações diretas, a nova geração de pensadores europeus orientais chegou a uma conclusão original relativa à metafísica da política autoritária. Nas circunstâncias de um regime que não pode ser derrubado — mas com o qual não se pode negociar de forma efetiva —, permanecia uma terceira opção: agir, mas agir "como se".

A política do "como se" pode assumir duas formas. Em alguns lugares era possível comportar-se como se o regime estivesse aberto à negociação, levando a sério a hipocrisia de suas leis e — no mínimo — revelando a nudez do imperador. Em outros lugares, especialmente em Estados como a Tchecoslováquia — onde até mesmo a ilusão de compromisso político havia sido destruída —, a estratégia consistiu em atuar em nível individual como se você fosse livre: levando, ou tentando levar, uma vida baseada em noções não políticas de ética e virtude.

Esse tipo de abordagem requeria, é claro, a aceitação da exclusão da política tal como o regime (e muitas pessoas de fora) podiam defini-la. Quer você descrevesse isso, nas palavras de Havel, como "o poder dos sem poder", ou como "antipolítica" (György Konrad), era algo de que os liberais ocidentais não tinham experiência e para o qual eles careciam de uma linguagem. Com efeito, os dissidentes da Europa comunista argumentavam em favor da recriação e da reimaginação da sociedade em níveis puramente retóricos e individuais — para além do alcance de um Estado que de modo deliberado se propusera a enfraquecer ou incorporar a sociedade como a entendemos.

O que os dissidentes faziam era forjar uma nova *conversa*. Talvez essa seja a maneira mais fácil de entender seus propósitos, que eram deliberadamente surdos ao regime e à sua resposta a eles. Você simplesmente se comportava como se estivesse tratando a lei, a linguagem do comunismo, a constituição dos Estados e os acordos internacionais que eles haviam assinado como se fossem funcionais e confiáveis.

O mais importante desses acordos foi a chamada "terceira cesta" da Ata Final de Helsinque, de 1975, pelo qual a União Soviética e todos os seus Estados satélites se comprometeram a observar os direitos humanos básicos. É claro que os regimes não esperavam ter de levar isso a sério, e essa é a única razão pela qual acrescentaram sua assinatura. Mas de Moscou a Praga os críticos aproveitaram a oportunidade para chamar a atenção do regime para suas obrigações legais.

Nesse sentido, embora não em nenhum outro, houve alguma correspondência com o que os radicais ocidentais pensavam estar fazendo em 1968: obrigando as autoridades a revelar através de seu comportamento a verdade de seu sistema. E, assim, com sorte, educar os cidadãos, bem como observadores estrangeiros, sobre as contradições e mentiras do comunismo.

Isso faz parte de uma história maior dos direitos humanos. A "terceira cesta" de Helsinque é agarrada, como você diz, por tchecos, ucranianos, poloneses, russos e praticamente todos no bloco soviético — um punhado aqui, uma centena ali, com certeza. Mas também foi escolhida por grupos no Ocidente — Anistia Internacional, Human Rights Watch — que estão fazendo, de certo modo, a mesma coisa. Ou seja, eles estão tomando esses compromissos com direitos humanos literalmente. E então, os "direitos humanos" como um termo — mas também como uma política —, ganharam destaque com Jimmy Carter e foram aplicados também sob Ronald Reagan. Podem-se apontar incoerências, mas esse é um exemplo, eu acho, de uma nova forma de liberalismo que vem, em parte, da Europa Oriental.

Essa foi, de fato, uma linguagem renascida do liberalismo — e não apenas dele, mas também da esquerda. Nós, instintivamente e com razão, vemos organizações como a Human Rights Watch ou a Anistia Internacional como organizações com inclinação esquerdista, e elas são mesmo isso. A esquerda não podia mais falar do modo como tinha falado no passado — vinculada institucional ou emocionalmente à linguagem do marxismo. Ela precisava de toda uma nova linguagem.

Mas não devemos nos entusiasmar demais. Por mais que possamos admirar a Carta 77 na Tchecoslováquia e a coragem de seus vários signatários, o fato é que, para começar, apenas 243 pessoas a assinaram, e não mais que cerca de outras mil ao longo da década seguinte. A verdade é que, na Tchecoslováquia em especial, a retirada da política — a privatização de opinião — tinha avançado muito desde o esmagamento da Primavera de Praga. A "normalização" — o expurgo de milhares de homens e mulheres de qualquer função ou emprego públicos ou visíveis — foi um sucesso. Tchecos e eslovacos abandonaram a vida pública, retirando-se para o consumo material e o conformismo político pro forma.

A Polônia, é claro, era outra história, ou seguia um cronograma diferente. Intelectuais e ex-estudantes radicais tinham conseguido, durante a década de 1970, estabelecer contatos com um movimento da classe trabalhadora autêntico, em especial nas cidades com indústria de construção naval, ao longo da costa do Báltico. Depois de várias tentativas malsucedidas, trabalhadores e intelectuais realmente cooperaram durante as grandes greves de 1980: o "Solidariedade" se tornou um movimento de massa com 10 milhões de membros.

Mas o Solidariedade também foi derrotado — pelo menos no início — pela imposição da lei marcial, em dezembro de 1981. E mesmo na Polônia me lembro de Adam Michnik ser muito pessimista em relação às perspectivas de qualquer coisa que resultasse de tudo isso. O Solidariedade era clandestino e o regime estava prestes a começar mais um ciclo de tomada de empréstimos no exterior para pagamento de bens de consumo: ainda em 1987 não parecia haver nada que impedisse que essa rotina miserável durasse indefinidamente.

> *É impressionante que os intelectuais do Leste Europeu tenham chegado a essas questões a partir de experiências individuais e históricas que tinham muito pouco a ver com o entendimento clássico de uma vida burguesa ou de uma educação liberal.*

É bem por aí. Havel, para tomar o caso mais óbvio, não é um pensador político no sentido ocidental convencional. Na medida em que ele reflete alguma tradição estabelecida, faz parte da herança continental de pensamento fenomenológico e neo-heideggeriano: uma corrente bem-desenvolvida em sua Tchecoslováquia natal. De certa forma, no entanto, a aparente falta de raízes intelectuais de Havel trabalhou a seu favor. Se tivesse sido visto como só mais um pensador da Europa Central adaptando a metafísica alemã à política comunista, ele poderia ter sido muito menos atraente e compreensível para leitores ocidentais. Por outro lado, foi a justaposição fenomenológica distintiva de "autenticidade" e "inautenticidade" que lhe forneceu sua imagem mais poderosa: a do verdureiro que coloca em sua janela a placa "Trabalhadores do mundo, uni-vos!".

É a imagem de um homem solitário. Mas a questão mais profunda é que todos sob o socialismo estão sozinhos: mas suas ações, por mais isoladas que sejam, têm significado. Se apenas um verdureiro fizesse apenas uma placa e agisse por sua própria iniciativa moral, isso faria diferença para ele e para todos que entrassem em sua loja. Esse argumento não é aplicável apenas ao comunismo. Mas, para os leitores locais, poderia ser lido dessa forma, e isso o tornava imediatamente acessível.

Havel era, portanto, compreensível ao mesmo tempo para seus públicos tcheco e estrangeiro. Algo muito semelhante aconteceu, por razões bastante diferentes, com outro dissidente literário famoso da Tchecoslováquia, o romancista Milan Kundera. Tenho amigos tchecos que são profundamente ressentidos com a popularidade ocidental de Kundera; por que, eles perguntam, outros autores tchecos (muitas vezes mais favorecidos por seu público doméstico) não são lidos além da fronteira? Mas Kundera era estilisticamente muito familiar a leitores franceses, por exemplo, suas experiências lúdicas tinham um forte tom parisiense, e ele adaptava-se com facilidade à vida intelectual e literária francesa.

A genialidade da ideia de Europa Central de Kundera é que ela enriquece a Europa Ocidental com mulheres e iguarias tchecas, uma extensão de referências históricas e boa escrita. Ele deu a Boêmia ao Ocidente, nos dois sentidos da palavra.

A ênfase na Europa Central, que surgiu na década de 1970 era extremamente limitada em escopo prático: era a imagem da Habsburgia reduzida a seu núcleo urbano. Vista assim, com toda a ênfase posta na herança cosmopolita e intelectual da Europa de Viena, Budapeste e Praga, a Europa Central é convenientemente aliviada de sua história e seus conflitos internos. Também é despojada de seus elementos mais estranhos: religião, camponeses e a desolação do Leste Europeu.

Essa Europa Central mitológica das imaginações ocidentais também, e de modo crucial, exclui a Polônia — ou a maior parte dela. O país há muito apresentou dilemas levemente desconfortáveis para observadores ocidentais, ao mesmo tempo em que insiste em sua centralidade na cultura deles. Desde a década de 1960, acima de tudo, a Europa Central, no imaginário ocidental, foi confundida com "Europa judaica": a Mitteleuropa fin-de-siècle de Stefan Zweig, nostálgica e simpática. Mas a Polônia não se encaixa nessa história. A Polônia não é um lugar onde judeus vivem, no imaginário ocidental de hoje: é um lugar onde os judeus morrem. Enquanto isso, as perdas dos próprios poloneses parecem murchar na insignificância em comparação não só com o sofrimento dos judeus, mas também com a trágica destruição do sofisticado mundo da Áustria dos Habsburgo: vítima, por sua própria responsabilidade, bem como pela nossa, da brutalidade serial tanto dos alemães quanto dos russos.

É interessante que essa Europa Central, como você não diz exatamente, é judia, embora, claro, Kundera não seja. Penso que essa ideia de Europa Central da década de 1970 é permitida pela evolução da narrativa do Holocausto. Este surge como conceito na década de 1960, junto com o movimento dos direitos civis nos Estados Unidos. Ela tem a ver com certa ideia de retomar a cidade. O que é urbano e cosmopolita é não apenas nostálgico, mas também progressista.

O que se perde na Europa Central de Kundera não são apenas os camponeses, os eslavos, os cristãos, a realidade feia, o mundo não habsburgiano, mas também correntes de pensamento realmente sérias. As raízes de Havel estão na fenomenologia. Isso é terrivelmente estranho, porque, se há alguma vertente da filosofia que foi envenenada em sua recepção pelo Holocausto, é precisamente a fenomenologia. E Havel capta isso na tela do radar. Isso é algo que eu vim a entender de Marci Shore, que agora está trabalhando sobre os fenomenólogos.

Assim como a consciência do Holocausto estava se tornando muito mais o motor central de envolvimento com o passado Europeu recente no Ocidente, ela significava, por motivos paralelos, reduzir o pensamento centro-europeu, particularmente o de língua alemã, aos aspectos de sua história que eram relacionados, de maneira disfuncional, à possibilidade do Holocausto. Assim, outros aspectos da história e do pensamento da Europa Central — em especial aqueles de interesse duradouro ou com consequências locais positivas — se tornam mais difíceis de reconhecer.

Por falar em fenomenólogos, pense em Karol Wojtyla. A dificuldade ocidental de registrar o papa polonês em todas as suas dimensões é muito impressionante. Suas qualidades católicas são reduzidas ao culto nacional da Virgem Maria. Seus críticos se concentraram no universalismo intransigente de sua posição ética, tratando-o, portanto, como nada mais que um representante de uma tradição europeia oriental reacionária. Isso fazia parecer tanto desnecessário quanto, de alguma forma, generoso demais olhar seriamente para seu legado intelectual, ou ao que ele recorria.

Eu acho que o problema é este: a Europa Central tem uma história tão enormemente problemática no século XX que suas correntes intelectuais, sociais e culturais mais sutis são praticamente invisíveis para quem é de fora. Em todo caso, esta é, como Larry Wolff apontou muito tempo atrás, uma parte do mundo que é reescrita de forma serial em mentes ocidentais de acordo com um roteiro preexistente.

> *Deixe-me mencionar outro polonês, alguém que provavelmente teve mais influência na história do mundo do que qualquer intelectual polonês, exceto, talvez, o papa: Jerzy Giedroyc, editor do* Kultura, *o mais importante periódico para poloneses durante a era comunista.*

> *Giedroyc foi talvez o mais importante liberal da Guerra Fria, embora nunca escrevesse muito e quase ninguém fora da Polônia tenha ouvido falar dele. Ele conseguiu criar uma vida intelectual polonesa e também leste-europeia, inteiramente paralela, de uma casa em Maisons-Laffitte, nos arredores de Paris. Ele projetou a política, ou melhor, a grande estratégia oriental, que ajudou a Polônia atravessar os anos difíceis da década de 1990, após o colapso da União Soviética. Mas ele fez tudo isso sem que ninguém na França — onde viveu e trabalhou — de fato notasse seu trabalho da década de 1950 até a de 1980.*

> *Há um momento muito engraçado nas conversas de Jerzy Giedroyc com Barbara Toruńczyk em 1981, em que ela pergunta a ele se o Ocidente teve alguma influência sobre ele, e ele diz categoricamente que não. Ela, então, pergunta se ele tentou influenciar a França. E ele diz mais ou menos o seguinte: minha cara senhora, não há nenhum sentido nisso, tudo o que você vai conseguir do Ocidente são lágrimas e dinheiro.*

* * *

É uma história mais complicada que isso. Czesław Miłosz fala sobre amor não correspondido, lágrimas que devem fluir em mais de um rosto. A Europa Oriental não quer apenas simpatia e apoio; ela quer ser *compreendida*. E quer ser compreendida pelo que é, e não para os fins ocidentais aos quais pode ser aplicada. E *minha* experiência de envolvimento com centro-europeus de todos os tipos, em todos os níveis políticos e geracionais, da década de 1960 até a de 1990, foi sempre definido pela sensação *deles* de não serem compreendidos.

Eu acho que nenhum observador ocidental razoavelmente sensível que encontrasse centro-europeus no século XX poderia evitar essa experiência de amor não correspondido. Somos distintos, eles dizem, e nossas distinções e nossa especificidade escapam a você. E gastamos nosso tempo alternando entre tentar explicar isso e levantar as mãos em desespero porque é possível que você não vá entender.

> *Eu me pergunto se isso não poderia ser visto como uma falha profunda do comunismo. Ele deveria encarnar, exemplificar e disseminar uma espécie de cultura universal, portanto, universalmente compreensível. Mas, na Europa Oriental, ele cria esses lugares introspectivos e, na cultura deles, muito centrados no que diz respeito à etnia. E é por isso que a imagem de Kundera de uma Europa Central cosmopolita é essencialmente anticomunista. Mesmo os intelectuais, mais tarde, vão conhecer as principais línguas europeias muito menos do que teriam conhecido no supostamente bárbaro período entre as guerras. Assim, grande parte do problema banal de compreender até mesmo escritores proeminentes como Havel ou Miłosz é que alguém tem de traduzir sua obra.*

A ruptura entre as gerações me parece crucial. A Europa Central de Nicholas Kaldor, um economista húngaro que conheci em Cambridge, era ainda uma Europa Central de língua alemã. Ninguém traduzia nada, porque todos falavam alemão uns com os outros e podiam publicar, e publicavam, em alemão. Mas a geração seguinte estava escrevendo em húngaro. A única língua estrangeira que eram obrigados a aprender era o russo, duplamente inútil: porque não queriam usá-lo e porque, portanto, nunca o aprendiam de forma correta. Assim, tudo tinha de ser retraduzido para chegar ao Ocidente.

Você vê isso com Adam Michnik, esse raro europeu de significado verdadeiramente histórico que não consegue funcionar em inglês. Seu trabalho e suas palavras devem ser traduzidos do francês (uma estratégia incomum nos dias de hoje), e com a consequência de que ele é menos audível para os americanos do que teria sido, digamos, para uma audiência inglesa ou francesa trinta anos atrás. Eu iria mais longe: aqueles intelectuais da Europa Oriental que florescem em culturas e línguas ocidentais são cada vez mais não representativos. O tipo de búlgaro que acabou na Paris da Guerra Fria — Tzvetan Todorov, por exemplo, ou Julia Kristeva — nada com bastante facilidade na vida intelectual francesa. Mas eles nos fornecem uma imagem muito distorcedora e distorcida da cultura da qual eles surgiram.

Mas, é claro, pode-se inverter o pensamento e lembrar que a tradução dessas línguas complicadas muitas vezes envolvia escolhas pessoais arriscadas, às vezes muito difíceis, e gastos de dinheiro em lugares onde ele era escasso. Quando Miłosz decide deixar a Polônia, em 1951, ele basicamente se esconde em Maisons-Laffitte, perto de Paris, onde o Kultura *tem sua casa e sua pequena prensa. Ele vive lá por um ano. E Giedroyc toma a decisão de publicar* The Captive Mind *[A mente cativa], que pôde então ser traduzido. Mas só pôde ser traduzido porque Miłosz escolhe partir e porque Giedroyc escolhe cuidar dele.*

Mas o que acho interessante é a política que há nisso, porque Giedroyc não acredita nem por um minuto no argumento de The Captive Mind. *Ele não acha que Miłosz está certo em usar essas complicadas metáforas literárias, Ketman e Murti-Bing, para explicar por que intelectuais necessitados são atraídos pelo comunismo no poder. Ele acha que na Polônia a questão é apenas e sempre de dinheiro e covardia. No entanto, vê que isso seria politicamente bom para Miłosz: forneceria a escritores poloneses um álibi para seus crimes intelectuais sob o stalinismo.*

* * *

É uma inverdade útil.

É exatamente assim que Giedroyc o descreve. E isso também fornece uma espécie de álibi para marxistas ocidentais, comunistas, além de pessoas que estão se recuperando do comunismo, porque é muito fácil entender a atração que alguém tem pelo marxismo em termos de Ketman, sujeitando-se exteriormente e ao mesmo tempo acreditando que resiste internamente, ou de Murti-Bing, desfrutando o fim da dúvida ao aceitar a única verdade.

Sempre que usei The Captive Mind em aula, a reação dos alunos de graduação foi extremamente entusiasmada. Os estudantes querem saber quem são os amigos de Miłosz de A a D, e assim por diante, mas são também e, acima de tudo, arrebatados pelos argumentos e pela prosa. Mas também adotei o livro em seminários de pós-graduação. Aí tive uma reação um pouco diferente: certamente trata-se de algo marginal e atípico? É um intelectual contando sobre outros intelectuais em um mundo de escolhas morais e compromissos éticos elevados que não tem nada a ver com o conjunto maior de pressões e escolhas que os poloneses enfrentaram naqueles anos.

É muito difícil decidir quem está certo entre seus alunos. O que quero dizer é que é chocante como na Europa Oriental contemporânea, na Polônia, por exemplo, há uma geração de homens e mulheres jovens de direita que, de fato, não se lembram do comunismo e não têm nenhuma simpatia não só pela ideia, mas por nenhum dos motivos que poderiam ter atraído pessoas para o Partido. E eles tendem a ser entusiastas da lustração, *a revisão obrigatória do passado de pessoas que agora ocupam posições influentes. Mas, claro, eu tendo a pensar que essa é a falta de graça do nascimento tardio. Precisamente porque são os mais ambiciosos, e querem eliminar as gerações mais velhas, eles seriam as mesmas pessoas que sob o comunismo teriam colaborado.*

Há dois tipos de conformismo. Um deles é o banal, decorrente de interesse próprio ou falta de percepção: o conformismo do comunismo em seus últimos anos. O outro é o dos dançarinos de Kundera, os crentes das décadas de 1940 e 1950. Você sabe, o círculo de pessoas que viam apenas os rostos umas das outras, dando as costas para o mundo, enquanto acreditam que estão vendo tudo.

Escritores inteligentes como Pavel Kohout ou o próprio Kundera são absorvidos pela fé e acreditam em uma narrativa coletiva maior, em que a autonomia deles e de outras pessoas tem importância secundária. E esse é o conformismo mais perigoso: no mínimo porque é muito menos capaz de compreender a escala potencial de seus crimes. A estranheza, é claro, é que, do ponto de vista externo — da perspectiva do observador de fora —, o conformismo sutil do intelectual que dança em roda é muito mais atraente do que as escolhas egoístas do indivíduo pusilânime.

Essa é a característica notável de Kundera, sua honestidade como um romancista que trata dessa questão da atração do stalinismo. Ele retrata como sedutor o comportamento que hoje achamos desagradável e que ele mesmo lembra com aversão.

A revelação, em 2008, de que Kundera teria espionado para a polícia, quando jovem (na Tchecoslováquia comunista, em 1951), me parece um completo equívoco. Se ele era um comunista crédulo — e era —, tinha na verdade o dever ético de denunciar suas suspeitas à polícia, e não há nenhuma razão para ficarmos chocados com isso.

O que revelamos em nossa surpresa é apenas nossa incompreensão. Meio século depois, simplificamos o quadro ao ponto de achar que todo adversário do comunismo deve ter sido a vida inteira um liberal amável. Mas Kundera não era um liberal amável. Era um stalinista crédulo: esse, afinal, é o argumento de seus romances. Precisamos ampliar nossa empatia, se quisermos apreender aquele tempo e lugar para entender como o comunismo atraía precisamente pessoas como Kundera.

É o mesmo argumento que Marci Shore apresenta em um de seus ensaios, quando cita o entusiástico hino de Kohout a Klement Gottwald enquanto ele estava com a cabeça descoberta na Praça da Cidade Velha, em Praga, em 1948. Esse era o comunista que era presidente da Tchecoslováquia, o homem que ia nos conduzir para o maravilhoso mundo novo. E esse é o mesmo Kohout Pavel que vai ser um herói da era de dissidência literária e cultural, na década de 1960. É o mesmo homem. Mas não se pode apreender o último no primeiro.

> *Há alguns pontos de sobreposição interessantes entre os liberais da Guerra Fria e os dissidentes da Europa Oriental. Para os primeiros, vistos de hoje, é uma espécie de problema não terem nada a dizer sobre economia. Para os europeus orientais, silenciar sobre o assunto era um trunfo: aumentava a aceitação deles no Ocidente.*
>
> *Os intelectuais centro-europeus tinham desistido da economia — se é que alguma vez de fato se importaram com ela. A economia passara a parecer pensamento político e, portanto, corrupta. A reforma econômica só era possível quando e onde fosse totalmente desligada de qualquer justificativa ideológica explícita. Alguns escritores, entre eles Havel, viam a macroeconomia como intrinsecamente repressiva.*
>
> *Portanto, evitam o assunto — no exato momento em que Margaret Thatcher faz sua revolução na Grã-Bretanha, e em que Friedrich Hayek volta a cair nas graças do Ocidente, com sua afirmação de que a intervenção na economia é sempre, e em toda parte, o início do totalitarismo.*

Esse é o fim da história do comunismo reformado. Se você ler o economista tcheco Ota Šik, por exemplo, ou o economista húngaro János Kornai, verá que até a década de 1960 eles ainda estavam tentando salvar a essência de uma economia socialista injetando aspectos do mercado em uma economia de comando de partido único. Mas não acho que suas ilusões começaram a parecer tolas porque o Ocidente já não era keynesiano. Acho que Šik, Kornai e outros começaram a perceber que o que propunham era evidentemente impraticável.

A coisa mais próxima de uma versão viável de economia comunista reformada era a Iugoslávia ou a Hungria. Mas a Iugoslávia — a do "controle dos trabalhadores" e da "autogestão" — era um mito, e acho que alguns dos melhores economistas já podiam ver isso. O mito repousava sobre a idealização da produção local e sobre um eco distante da noção de coletivos baseados na fábrica e autonomia sindical local.

Quanto ao sistema húngaro, ele funcionou. Mas precisamente e apenas devido à sua quinta roda: o setor privado. Este foi autorizado a existir com base em bons princípios kadaristas (você finge ser X e vamos fingir que acreditamos em você). Enquanto o setor privado da economia húngara não tentou impor sua existência às autoridades, com demasiada insistência, foi autorizado a desempenhar o papel que lhe era atribuído de modo extraoficial. Mas ninguém podia seriamente chamar isso de economia socialista.

Não acredito que, mesmo quando a desilusão se instalou, todos os comunistas reformadores tenham se tornado ideólogos do livre mercado. Na verdade, quase nenhum deles o fez. Mesmo os poloneses, que mudaram rapidamente na década de 1980, nos anos do Solidariedade ilegal, para a noção de orçamentos, moedas, reformas e critérios macroeconômicos reais, não necessariamente se metamorfosearam em hayekianos. Na maior parte, foram economistas historicamente incultos de uma geração mais jovem que tomaram essa direção. Um hayekiano de uma geração mais velha, o egrégio Václav Klaus, é hoje presidente da República Tcheca.

Mas me impressiona que, nesse mundo pré-1989, ainda que os dissidentes de que estamos falando não fossem economistas de livre mercado, e aqueles de que vimos falando em geral não fossem de forma alguma economistas, havia algo em suas conclusões que poderia tornar o livre mercado atraente. Quando você vive em uma economia planificada, um pouco de mercado aqui e ali faísca, aviva-se e lembra algo mais leve. Parece assemelhar-se à sociedade civil, essa coisa que não é nem o indivíduo nem o Estado.

O verdureiro do livre mercado tem coisas muito mais interessantes em sua vitrine do que o de Havel.

* * *

É mais que isso. Pense no diário de Leopold Tyrmand da Polônia stalinista, em 1954, e na pessoa que limpa seus sapatos ou lava suas gravatas. Essas são figuras encantadoras: remanescentes duplos, uma vez que são provavelmente judeus, e é claro que o próprio Tyrmand é judeu e nunca diz isso, mas são também remanescentes do capitalismo de antes da guerra, sobreviventes encantadores de um mundo desaparecido que exemplificam uma ética burguesa de limpeza e elegância.

E então Miłosz, no último capítulo de The Captive Mind, *escreve sobre as pessoas que encontram uma maneira de roubar algumas camisas e vendê-las — é claro que isso não é encantador no capitalismo real, certo?, tente cometer furtos em Nova York, ou, aliás, em Varsóvia hoje; mas nesse cenário comunista isso parece individualismo. E mesmo Havel, em "Power of the Powerless" [Poder dos sem poder], com a ideia de que, se você é um cervejeiro, o que deve de fato fazer é fabricar cerveja boa. O que, se não é exatamente uma ética capitalista, é uma ética que aparentemente poderia ser harmonizada com o capitalismo.*

Esse ponto de vista capta e ilustra uma ilusão que já foi difundida também no Ocidente: a forma moralmente mais pura de capitalismo é basicamente a produção artesanal, ou seja, a qualidade importante de um cervejeiro é que ele fabrica cerveja boa. Ao passo, claro, que no capitalismo a qualidade importante de um cervejeiro é que ele vende montes de garrafas de cerveja.

As qualidades não atraentes do capitalismo são o seu meio-termo. Do lado mais fraco, fica o sujeito que é livre para fazer cerveja boa ou vender algumas camisas, ou ignorar as diretrizes de produtividade do Estado e ser apenas o seu próprio patrão; no topo, é a pura teoria de Smith, ou, em sua forma mais lockiana, da liberdade como a mais elevada aspiração do esforço humano eticamente autoconsciente. O meio-termo é bem menos atraente: é o que o capitalismo deve ser para sobreviver. Nunca houve um mercado puramente "smithiano", e sabemos por experiência abundante que artesãos bem-intencionados na maioria das vezes não sobrevivem à concorrência. Se os padeiros qualificados da França sobrevivem hoje, é graças ao subsídio. Para dizer de forma dura, o Estado recicla os lucros do capitalismo em suas formas menos atraentes para sustentar os empresários marginais mais esteticamente atraentes.

Isso não me parece ser nada condenável. Mas diminui bastante os encantos do sistema no nível da alta teoria. Por algum tempo, na Europa Oriental, os atrativos da firmeza moral e da recusa a fazer concessões foram estendidos bastante conscientemente dos dissidentes políticos para as leis econômicas: não podia haver concessões a respeito do capitalismo, que devia ser inteiramente dominado. Suspeito que esse nível de rigidez ideológica é menos comum hoje em dia, exceto nos círculos mais doutrinários de Václav Klaus, Leszek Balcerowicz e alguns outros verdadeiros crentes.

O argumento em favor da privatização, como se desenvolveu nas décadas de 1970 e 1980, e o argumento em favor da economia de teoria trickle-down *nos Estados Unidos faziam empréstimos da retórica dos direitos humanos. O direito à livre iniciativa, dizia o argumento, é mais um direito, que é importante e puro da mesma forma como esses outros que nos interessam são importantes e puros. E parece que havia aí uma espécie de enobrecimento mútuo, em que o mercado era apresentado não apenas como certo tipo de sistema econômico, mas também como exemplo de um tipo de liberdade que esses pobres dissidentes lá, na União Soviética e na Europa Oriental, representam.*

A ligação é Hayek. Lembre-se, o argumento de Hayek em favor do mercado irrestrito nunca foi principalmente sobre economia. Foi um argumento político baseado na experiência dele do autoritarismo austríaco no entreguerras e na impossibilidade de distinguir entre variedades de liberdade. De uma perspectiva hayekiana, não é possível preservar o direito A sacrificando ou comprometendo o direito B, por mais que se ganhe ao fazê-lo. Mais cedo ou mais tarde ambos serão perdidos.

Essa visão das coisas realimentava de maneira confortável as circunstâncias da Europa Central comunista: um lembrete permanente de que a perda de direitos políticos deve decorrer rapidamente do comprometimento da liberdade econômica. E isso, por sua vez, reforçava convenientemente a visão de Reagan-Thatcher: de que o direito de ganhar qualquer quantia de dinheiro sem impedimentos por parte do Estado faz parte de um contínuo direito à liberdade de expressão.

Talvez valha a pena nos lembrarmos de que não é isso o que Adam Smith pensava. E essa, com certeza, também não era a visão da maioria dos economistas neoclássicos. Simplesmente nunca lhes teria ocorrido supor uma relação necessária e permanente entre as formas da vida econômica e todos os outros aspectos da existência humana. Para eles, a economia se beneficiava não só da lógica do autointeresse humano mas também de leis internas; no entanto, a noção de que só a economia poderia fornecer os fins da existência humana na Terra lhes teria parecido peculiarmente rala.

A defesa, no século XX, do livre mercado teve origens muito particularmente centro-europeias (Áustria), ligadas à crise entre as guerras e à interpretação distinta que Hayek fez dela. Essa interpretação e suas implicações retornaram à Europa Central, de forma exagerada e destilada, via Chicago e Washington. Por essa trajetória peculiar, é claro, os comunistas devem assumir responsabilidade indireta, mas primária.

> *Para que essa metamorfose particular ocorresse, o mercado tinha de se tornar mais que apenas um obstáculo ao Estado, mas uma fonte de direitos, ou até de ética. O mercado deixa de ser algo que tem seus próprios limites, permitindo a vida privada por causa da propriedade privada no nível individual, ou defendendo a sociedade civil contra o Estado. No argumento hayekiano ou em seu duplo europeu oriental implícito, o mercado expande sua jurisdição e abraça o público e o privado simultaneamente. Longe de estabelecer as condições para uma vida moral, ele é a vida moral, e nada mais é necessário.*

Se a Europa Oriental tivesse sido deixada à deriva por Gorbachev em meados ou no final da década de 1970, teria havido debates enormes sobre as implicações disso. A esquerda teria sido obrigada a repensar completamente a narrativa grandiosa do marxismo. Mas me parece provável que naquela época pudesse ter surgido uma narrativa concorrente na qual uma versão do mercado poderia se encaixar: uma revolução dentro das categorias de política radical, com certeza, mas ainda de forma reconhecível tomando distância dos pontos de partida conservador ou liberal clássico.

Na última década do século XX, porém, a oposição na Europa Oriental com frequência, e de modo plausível, se apresentava não apenas uma revolução na política, mas também contra ela. Essa transformação deu aos neoliberais mais inteligentes sua oportunidade: uma forma de afastar os dissidentes e ao mesmo tempo roubar-lhes as vestimentas. Se a política, como de costume, foi substituída pela "antipolítica", então vivemos em um mundo pós-político. E em um mundo pós-político, despojado de sentido ético ou narrativa histórica, o que resta? Certamente, não a sociedade. A única coisa que resta, como Margaret Thatcher foi famosa por insistir, são "famílias e indivíduos". E o autointeresse deles, economicamente definido.

7.

UNIDADES E FRAGMENTOS: HISTORIADOR EUROPEU

Saí de Oxford em 1987 e assumi um emprego em Nova York. Em dois anos, me vi apanhado no maravilhoso turbilhão das revoluções de 1989. Estava sentado em um táxi vienense em dezembro daquele ano e tinha acabado de saber pelo rádio da queda de Ceaușescu na Romênia, o último e mais violento drama na sequência que trouxe a queda do comunismo na região. O que isso significaria para a nossa imagem da Europa do pós-guerra, com sua suposição implícita de que os regimes comunistas da Europa Oriental tinham vindo para ficar? E o que, por sua vez, a transformação da metade oriental da Europa acarretaria para a Europa Ocidental e sua recém-descoberta Comunidade Europeia?

Lembro-me de pensar de forma bastante explícita que alguém teria de escrever um novo livro sobre isso. A velha história se desfazia depressa, embora a forma que daríamos a isso no futuro ainda fosse demorar algum tempo para surgir. Tendo decidido rapidamente que esse era um livro que eu talvez gostasse de escrever, sentei-me e comecei a estudar para ele — um processo que de modo inesperado me tomou uma década. Mas no momento em que a União Soviética chegou ao fim, em dezembro de 1991, tive certeza de que minha decisão era acertada.

Em 1992, cinco anos depois de ter chegado à New York University, me tornei chefe do departamento de História. Nessa condição, teria sido imprudente ao extremo incitar à sedução estudantes de pós-graduação em meu departamento, muito menos seduzi-las eu mesmo. Mas, por felicidade, foi exatamente isso o que aconteceu. No departamento de História da New York University (NYU), no início da década de 1990, eu era talvez o único homem elegível (solteiro, heterossexual, com menos de 70 anos). Jennifer Homans tinha se formado bailarina na School of American Ballet de Nova York e dançado profissionalmente em São Francisco e Seattle antes de se aposentar em consequência de uma lesão e, talvez, de uma perda de motivação. Ela havia então estudado francês na Universidade Columbia e depois ganhado uma bolsa de pós-graduação na NYU, onde começou a trabalhar em história americana.

Cada vez mais insatisfeita com esse tema — reduzido a histórias de identidade hifenizadas, que tinham substituído as não menos soporíferas, mas pedagogicamente mais úteis, monografias micropolíticas de uma geração anterior —, Jennifer conheceu Jerrold Seigel, o proeminente historiador intelectual que ingressara na NYU vindo de Princeton alguns anos antes, e ficou seriamente interessada na história europeia. No meio-tempo, porém, ela mantivera uma participação ativa no mundo da dança, trabalhando para o National Dance Institute fundado por Jacques d'Amboise, e esse interesse a havia levado a Praga, onde entrevistou dançarinos e ficou fascinada com a Europa Oriental.

Ao perguntar a seus colegas de pós-graduação se havia alguém que ensinasse tópicos europeus orientais na NYU, Jenny ouviu meu nome, e veio à minha sala perguntar se eu lecionaria naquele outono. Eu não tinha intenção de fazer isso, e como chefe de departamento não precisava, mas decidi, no calor do momento, que, mais que qualquer outra coisa, eu estivera esperando a oportunidade de realizar um estudo independente sobre a história da Europa Oriental. Além disso, minha agenda lotada nos obrigou — por sugestão minha — à realização de um longo tutorial em um restaurante na Quinta Avenida; nesse momento minha agenda em rápida mutação se tornara clara para mim, embora ainda não para minha "aluna".

Em todo caso, mantivemos a ficção da distância acadêmica, negando em público e em privado a atração mútua durante três meses, até o Dia de Ação de Graças de 1992.

Eu estava com Jenny na França, naquele dezembro, quando me tornei pela primeira vez uma pessoa *pública*. Tínhamos partido no final do semestre para Paris, onde conheci seus pais, dos quais gostei de imediato. Alugamos um carro e viajamos através da Alsácia, da Suíça e da Áustria, chegando a Viena a tempo para o Natal. Daí seguimos para a Itália, parando em Veneza por tempo suficiente para que eu lhe propusesse casamento. E assim estávamos felizes voltando de carro para Paris, quando parei em algum lugar na Borgonha para telefonar a Nicole Dombrowski, uma estudante que cuidava da casa para mim. "Bem", ela disse, "você já viu os jornais desta semana e as resenhas de *Past Imperfect*?"

Eu, que andava ocupado com outras coisas, respondi que não tinha ideia do que ela estava falando. Mas ela me informou que meu novo livro estava sendo discutido de forma conspícua na primeira página do *The New York Times Book Review*, assim como no *The Washington Post*, na *The New York Review of Books* e *The New Yorker* — mais ou menos simultaneamente. Nenhum desses jornais tinha jamais resenhado nada que eu escrevera, muito menos com tanto destaque. Assim, me tornei, quase da noite para o dia, muito conhecido. Em um ano eu estava escrevendo para o *The New York Review* e outros fóruns públicos. Isso, por sua vez, acelerou minha mudança para os textos políticos e o jornalismo sério — a uma velocidade desconcertante.

Uma das consequências de escrever para um público mais amplo foi uma crescente disposição para escrever sobre pessoas e lugares que eu admirava, e não apenas aqueles que eu tinha prazer em escoriar. Em suma, e notadamente nos ensaios que eu mais tarde reuniria em *Reflexões sobre um século esquecido*, eu estava aprendendo a não apenas condenar, mas também louvar. Isso era provavelmente uma função natural da maturidade, mas também estimulado por uma cutucada crítica de um colega francês, em algum momento entre o lançamento de *Past Imperfect* e a redação de *The Burden of Responsibility* [O fardo da responsabilidade]. Irritado com minhas observações sobre seus compatriotas, ele me perguntou se eu de fato pensava que todos os intelectuais franceses eram daquele jeito. E quanto aos bons? Mas, claro, respondi: Camus, Aron, Mauriac a seu modo e também outros. Nesse caso, ele retrucou, por que você não escreve sobre *eles*?

O pensamento germinou por algum tempo, incentivado por uma intervenção oportuna de Robert Silvers, que me pediu uma resenha de *O primeiro homem*, de Camus, para a *The New York Review of Books*. Ali estava uma oportunidade. Quem são as figuras do século XX que eu gostaria de recordar e comemorar? O que os une na atração que exercem sobre mim? Comecei a escrever (principalmente) coisas agradáveis sobre Hannah Arendt. Seguiu-se uma enxurrada de ensaios extensos sobre pensadores do século XX, proeminentes e obscuros: Koestler, Kołakowski, Primo Levi, Manès Sperber, Karol Wojtyła e assim por diante. Não tenho dúvida de que meu trabalho melhorou em consequência disso. Na verdade, é muito mais difícil escrever bem sobre alguém que você admira: descartar Althusser, ridicularizar Martin Amis, diminuir Lucien Goldmann — trabalho de criança. Mas, embora seja bastante fácil afirmar que Camus era um grande escritor, Kołakowski um filósofo brilhante, Primo Levi nosso maior memorialista do Holocausto e assim por diante, se você quiser explicar exatamente por que esses homens importam tanto, e que influência eles exerceram, terá de pensar um pouco mais.

A outra cutucada para elogiar veio de François Furet, o historiador da Revolução Francesa que escreveu o prefácio da edição francesa de *Marxism and the French Left* [O marxismo e a esquerda francesa]. Como presidente da Comissão sobre Pensamento Social da Universidade de Chicago, ele me convidou em 1993 para ministrar as Bradley Lectures. Dedicadas a três franceses — Léon Blum, Albert Camus e Raymond Aron —, essas palestras, devidamente ampliadas, tornaram-se *The Burden of Responsibility*. Um livro pequeno, *Burden*, no entanto, é provável que chegue mais perto que qualquer um de meus outros textos de captar quem sou e o que faço, na forma de relatos concisos sobre as pessoas que mais admiro. Só depois de concluí-lo pude voltar a me concentrar totalmente em *Pós-guerra*.

Eu o havia começado em meados da década, quando vivia na Europa Central. De dezembro de 1994 a março de l996, Jennifer e eu ficamos em Viena como convidados do Instituto de Ciências Humanas (IWM). Na época, como sempre, eu achava Viena poeirenta e chata no verão, congelante e chata no inverno: portanto, um lugar maravilhoso. Hoje, essa cidade de médio porte da Europa Central — por um breve momento, no início do século XX, o berço intelectual e cultural da modernidade — é apenas mais uma capital de um pequeno Estado-membro da UE, excessivamente superinvestida em memórias do império. Em minha experiência, lá você podia moldar qualquer tipo de vida que desejasse: era possível a vida social, mas também um esplêndido isolamento.

Exatamente por essas razões, muitas pessoas acham a capital austríaca deprimente. Mas eu gostava bastante da ideia meio vazia, deselegante de um passado perdido de Viena, da sensação de que tudo que era interessante estava em seu passado. O instituto de Krzysztof Michalski era perfeitamente adaptado às minhas necessidades. Em contraste com a maioria dos estabelecimentos desse tipo, ali as pessoas eram livres para manter total privacidade, sem ter de dar contribuições esforçadas para a "agenda intelectual" coletiva. Também apreciei a ausência de pessoas em minha área, o que significava que eu não tinha de falar de trabalho. Podia trabalhar durante horas, ler muito, andar sem rumo. As noites eram silenciosas.

Creio que tive um relacionamento muito bom com Michalski, baseado em certo gosto compartilhado pela ironia triste. Ele talvez também tenha visto em mim um espírito afim. Apesar de todo o seu sucesso em captação de recursos, apoio e ligações para sua instituição autoconstruída, Michalski era e continua sendo uma espécie de outsider — exatamente como havia sido em sua Polônia natal, onde, apesar de ser da geração deles, ele nunca foi realmente um "deles": os filhos dourados da aristocracia comunista. O IWM não era um grande centro de produção intelectual — na minha experiência, a maioria das pessoas de lá nunca escrevia muito, ou, se o fazia, seus melhores textos pertenciam ao passado. Mas não acho que isso importasse. O que Michalski fazia com excelência era forjar um meio para *distribuição* intelectual. Seu instituto era um lugar ideal para conhecer pessoas inteligentes, um atributo que não deve ser subestimado.

Enquanto estava em Viena, redigi um esboço para a última parte de *Pós-guerra*, intitulado *Grand Illusion: an Essay on Europe* [Ilusão grandiosa: um ensaio sobre a Europa]. Ele se baseava em um conjunto de palestras bastante céticas que dei em Bolonha em 1995; a tese central — que a UE corria o risco de ser desestabilizada por uma mistura de ambição excessiva e miopia política — permanece crível. Pouco tempo depois, li *Europe: a*

History. Publicado em 1996, era o trabalho de Norman Davies, prolífico historiador e apologista da Polônia. Inteiramente preocupado em planejar minha própria história, eu era extraordinariamente sensível às maneiras como a versão de Davies *não* era o tipo de livro que eu queria escrever. Em particular, sua obra magna sofria de certa característica de "cutucadas" e "piscadelas", em que o autor se intromete de forma imprudente na narrativa histórica.

Mas talvez eu também tenha me dedicado pouco na resenha que escrevi posteriormente para *The New Republic*. Achei *Europe*, de Davies, profundamente insensível ao tema do Holocausto, seu revisionismo iconoclasta um pouco obtuso. Também senti fortemente que o que equivalia a uma polêmica sobre a importância negligenciada da Europa Oriental não devia ser autorizado a passar por uma história objetiva do continente em geral. E depois havia os erros factuais... Davies respondeu com uma carta a *The New Republic* que deixou claro que o que mais o irritara na resenha era o fato de eu desconsiderá-lo como uma figura um pouco absurda, frustrado por sua exclusão de Oxford e cutucando de maneira infantil os *dons* cobertos de heras pela ignorância deles em relação a sua amada Polônia (eu comparava sua atitude ao famoso dístico de Mr. Toad, de *O vento nos salgueiros*: "Os Homens Inteligentes em Oxford Sabem tudo o que há para ser sabido, Mas nenhum deles sabe a metade do que sabe o inteligente Mr. Toad.")

Alguns anos mais tarde, Davies me escreveu um bilhete, um pouco farpado, mas realmente amistoso, elogiando minhas críticas a Israel — em 2002, eu acho. Depois enviou outra mensagem de apoio, no ano seguinte, por ocasião de um furor despertado por meu ensaio na *New York Review* sobre a Solução de Um Estado Único. Respondi de modo bastante cortês, observando quão curiosa é muitas vezes a maneira como nos vemos concordando com alguém por nossas próprias razões — um pouco farpado, sem dúvida, mas não ofensivo, e sem intenção de sê-lo. E, então, para minha completa surpresa, Davies escreveu para o *Guardian* uma resenha generosa e perspicaz de *Pós-guerra*; apreciei isso e escrevi para agradecer seu gesto "cavalheiresco". Talvez a melhor coisa que Davies disse sobre *Pós-guerra* — e certamente o maior elogio, de sua perspectiva — foi algo no sentido de que Judt era "especialmente bom sobre a Tchecoslováquia".

* * *

Em 1995, foi-me oferecida a Cátedra NEF de Pensamento Social (NEF Chair of Social Thought) em Chicago; depois, passar um tempo agoniado, recusei. Ao pensar nisso hoje, percebo que estava começando a me ver de uma forma diferente: não apenas como um historiador, nem mesmo como um "intelectual público", mas sim como alguém que podia aplicar suas habilidades e energias a uma nova tarefa. Fui atraído pela ideia de forjar um fórum institucional para incentivar o tipo de trabalho que eu admirava e reunir os tipos de pessoa que eu achava interessantes e que queria apoiar. Isso, como me parecia então, era mais fácil de realizar em Manhattan do que em Chicago, e muito menos na atmosfera rarefeita do Hyde Park.

Nova York, afinal, era especial. Até me mudar para cá eu tinha passado toda a minha vida adulta em Cambridge, Berkeley e Oxford: cada uma, a seu modo, uma torre de marfim isolada. Mas aqui em Nova York as universidades — NYU, Columbia, CUNY Graduate Center — não podiam pretender separar-se da cidade. Mesmo Columbia, gloriosamente isolada sobre sua pequena colina no Upper West Side de Manhattan, dificilmente poderia negar que a razão pela qual a maior parte de seu corpo docente e seus estudantes eram atraídos para lá (e não para suas concorrentes em Princeton, New Haven, ou Cambridge, Massachusetts) precisamente por sua localização naquela que ainda era vista, embora talvez de modo anacrônico, como a cidade mais cosmopolita do mundo.

Do ponto de vista acadêmico, Nova York lembra o modelo europeu continental, e não o padrão anglo-americano. As conversas mais importantes na cidade não são aquelas conduzidas entre os acadêmicos atrás dos muros das faculdades, mas o debate intelectual e cultural mais amplo feito em toda a cidade e que inclui, além do corpo docente local, jornalistas, escritores independentes, artistas e visitantes. Assim, pelo menos em princípio, as universidades são cultural e intelectualmente integradas à conversa mais geral. Nesse sentido, pelo menos, ficando em Nova York eu também poderia permanecer europeu.

Voltei de Chicago para Nova York com uma proposta prática para minha universidade. Eu teria prazer em ficar, se eles concordassem em me ajudar a criar um instituto: uma casa para as ideias e os projetos que eu maquinara ao longo da década anterior. A NYU revelou-se extremamente receptiva a essa proposta, inclusive à minha insistência em que não houvesse nenhuma interferência, nem na época nem depois, nos programas que adotássemos ou nas pessoas que convidássemos. A universidade cumpriu sua palavra, e graças à sua ajuda consegui construir o Remarque Institute.

Não creio que poderia ter ficado aqui em Nova York se não pudesse ter esse instituto; certamente eu não sentia nenhum entusiasmo particular pelo departamento de História, na época como agora em sua absurda trajetória de correção política e "relevância" histórica. Mas tampouco acredito que haja muitas outras instituições no mundo que se revelariam tão apoiadoras. A NYU, como o King's College Cambridge em uma década anterior, facilitou para mim um passo decisivo na carreira, e sou verdadeiramente grato por isso.

Quando fundei o Remarque Institute eu tinha apenas 47 anos: ainda a pessoa mais jovem em quase todas as reuniões profissionis de que participava. Nas conferências de historiadores, em *think tanks*, institutos de pesquisa e conselhos acadêmicos, eu ficava cercado por seniores estabelecidos e mais velhos. No Council on Foreign Relations [Conselho sobre Relações Internacionais] e em outras instituições augustas, eu participava de painéis de discussão sobre política externa com homens que vira na televisão durante três décadas. Mais que qualquer outra coisa, eu queria um fórum onde pudesse ouvir, conhecer, incentivar e promover jovens talentos.

Além disso, eu tinha em mente fazer algo que ainda não é muito bem-feito na maioria das universidades, seja nos Estados Unidos, seja no exterior. Estava interessado em identificar jovens cujo trabalho *não* se encaixasse perfeitamente em "escolas" específicas, que não fossem candidatos naturais a programas de pós-doutorado estabelecidos, mas que fossem apenas evidentemente inteligentes. Queria oferecer a essas pessoas recursos, contatos, oportunidades e, fundamentalmente, promoção, dando-lhes a possibilidade de conhecer umas às outras, para realizar seu trabalho em seus próprios termos, sem obrigação social ou pedagógica, e acima de tudo de trocar opiniões além das fronteiras disciplinares, ou nacionais, ou geracionais.

O que eu queria criar não tinha sequer um nome. Acima de tudo, eu pretendia facilitar uma *conversa* internacional: fornecendo uma infraestrutura institucional e recursos práticos para que ela se desse, mas de resto enfatizando a oportunidade oferecida a jovens, e não a estrutura formal em que eles tirariam proveito dela.

Com o tempo, o Remarque Institute adquiriu uma reputação e um renome que ultrapassava em muito nosso tamanho ou nosso escopo. Ele organizou oficinas, simpósios, conferências; temos um seminário anual em Kandersteg, Suíça, para jovens historiadores promissores; o Fórum Remarque reúne alguns dos jovens mais interessantes na América do Norte e na Europa, recorrendo à academia, ao jornalismo, às artes, ao mundo dos negócios, ao serviço público e ao governo para promover uma conversa informal verdadeiramente internacional; realizamos seminários regulares em Nova York, Paris e Florença caracterizados pelo ambiente descontraído das apresentações, pelo caráter aberto de suas discussões e, acima de tudo, pela abundância de participantes jovens.

Conseguimos ajudar jovens extraordinariamente promissores a decidir sobre seus percursos acadêmicos ou profissionais: ao praticar um tipo diferente de intercâmbio acadêmico e intelectual, espero que tenhamos incentivado acadêmicos emergentes a renovar e manter seu entusiasmo por uma profissão que pode muitas vezes parecer sem graça, antiquada e excêntrica.

Certamente, tivemos bastante sucesso em reunir acadêmicos seniores e juniores e em abrir conversas que atravessam as fronteiras entre gerações profissionais. O caráter revigorante de muitos dos encontros no instituto — caracterizados por uma falta de restrição e pela ausência de polidez convencional em relação aos medíocres e aos que estão em moda — se mostrou duradouro e, espero, sedutor. Em todo caso, parece que estamos servindo a um propósito digno.

> *Eu gostaria que fôssemos um pouco mais explícitos sobre o que significa tornar-se e ser um historiador que não é medíocre e não está a serviço da moda. Construir uma instituição em torno de um historiador é o inverso do modo como as coisas são feitas na maioria das vezes. Tendemos a pensar que as instituições constroem historiadores; então, tentamos entender exatamente como isso influenciou o trabalho, e perguntar de que maneira, se for o caso, os historiadores de fato podem ser eruditos. Muitos de nós, não*

você em particular, já gastamos tempo voltando e mostrando como historiadores anteriores eram de alguma forma prisioneiros de um desses esquemas, soubessem disso ou não. Agora que estamos todos conscientes disso, para que serve a história? Como ela pode ser feita de modo respeitável?

É claro que houve a abordagem da narrativa grandiosa, que tinha uma forma liberal ou socialista. A forma liberal foi melhor captada — pejorativamente — pela noção de Herbert Butterfield de "interpretação *whig* da história": a de que as coisas melhoram — o objetivo da história não pode ser que as coisas melhorem, mas de fato elas o fazem. Lembro-me de que sempre ocorria em determinado gênero de história econômica francesa, para dar um exemplo paroquial, que a questão implícita era por que ela não conseguia acompanhar sua homóloga inglesa. Por que, em outras palavras, a industrialização foi retardada? Ou por que os mercados eram subdesenvolvidos? Por que os setores agrícolas sobrevivem tanto tempo? E tudo isso era apenas para perguntar por que a história francesa não tinha seguido o exemplo inglês mais de perto. Questões como as peculiaridades da história alemã, a ideia de um caminho *Sonderweg* ou especial, implicam pressupostos e debates semelhantes. Portanto, havia essa perspectiva liberal, anglo-americana em seu núcleo, mas, de modo periférico, perfeitamente funcional quando aplicada a, por assim dizer, sociedades atrasadas.

A história socialista foi adaptada a partir da história liberal do progresso. É diferente no pressuposto de que a história do desenvolvimento humano seria bloqueada em determinado momento — o estágio maduro do capitalismo —, a menos que ela avançasse proposital e conscientemente para um objetivo preestabelecido: o socialismo.

Havia outra perspectiva, que nós da esquerda tendíamos a ver como subquestionada ou conscientemente reacionária: que a história é uma história moral. Nesse caso, ela deixa de ser uma narrativa de transição e transformação. Sua finalidade moral e sua mensagem nunca se alteram: são só os exemplos que mudam com o tempo. Nesse ponto, a história pode ser uma história de horror infinitamente reciclada por participantes ignorantes das consequências de seu próprio comportamento. Ou então (e também) ela se torna um *conte moral*, ilustrando mensagens e propósitos éticos ou religiosos: "história é ensino de filosofia pelo exemplo", para usar a fala famosa. Uma fábula com notas de rodapé.

Hoje, realmente não nos sentimos confortáveis com nada disso. É difícil falar sobre a história do progresso. Não quero dizer que não podemos ver o progresso onde quer que olhemos, se optarmos por procurá-lo, mas também podemos ver tanto retrocesso que é difícil dizer que ele é a condição-padrão da história humana.

A única área em que tem havido um retorno ingênuo a esse modo de pensar é nas versões mais crassas do pensamento econômico dos últimos trinta anos: o crescimento econômico e os mercados livres como não apenas a condição necessária para o melhoramento humano, mas a melhor explicação para ele. Quanto à ética pública, a despeito de Kant, ainda carecemos de uma base consensual que não tenha origem religiosa.

A consequência da impossibilidade tanto da abordagem *whig* quanto da moralizante é que os historiadores não sabem mais o que estão fazendo. Se isso é uma coisa ruim, é outra questão. Se você perguntasse a meus colegas: qual é o propósito da história, ou qual é sua natureza, ou do que ela trata, receberia de volta um olhar muito desconcertado. A diferença entre historiadores bons e historiadores ruins é que os bons conseguem ficar sem uma resposta a tais perguntas, e os maus não conseguem.

Mas, mesmo que tivessem respostas, ainda seriam historiadores ruins — simplesmente teriam um quadro de referência dentro do qual poderiam operar. Em vez dele, eles têm pequenos modelos — raça, classe, etnia, gênero e assim por diante — ou então uma explicação da exploração residualmente neomarxista. Mas não vejo nenhum quadro de referência metodológico comum para a profissão.

E quanto à ética da história como algo que você faz?

Isso é ética profissional — Durkheim mais Weber, em vez de Butterfield menos Marx —, por assim dizer.

Em primeiro lugar, você não pode inventar nem explorar o passado para propósitos presentes. Isso é menos óbvio do que parece. Muitos historiadores hoje de fato consideram a história como um exercício de polêmica política aplicada. O objetivo é revelar algo sobre o passado que as narrativas convencionais camuflaram: corrigir alguma leitura errada do passado, normalmente com o intuito de se envolver como parti pris no presente. Quando isso é feito com descaramento crasso, acho deprimente. E trai muito obviamente o propósito da história, que é compreender o passado.

Dito isso, tenho bastante consciência do fato de que eu mesmo talvez tenha me entregado a esse exercício. *Past Imperfect* foi uma tentativa de corrigir não só uma significativa leitura errada do passado recente, mas também — se bem que secundariamente — de identificar erros de conduta comparáveis no presente. Portanto, estou mal situado para insistir em que os historiadores nunca devem escrever sobre o passado sem nenhuma preocupação com as implicações contemporâneas.

A linha tênue, parece-me, é a seguinte: tem de haver uma plausibilidade em sua história. Um livro de história — supondo que seus fatos estejam corretos — se sustenta ou cai pela convicção com que conta sua história. Se ele soa verdadeiro a um leitor inteligente, informado, então é um bom livro. Se soa falso, então não é história boa, mesmo que seja bem-escrito por um grande historiador, com base em conhecimentos sólidos.

O exemplo mais conhecido desse último foi *Origins of the Second World War* [Origens da Segunda Guerra Mundial], de A.J.P. Taylor. É um tratado muito bem-escrito, o trabalho de um historiador diplomático consumado: um especialista nos documentos relevantes, um linguista competente e extremamente inteligente. À primeira vista, todas as partes constituintes de um bom livro de história estavam presentes. Então, o que faltava? A resposta é difícil de definir. Talvez a questão seja de *gosto*. Afirmar — como Taylor fez — que Hitler não foi responsável pela Segunda Guerra Mundial contraria absurdamente nossa intuição. Por mais sutilmente expresso, o argumento é tão implausível que é história ruim.

Mas então surge a pergunta: quem deve avaliar a plausibilidade? Nesse caso, eu ficaria satisfeito com minha própria resposta, dada minha expertise. Mas não poderia nem começar a julgar a plausibilidade de um relato, digamos, do surgimento das cidades medievais — supondo que ele fosse o trabalho de um estudioso competente e reconhecido. É por isso que a história é necessariamente um empreendimento acadêmico coletivo que se baseia em confiança e respeito mútuos. Apenas o insider bem informado pode julgar se uma obra de história é boa.

Admito prontamente que o que acabo de descrever é um exercício improvisado, baseado em minha experiência profissional. Depois de ter participado de inúmeras comissões de avaliação de candidatos a nomeação ou promoção, deve ter havido dezenas de ocasiões em que eu disse: este trabalho não é muito bom — apenas para alguém responder: "Como você sabe?" Muitos de meus colegas preferem proteger suas apostas e defender uma candidata fraca com a alegação de que seu argumento é "original", ou seu trabalho é "não convencional". Ao que eu responderia: "É verdade. Mas soa falso. Não é uma explicação plausível de sua história; não parece uma obra de boa história." Meus colegas mais jovens acham essa proposição completamente mistificadora: para eles, é boa história se eles concordam com ela.

> *Os historiadores não se historicizam muito bem. Isso significa que tendem a ficar intrigados com argumentos que ou confirmam o que eles pensam de qualquer maneira, ou de alguma forma provocativa desmantelam o que muitas pessoas pensam. Ambos são igualmente ruins: provocação é apenas outra forma de convencionalidade. Mas é difícil para os historiadores de dada geração, meio ou panelinha parar de pensar sobre seus próprios pressupostos e julgar algo de acordo com uma espécie de senso de realidade, que é como eu chamaria isso de que você está falando.*

Acho que os historiadores de hoje, exceto os melhores entre eles, sofrem de uma espécie de insegurança dupla. Primeiro, não é muito claro onde a disciplina se situa no mundo das categorias acadêmicas. É uma humanidade? É uma ciência social? Nas universidades americanas, o *dean** de humanidades é às vezes responsável por história, mas às vezes ela é preocu-

---

* Espécie de diretor administrativo, subordinado à reitoria, responsável por uma área de ensino nas universidades americanas. (N. do T.)

pação do *dean* de ciências sociais. Quando me tornei *dean* de humanidades na NYU, insisti em que a história fosse incluída em minha jurisdição — ao que o *dean* de ciências sociais (um antropólogo) respondeu: é toda sua.

Os historiadores costumavam gostar muito da ideia de ser incluídos entre as ciências sociais — e, claro, buscavam acesso ao financiamento que essa categorização traria. Nas décadas de 1960 e 1970, as humanidades frequentemente não tinham cacife nas estruturas institucionais e nos processos de tomada de decisão das universidades americanas. As ciências sociais — sociologia, antropologia, ciência política, economia em menor medida, linguística, psicologia — se consideravam (e muitas vezes eram vistas pelos outros) como científicas, no mesmo sentido que se poderia usar para a física. Enquanto isso, as humanidades — entrando na fossa da Teoria — estavam passando a considerar a história como culposamente carente de metacategorias autorreflexivas e repugnantemente empírica no que era tido como sua metodologia.

Esse sentimento de inferioridade explica em grande parte o fascínio mostrado pelos historiadores de hoje com a teoria, com modelos, com "quadros de referência". Essas ferramentas, tais como são, oferecem a ilusão reconfortante de estrutura intelectual: uma disciplina com regras e procedimentos. Quando as pessoas perguntam o que você faz, você pode responder de forma confiante que trabalha em "estudos subalternos", ou na "nova História Cultural", ou seja o que for — tanto quanto um químico poderia descrever-se como especialista em Química Inorgânica ou Bioquímica.

Mas isso só nos leva de volta ao problema que você identificou: esses rótulos são totalmente preocupados com o presente. E a abordagem "crítica" de historiadores muitas vezes equivale a pouco mais que aplicar, ou recusar-se a aplicar, um certo rótulo aos colegas. O processo é embaraçosamente solipsista: rotular outra pessoa é rotular a si próprio.

Mas, enquanto outros podem ser desdenhados como consciente ou inadvertidamente tendenciosos, o trabalho próprio é sempre escrupulosamente livre de contaminação — daí os grandes esforços feitos para demonstrar que os compromissos do próprio autor são autoconscientes, autocríticos e assim por diante. E então você tem essas monografias capengas: começando e terminando com grandes afirmações teóricas sobre o propósito desconstrutivo da pesquisa. Mas os capítulos do meio são na verdade bastante empíricos — como qualquer boa história deve ser —, com a ocasional cláusula desconstrutiva intercalada para lançar dúvidas sobre as próprias evidências que o autor desenterrou. Livros desse tipo são de leitura pouco atraente e — um aspecto relacionado — carecem de autoconfiança intelectual.

Não se pode escrever história dessa maneira. Na década de 1960, Quentin Skinner escreveu uma série de artigos brilhantes reformulando a metodologia da história das ideias. Ele mostrou quão incoerente era escrever história intelectual negligenciando a localização das ideias em seu contexto. Palavras e pensamentos tinham um significado distinto para, por exemplo, leitores e escritores do século XVII; não podemos extraí-los desse cenário, se quisermos entender o que significavam na época.

Quando você lê os ensaios de Skinner, é tentador concluir que uma narrativa coerente da história das ideias é simplesmente impossível. O próprio ato de tornar o material compreensível para leitores atuais deve violentar seu significado e, portanto, solapar o projeto. No entanto, dez anos depois, Skinner publicou *As fundações do pensamento político moderno*: uma história narrativa belamente construída, em dois volumes, do pensamento político europeu do final do período medieval até o início da modernidade. Para ser bem-sucedido — e ele sem dúvida é — o livro deixa deliberadamente de lado o meticuloso historicismo metodológico de seu próprio autor. É provável que é assim que ele deva ser.

> *Parece que o que a história tem se empenhado em conseguir, e uma das razões pelas quais ela sobrevive, ao mesmo tempo em que a crítica literária entra em crise e a ciência política se torna ininteligível, é precisamente que seus leitores concordem que ela deve ser bem-escrita.*

Um livro de história mal escrito é um livro de história ruim. Desafortunadamente, mesmo os bons historiadores são muitas vezes estilistas desajeitados e seus livros desaparecem sem ser lidos.

Sabe, quando eu costumava visitar amigos, muitas vezes encontrava em suas estantes uma mistura familiar: ficção clássica, alguma ficção moderna, livros de viagem, a biografia singular — e pelo menos uma obra popular de história. Essa última, em geral algo com resenha positiva no

The New York Times ou na *The New Yorker*, seria a base da conversa. Tipicamente, ela era o trabalho de um acadêmico que conseguira escrever um livro geral. Mas tais autores eram e permanecem incomuns: o mercado para livros de história é enorme, mas a maioria dos historiadores profissionais é simplesmente incapaz de satisfazê-lo.

> *Eu tenho a sensação, Tony, de que há aí também um aspecto ético. Não sei como expressar isso, exceto de uma forma que vai soar terrivelmente do século XVIII e metafísica, mas...*

O que há de errado com o século XVIII? A melhor poesia, os melhores filósofos, os melhores edifícios...

> *... que devemos algo à língua. Que não só devemos escrever bem porque isso significa que as pessoas compram nossos livros, e não só devemos escrever bem porque é isso que a história é, mas também porque não há mais aqueles muitos artesãos que têm uma responsabilidade com a língua. Seja qual for o tipo de ofício especializado responsável que permaneça, estamos bem no meio dele.*

O contraste óbvio seria o romancista. Desde a ascensão do "novo" romance na França, nas décadas de 1950 e 1960, os romances foram colonizados por formas não padronizadas de linguagem. Isso não é novo: lembre-se de *Tristram Shandy*, sem falar de *Finnegans Wake*. Mas os historiadores não podem seguir esse exemplo. Um livro de história fora do padrão — escrito sem nenhuma consideração pela sequência ou pela sintaxe — seria simplesmente incompreensível. Somos obrigados a ser conservadores.

Se você pegasse a literatura da Inglaterra ou da França do início do século XVIII e a comparasse com a ficção de hoje, concluiria que o estilo, a sintaxe, a estrutura e até mesmo a ortografia mudaram drasticamente. Tentar fazer uma criança ler *Robinson Crusoe* no original — a história é maravilhosa, mas a prosa é verdadeiramente rebarbativa. Contrariamente, se comparar um livro de história do século XVIII a um livro de história do século XXI bem-escrito, vai encontrar muito poucas mudanças. *Declínio e queda do Império Romano*, de Gibbon, é perfeitamente acessível a um historiador moderno — ou mesmo a um estudante moderno: a estrutura do argumento, a exposição das evidências e a relação entre evidências e argumentos será instantaneamente familiar. A única coisa que mudou é que Gibbon se permite um tom moralizante desavergonhado, para não mencionar apartes argumentativos impertinentes — precisamente o tipo de coisa que os críticos levantaram contra mim em *Past Imperfect*.

A escrita de história sem dúvida se extraviou um pouco mais na primeira metade do século XIX: os exageros e as afetações românticos de um Macaulay, um Carlyle ou um Michelet são completamente alheios a nosso ouvido. Mas as modas retrocedem, e historiadores posteriores do século XIX, embora um tanto prolixos, são perfeitamente acessíveis hoje. Suponho que é verdade também que mesmo os românticos têm seus herdeiros contemporâneos: a qualidade bombástica, sintaticamente incontinente da escrita deles é reproduzida sem esforço e em série por Simon Schama em nossa época. E por que não? É um estilo ao qual não dou importância; mas muitas pessoas o adoram e ele tem um pedigree clássico.

Por falar em Gibbon e na queda de impérios, eu queria lhe perguntar sobre a relação entre conhecimento histórico e uma percepção da política contemporânea. Um argumento a favor de conhecer história é que se pode evitar certos erros.

Na verdade, não acho que negligenciar o passado é o nosso maior risco; o erro característico do presente é citá-lo na ignorância. Condoleezza Rice, que é doutora em ciência política e foi *provost** da Universidade Stanford, invocou a ocupação americana da Alemanha no pós-guerra para justificar a Guerra do Iraque. Quanto analfabetismo histórico é possível identificar só nessa analogia? Como estamos fadados a explorar o passado para justificar o comportamento público presente, o argumento em favor de realmente conhecer a história é irresponsável. Um cidadão bem-informado tem menos probabilidade de ser enganado em explorações abusivas do passado para erros presentes.

---

* Principal cargo acadêmico e orçamentário dessa universidade, abaixo apenas do de presidente. (N. do T.)

É terrivelmente importante para uma sociedade aberta estar familiarizada com seu passado. Uma característica comum às sociedades fechadas do século XX, fossem de esquerda ou de direita, é que elas manipulavam a história. Fraudar o passado é a mais antiga forma de controle do conhecimento: se você tem poder sobre a interpretação do que aconteceu antes (ou pode simplesmente mentir sobre isso), o presente e o futuro estão à sua disposição. Portanto, é simples prudência democrática assegurar que os cidadãos sejam historicamente informados.

Aqui, me preocupo com o ensino de história "progressista". Em nossa infância, com certeza na minha e imagino que na sua, a história era um monte de informações. Você a aprendia de uma maneira organizada, em série — muitas vezes ao longo de uma linha cronológica do tempo. O objetivo desse exercício era fornecer às crianças um mapa mental — estendido para trás ao longo do tempo — do mundo em que habitavam. Aqueles que insistiam em que essa abordagem era acrítica não estavam errados. Mas revelou-se um grave erro substituir a história carregada de dados pela intuição de que o passado foi um conjunto de mentiras e preconceitos que precisam ser corrigidos: preconceitos em favor de povos e homens brancos, mentiras sobre o capitalismo ou o colonialismo, ou o que quer que seja.

Você não pode ensinar às crianças a história americana dizendo: acredita-se amplamente que a Guerra Civil ocorreu por causa da abolição da escravidão, mas *ha!* —posso lhes garantir que ela ocorreu de fato por conta de algo completamente diferente. Pois as coitadinhas na fileira da frente vão se virar umas para as outras e perguntar: "Espere um pouco, o que ela está falando? O que é a Guerra Civil? Quando ela aconteceu? Quem ganhou?"

Essas abordagens supostamente críticas, que pretendem — sejamos generosos — ajudar crianças e estudantes a formar seus próprios julgamentos, são contraproducentes. Semeiam confusão em vez de discernimento, e a confusão é inimiga do conhecimento. Antes que alguém — seja criança ou estudante universitário — possa se envolver com o passado, tem de saber o que aconteceu, em que ordem e com que resultado. Em vez disso, criamos duas gerações de cidadãos completamente desprovidos de referências comuns. Em consequência, eles podem contribuir pouco para a governança de sua sociedade. A tarefa do historiador, se quiser pensar desta forma, é fornecer a dimensão de conhecimento e de narrativa sem a qual não podemos ser um todo cívico. Se temos uma responsabilidade cívica como historiadores, é essa.

> *A habilidade especial que se deve ter parece ser ao mesmo tempo coerente e crítico. De alguma forma, as representações tradicionais são mais fáceis de coadunar e a crítica tende à fragmentação.*

Minha jovem assistente, que você acabou de conhecer (Casey Selwyn), fez um curso de graduação na NYU que deveria ser uma introdução à história da Rússia. Ele foi dado expondo os alunos a debates sobre aspectos cruciais da história russa. Quando foi olhar os livros que comprara, não havia sequer uma história narrativa. O curso presumia que os alunos de graduação da NYU — americanos de 19 anos que conheciam pouco mais que a história do ensino médio — tinham em algum lugar assimilado a linha narrativa da história russa desde Pedro, o Grande, até Gorbachev. O instrutor preguiçosamente, e de forma um tanto presunçosa, via como sua tarefa apenas ajudá-los a interrogar a história. Segundo Casey, o curso foi uma catástrofe: os alunos não podem questionar o que não conhecem.

Os historiadores têm a responsabilidade de explicar. Aqueles de nós que escolheram estudar história contemporânea têm uma responsabilidade adicional: temos uma obrigação para com os debates contemporâneos, de uma forma que é, claro, inaplicável, digamos, ao historiador do início da Antiguidade. E que provavelmente tem algo a ver com as razões pelas quais ele é um historiador da antiguidade tardia e nós, do século XX.

Jan Gross e eu certa vez estávamos sentados nos degraus da biblioteca da Universidade de Columbia. Ele estava trabalhando em *Neighbours* [Vizinhos], seu livro sobre o assassinato dos judeus de Jedwabne, no verão de 1941, pelos seus vizinhos poloneses. Voltando-se para mim, ele refletiu: em outra vida eu com certeza teria feito história da arte renascentista — um material muito mais agradável. Respondi que, embora isso fosse obviamente verdade, não me parecia totalmente acidental que ele tivesse escolhido outra coisa. E, como o resto de nós, tendo feito isso, era obrigado a sentir certa responsabilidade cívica de participar dos debates envolvidos em seu trabalho.

Acho que há uma questão ética inscrita aí que remete ao passado. É mais ou menos a seguinte: A história diz respeito, como disse Aristóteles, ao que Alcibíades fez e sofreu? Ou fontes do passado apenas fornecem matéria-prima que empregamos para fins políticos ou intelectuais?

Acho que muita história aparentemente crítica é na verdade autoritária. Ou seja, se você pretende dominar uma população, tem de dominar seu passado. Mas se a população já foi educada — ou induzida — a acreditar que o passado não é nada além de um brinquedo político, a questão de saber se o senhor do jogo é seu professor ou seu presidente se torna secundária. Se todos são críticos, todos parecem livres; mas na verdade todos são escravos de quem manipula melhor, sem nenhuma possibilidade de recorrer ao fato ou à verdade como autodefesa. Se todos são críticos, todos são escravos.

A responsabilidade ética fundamental da história é lembrar as pessoas de que as coisas de fato aconteceram, as ações e os sofrimentos foram reais, as pessoas viviam assim e sua vida terminava dessa forma e não de outra. E quer essas pessoas estivessem no Alabama, na década de 1950, ou na Polônia, na década de 1940, a realidade moral subjacente dessas experiências tem a mesma qualidade de nossas experiências, ou é pelo menos inteligível para nós; portanto, real de alguma forma irredutível.

Eu dividiria esse raciocínio em duas partes. A primeira é simplesmente isto: o trabalho do historiador é deixar claro que certo evento aconteceu. Fazemos isso da forma mais eficaz possível, com a finalidade de transmitir como foi algo ter acontecido com aquelas pessoas, quando, onde e com quais consequências.

Essa descrição bastante óbvia do trabalho é na verdade crucial. A corrente cultural e política flui na outra direção: para apagar eventos passados — ou explorá-los para fins não relacionados. Nosso trabalho é fazer isso direito: de novo e de novo e de novo. É uma tarefa sisifiana: as distorções estão sempre mudando, e também a ênfase no corretivo está em fluxo constante. Mas muitos historiadores não veem dessa forma, e não sentem nenhuma responsabilidade desse tipo. A meu ver, não são historiadores verdadeiros. Um estudioso do passado que não está interessado, em primeira instância, em fazer história corretamente pode ser muitas coisas virtuosas, mas entre elas não está um historiador.

Contudo, temos uma segunda responsabilidade. Não somos apenas historiadores, mas também e sempre cidadãos, com a responsabilidade de utilizar nossas habilidades para o interesse comum. É claro, temos de escrever a história como a vemos, por mais desagradável que ela seja ao gosto contemporâneo. E nossas revelações e interpretações são tão sujeitas a abusos quanto nosso tema. Lembre-se de que *Neighbours*, de Jan Gross, foi resenhado na *Commentary* e em outros lugares como mais uma prova de que os poloneses são antissemitas atemporais e de que tudo que "nós" sempre pensamos sobre os filhos da mãe estava certo. Não havia nada que Jan pudesse fazer sobre essas apropriações abusivas de seu trabalho; mas é claro que ele tem a responsabilidade — de historiador — de reagir. Nunca estamos livres disso.

Por conseguinte, devemos operar simultaneamente em dois registros. As analogias apenas vagamente comparáveis são as disciplinas da biologia e da filosofia moral, de forma repetida constrangidas a enfrentar e a reagir a erros de interpretação de suas afirmações e argumentos. Mas a história é mais acessível que a primeira e mais sujeita ao abuso político que a segunda. Na verdade, somos talvez a disciplina mais exposta nesses sentidos. Talvez seja por isso que a maioria de nossos colegas escreve livros para seus amigos e para a prateleira da biblioteca. É mais seguro assim.

> *Eu tendo a pensar que os bons historiadores têm uma espécie de intuição negativa. Ou seja, eles podem dizer quando as coisas tendem a* não *ser verdadeiras. Podem não saber quando as coisas são verdadeiras, e não conhecer fatos — Deus sabe que muito poucos de nós conhecem muitos fatos neste momento. Mas acho que eles tendem a ter uma certa intuição sobre quais coisas* ne passent pas ensemble, *quais coisas provavelmente não ocorrem juntas.*

É isso que entendo por plausibilidade. Um bom livro de história é um livro em que é possível sentir a intuição do historiador em ação. E não importa se você mesmo não conhece o material.

Deixe-me fazer uma pergunta relacionada — mas de baixo para cima. Uma das afirmações que foram feitas de várias formas, digamos, de 1988 a 2003, foi que a história acabou. Você sabe: do coquetel inofensivo Fukuyama-hegelianismo à variante tóxica do Texas em moda depois de 11 de Setembro de 2001. Ou é adeus a tudo aquilo e tanto melhor agora que todos somos liberais burgueses jogando juntos o croquet do livre mercado; ou então nós que jogamos croquet nunca vimos nada assim, tudo é novo, não há nenhum precedente e, portanto, nenhuma regra — logo, podemos escolher na cabeça de quem vamos bater com nossos malhos de croquet. O Iraque não teve nada a ver com o 11 de Setembro? Não importa; as velhas regras de causa e efeito estão extintas, podemos invadir de qualquer maneira.

Mas se assumíssemos que é assim, e criássemos nossos filhos como se a história tivesse de fato "acabado", a democracia seria possível? Uma sociedade civil seria possível?

Não, creio de fato que não. A condição necessária de uma sociedade verdadeiramente democrática ou civil — o que Popper chamou de "sociedade aberta" — é uma consciência coletiva sustentada das maneiras como as coisas estão sempre mudando, e no entanto a mudança total é sempre ilusória. Quanto a Fukuyama, ele não fez nada mais que adaptar a história comunista a seus próprios fins. Em vez de o próprio comunismo fornecer o fim e objetivo na direção do qual a história se move, esse papel foi atribuído à queda do comunismo. O trabalho do historiador é pegar esse disparate arrumadinho e bagunçá-lo.

Assim, cada vez que algum imbecil declara que um Saddam Hussein é Hitler reencarnado, nosso trabalho é entrar na briga e complicar essa asneira simplória. Uma bagunça precisa é muito mais verdadeira para a vida do que inverdades elegantes. Mas, ao desacreditar declarações políticas enganosas, continuamos obrigados a pôr algo em seu lugar: uma linha narrativa, uma explicação coerente, uma história compreensível. Afinal, se não tivermos claro em nossa própria cabeça exatamente o que foi e não foi o caso no passado, como podemos nos oferecer ao mundo como uma fonte confiável de autoridade imparcial?

Portanto, há um equilíbrio, e não vou dizer que ele é fácil de alcançar. Se você só quer fazer bagunça — se vê a tarefa do historiador como borrar todas as linhas —, torna-se irrelevante. Se tornarmos a história caótica para nossos alunos ou leitores, perderemos qualquer reivindicação sobre a conversa cívica.

Agora vou bagunçar sua analogia do historiador como bagunceiro e faxineiro.

Eu me pergunto se não somos um pouco mais parecidos com o cara que chega e muda sua mobília de lugar. Quer dizer, a sala não está vazia; o passado não está vazio, há coisas nele. E você pode negar isso, mas então tromba o tempo todo com os móveis e se machuca. A mobília está lá, quer a aceite ou não. Você pode negar a realidade da escravidão nos Estados Unidos. Ou pode negar o horror dela...

Mas você tromba o tempo todo com negros irritados.

E me pergunto se o trabalho do historiador é negar essa reivindicação de total liberdade de movimento, que na verdade fere a nós mesmos e a outros, e que abre caminho para a falta de liberdade política. Há algumas coisas — barreiras — que todos devemos conhecer. Como a mobília na sala.

Eu discordo. Você e eu não somos as pessoas que põem os móveis na sala — somos apenas os caras que os etiquetam. Nosso trabalho é dizer a alguém: este é um sofá grande com uma estrutura de madeira — não é uma mesa de plástico. Se você achar que é uma mesa de plástico, não só vai estar cometendo um erro de categoria, e não só vai se machucar a cada vez que der um encontrão nela, mas também vai usá-la da maneira errada. Vai viver mal nesta sala, mas você não tem de viver assim tão mal nela.

Ou seja, creio profundamente que o historiador não está aqui para reescrever o passado. Quando reetiquetamos o passado, não fazemos isso porque temos uma nova ideia de como pensar sobre a categoria "móveis"; fazemos isso porque achamos que chegamos a uma melhor avaliação do tipo de mobília com que estamos lidando. Uma peça de mobiliário marcada "mesa de carvalho grande" talvez nem sempre tenha sido etiquetada assim. Deve ter havido momentos em que ela parecia às pessoas ser outra coisa: o carvalho, por exemplo, talvez fosse tão obviamente parte dela, porque tudo era feito de carvalho, que ninguém falaria sobre isso. Mas agora o carvalho conta mais porque — por exemplo — é um material incomum.

Então, estamos lidando com uma mesa grande *de carvalho*, e é nosso trabalho enfatizar isso.

> *Acho que você está certo, o que fazemos é etiquetar móveis. Ou talvez seja mais parecido com fazer trilhas deixando vestígios. Sabe, algo semelhante ao que ocorre em parques europeus, onde as trilhas são sinalizadas. Alguém passou, e eles colocaram uma cruz vermelha ou um círculo verde que é preenchido a cada quinquagésima árvore. Se você está seguindo a trilha do círculo verde, seguirá essas árvores, e assim por diante. As árvores estão lá, quer você goste ou não, mas as trilhas são criadas: pode haver outras trilhas — ou nenhuma. Mas sem ela você não pode ver a floresta. Alguém tem de estar lá para marcar o caminho.*

Eu gosto disso, desde que seja entendido que marcamos o caminho, mas não podemos obrigar as pessoas a tomá-lo.

> *Há muitas e muitas trilhas, reais e potenciais, marcadas e não marcados, nessa floresta. O passado é cheio de coisas. Mas se não tem uma trilha para atravessá-la, você olha para o chão, busca apoio para os pés, mas não pode apreciar as árvores.*

Sou suficientemente pedagogo para dizer que devemos pensar nisso desse modo. A primeira coisa é ensinar às pessoas sobre árvores. As pessoas não devem entrar em florestas, mesmo aquelas com trilhas marcadas, se não sabem o que é uma árvore. Então, você as ensina que muitas árvores juntas constituem uma floresta. Depois, você as ensina que uma maneira de pensar sobre a floresta — mas há outras — é como um lugar capaz de conter trilhas.

Em seguida, aponta o que você (o historiador) considera a melhor trilha através da floresta, apesar de reconhecer que há outras trilhas, embora, na sua visão, menos satisfatórias. Só então você está livre, como poderia ser o caso, para "teorizar" sobre trilhas: se elas são criações humanas, se distorcem a forma "natural" da floresta e assim por diante. Meu medo é que um número cada vez maior de nossos colegas jovens, entediados pela mera descrição de árvores, extraiam maior satisfação de ensinar a etiologia das trilhas.

Então aqui está uma ironia que você parece querer abordar. O século XX está repleto de eventos trágicos que devem ser lembrados, e a lembrança é uma espécie de culto na Europa e, em menor medida, nos EUA. Mas, ao mesmo tempo, parecemos incapazes de realmente lembrar muito qualquer coisa.

A natureza não se importa com trilhas, mas abomina o vácuo. E nos habituamos a lembrar acontecimentos em um vácuo. Por conseguinte, nós os invocamos isoladamente: "nunca mais", Munique, Hitler, Stalin e assim por diante. Mas como alguém pode entender tais invocações e rótulos? Nas escolas secundárias americanas e europeias de hoje, não é incomum os alunos se formarem tendo feito apenas um curso de História Mundial: normalmente ele será Holocausto, ou Segunda Guerra Mundial, ou totalitarismo, ou algum horror extraído de maneira comparativa da Europa de meados do século XX. Por mais bem-ensinado, por mais sensivelmente baseado em fontes e discutido, um curso como esse surge do nada e, inevitavelmente, leva a nada. A que possível propósito pedagógico ele pode servir?

Qual é o valor da história do Holocausto para o desenvolvimento da consciência cívica dos americanos?

A vasta maioria do público americano culto não especialista foi ensinada que os acontecimentos da Segunda Guerra Mundial, em geral, e do

Holocausto, em particular, são únicos, sui generis. Foram estimulados a ver esse passado como um momento catastrófico único, uma referência histórica e ética contra a qual o resto da experiência humana é implicitamente comparado e julgado deficiente.

Isso é importante porque o Holocausto se tornou a medida moral de toda ação política que realizamos: quer ela diga respeito a nossa política externa no Oriente Médio, a nossas atitudes em relação ao genocídio ou à limpeza étnica, ou à nossa propensão a nos envolvermos com o mundo ou nos retirarmos dele. Você vai se lembrar da imagem tragicômica de Clinton-Hamlet na Casa Branca, agonizando sobre se intervir ou não nos Bálcãs, com Auschwitz balançando diante dele como o referente histórico. A política pública americana em áreas cruciais de interesse nacional é refém de um caso único e isolado da história humana — muitas vezes de importância marginal, sempre invocado seletivamente. Você me perguntou qual era o lado negativo dessa ênfase no Holocausto? Esse é o lado negativo.

Mas agora permita-me bancar o advogado do diabo. Suponha que, em vez de ter apenas um pouco de educação história, os americanos não tiveram absolutamente nenhuma — nunca estudaram nem leram nada sobre o passado, muito menos sobre o passado europeu recente. Eles seriam destituídos de referências moralmente úteis a crimes do passado e não teriam nenhum nome ou momento historicamente explorável a que pudessem aludir no curso de debates políticos a que poderiam recorrer para incitar a opinião pública.

Há alguma vantagem em ser capaz de invocar Hitler — ou Auschwitz, ou Munique. Pelo menos o presente assim invocaria o passado, em vez de ignorá-lo. Como as coisas estão agora, fazemos isso de uma forma tola e cada vez mais autodestrutiva; mas pelo menos fazemos. A questão não é abandonar esses exercícios; a questão é praticá-los de maneiras mais historicamente sensíveis e informadas.

Um problema curioso relacionado a isso é a americanização do Holocausto, a crença de que os americanos foram lutar na Europa porque os alemães estavam matando os judeus — quando o envio de americanos não teve nada a ver com isso.

* * *

É verdade. Tanto Churchill quanto Roosevelt tinham boas razões para manter a questão judaica em segredo. Dado o antissemitismo contemporâneo em ambos os países, qualquer sugestão de que "nós" estávamos lutando com os alemães para salvar os judeus poderia muito bem ter sido contraproducente.

> *Exato. A coisa toda parece completamente diferente quando você considera que — não faz muito tempo — os Estados Unidos eram um país onde teria sido difícil mobilizar pessoas para lutar contra o Holocausto.*

Certo — e isso não é algo que as pessoas gostem de pensar sobre si mesmas. Nem a Inglaterra nem os Estados Unidos fizeram muito pelos judeus condenados da Europa; os Estados Unidos nem sequer entraram na guerra até dezembro de 1941, momento em que o processo de extermínio estava bem avançado.

> *Quase 1 milhão de judeus estavam mortos quando os japoneses bombardearam Pearl Harbor. Cinco milhões estavam mortos no momento do desembarque na Normandia. Os americanos e os britânicos sabiam do Holocausto. Não tinham apenas recebido relatórios de inteligência dos poloneses quase imediatamente após o primeiro uso de câmaras de gás. Os britânicos tinham decodificado transmissões de rádio sobre as campanhas de fuzilamento no leste e decodificado telegramas com o número de judeus mortos em câmaras de gás em Treblinka.*

Talvez seja bom recordar esses números: um excelente exercício de educação cívica e autoconhecimento nacional. Às vezes, esses números contam uma história — que preferimos esquecer.

Alguns anos atrás resenhei a história de Ernest May da queda da França. Nesse ensaio, enumerei a escala das perdas francesas no curso das seis semanas de combates que se seguiram à invasão alemã de maio de 1940. Cerca de 112 mil soldados franceses (para não falar de civis) foram mortos: um número que excede as mortes americanas no Vietnã e na Coreia juntas

— e uma taxa de mortalidade muito maior do que qualquer coisa que os Estados Unidos já experimentaram. Recebi uma pilha de correspondências de leitores bem-intencionados que me garantiam que eu devia ter entendido errado os números. Certamente, eles escreveram, os franceses não lutam e morrem assim? Lembre-se de que isso foi em 2001, pouco antes das paroxísticas obscenidades patrióticas que se seguiram ao 11 de Setembro ("freedom fries"* etc.). Os americanos têm problemas com a ideia de que não são os guerreiros mais heroicos do mundo, ou de que seus soldados não lutaram mais nem morreram de forma mais corajosa do que os de todos os outros.

Algo comparável aconteceu quando publiquei, também na *The New York Review*, um comentário dizendo que a França tivera seis primeiros-ministros judeus, enquanto aqui nos Estados Unidos ainda estávamos aguardando nosso primeiro candidato judeu a vice-presidente bem-sucedido: isso foi quando o execrável Joseph Lieberman tinha acabado de ser indicado para a chapa presidencial de Al Gore e o país estava cheio de autocongratulação por sua sensibilidade e sua abertura étnica. Nessa ocasião, recebi de fato dilúvios de e-mails — nem todos ofensivos — de leitores que me garantiam que a França era e sempre seria profundamente antissemita, em contraste com nossa herança tolerante.

Nessas e em outras ocasiões, muitas vezes pensei que o que os Estados Unidos precisam mais que qualquer coisa é de uma educação crítica em sua própria história. Que a França tem um histórico oficial odioso de antissemitismo é bem conhecido. O antissemitismo francês era acima de tudo cultural — e sob os auspícios do regime de Vichy, é claro, esse preconceito cultural mudou de forma gradual para a participação ativa no genocídio. Mas, *politicamente*, os judeus franceses eram, fazia muito tempo, livres para chegar a altos postos do serviço do Estado: e é claro que eles tinham acesso ao ensino superior, enquanto Harvard, Columbia e outros lugares ainda impunham cotas rígidas para judeus e outras minorias.

---

* "Freedom fries" (literalmente, batatas da liberdade) é um eufemismo político usado nos Estados Unidos para "French fries" (batatas fritas). A expressão foi introduzida em 2003, quando o Congresso controlado pelos republicanos rebatizou oficialmente esse item do menu em cafeterias do Congresso em resposta à oposição da França à proposta de invasão do Iraque. Logo se popularizou como parte de uma onda de sentimento anti-França nos Estados Unidos, mas acabou caindo em desuso. (N. do T.)

Eu acho, toutes proportions gardées, *que agora chegamos a nosso momento Léon Blum com Obama.*

Mas, voltando à história e a seus propósitos. História e memória são parentes? São aliadas? São inimigas?

São filhas de mães diferentes, mas do mesmo pai — portanto, se odeiam e ao mesmo tempo têm em comum apenas o suficiente para ser inseparáveis. Além disso, são obrigadas a disputar uma herança que não podem abandonar, nem dividir.

A memória é mais jovem e mais atraente, muito mais disposta a seduzir e ser seduzida — e portanto faz muito mais amigos. A história é a irmã mais velha: um pouco emaciada, simples e séria, disposta a se retirar em vez de se envolver em conversa fiada. Desta forma, ela é uma solitária política — um livro deixado na prateleira.

Agora, houve muitos que — com a melhor das intenções — borraram e confundiram essas irmãs. Penso, por exemplo, naqueles estudiosos judeus que invocam a ênfase judaica de longa data na memória: *zakhor*. Eles enfatizam que o passado de um povo sem Estado está sempre correndo o perigo de ser registrado por outros para seus próprios fins, e que, portanto, compete aos judeus lembrar. Isso é ótimo e eu tenho por isso alguma simpatia.

Mas, nesse ponto, o dever de lembrar o passado se confunde com o próprio passado: o passado judeu se funde com aquelas partes dele que são úteis para a memória coletiva. Então, não obstante, o excelente trabalho de gerações de historiadores judeus, a memória seletiva do passado judaico (de sofrimento, de exílio e de vitimização) se funde com a narrativa lembrada da comunidade e se torna a própria história. Você ficaria pasmo com a quantidade de judeus cultos e conhecidos meus que acreditam em mitos sobre sua "história nacional", de maneira que nunca aprovariam se lhes oferecessem mitos comparáveis sobre os Estados Unidos, a Inglaterra ou a França.

Esses mitos já se entrelaçaram em registros oficiais como as justificativas adotadas abertamente para o Estado de Israel. Essa não é uma deficiência exclusivamente judaica: o pequeno país da Armênia, ou os modernos Estados balcânicos da Grécia, da Sérvia e da Croácia, para citar apenas quatro, surgiram todos com base em narrativas mitológicas comparáveis.

As sensibilidades envolvidas aqui são tais que entender de maneira correta a história se torna quase impossível.

Mas de fato acredito na diferença entre história e memória; permitir que a memória substitua a história é perigoso. Enquanto, de forma inevitável, a história toma a forma de um registro, infinitamente reescrito e retestado contra velhas e novas evidências, a memória é ajustada para propósitos públicos, não acadêmicos: um parque temático, um memorial, um museu, um edifício, um programa de televisão, um evento, um dia, uma bandeira. Tais manifestações mnemônicas do passado são necessariamente parciais, breves, seletivas; aqueles que as organizam estão limitados a, mais cedo ou mais tarde, contar verdades parciais ou até mentiras completas — às vezes com a melhor das intenções, às vezes não. Em todo caso, elas não podem substituir a história.

Assim, a exposição no Museu Memorial do Holocausto, em Washington, não registra nem serve a história. É memória apropriada seletivamente, aplicada a um propósito público louvável. Podemos aprová-la em abstrato, mas não devemos nos iludir quanto ao resultado. Sem história, a memória está sujeita a abusos. Mas, se a história vem em primeiro lugar, a memória tem um padrão e guia contra o qual ela pode trabalhar e ser avaliada. Pessoas que estudaram a história do século XX podem visitar o Museu do Holocausto; podem pensar sobre o que lhes está sendo mostrado, avaliá-lo em um contexto mais amplo e trazer para ele uma inteligência crítica. Nesse aspecto, o museu serve a um propósito útil, justapondo as memórias que registra à história que está na mente de seu público. Mas espectadores que conhecessem apenas o que lhes fosse mostrado estariam (e a maioria está) em desvantagem: separados do passado, eles estão sendo alimentados com uma versão que não têm condições de avaliar.

> *Uma maneira de marcar a diferença entre história e memória é perceber que não há verbo para história. Você sabe, se alguém diz: "Estou fazendo história", isso significa algo muito especial e, em geral, hilário. "Historicizar" é um termo técnico, convencionalmente restrito ao intercâmbio acadêmico. Por outro lado, "Eu lembro" e "Eu recordo" são coisas perfeitamente convencionais a se dizer.*

Isso aponta para uma diferença real: a memória existe na primeira pessoa. Se não há uma pessoa, não há uma memória. Ao passo que a história existe sobretudo na segunda ou na terceira pessoa. Posso falar sobre sua história, mas só posso falar sobre sua memória em um sentido muito limitado e, em geral, ofensivo ou absurdo. E posso falar sobre a história deles, mas de fato não posso falar sobre a memória deles, a menos que, por algum motivo, eu os conheça extraordinariamente bem. Posso falar sobre a história dos aristocratas poloneses do século XVIII — mas seria um absurdo eu falar sobre a memória deles.

Porque a memória é em primeira pessoa, ela pode ser constantemente revista, e se torna mais pessoal com o tempo. Enquanto a história, pelo menos em princípio, toma a outra direção: à medida que é revista, ela se torna cada vez mais aberta à perspectiva de terceiros e, portanto, potencialmente universal. Um historiador pode começar com preocupações que são imediatas e pessoais — talvez elas tenham de ser — e depois se afastar delas. Sublimando sua perspectiva de partida, ele chega a algo completamente diferente.

Eu divergiria parcialmente em um aspecto. A memória pública é uma primeira pessoa do plural coletiva, encarnada: "nós lembramos...". O resultado são resumos calcificados de memória coletiva; e uma vez que as pessoas que lembram se foram, esses resumos substituem a memória e se tornam história.

Pense na diferença entre o Memorial em Caen, que agora é o museu oficial das guerras da França com a Alemanha no século XX, e o Historial em Péronne, que foi criado por um comitê internacional de historiadores profissionais, entre eles Jay Winter, seu colega em Yale. Ambos são sítios nacionais franceses, mas a diferença entre eles é reveladora.

O Historial é pedagógico. Oferece uma apresentação narrativa linear convencional de seu tema — portanto, no ambiente progressista de hoje, uma abordagem um tanto radical e a meu ver eficaz do ensino de história pública. O Memorial, por outro lado, é todo sentimento. Quase não há pedagogia, exceto a mensagem de memória geral que se espera que o visitante leve consigo. O Memorial se dedica a truques, artifícios e tecnologia para ajudar o visitante a recordar o que ele acha que já sabe sobre a Segunda Guerra Mundial. Se você já não trouxesse um pouco de memória para aproveitar em sua experiência, o Memorial não faria sentido. Ele fornece o ambiente, mas o visitante é responsável pela história. Esse contraste entre o Historial e o Memorial me parece precisamente o contraste que devemos preservar e acentuar. Se de fato deve haver Memoriais, então as pessoas devem pelo menos ser incentivadas a visitar primeiro os Historiais.

> *Você vê um caminho, na prática, para uma espécie de história que seja construtiva na formação de comunidades cívicas? É fácil para nós desgostar dos grandes historiadores nacionais do século XIX que tiveram essa missão: Michelet, Ranke e Hrushev'kyi. Eles eram whigs modificados; a história seguia em uma certa direção, rumo à grandeza, ou à unificação, ou à libertação nacional. Podemos rejeitar a teleologia deles e o fazemos. É igualmente fácil para nós desdenhar da história politizada com seu narcisismo, bem como suas deficiências metodológicas, e rejeitar a memória como um substituto disfuncional e perigoso para a história. Mas como de fato se realiza a institucionalização da história de modo que ela construa um senso de comunidade, sem virar presa de alguma dessas falácias?*

Minha primeira mulher era professora de escola primária. Muitas décadas atrás, ela me convidou certa vez para ensinar a Revolução Francesa para sua classe de alunos de 9 anos. Depois de pensar um pouco no assunto — eu não tinha nenhuma experiência comparável de ensino em escola primária —, levei uma pequena guilhotina para a sala de aula e começamos a sessão decepando a cabeça de Maria Antonieta. Depois disso, achei que a história narrativa da Revolução Francesa seguiu muito bem, com a ajuda de alguns elementos visuais.

Então, desde lecionar a alunos da terceira série até lecionar a alunos de pós-graduação em Berkeley, NYU, Oxford e outros lugares, a experiência me ensinou isto: é uma verdade universal que jovens que ainda não conhecem história preferem ser ensinados da forma mais convencional e direta. De que outra maneira eles vão compreendê-la? Se você a ensina de trás para a frente, começando com seus significados mais profundos e disputas interpretativas, nunca vão conseguir entendê-la. Não estou dizendo que você deve ensiná-la de uma forma chata, mas apenas convencional.

Dito isso, reconheço que há uma preocupação concorrente. Para ensinar história de uma maneira convencional, é preciso um conjunto razoavelmente acordado de referências sobre o que a história convencional que você vai ensinar de fato *é*. Muitas sociedades, e não apenas a nossa, tornaram-se muito menos confiantes nos últimos trinta anos sobre como interpretar seu passado. Não são só os americanos que já não sabem como contar uma história nacional coerente sem se sentirem envergonhados ou ressentidos. O mesmo é válido na Holanda, na França ou na Espanha.

Praticamente todos os países europeus hoje estão em crise sobre como ensinar seu passado e que uso fazer dele. Nos piores casos — penso na Grã-Bretanha —, relatos nacionais convencionais foram completamente abandonados, e ensina-se às crianças uma série confusa de narrativas parciais concorrentes, cada uma ligada a uma perspectiva moral ou étnica.

Há cerca de uma década, eu estava em Yale para assistir a uma palestra de Marc Trachtenberg. Na plateia, havia um grupo de estudantes de pós-graduação de Yale que se ofereceu para me levar para jantar depois. Estavam visivelmente ansiosos, até paranoicos, com o que viam como suas precárias perspectivas de emprego. Como Yale era considerado (tanto na época como agora) um departamento de História bastante conservador, historiadores diplomáticos formados em Yale estavam sendo recusados enquanto historiadores culturais pós-tudo de instituições menores encontravam facilmente emprego.

Eu me lembro de lhes dizer: pelo amor de Deus, não desistam. É uma coisa completamente boa termos pelo menos uma instituição de primeira linha formando historiadores jovens em técnicas de fato acadêmicas: como interpretar arquivos diplomáticos e outras fontes, aprendendo línguas exóticas e não sentindo nenhum motivo para pedir desculpas pelo tema de alta política tradicional em que estão trabalhando. Mais cedo ou mais tarde, assegurei a meus ouvintes, o pêndulo vai oscilar; então, vocês terão a vantagem de estar completamente treinados nos rigores tradicionais de uma subdisciplina tradicional.

Ainda acredito nisso. A história como disciplina narrativa autoconfiante voltará: na verdade, do ponto de vista do público leitor, ela nunca se foi. É muitíssimo difícil imaginar qualquer sociedade dando certo sem uma narrativa coerente e acordada de seu passado. Portanto, é nossa responsabilidade produzir essa narrativa, justificá-la e depois ensiná-la.

Todas essas histórias nacionais terão deficiências inevitáveis. Haverá pontos cegos. Qualquer narrativa suficientemente geral para ser verdadeira para todos está fadada a frustrar uma minoria, talvez muitas minorias. Sempre foi assim. Sabe, a história inglesa que me foi ensinada na escola não tinha judeus; eu poderia muito bem ter sido invisível.

Foi só mais tarde que aprendi, para meu espanto, que "nós" judeus tínhamos sido expulsos da Inglaterra por Eduardo I e que, na época de Cromwell, havia uma complicada história judaica com implicações até os nossos tempos. Não que eu conjecturasse de forma ativa que os judeus não estavam lá, simplesmente, de algum modo, ninguém mencionava isso e eu não pensava no assunto. Hoje, é claro, um "silêncio" como esse seria considerado reprovável, beirando o preconceito e talvez algo pior. Alguém — presumindo falar em nome de todos os judeus — insistiria na inserção de um "quociente" judaico, ou talvez até de uma "contranarrativa" obrigatória para compensar a história do progresso inglês. Será que isso já foi feito? Mas esse não pode ser o caminho a seguir.

> *Quando você estava escrevendo* Pós-guerra, *como pensava sobre essas coisas? Achava que seu livro poderia se tornar o relato convencional da história europeia do pós-guerra? Pensava que o livro desmontava histórias nacionais em suas várias partes? Pensava sobre unidades e fragmentos?*

Certamente pensei muito e de forma bem intensa sobre como projetar o livro.

Por outro lado, não acho que passei tanto tempo pensando sobre suas perguntas quando o estava escrevendo, e não estou certo de que me teria feito muito bem fazer isso. O que me empenhei de fato em fazer foi encontrar uma maneira de quebrar categorias Leste-Oeste convencionais; reafirmar, mas sem exagero, outras linhas de falha; lidar com países pequenos sem fazer com que isso parecesse que eu estava de forma deliberada supercompensando; usar exemplos que deliberadamente não eram os convencionais para defender um argumento, mas sem parecer que eu estava tentando ser inteligente.

Posso dizer com sinceridade, Tim, que foi apenas depois de ter terminado o livro que olhei para trás e vi que ele não era tão ruim — e na verdade que ele de fato abordava alguns dos temas que você levantou. Só então pensei: bem, este pode de fato se tornar um modo de pensar sobre a Europa do pós-guerra, pelo menos por um tempo. No momento da escrita, eu não tinha esses pensamentos: eles teriam sido inadequados.

Acho que se eu tinha um propósito, era fazer duas coisas. Em primeiro lugar, queria cutucar um pouco o prisma. Estava tentando levar o leitor a pensar em algo que não fosse "a ascensão da UE", quando ele refletisse sobre essas décadas. Queria que meus leitores as considerassem como um "momento social-democrata", em vez de "os anos 1960". Esperava incentivar os leitores a pensar na Europa Oriental não como um subúrbio comunista alienígena da Rússia, mas sim como parte de uma única história europeia — embora com subtramas muito diferentes e complicadas.

Minha segunda ambição, menor, era escrever uma história que conseguisse incorporar a cultura e as artes, em vez de expulsá-las para uma nota de rodapé ou um apêndice. Filmes, acima de tudo, mas também romances, peças de teatro e canções, flutuam dentro e fora da narrativa como ilustrações ou exemplos. Esse é um fato incomum numa história geral, e tenho muito orgulhoso dele. Mas, mais uma vez, foi só no fim que pensei nessas ambições como de certa forma constituindo uma história diferente e distinta.

Talvez eu apenas não seja suficientemente ambicioso — ou comercialmente alerta? — para chegar a tais objetivos desde o início. Mas, na verdade, acredito que grandes objetivos abrangentes, sejam metodológicos sejam interpretativos, são muitas vezes o inimigo da boa escrita. Eu estava provavelmente muito assustado com a dimensão do que tinha empreendido para inserir tais objetivos no projeto desde o início. E se tivesse feito isso, é provável que não tivesse funcionado.

8.

IDADE DA RESPONSABILIDADE: MORALISTA AMERICANO

Na década de 1990, ampliei de forma constante meu leque de textos públicos: saindo da história francesa para a filosofia política, a teoria social, a política e a história do leste europeu, e daí para questões de política externa, europeias e americanas. Eu nunca teria tido a autoconfiança intelectual ou social para propor eu mesmo esses temas. Foi Robert Silvers, editor da *The New York Review of Books*, que me ensinou que eu de fato podia fazer esse tipo de texto; que eu podia pensar e comentar sobre assuntos muito distantes de minhas preocupações acadêmicas formais. Silvers me ofereceu a ocasião para escrever sobre coisas que eu teria julgado além de minha capacidade. Serei eternamente grato a ele por essa oportunidade.

Eu estava operando em dois registros diferentes; e trabalhando demais. Enquanto escrevia para o *The New York Review* e outros jornais com regularidade, frequentemente, eu também escrevia *Pós-guerra* e outros livros, além de iniciar uma família e cumprir um intenso cronograma de ensino e administrativo. Manter tudo isso separado demandou considerável esforço intelectual, planejamento e tempo. Mas pelo menos evitei as rotinas mundanas características do historiador estabelecido: conferências, associações profissionais, publicações profissionais. Aqui, pelo menos, me beneficiei de ser — como o velho Richard Cobb sempre insistia — não exatamente um historiador; portanto, nem um pouco disposto a perder tempo construindo um plano de carreira só entre historiadores.

Muito do que eu escrevia era uma espécie de história intelectual avaliativa, os ensaios que seriam reunidos em *Reflexões sobre um século esquecido*. O século XX é o século dos intelectuais, com todas as traições, acomodações e compromissos que os acompanham. O problema é que hoje vivemos em uma época em que ilusões, desilusões e ódios ocupam a posição de destaque. Portanto, é preciso um esforço consciente tanto para identificar como para salvar o núcleo do que foi bom na vida intelectual do século XX.

Em vinte anos, vai ser muito difícil para qualquer pessoa lembrar exatamente o propósito de tudo aquilo. Acima de tudo, talvez, havia a questão da verdade — ou melhor, dos dois tipos de verdade. Pode alguém que aceitou uma verdade política maior, ou verdade narrativa, redimir-se como intelectual ou como ser humano ao se aproximar de verdades menores, ou da veracidade em si? Essa foi uma pergunta feita ao século XX por mim, mas talvez também uma pergunta que fiz a mim mesmo. Eu estava tentando responder a ela no mesmo momento em que comecei a escrever como intelectual político.

Eu defenderia aquelas que são, para a maioria dos historiadores americanos, duas proposições metodológicas contraditórias. Em primeiro lugar, que o historiador deve escrever sobre coisas em seu contexto. Contextualizar faz parte da explicação; portanto, separar-se do assunto a fim de contextualizar é o que distingue a história de modos alternativos e, da mesma forma, legítimos de explicar o comportamento humano: antropologia, ciência política ou o que quer que seja. Contextualizar nesse caso requer o tempo como a variável relevante. Mas minha segunda afirmação é esta: nenhum acadêmico, historiador ou qualquer outro, está — simplesmente por ser um acadêmico — eticamente escusado por suas próprias circunstâncias. Também somos participantes de nosso tempo e lugar; não podemos nos retirar deles. Esses dois contextos precisam ser separados metodologicamente; contudo, ao mesmo tempo, estão inextricavelmente ligados.

The New York Review me ajudou a tornar-me alguém que escrevia publicamente sobre intelectuais públicos; mas foi a cidade de Nova York que fez de mim um intelectual público. Embora eu não tivesse planos de me mudar e não tenha feito nenhuma tentativa de encontrar emprego em outro lugar, não creio que jamais pretendesse ficar em Nova York para sempre. Mas, graças ao 11 de Setembro de 2001, eu ficaria sempre mais e polemicamente envolvido em assuntos públicos americanos.

Acho que é justo dizer que me parecia cada vez mais urgente mergulhar em uma conversa americana: exigir que discutíssemos assuntos desconfortáveis abertamente e sem restrições em um momento de autocensura e conformidade. Intelectuais com acesso aos meios de comunicação e com segurança no emprego em uma universidade carregam uma responsabilidade distinta em tempos politicamente conturbados. Nesses anos, eu estava em uma posição que me permitia falar e isso causar muito pouco risco na minha situação profissional. Essa me parecia quase a definição de responsabilidade cívica, pelo menos no meu caso local: um pouco sentenciosa, talvez, mas era como eu me sentia. Assim, curiosamente, encontrei uma maneira de me tornar americano.

Que tipo de americano eu queria ser? Os franceses têm uma palavra para alguns de seus maiores escritores, de Montaigne a Camus: eles os chamam *moralistes*, um termo mais abrangente do que seu equivalente inglês e bastante isento da nuance pejorativa implícita. Os *moralistes* franceses, sejam ativamente engajados em escrever ficção, sejam praticantes de filosofia ou história, são muito mais propensos que seus homólogos anglo-americanos a trazer em seu trabalho com um engajamento ético explícito (nesse aspecto, pelo menos, Isaiah Berlin também era um *moraliste*).

Sem aspirar a ir além de minhas possibilidades, acho que eu também estava engajado em algo nessa linha: meus estudos históricos, tanto quanto minhas publicações jornalísticas, eram impulsionados por um conjunto explícito de preocupações e compromissos cívicos contemporâneos. Eu também era um *moraliste*: mas um *moraliste* americano.

Vamos começar com o Caso Dreyfus, com a entrada do intelectual na política moderna, em uma questão do que você chama verdade menor: se um homem traiu ou não seu país. Um oficial do Exército francês de origem judaica foi falsamente acusado de traição e defendido por uma coalizão de intelectuais franceses. Esse momento, janeiro de 1898, em Paris, quando o romancista Émile Zola publicou sua famosa carta "J'accuse", é visto como o início da história do intelectual político. Mas me parece que esse momento não pode ser visto apenas em termos históricos, pois desde o início há um elemento ético embutido para nossa noção do que é um intelectual.

Bernard Williams propõe uma distinção entre verdade e veracidade. Os dreyfusistas estavam tentando dizer a verdade, o que é veracidade, em vez de reconhecer as verdades mais elevadas, como seus adversários queriam que eles fizessem. Com "verdades mais elevadas" eles queriam dizer que a França vem em primeiro lugar, ou que o Exército não deve ser insultado, ou que o propósito coletivo supera interesses individuais. Essa distinção é o que está por trás da carta de Zola: a questão é simplesmente contar a coisa como ela é, em vez de descobrir o que é a verdade maior e então aderir a ela. Você diz o que sabe na forma em que o sabe.

Ora: não é isso que os intelectuais acabam fazendo no século XX; muitas vezes, o exato oposto. Em alguns sentidos, o modelo para o intelectual do século XX era tanto o antidreyfusista quanto o dreyfusista. Alguém como o romancista Maurice Barrès não estava interessado nos fatos do Caso Dreyfus, mas no *significado* dele. E não tenho certeza de que sempre compreendemos plenamente a natureza das origens do intercâmbio intelectual do século XX. Essa foi uma cisão na personalidade que permaneceu conosco durante todo o século.

Mais ou menos no mesmo momento, na Europa Central imperial, Tomáš Masaryk está revelando que poemas épicos tchecos aparentemente medievais são falsificações e defendendo judeus do libelo de sangue. Apesar das diferenças óbvias, aqui também há um intelectual defendendo as pequenas verdades contra o que parece ser as exigências da grande história nacional.

Com certeza. Parecia-me fortemente que em minha educação, exceto como parte de história diplomática do século XX, eu nunca tinha ouvido falar de Masaryk nesse contexto até meus 40 e tantos anos. E, no entanto, era evidentemente um momento europeu similar. Alguém que é totalmente dedicado ao que considera os verdadeiros interesses de seu futuro país se vê em total desacordo com aqueles para quem contar a história nacional de forma correta tem prioridade absoluta. É claro que isso é exatamente o que une Masaryk e Zola. E o que dá aos liberais europeus ocidentais e orientais seu ponto de partida comum no século XX — uma referência comum que eles só redescobririam na década de 1970.

> *Se de fato se lê o famoso artigo "J'accuse", de Zola, ele é mal-informado, excessivamente longo e contém muitas referências que possivelmente não serão entendidas; não há nada convincente no texto afora o grande título. E me pergunto se isso não tem algo a ver com os problemas que temos mais ou menos no século seguinte — isto é, que a veracidade é feia e complicada, ao passo que a verdade maior parece ser pura e bonita.*

Nesses anos, as pessoas que são levadas a se envolver em debates públicos sobre abstrações de bom e ruim, verdade e falsidade, ainda são jornalistas, dramaturgos, professores populares com um público seguidor e semelhantes. Em décadas posteriores, serão filósofos, mais tarde ainda vêm os sociólogos, e assim por diante. Dentro de cada ambiente profissional, haverá um estilo de raciocínio que excluirá ou estimulará certas formas de verdade e falsidade.

Nas primeiras décadas do século, a maioria dos intelectuais era alguma espécie de tipo literário. Seus hábitos retóricos mantinham muitos traços do discurso do século XIX, que para um ouvido do século XXI pode soar redundante e bombástico. Esses homens e mulheres se viam ocupando uma função pública a meio caminho entre o adivinho e o jornalista investigativo. Vinte anos depois, tudo mudou. Os intelectuais que Julien Benda ataca na década de 1920, em seu *Trahison des Clercs*, por abstração e raciocínio excessivamente teórico, não viam nada de traição em sua posição — para eles a abstração *era* a verdade.

Ao passo que isso teria parecido um mero absurdo para um jornalista como Zola. A verdade eram fatos. Masaryk, a despeito de sua formação filosófica, via as coisas da mesma maneira. Em 1898, poucos teriam argumentado que a autenticidade e a razão abstrata poderiam ter um peso maior que o envolvimento direto com a verdade e a falsidade. O engajamento intelectual pretendia revelar que algo era falso. Uma geração depois, o engajamento intelectual consistia em proclamar verdades abstratas.

> *Esse é um tema que já discutimos: a imanência dos valores morais na história — situados no futuro e ditando o presente, segundo o leninismo ou o stalinismo, ou então situados na vontade de um líder, segundo o fascismo ou o nacional-socialismo.*

> *A reação de muitos intelectuais a esse tipo de política era rejeitar a ética como tal, ou, no caso dos existencialistas, considerá-la como algo que deve ser afirmado em um vazio necessário.*

> *E então há um momento no final da década de 1940 em que Camus muito sinceramente diz: mas e se estivéssemos todos simplesmente errados? E se Nietzsche e Hegel nos enganaram, e de fato existem valores morais? E se devêssemos o tempo todo ter falado sobre eles?*

É preciso imaginar Maurice Merleau-Ponty, Simone de Beauvoir e Jean-Paul Sartre — que estavam todos presentes quando Camus disse isso — rolando os olhos diante da inocência filosófica dele. Arthur Koestler também estava presente, embora não possamos ter certeza de como ele reagiu.

Mas digamos que Camus esteja certo. Então, quais são esses valores morais? Isto é, se a vocação de um intelectual é fazer mais que procurar veracidade como algo oposto à falsidade e distinto da verdade maior, o que mais ele ou ela deve fazer? Se os intelectuais já não defendem nenhuma verdade maior, ou devem evitar o tipo de postura que sugere que o fazem, então onde exatamente eles se encontram? Qual é a visão a partir de lugar nenhum, para usar a expressão de Thomas Nagel?

Acho que, de uma forma ou de outra, este é o desafio de qualquer intelectual sério hoje: como ser um universalista coerente. Não é apenas uma questão de dizer: acredito em direitos, liberdades ou esta ou aquela norma. Porque, se você acredita na liberdade das pessoas para escolher, mas também acredita que sabe melhor do que outros o que é bom para eles, enfrenta uma potencial contradição. Como pode alguém, com um universalismo coerente, impor uma cultura ou um conjunto de preferências a outro — mas como alguém pode recusar-se a fazê-lo se leva seus próprios valores a sério? E mesmo que admitamos que esse problema pudesse ser resolvido, como podemos ter certeza de que evitamos outras contradições em um mundo político necessariamente complexo? Universalistas éticos como Václav Havel, André Glucksmann ou Michael Ignatieff, que apoiaram, em 2003, a Guerra do Iraque, com base em princípios gerais, viram-se diante de consequências práticas contraditórias para as quais seus organizados absolutos abstratos não os tinham preparado.

> *A ideia de guerra preemptiva não passa no primeiro teste kantiano, que é agir como se o que se está fazendo criasse uma regra. Eu me pergunto se há alguma maneira de chegar ao universal, ao menos para intelectuais seculares, que não comece com outra premissa kantiana: que a ética reside no ser humano individual. Uma coisa que a Guerra do Iraque teve em comum com uma série de outras aventuras é que ela foi retratada em uma espécie de caminho abstrato estilizado, utilizando conceitos gerais como libertação. O que nos permitia esquecer coisas que realmente devíamos saber: que a guerra é terrível, ela mata pessoas, as pessoas agora vão matar e morrer.*

O atrativo da noção de que a ética reside no indivíduo é que ela reduz tudo a um processo de tomada de decisão ou a um conjunto de avaliações de interesses, ou o que quer que seja, que não podem ser coletivizados e, portanto, impostos.

Mas isso pode levar a outro problema, a ampliação, no sentido ascendente de categorias éticas de indivíduos para coletivos. Pensamos que entendemos claramente o que queremos dizer quando afirmamos que a liberdade é um valor humano universal, que os direitos de liberdade de expressão, liberdade de movimento e liberdade de escolha são inerentes a pessoas individualmente. Mas acho que, desde o século XIX, deixamos com demasiada facilidade de falar da liberdade de um homem para falar de liberdades coletivas, como se fossem a mesma coisa.

Mas uma vez que você começa a falar sobre libertar um povo, ou trazer a liberdade como uma abstração, coisas muito diferentes começam a acontecer. Um dos problemas do pensamento político ocidental desde o Iluminismo foi esse movimento para um lado e para o outro entre avaliações éticas kantianas e categorias políticas abstratas.

> *Existe um claro problema com a analogia entre indivíduos e coletividades que surge de maneira mais flagrante no caso da nação. A ideia liberal de nação era muito semelhante à ideia liberal de indivíduo — que as nações existiam, que tinham uma espécie de destino, que tinham direito à liberdade, e que era por isso que a autodeterminação nacional parecia tão fácil para liberais de direita com opiniões aceitáveis.*

Mas não se poderia dizer que isso é um erro de categoria?

Podia-se defender a ideia de nação como indivíduo coletivo dizendo que o indivíduo também é uma entidade construída: vindo a ser ao longo do tempo, adquirindo memórias, preconceitos e assim por diante. Afinal, o que importa em uma nação não é a verdade ou a falsidade de suas afirmações sobre o passado, mas sim o desejo coletivo e a escolha de acreditar nessas proposições — e nas consequências que se seguem.

Ora, não creio que devamos aceitar esses resultados: é melhor se opor a mitos nacionais, mesmo ao preço da desilusão e da perda da fé. Ainda assim, histórias nacionais e mitos nacionais são o subproduto necessário e inevitável das nações. Então, precisamos ter cuidado ao distinguir entre o óbvio — as nações existem — e o construído: as crenças que as nações tendem a ter sobre si mesmas.

Na verdade, as nações chegam muito prontamente à ideia de que têm direitos *na qualidade de* nações, por analogia com os direitos que as pessoas reivindicam para si. Mas não pode ser assim tão simples. Para que uma nação tenha direitos ou obrigações, esses mesmos deveres e reivindicações devem ser verdadeiros não apenas para coletividades, mas também para indivíduos. Se uma nação tem o direito "de ser livre", da mesma forma o têm todos os seus cidadãos e súditos separados — senão o termo "livre" está sendo usado em um sentido muito distinto e diferente.

Deixe-me lhe dar um exemplo de uma aplicação problemática da linguagem dos direitos e reivindicações individuais quando aplicada a coletividades. Aqui estou eu, vivendo neste país: sou um cidadão dos Estados Unidos. Acho que este país deve algo a sua população negra? Uma dívida contraída pela escravidão; pelos homens e mulheres forçados a vir para cá e contribuir para a prosperidade do país contra a sua vontade? Sim, acho. Acho que a ação afirmativa foi uma estratégia legítima para esse fim? Sim, acho. E assim por diante.

Mas me sinto culpado por tudo isso, como homem branco? Não, com toda a certeza, não. Na época do tráfico de escravos, e mesmo até a abolição, meus antepassados viviam na pobreza para algum *shtetl* remoto no leste da Bielorrússia. Não há nenhum sentido razoável para que eles possam ser responsabilizados pelos Estados Unidos em que agora me encontro.

Portanto, tenho uma responsabilidade cívica como cidadão; mas não sinto nenhuma responsabilidade moral pelas circunstâncias que estou buscando aliviar. Não faço parte de uma agência coletiva chamada "Crime da América Branca contra os Negros". Essas podem parecer distinções sutis, mas na ética pública e nas políticas públicas tendem a se revelar cruciais, e não só aqui nos Estados Unidos.

> *Acho que as nações têm direitos positivos, mas não direitos negativos. Ou seja, a nação não tem direito à liberdade, que é um direito negativo, porque isso não é coerente. Apenas um indivíduo pode ter direitos negativos, que são essencialmente direitos de ser deixado em paz: de ser livre, de não ser morto.*
>
> *Mas, na medida em que uma nação existe, ele tem o direito positivo de bem-estar, o que significa que as pessoas individualmente devem tentar tornar a nação melhor. Isto é, tentam fazê-la existir em virtude de fazerem coisas como construir estradas, ferrovias, escolas e assim por diante. E qualquer*

indivíduo que afirme pertencer a uma nação tem deveres para com ela, que são o inverso e o cumprimento dos direitos positivos dessa nação.

Portanto, sobre o que os intelectuais devem falar quando se envolvem na construção da nação ou agem como defensores de políticas sociais? A nação é a unidade apropriada para julgamento e ação hoje?

Isso é interessante.

Os intelectuais mais livres do risco de ser cooptados por partes ou propósitos interessados são aqueles que começam com ligações frouxas ou inexistentes com a nação em que por acaso se encontram. Penso em Edward Said, que vive em Nova York, mas age intelectualmente sobre o Oriente Médio. Penso em Breyten Breytenbach, envolvido em assuntos públicos africanos, mas muitas vezes falando e escrevendo para públicos não africanos.

A questão inicial para qualquer intelectual tem de ser esta: o importante não é o que penso como intelectual americano, intelectual judeu ou qualquer outro participante rotulado em um debate fechado. O importante é: o que penso sobre o problema A ou a decisão B ou o dilema C? Pode acontecer de eu me encontrar em Nova York ou em qualquer lugar, mas isso não deve caracterizar os termos em que respondo a essas preocupações.

Nunca entendi por que se julga tão desonroso alguém criticar seu próprio país de forma agressiva ou interferir nos assuntos de outro país. Em ambos os casos, certamente tudo o que é necessário é que a pessoa saiba do que está falando e tenha alguma contribuição a dar. Mas não é óbvio para mim por que seria errado, digamos, um intelectual francês ou inglês escrever um texto vigoroso denunciando a política interna russa em um jornal russo.

Sim, mas Tony, essa separação da nação também não inibiria a pessoa de se importar?

Se você não está interessado no que acontece à sua volta, é provavelmente em razão de alguma outra falha, não por sua falta de identificação com o país. Quer dizer, não me identifico profundamente com os Estados Unidos, mas estou profundamente interessado no que acontece aqui, e me importo muito.

*Como é que isso funciona, Tony? Porque me identifico
profundamente com os Estados Unidos. E a razão pela qual sou
crítico de certas coisas é que — acho que é porque, ao amar
alguma coisa, quero que ela seja a mais virtuosa.*

O que me impressiona é a facilidade com que você e eu concordarmos, ou, de qualquer forma, entendemos um ao outro em uma série de questões, inclusive em muitas coisas que têm a ver com o que há de errado nos Estados Unidos, apesar do fato de que você parte de se sentir um americano cujo país está precisando reencontrar sua melhor condição, se eu posso parafraseá-lo, e eu parto — não sei de onde. Mas não daí.

*Bem, vamos tentar ser programáticos. Como é que se chega à visão
de lugar nenhum, supondo que você está certo sobre isso e que há
um lugar assim.*

John Rawls apresenta em seu Teoria da justiça *a ideia de que a
maneira de pensar sobre moralidade é imaginar que você está atrás
de um véu de ignorância, e não conhece nada sobre si mesmo, nem
mesmo seus talentos e seus compromissos. E então começar daí e
tentar decidir o que é que você pediria em um tipo de jogo coletivo.
Assim começa a revisão mais respeitada do liberalismo no século XX.*

O problema da busca de Rawls de um argumento liberal arquimediano é que, para alcançar seus objetivos, o argumento é obrigado a evitar algumas das próprias perguntas que ele se propõe a responder. Uma pessoa que não está familiarizada com certos aspectos cruciais de seus interesses e capacidades — e que tem de ser ignorante desse modo para servir aos propósitos de Rawls — me parece mal situada para saber sobre si mesma o suficiente para fazer escolhas moralmente consistentes e intelectualmente coerentes. Esperar-se-ia que ela entendesse a diferença entre certo e errado e soubesse que tipo de mundo alguém como ela buscaria. Mas, nesse caso, certamente ela vem para o desafio com uma herança cultural: uma maneira de pensar sobre si e os outros e de estimar a propriedade de suas ações e objetivos. Essas não são perspectivas isentas de valor, de modo que o problema da fonte desses valores permanece irresolvido.

No paradigma rawlsiano, é provável que essa pessoa seja do noroeste da Europa ou um americano com certo modo de fazer e responder perguntas desse tipo, mesmo privado de autoconhecimento do tipo mais circunstancial. O liberalismo que previsivelmente resulta de tal experimento mental sempre foi vulnerável à acusação de que ele carece de sustentação nos desafios do mundo real: nem deriva de circunstâncias presentes, nem responde à experiência do passado.

Talvez isso não importasse se a abordagem rawlsiana para fundamentar o pensamento liberal fosse dirigida essencialmente a pessoas com uma predisposição liberal. Mas isso seria inútil. O teste desse teorema é quão eficaz ele é em convencer com pessoas que *não* tenham essa disposição. E, mesmo assim, permanece a questão de como exatamente esses liberais devem agir quando lidam com pessoas e sociedades que não correspondem às suas preferências. Rawls não silencia de forma alguma sobre isso, mas é obrigado a introduzir considerações externas que não podem ser derivadas do modelo em si.

Para dizer a verdade, prefiro os especialistas em ética céticos da geração de Rawls e de um pouco depois: aqueles para quem o próprio projeto de identificação e fundamentação de uma ética universal passou a parecer, na melhor das hipóteses, inauspicioso, e em qualquer caso, em última análise, inútil. É melhor dizer que há normas de comportamento humano que emergiram como atraentes e universalizáveis; e que são, em circunstâncias razoáveis, exequíveis. Isso não é o mesmo que o neorrelativismo dos pragmáticos de última geração: as éticas que é possível impor são reais, e não apenas mais aceitáveis, mas melhores do que as éticas que se gostaria de impor. Mas elas são atraentes em parte porque as pessoas as consideram aceitáveis, e em todo caso são provavelmente o melhor que podemos esperar se estamos no ofício de praticar a ética, em vez de teorizar a moral.

Isso soa como se você estivesse sugerindo que um intelectual eficaz teria de se sentir pelo menos bastante à vontade em histórias nacionais para se ocupar com elas. Os debates importantes na verdade ocorrem em nível nacional.

Vejo isso como um paradoxo necessário. Nenhum intelectual de interesse duradouro pode se autoconfinar apenas ao assunto paroquial. Por outro lado, o mundo é de fato um aglomerado de espaços locais, e qualquer um que se proponha a flutuar desembaraçado desses espaços terá pouco a dizer para as realidades cotidianas da maioria das pessoas. Um intelectual francês que não tivesse nada a dizer sobre a França mais cedo ou mais tarde deixaria de ser audível na França — e mesmo nos Estados Unidos seu apelo acabaria diminuindo.

Mas, tendo estabelecido sua credibilidade em determinado contexto, um intelectual precisa demonstrar que a maneira como ele, ou ela, contribui para a conversa local é, em princípio, de interesse para pessoas além dessa conversa. Caso contrário, todo obcecado por políticas e todo colunista de jornal poderia reivindicar com credibilidade o status de intelectual.

O que isso significa na prática? Eu não hesitaria em me envolver em conversas americanas, se me sentisse competente para fazê-lo. A razão pela qual entrei em questões do Oriente Médio não é que eu ache que posso influenciar o que está acontecendo em Jerusalém; outros estão muito mais bem-situados para isso. Vejo como minha responsabilidade tentar influenciar o que se passa aqui nos Estados Unidos, uma vez que é em Washington e não em Jerusalém que o problema será resolvido. É *nossa* incapacidade americana de tratar desse assunto que me preocupa. E é *nossa* conversa que precisa de atenção.

Mas há outras conversas americanas em que eu não sentia que tinha algo útil com que contribuir. Não me sentia qualificado para me envolver em debates intracristãos sobre as responsabilidades dos crentes em um Estado secular. Claro que tenho opiniões sobre isso: mas reconheço que estou muito de fora e seria inaudível para os participantes.

Da mesma forma, se você — Tim — desembarcasse na Inglaterra hoje, poderia muito bem se sentir disposto e capacitado a participar de uma conversa sobre as atitudes britânicas em relação à Europa ou a política externa britânica no Oriente Médio. Mas provavelmente ficaria sem rumo e perdido em discussões vigorosas, mas esotéricas, sobre as relações entre a Inglaterra e a Escócia. Há certos tipos de conversa em que um outsider fica à vontade e pode deixar sua marca, e outros em que é melhor permanecer em silêncio.

Então, o que é um intelectual cosmopolita? Alguém que vive e escreve em Paris, mas não está limitado só por preocupações parisienses: ele é francês e mais que francês. O mesmo se aplica aos intelectuais de Nova York — que podem ser impressionantemente provincianos, a despeito do cosmopolitismo implícito de sua cidade. Parece-me que muitas das pessoas que li, em particular nas páginas de revistas como a *Dissent*, estão profundamente circunscritas por suas raízes paroquiais.

> *Como você passa de ser o intelectual francês a ser algo mais, algo maior, o que quer que seja? Porque, como você diz, o que muitas vezes tende a acontecer é que as coisas que têm ressonância em determinado nível são tristemente provincianas quando vistas de longe. E, no entanto, ao mesmo tempo, com certeza no século XXI, os intelectuais vão ter de funcionar além de um cenário nacional.*

> *Mas me parece que há um problema aqui. E é um problema que o século XX revelou: o de pensar por substitutos, ou — como você, às vezes, diz — em blocos. Se começar a pensar em termos da classe operária internacional, digamos, pode muito bem ter problemas. Ou se começar a pensar em termos da libertação dos pobres ou colonizados do mundo, também pode ter problemas. Essas tentativas de refletir além das categorias paroquiais podem ser louváveis, mas poucas delas deram frutos duradouros.*

Quanto maior o seu quadro de referência, mais frágil seu entendimento dos detalhes e do conhecimento local — é por isso que as melhores pessoas para perguntar sobre o que de fato está acontecendo não são normalmente os intelectuais, mas os jornalistas. Você não pode ser um tipo de pessoa com "perspectiva global" e ainda esperar manter um conhecimento local regular e detalhado. Mas é difícil manter o respeito por intelectuais que não têm esse conhecimento: mais cedo ou mais tarde, eles derrapam para fora de seu próprio assunto — no mínimo em busca de uma perspectiva que o transcenda. Em suma, pessoas que falam sobre tudo correm o risco de perder a capacidade de falar sobre qualquer coisa.

O intelectual tem, afinal, uma válvula de entrada e outra de saída. A de entrada é ler, ver, conhecer, aprender. Mas a de saída é seu público, em cuja ausência ele fica simplesmente soprando ar. O problema é que não existe público "global". Se você contribui com um ensaio para *The New York Review*, ele pode ser lido no mundo todo; mas seu público real é a comunidade de leitores que estão ativamente envolvidos no debate específico para o qual você está contribuindo. É apenas no âmbito desse debate que o escritor tem um impacto e um significado duradouro.

Portanto, não obstante os rótulos em contrário, não existe "intelectual global": Slavoj Žižek não existe de fato. Pela mesma razão, sempre fui cético em relação a "teorias de sistemas mundiais" e coisas semelhantes. Um sociólogo como Immanuel Wallerstein pode de vez em quando ter um insight sutil. Mas os termos em que eles estruturam suas enormes proposições gerais praticamente garantem que na maior parte do tempo reciclem banalidades.

Claro, sempre haverá pessoas dispostas a pensar nesses termos, assim como sempre haverá aqueles que fazem trabalho empírico atento. Um intelectual é por definição alguém por temperamento inclinado a chegar periodicamente ao nível de proposições gerais. Não podemos ser todos especialistas, e sozinhos os especialistas nunca seriam suficientes para dar sentido a um mundo complicado. Mas o que importa é o meio-termo — o espaço entre o detalhe local e o teorema global —, e isso tende a ser ainda hoje determinado em nível nacional. Qualquer pessoa seriamente preocupada em mudar o mundo tende, de forma paradoxal, a operar nesse registro médio.

> *Para que os intelectuais sejam importantes, mesmo que falem principalmente num nível nacional, eles vão ter de tratar de problemas que não eram internacionais na época do Caso Dreyfus. Por exemplo, a mudança climática e a distribuição desigual dos recursos energéticos são inerentemente questões internacionais com que, no entanto, as comunidades e os indivíduos nacionais têm de lidar.*

* * *

Mas havia algumas pessoas, em especial no final do século XIX, que estavam começando a falar sobre assuntos comparáveis: com o advento da metralhadora, as leis da guerra precisariam de atenção. O transporte necessitaria de regulação mais rigorosa, dado o aumento da velocidade das comunicações. Você não poderia negociar com outro país se tivesse um conjunto completamente diferente de critérios para tudo, da medida à qualidade e ao valor — e por isso era preciso haver acordos. Isso começou ou acelerou o processo de pensar globalmente, ou internacionalmente, como se dizia então, ao abordar questões nacionais.

Não pensamos sobre o fato de que hoje a bitola ferroviária é quase, não completamente, mundial — há exceções por razões históricas. Mas, sabe, não fosse isso, o custo de um item enviado, digamos, ao Canadá ou ao México seria duas ou três vezes maior por causa do esforço envolvido em mudar de bitola, do tempo que se levava, e assim por diante. Portanto, há muitas maneiras como nós simplesmente aceitamos, desde então, que não podemos pensar em interesses nacionais sem pensar internacionalmente. E não podemos falar de objetivos de política nacional sem pensar além das fronteiras. Mas, mesmo hoje, a conversa ainda se dá dentro das fronteiras.

Pense na Europa hoje. Kant falou sobre o mercado único e a noção de livre circulação de bens, livre circulação de dinheiro e livre circulação de homens. Mas o que acabou ocorrendo, e era perfeitamente previsível, é claro, é que os bens circulam de forma livre, o dinheiro circula virtualmente à velocidade da luz — mas os seres humanos não, ou pelo menos a maioria deles. Uma elite é livre para fazê-lo, mas a maioria das pessoas não pode. A maioria das pessoas vai pensar muito tempo antes de desistir de seu mundo, digamos, no norte da França, para se mudar para Luxemburgo só porque há um trabalho melhor ali. Embora hoje a moeda seja a mesma, e seja perto por trem rápido, e a maioria das leis que importem para a pessoa sejam semelhantes. Os seres humanos, mesmo na Europa, vivem dentro de quadros nacionais.

Quais você diria que são as tentativas interessantes ou menos interessantes, bem-sucedidas ou menos bem-sucedidas de passar de uma conversa nacional para algum outro tipo de conversa? Porque parecemos estar em uma espécie de momento fatídico em que, sim, o que importa é se você pode mudar a mente das pessoas dentro de uma conversa nacional realizada dentro de certas convenções nacionais — mas é improvável que você seja eficaz, a menos que esteja se baseando em alguma outra fonte de conhecimento ou em alguma outra perspectiva.

Para ser eu mesmo um pouco paroquial, a mudança recente mais importante foi a criação de uma identidade europeia entre os decisores políticos e a elite culta de um grande número de países que até muito recentemente se consideravam funcionando principalmente, ou apenas, em conversas nacionais. A Europa é uma criação intelectual, embora a maioria dos intelectuais não tenha tido nada a ver com isso.

Meu teste para a existência de uma identidade nacional europeia é a existência de uma equipe de futebol ou uma única representação nos Jogos Olímpicos. Coisas que eu não espero ver em minha vida.

Mas note que o conceito foi privatizado de forma muito eficaz. Nos últimos anos, o time de futebol Arsenal, com sede em Londres, ganhou competições britânicas e europeias enquanto jogava um futebol totalmente glorioso: era uma equipe completamente europeia. A certa altura, não havia um único jogador inglês. E ele contava, exceto pelos brasileiros inevitáveis, com os melhores talentos europeus existentes. Seria possível operar isso em algum nível nacional, mas não em um nível supranacional.

É possível reunir brasileiros, italianos e ucranianos e montar uma equipe de futebol de um clube inglês. Mas não se pode pegar um monte de ingleses e criar uma representação europeia.

Há um tipo interessante de confusão na mente nacional inglesa. Times são comprados e vendidos de forma muito pior do que mesmo o típico time de beisebol americano — e, ao mesmo tempo, há um atavismo romantizado sobre os dias em que havia na equipe 11 caras chamados Smith.

* * *

Os clubes de futebol ingleses neste momento são um pouco como os castelos remotos eram cento e cinquenta anos atrás. Se você ganhou um monte de dinheiro na Rússia, compra um deles, porque isso faz com que se sinta melhor consigo mesmo. Mas aqui está a diferença entre os Estados Unidos e a Europa. No nível das equipes de cidade somos a mesma coisa. Você pode estalar os dedos e criar um time de beisebol, e os americanos vão ficar um tanto animados, mesmo que os jogadores sejam da República Dominicana, do Equador e da Venezuela. Mas, nos Estados Unidos, você pode de fato ter uma representação americana em qualquer competição internacional, e ninguém diria que o Texas ou Idaho deve enviar sua própria equipe para os Jogos Olímpicos.

Entre os países que ainda se veem como nações, os Estados Unidos são o mais inventado de todos. Quer dizer, eles foram literalmente criados por escolha por um grupo de intelectuais, que o descreveram, definiram e ordenaram. Mas o fato de os Estados Unidos terem sido inventados, paradoxalmente, os tornam um país muito mais real para as pessoas que se identificam com eles. Ao passo que a total facticidade de um lugar como a França, ou a Espanha, torna possível de fato para muitos espanhóis ou franceses dissociarem-se bastante ativa e radicalmente de qualquer identificação mais abstrata com nação ou Estado — sem perder o sentido de sua identidade. Eles simplesmente são franceses e espanhóis. Não precisam da bandeira. Não precisam nem da língua nacional, ficam muito felizes de falar inglês com outras pessoas, se isso for vantajoso.

É uma experiência muito estranha para um inglês, e acho que ainda mais para um europeu continental, vir aos Estados Unidos e descobrir a profunda identificação nacional até mesmo de seus cidadãos mais liberais e cosmopolitas — algo que não é de forma alguma o caso na Europa. Já houve uma época em que as formas de identificação com Estado e nação faziam parte da vida cívica necessária. Você se levantava, como minha mãe costumava fazer, quando a rainha aparecia na televisão. Ficava de pé quando o hino nacional era interpretado no cinema, e assim por diante. Então, essas coisas antes ocorriam — não que estivessem profundamente enraizadas no que significava ser um certo nacional, apenas faziam parte da tradição: como o tartan na Escócia. Se você quiser, elas eram uma tradição inventada, mas percebida como real. As tradições americanas estão agora incorporadas, de maneira tão profunda, que é muito difícil distingui-las do que significa ser americano: é por isso que cidadãos americanos perfeitamente razoáveis podem ficar genuinamente irritados quando alguém deixa de saudar a bandeira ou cantar o hino. Esses sentimentos são desconhecidos na Europa contemporânea.

> *Eu ainda estou lutando para encontrar uma maneira de atravessar essa barreira entre o nacional e o internacional. Pelo que disse no início sobre se empenhar pelo universalismo, suponho que deva ver isso como desejável, ainda que nem sempre apropriado ou possível. Então, eu queria lhe perguntar sobre se haveria, se não valores, pelo menos práticas sobre as quais europeus e americanos deveriam estar falando para exportação.*

> *Ora, a óbvia é a democracia. A Guerra do Iraque — o momento que você citou e ao qual voltamos várias vezes — é bastante interessante nesse aspecto. Porque a Guerra do Iraque foi travada por um governo americano que não foi legitimado democraticamente — um argumento que ninguém apresenta, mas que, em termos da teoria da guerra, ou da teoria kantiana da guerra — tem alguma importância. Afinal, isto é o que se poderia esperar: que é precisamente um governo como esse que é mais propenso a travar guerras estúpidas. Enquanto isso, porém, esse mesmo país, os Estados Unidos, estava promovendo a democracia na Ucrânia ao levar a sério pesquisas de boca de urna em Kiev — o que, é claro, não fizemos em Miami, que é como os americanos chegaram onde estamos hoje, basicamente.*

A atividade intelectual é um pouco como a sedução. Se você vai direto para seu objetivo, é quase certo que não terá sucesso. Se quer ser alguém que contribui para os debates históricos mundiais, quase certamente não terá sucesso se começar contribuindo para debates históricos mundiais. A coisa mais importante a fazer é falar sobre as coisas que têm, como poderímos dizer, ressonância histórica mundial, mas no nível em que você pode ser influente. Se sua contribuição para a conversa é então escolhida e se torna parte de uma conversa geral ou parte de conversas que acontecem também em outros lugares, então que assim seja, e tanto melhor.

Portanto, não acho que os intelectuais se saem muito bem falando sobre a necessidade de o mundo ser democrático, ou de que os direitos humanos sejam mais respeitados em todo o mundo. Não que a declaração esteja aquém do desejável, mas ela contribui muito pouco para alcançar seu objetivo ou aumentar o rigor da conversa. Ao passo que a mesma pessoa, de fato mostrando exatamente o que há de defeituoso nas democracias, estabelece uma base muito melhor para o argumento de que a nossa é uma democracia que os outros devem ser encorajados a imitar. Apenas dizer que a nossa é uma democracia ou que não estou interessado na nossa, mas quero ajudar a fazer a sua, estimula a resposta: bem, vá embora e conserte a sua e então talvez você tenha um público estrangeiro, e assim por diante. Portanto, para ser internacionais, temos de ser primeiro nacionais.

Com que deveríamos nos preocupar hoje? Estamos no fim de um ciclo muito longo de melhora. Um ciclo que começou no final do século XVIII e que, apesar de tudo o que aconteceu desde então, continuou essencialmente até a década de 1990: a ampliação constante do círculo de países cujos governantes foram constrangidos a aceitar algo semelhante ao Estado de direito. Acho que isso foi encoberto desde a década de 1960 por duas disseminações diferentes mas relacionadas: de liberdade econômica e individual. Esses dois últimos desenvolvimentos, que parecem estar relacionados ao primeiro, são de fato potencialmente perigosos para ele.

Vejo o presente século como de crescente insegurança causada em parte pelo excesso de liberdade econômica, usando a palavra em um sentido muito específico, e também crescente insegurança causada pela mudança climática e por Estados imprevisíveis. É provável que estejamos como intelectuais ou filósofos políticos enfrentando uma situação em que nossa tarefa principal não é imaginar mundos melhores, mas sim pensar como evitar piores. E essa é uma espécie de situação ligeiramente diferente, em que o tipo de intelectual que traça grandes imagens de situações idealizadas, improváveis, talvez não seja a pessoa que vale mais a pena ouvir.

Talvez nos vejamos perguntando como podemos defender direitos, normas, liberdades, instituições etc. legais, ou constitucionais, ou humanos, estabelecidos. Não vamos perguntar se a Guerra do Iraque foi ou não uma boa maneira de trazer democracia, liberdade, emancipação, o comércio etc. para o Oriente Médio, mas sim, foi uma empreitada prudente, mesmo que tenha atingido seus objetivos? Lembre-se dos custos de oportunidade: o potencial perdido para alcançar outras coisas com recursos limitados.

Tudo isso é difícil para os intelectuais, cuja maioria se imagina defendendo e promovendo grandes abstrações. Mas acho que a maneira de fazer isso nas próximas gerações será defender e proteger instituições, leis, regras e práticas que encarnam nossa melhor tentativa dessas grandes abstrações. Os intelectuais que se preocupam com elas serão as pessoas que mais importarão.

> *Quando mencionei a democracia antes, o que eu tinha em mente não era tanto a ideia de que alguém deve falar de forma abstrata sobre ela, ou de que alguém deve disseminá-la, mas sim que ela é precisamente uma coisa muito tenra que é composta de muitos mecanismos e práticas pequenos e frágeis. Um deles é assegurar que os votos sejam contados.*

> *Lembro-me de falar com um amigo ucraniano sobre as eleições presidenciais americanas de 2000. E os russos iam enviar observadores eleitorais para a Califórnia e a Flórida com a justificativa de que essas eram partes do país que só recentemente haviam sido anexadas e que lá os abusos eram mais prováveis. O que achei risível. Como se viu, a posição altiva que tomei sobre nossas práticas locais e sua defesa sincera por parte de todos que importavam do topo à base estava completamente errada. Acho que aquelas eleições foram um exemplo muito bom de uma instituição atraente e até glamourosa, a democracia, sendo escavada por dentro enquanto ignorávamos os detalhes.*

Se você olhar para a história das nações que maximizaram as virtudes que associamos à democracia, perceberá que o que veio primeiro foi constitucionalidade, Estado de direito e separação de poderes. A democracia quase sempre veio por último. Se por democracia entendemos o direito de todos os adultos a participar na escolha do governo que vai governá-los, isso veio muito tarde — durante minha vida em alguns países que agora julgamos grandes democracias, como a Suíça, e certamente durante a vida de meu pai em outros países europeus, como a França. Portanto, não devemos nos dizer que a democracia é o ponto de partida.

A democracia tem com uma sociedade liberal bem-ordenada a mesma relação que um mercado excessivamente livre tem com um capitalismo regulado bem-sucedido. A democracia de massa em uma era de meios de comunicação de massa significa que, por um lado, você pode revelar muito rapidamente que Bush fraudou a eleição, mas, por outro, que grande parte da população não se importa. Ele teria sido menos capaz de fraudar a eleição em uma sociedade liberal do século XIX, mais antiquada, com um sistema de sufrágio mais restrito: as relativamente poucas pessoas de fato envolvidas teriam se importado muito mais. Portanto, pagamos um preço pela massificação de nosso liberalismo, e devemos entender isso. Esse não é um argumento em favor de voltar ao sufrágio restrito ou a duas classes de eleitores, ou seja o que for — você sabe, os informados ou os desinformados. Mas é um argumento em favor da compreensão de que a democracia não é a solução para o problema das sociedades sem liberdade.

> *Mas não seria a democracia uma boa candidata para um século mais pessimista? Porque ela é, eu acho, melhor defendida como algo que impede que surjam sistemas piores, e melhor articulada, como política de massas, como uma forma de garantir que as pessoas não sejam enganadas da mesma maneira todas as vezes.*

A máxima de Churchill de que a democracia é o pior sistema possível, com exceção de todos os outros, carrega alguma verdade — mas limitada. Ela tem sido a melhor defesa de curto prazo contra alternativas não democráticas, mas não é uma defesa contra seus próprios defeitos genéticos. Os gregos sabiam que a democracia não é propensa a ceder aos encantos do autoritarismo, do totalitarismo ou da oligarquia; ela é muito mais propensa a ceder a uma versão corrompida de si mesma.

As democracias se corroem muito depressa; se corroem linguisticamente, ou retoricamente, se preferir — esse é o argumento orwelliano sobre a linguagem. E se corroem porque a maioria das pessoas não se importa muito com elas. Observe que a União Europeia, cujas primeiras eleições parlamentares foram realizadas em 1979 e tiveram uma taxa média de comparecimento de mais de 62%, agora está olhando para uma participação de menos de 30%, embora o Parlamento Europeu hoje seja mais importante e tenha mais poder. A dificuldade de manter o interesse voluntário na atividade de escolher as pessoas que vão governá-lo é bem atestada. E a razão pela qual precisamos de intelectuais, bem como de todos os bons jornalistas que possamos encontrar, é preencher o espaço que cresce entre as duas partes da democracia: os governados e os governantes.

Há também a máxima de Goebbels, de que em qualquer sistema político basta você afirmar que é uma vítima para começar uma guerra, e você pode conseguir que a maioria das pessoas fique do seu lado. O que é muito mais verdadeiro do que gostaríamos que fosse. E leva à conclusão, que me parece bastante óbvia, de que, se o que você quer fazer é defender a democracia, tem de reconhecer que as guerras no exterior são um dos grandes fatores de distorção. Isso foi um problema desde o início, e desde Luís Bonaparte...

Não é por acaso que Marx se concentrou em Luís Bonaparte como um exemplo das possibilidades demagógicas de transformar eleições livres em sociedades não livres. Marx usou isso em proveito próprio ao argumentar que era uma consequência de haver um determinado tipo de eleitorado, pré-industrial. Mas, infelizmente, vimos que eleitorados pós-industriais também são vulneráveis. Faz apenas alguns anos que pessoas como Michael Mandelbaum escreviam livros sobre como democracias nunca faziam a guerra e dizendo que um mundo cheio de democracias seria um mundo seguro!

A Guerra do Iraque ilustra precisamente o contrário: que uma democracia, e em particular uma democracia armada, é muito facilmente conduzida para a guerra — desde que se contem histórias que sejam compatíveis com sua autoimagem. Não se pode dizer: vamos fazer uma guerra de conquista. Isso vai contra a sua capacidade de assegurar-se de que o que ela está fazendo é certo. Mas diga que ela vai para lá fazer pelos outros o que antes teve a sorte de fazer por si própria, que ela está se protegendo contra sociedades autoritárias prestes a destruir os valores que a tornam democrática: então, ela é prontamente mobilizada para objetivos não democráticos, inclusive a guerra agressiva ilegal. Se uma democracia pode fazer isso, então não resta muito para distingui-la — de volta a Goebbels — de uma ditadura: exceto sua narrativa de liberdade autojustificante. Essa última mantém seu valor, mas não é uma grande defesa. Apenas preenche o critério de Churchill, nada mais que isso.

> *Eu sou mais otimista que isso. Não acho que o governo que levou os Estados Unidos àquela guerra fosse eleito democraticamente. E isso tem todas as consequências previsíveis. Ou seja, uma vez que você tenha chegado ao poder de forma não democrática, pensa em maneiras de fazer isso de novo. E a guerra foi, de fato, a maneira de ser eleito pela segunda vez. Bush não teria sido competitivo para a reeleição sem a guerra. Essa era, de fato, a única questão para os republicanos em 2004.*
>
> *Primeiro você trapaceia, depois luta, depois diz que a guerra significa que o outro lado é ilegítimo. Então, acho que há uma ligação entre democracia e travar guerras, e acho que, como um primeiro teste decisivo do que está acontecendo em seu país, você pode se perguntar: estamos travando uma guerra de agressão ilegal? Se a resposta for sim, há uma boa chance de que possa haver algum problema com suas instituições democráticas.*

A democracia não é uma condição necessária nem suficiente para uma sociedade boa e aberta. Não quero parecer excessivamente cético sobre ela: alguém que tem preferência pelas sociedades liberais aristocráticas do século XIX. Mas quero apresentar um argumento (Isaiah) berliniano. Simplesmente temos de reconhecer que algumas sociedades não democráticas anteriores foram, em certos aspectos, melhores do que democracias posteriores.

* * *

Concordo que o constitucionalismo e a ideia do Estado de direito são anteriores historicamente e, eu acho, eticamente à democracia. Mas, em um mundo onde o gênio da política de massas já saiu da garrafa, é necessário haver alguma forma de administrar isso.

Isso eu aceito. Mas diria que seria ótimo se fôssemos capazes de produzir elites políticas que não estivessem tão totalmente em dívida com o gênio fora da garrafa que não pudessem se desobrigar um pouco dele para encarnar os valores da sociedade que os democratas de massa herdaram.

O que me preocupa é a tendência da democracia de massa a produzir políticos medíocres. A grande maioria dos políticos das sociedades livres do mundo de hoje está abaixo do padrão desejável. Você pode começar com a Grã-Bretanha e seguir para Israel, ou começar com a França e seguir para qualquer lugar na Europa Oriental, ou começar nos Estados Unidos e seguir até mesmo para a Austrália. A política não é um lugar para onde pessoas com autonomia de espírito e amplitude de visão tendem a ir. E acho que isso é verdade, mesmo no caso de alguém como nosso atual presidente, Barack Obama, que está se mostrando muito hábil no que alguns de nós temiam que fosse sua qualidade saliente — o desejo de ser julgado razoável. Não necessariamente fazer concessões, mas o desejo de ser visto como alguém que faz concessões. O que torna muito difícil liderar.

Não se pode chegar a nada mais inspirador, então, Tony? Ou o fardo moral dos intelectuais é precisamente serem aqueles que não são inspirados?

Bem, sabe, Cassandra tem uma senhora reputação. Não é tão ruim cair lutando como a última pessoa a dizer uma verdade desagradável.

Lembramo-nos de Cassandra, mas ninguém se lembra de qual era sua verdade desagradável.

Exato. A verdade desagradável é normalmente, na maioria dos lugares, que você está sendo enganado. O papel do intelectual é tornar a verdade conhecida. E depois explicar por que ela é a verdade. O papel do jornalista investigativo é publicar a verdade; o do intelectual é explicar o que deu errado quando a verdade não foi publicada. Acho que o perigo de ver os intelectuais como inspiradores é que vamos novamente lhes pedir narrativas grandiosas, ou grandes truísmos morais. E quanto maior o truísmo e mais grandiosa a narrativa, mais eles vão parecer o tipo de intelectual inspirador que pensamos que queremos. E não acho que queremos isso.

Por que a Guerra do Iraque não foi uma espécie de Caso Dreyfus global? Ou pelo menos americano?

Dreyfus era muito simples: uma questão de verdade e mentira. Esse não é bem o caso da Guerra do Iraque. Para argumentar contra ela, você tem de invocar uma certa quantidade do que se pode chamar considerações contingentes: a prudência do precedente, a insensatez de desrespeitar a lei se você não quer que os outros a desrespeitem, a previsível improbabilidade de que qualquer dos bons resultados alegados realmente acontecesse. Todos esses são argumentos muito bons, mas que vão além da simples ética ou de questões de fato.

A única questão ética que acho que estava absolutamente clara surgiu não de considerações dreyfusistas, mas sim nuremberguianas. É de fato muito, realmente muito, imprudente na ética prática das relações internacionais, democracias travarem uma guerra sem serem provocadas — ou por razões de prevenção — quando dispõem de estratégias alternativas. Porque isso é corrosivo, não só da qualidade exemplar das democracias — sem o que elas não podem repreender as ditaduras —, mas também internamente corrosivo do que as democracias devem ser.

Eu teria pensado que o argumento crucial, na analogia com o Caso Dreyfus, seria que o Estado americano espalhou várias mentiras no momento imediatamente anterior à guerra. Por exemplo, a mentira de que autoridades iraquianas tinham algo a ver com os ataques de 11 de Setembro, e a mentira de que o Iraque estava prestes a criar uma arma nuclear. Essas foram mentiras usadas de forma consciente para levar um povo a um estado de prontidão para fazer a guerra.

* * *

Quando uma democracia entra em guerra é preciso primeiro criar uma psicose de guerra, e fazer isso é se arriscar a corroer os valores da democracia. Você tem de mentir, exagerar, distorcer e assim por diante.

No século XX, os Estados Unidos fizeram a guerra com quase nenhum custo para si próprios, em relação aos custos para os outros. Na Batalha de Stalingrado, o Exército Vermelho perdeu mais soldados do que os Estados Unidos perderam — soldados e civis combinados — em todas as guerras americanas do século XX. É difícil para os americanos compreender o que significa a guerra; portanto, é extremamente fácil um líder político americano enganar esse povo para levar uma democracia à guerra.

Eu me lembro, foi em abril de 2003, de assistir aos canais tarde da noite e ver você na tela. E com um comportamento muito calmo você estava dizendo coisas que faziam todo sentido, isto é, que a justificativa que tínhamos usado para entrar no Iraque poderia ter sido usada para justificar qualquer tipo de guerra. E tive uma estranha sensação de que seu aparecimento era excepcional porque, tanto no temperamento quanto no conteúdo, isso era diferente do que todos os outros estavam fazendo naquele momento. Então David Brooks passou a discordar, afirmando que havia uma coisa chamada "realidade", a que os decisores políticos respondiam, e que eles não estavam buscando coerência lógica. É claro que naquele momento a "realidade" em questão, a suposta ameaça do Iraque, era totalmente construída, e Brooks estava ajudando a construí-la. Agora, essa descrição de sua explicação calma pode dar a impressão de ser um elogio...

Vou entendê-la dessa maneira.

... mas o que quero perguntar é como as coisas deram tão errado naquele momento. Porque, se houve um momento em que os intelectuais deveriam ter escrito "J'accuse", ter tentado, com muito esforço, chegar a grupos maiores de pessoas, cristalizando os seus pensamentos, se necessário, escolhendo seus meios de comunicação, se necessário, foi abril de 2003, quando os Estados Unidos se

meteram na confusão que até agora define este século inteiro, e que, na verdade, provavelmente os privou do que deveria ter sido seu século. Você esteve um pouco no meio daquilo — aquilo poderia ter se dado de uma maneira diferente?

Eu gostaria de lembrar alguns encontros.

Um foi durante o período de preparação para a guerra, quando alguns de nós levantavam a questão de se uma guerra preemptiva era ou não necessária e sábia. Meu interlocutor em um programa de televisão ficava perguntando: mas certamente você confia em Donald Rumsfeld? Ele tem tanta experiência, você não vai me dizer que tem uma visão de segurança nacional melhor do que a de Donald Rumsfeld? Lembro-me de pensar que esse tipo de raciocínio é terrivelmente perigoso. O que temos aqui é o argumento da autoridade imputada. O secretário de Defesa deve saber melhor porque está no comando. E o objetivo do engajamento intelectual crítico é dizer o contrário: se alguém está no comando, isso impõe um ônus especial ao resto de nós de interrogá-lo muito duramente, em vez de recuar e dizer "papai é quem sabe".

Esse ambiente de "eles devem saber melhor, porque são os especialistas, os chefes, os poderosos, os durões, os realistas, têm a informação de dentro, o que nós, moralistas brandos, sabemos?" era perturbador. Essa é a atmosfera do autoritarismo.

A menção a David Brooks me lembra de outro momento, em uma conversa diferente com ele, no programa de Charlie Rose. Era sobre o que a ONU podia fazer para resolver a crise no Iraque, em vez de deixar que os Estados Unidos apenas fizessem o que achassem melhor. Brooks estava argumentando de forma muito tranquila que a ONU era inútil e que não se podia contar com ela para fazer nada eficaz. E disse: olhe como ela foi inútil nos Bálcãs. Nesse momento falei com algum detalhe sobre a resolução da crise do Kosovo e, em particular, do papel das agências internacionais ali — em situações catastróficas, argumentei, ainda era possível que agências internacionais fizessem coisas boas, precisamente porque eram agências internacionais. Eu esperava que Brooks voltasse com: e quanto a isso, isso e isso. Mas ele apenas disse: bem, eu de fato não sei nada sobre isso. E mudou de assunto.

E me lembro de pensar: você já esteve na televisão, fez declarações ex cathedra contra toda a ideia de uma ação internacional para resolver crises políticas em lugares perigosos, defendendo que os Estados Unidos façam o que acharem melhor porque ninguém mais pode fazer; então, quando é pressionado sobre isso, você diz: bem, eu realmente não sei do que estou falando. Ali tínhamos o intelectual público que agora ocupa não só espaço televisivo de destaque, mas também páginas de opinião dos jornais mais influentes do mundo de língua inglesa: e ele não sabe de nada.

Raymond Aron notoriamente criticou a geração de intelectuais sartrianos que não sabiam nada sobre as coisas das quais falavam; mas pelo menos eles, afinal, sabiam outras coisas. Homens como Brooks não sabem, literalmente, nada. Então, encontrei, naqueles meses conturbados, uma combinação de aquiescência catastrófica em autoridade com simples ignorância parva, antiquada, disfarçada de comentário. Essas foram as circunstâncias que permitiram que uma ação política criminosa fosse levada a cabo no espaço público com muito pouca oposição.

Outra coisa que cabe lembrar, porém, é que as pessoas que *sabiam* alguma coisa simplesmente deixaram para lá. Estou pensando em Michael Ignatieff, ou David Remnick, ou Leon Wieseltier, ou Michael Walzer. Em vez de fazer perguntas, todos se comportaram como se a única função do intelectual fosse fornecer justificativa para as ações de não intelectuais. E me lembro de ter ficado profundamente chocado e também me sentindo muito só. Não que me sentisse à vontade com os isolacionistas; eu tinha sido muito favorável à intervenção nos Bálcãs e ainda acredito que essa era a coisa certa a fazer.

Outros opositores da guerra foram os neokissingerianos, por assim dizer, que se opunham a fazer coisas estúpidas porque não são do nosso interesse. Isso chega um pouco mais perto de ser uma posição legítima, mas ainda é absolutamente insuficiente. Não basta dizer que não devemos fazer de nós mesmos idiotas em lugares como o Vietnã ou o Iraque, se o motivo que você apresenta é apenas que isso não é do nosso interesse. Partindo dessa premissa, você está da mesma forma propenso a dizer que *devemos* fazer de nós mesmos idiotas em lugares como o Chile porque isso é do nosso interesse. Então, não me lembro de ter lido muitos ensaios ou artigos que compartilhavam meu ponto de vista na época, certamente nenhum escrito por americanos.

> *Parece-me que os dois primeiros pontos podem ser relacionadas entre si. Ou seja, a defesa feita pelos jornalistas da epistemologia autoritária, vamos dizer, que presume que quem está no poder está certo, também pode ser uma autodefesa dos próprios jornalistas e de seus métodos de trabalho. Afinal o que muitos desses jornalistas têm, além de sua própria autoridade? E em que ela se baseia, além do contato com o poder?*

Acho que esse é um argumento muito justo. Os jornalistas, na maioria, e isso tem algo a ver com a natureza do poder e da comunicação hoje, têm tanto medo de perder seu status quanto de estar errados. Mas é claro que a ideia de que o intelectual deve se ver como uma correia de transmissão é perigosa, porque é exatamente isso que eles eram na União Soviética; a metáfora da correia de transmissão é de Lenin. Mas esses caras temiam — acho que você está certo — que sua posição pudesse ser solapada.

Brooks é um caso interessante porque tudo é feito com espelhos — não há nenhuma expertise. A aparente expertise consiste na capacidade de falar fluentemente a cada semana sobre qualquer acontecimento público de uma forma que os leitores se acostumem a ver como uma espécie de comentário esclarecido. Thomas Friedman, outro proeminente "expert" contemporâneo, explora uma noção um pouco diferente de expertise. Note que praticamente todas as colunas de Friedman incluem uma referência a alguma pessoa famosa com quem ele falou. Assim ele torna explícita a noção de que a expertise de alguém é em função dos contatos que esse alguém tem. Como o rei Abdullah me disse; como a ex-mulher do subsecretário de Estado no Ministério da Informação da Coreia do Sul murmurou em um jantar de que participei; e assim por diante. De fato, não importa, na verdade, quem é. O importante é a noção de acesso a algo especial.

No caso de Friedman, o acesso à informação é recalibrado de modo muito cuidadoso como o meio-termo aceitável sobre qualquer questão política dada. E a posição de Friedman sobre a Guerra do Iraque foi deplorável. Não só ele seguiu junto com todos os outros, mas, na verdade, provavelmente entendeu as coisas um pouco errado e correu um pouco depressa demais para a posição antifrancesa, antieuropeia. Foi Friedman quem escreveu uma coluna que dizia que a França devia ser expulsa do Conselho de Segurança da ONU por ter a ousadia de se opor aos Estados Unidos numa questão tão importante.

Jornalistas investigativos como Mark Danner ou Seymour Hersh, na revista *The New Yorker*, estavam em uma tradição diferente. Seu trabalho era simplesmente descobrir que mentiras sujas havia embaixo da superfície serena das decisões e das declarações políticas. E portanto não é por acaso que todo o verdadeiro trabalho de mostrar o que estava acontecendo na primeira década deste século não foi feito por intelectuais, nem por jornalistas da grande mídia, nem, com toda a certeza, por comentaristas, mas pelos caras que desenterram a sujeira: fosse sobre as armas de destruição em massa, sobre as mentiras a respeito de material físsil nuclear no Iraque ou sobre tortura.

> *O caso extremo na outra direção tem de ser Judith Miller, cujo feito foi legitimar a alegação de que havia armas de destruição em massa e cuja fonte, Ahmad Chalabi, era alguém que não só tinha um interesse pessoal óbvio na mudança de regime no Iraque, mas que acabou se revelando um agente dos serviços secretos iranianos.*

A última vez que vi Judy Miller foi em uma espécie de debate-jantar nos Hamptons em, acho, 2002, com a presença de George Soros, jornalistas proeminentes e algumas outras figuras públicas. Falei sobre o Iraque, no que era então uma fase inicial da preparação para a Guerra do Iraque. Judy Miller me criticou da maneira mais desdenhosa e categórica. Ela era a especialista, e eu, apenas um acadêmico tagarela. Como George Soros tinha acabado de dizer praticamente as mesmas coisas que eu, foi bastante surpreendente que fosse eu o objeto do ataque. Mas ninguém ataca George Soros nos Hamptons; nunca se sabe quando se vai precisar do dinheiro! Então, as coisas se tornaram muito pessoais; tentei responder e algumas pessoas se levantaram e disseram em essência: "como você pode discordar de Judith Miller?". Ela tem a autoridade, o conhecimento e as fontes internas. A experiência reproduziu as conversas que descrevi no programa de

Charlie Rose — só que foi tudo muito menos cordial porque não havia nenhum microfone.

A única pessoa que veio até mim depois do jantar nos Hamptons e disse que eu estava certo e ela, perigosamente errada, foi Jean-Marie Guéhenno, chefe das forças de manutenção da paz das Nações Unidas. Ele disse: posso lhe afirmar que tudo o que você falou é verdade, e que tudo o que ela disse é simplesmente a linha de Washington, filtrada através de uma emissora jornalística útil. O que foi de fato preocupante foi que aquele era um jantar que reunia pessoas poderosas: a alta direção de *The New York Times*, produtores seniores da televisão pública e outros. Ninguém teve coragem de me apoiar. Naqueles dias, Miller era intocável. De repente tudo aquilo se desmonta, e ninguém quer mais falar com ela.

> *Parece-me que um dos problemas aqui é que não se pode diferenciar verdade de autoridade quando não se acredita de fato na verdade. Ocorre-me que uma das razões pelas quais era difícil o Iraque ser uma espécie de Caso Dreyfus global era a falta de preocupação americana com a verdade como tal.*

Esse é um dos preços infelizes que pagamos pela década de 1960: a perda da fé na verdade como uma contraposição suficiente a mentiras. Não basta dizer: ela não está contando a verdade; você tem de dizer: ela está mentindo porque está ligada a uma empresa que fabrica armas. Ou ela está mentindo porque sua política está ligada ao lobby sionista, ou porque tem um plano maior que ela não quer revelar. O que há de errado com ela, em resumo, não é que ela mente: todo mundo o faz. O problema dela é que suas motivações são condenáveis.

Hoje é preciso um grau muito considerável de autoconfiança ética para dizer, como as pessoas costumavam fazer ainda na era do Watergate, que tal e tal pessoa é um mau político porque mente. Não porque ele é um porta-voz do lobby dos fabricantes de armamentos, ou do lobby de Israel, ou do das armas, ou seja o que for — mas apenas porque ele mente. E se hoje você defender a honestidade, é provável que seja retribuído por uma sobrancelha levantada. Todos nós mentimos, todos eles mentem, diz o raciocínio. A questão é: ele é seu ou meu mentiroso?

O pano de fundo histórico para essa perturbadora perda de confiança moral me parece ser em grande medida o colapso da velha esquerda, com todos os seus defeitos, acompanhado pela ascensão da esquerda cultural branda. Assim, os liberais americanos se sentem vagamente incertos sobre qual é o exato terreno em que se encontram quando dizem que desaprovam alguma coisa. Ficamos mais à vontade com o problema do bem e do mal se ele é localizado de forma inequívoca em outro tempo (ou lugar); ficamos mais à vontade dizendo que não gostamos do afogamento de bruxas, ou da Gestapo. Mas nem sempre temos muita clareza sobre como devemos afirmar nossa oposição, por exemplo, às clitorectomias femininas na África Oriental — por medo de ser culturalmente ofensivos. E isso entrega reféns enormes àqueles (de maneira regular, mas nem sempre, à direita) que, de uma forma muito mais crua, acham que sabem exatamente o que é certo e o que é errado, o que é falso e o que é real, e assim por diante. E que estão dispostos a dizer isso de uma maneira autoafirmativa, confiante. O problema da insegurança ética incapacitou duas gerações de liberais.

Essa é uma questão que afligia Isaiah Berlin, mas havia uma resposta clara para isso. Isto é, Berlin era um realista moral — mas não era um reducionista moral. Ele considerava essas preocupações morais todas reais; a tragédia da vida moral é que elas não são comensuráveis nem redutíveis a nenhuma boa moral subjacente. Mas ele pensava que elas estavam todas lá e contavam e são valores humanos, por mais que em última análise sejam incompatíveis.

Mas acho que aqui há outro argumento berliniano relevante aqui — e que não tem a ver com pluralismo moral, mas com conhecimento. Berlin escreveu um ensaio sobre juízo político que fez circular e depois tentou definir exatamente o que era e o que não era juízo político. Naqueles anos (as décadas de 1950 e 1960), essas considerações tinham caído no esquecimento. Para Berlin, o juízo político implicava um senso de realidade: a capacidade de farejar a verdade em um mundo de ofuscamento intencional.

* * *

Isso faz parte de uma história maior em que o próprio Berlin estava ativamente envolvido, que é o problema de pensar de forma política. Achamos que sabemos o que é teoria política, ou pensamento político, ou filosofia política; mas na verdade eles são um território intermediário muito sutil entre a ética ou a filosofia, de um lado, e a política, ou mesmo as políticas, de outro.

Assim, no saber acadêmico americano, política é simplesmente o que acontece quando as pessoas lidam com assuntos públicos. E o que você faz é estudá-la, mas não se envolve nela. Se tiver de se engajar nela, você lhe aplica a expressão desdenhosamente pejorativa de raciocínio político "normativo", o que sugere que você está sub-repticiamente inserindo seus próprios pontos de vista no objeto de estudo. A atividade que acaba de descrever como "juízo" é, na verdade, bastante sutil: requer o estabelecimento de um conjunto particular de regras relativas às possíveis aplicações de conceitos que empregamos para entender os assuntos públicos.

Portanto, é fácil mostrar que os políticos são incoerentes e carecem de ideais elevados. Mas isso não dá conta da questão do que as pessoas devem fazer politicamente para se conformarem a um conjunto de normas desejáveis, de coerência moral, veracidade, ética prática, ou do que quer que seja. Esse é o terreno do pensamento político. E, como disse John Dunn em uma famosa frase, não é fácil.

Qualquer envolvimento com uma decisão política tem de ser triangulado por meio de três perguntas diferentes. Uma é a questão consequencialista. Temos certeza de que as consequências de uma dada escolha não são perigosas — seja diretamente, seja como exemplos e precedentes? Mesmo que a Guerra do Iraque tenha tido boas compensações em termos bushianos, ela ainda pode — de uma perspectiva consequencialista — ter sido uma ideia abominável, incentivando outros a agir de maneiras que talvez não deem certo e podem ter desdobramentos terríveis. Como consequência, o simples fato de ela ter dado certo não seria uma justificativa.

Em segundo lugar, há a conversa realista: o que temos a ganhar agindo assim? Isso tem de fazer parte de qualquer decisão política porque a política, afinal, tem a ver com governança, e com a criação de resultados que são presumivelmente do interesse daqueles que realizaram a ação. Mas a linha tênue que separa o realismo político do cinismo moral é fácil de cruzar — e o preço de fazê-lo, ao longo do tempo, é um espaço público corrompido.

E então a terceira questão deve ser: isto é uma coisa boa, ou correta, ou justa a fazer — independente de minhas duas considerações anteriores? É a nossa incapacidade contemporânea de manter esses três conjuntos de considerações em jogo (mas distintas) que reflete a maior falha de raciocínio político.

Eu temo, ficando perto desse exemplo da Guerra do Iraque, que possa haver um problema subjacente que torna difícil para as pessoas assumir qualquer uma dessas três, muito menos todas as três. E é um certo desrespeito pelo pensamento *político, ou talvez apenas pela lógica.*

Deixe-me explicar: se pretendemos tornar o Iraque uma democracia, realmente achamos que os iraquianos vão votar a favor de ocuparmos seu país por tempo indefinido? Ou realmente achamos que eles vão votar a favor de que tenhamos seus recursos de petróleo? Se o Iraque é um Estado secular, devemos derrubá-lo como parte de uma campanha contra o terrorismo religioso? Essas considerações básicas, que requerem pouco conhecimento local, pareciam bastante ausentes da conversa pública.

Em minha opinião, a falta de pensar logicamente está ligada a ideologia. Considere intelectuais e reformadores comunistas da década de 1960. Sua incapacidade de compreender a dimensão da catástrofe comunista era, em grande medida, ideológica. Cegos para as contradições do que viam como "reforma" da economia, eles não eram estúpidos nem agiam de má-fé. Mas seu raciocínio lógico era subordinado aos primeiros princípios dogmáticos.

Mutatis mutandis, para pensar que impor a democracia em Bagdá era a condição necessária e suficiente para resolver o conflito entre israelenses e palestinos — um argumento ouvido repetidas vezes — você tem de acreditar numa tremenda quantidade de coisas impossíveis antes do café da manhã, para citar Lewis Carroll. Entre elas está a visão de que o mundo de fato se assemelha em todos os aspectos à construção abstrata que você faz dele.

Na verdade, essa própria construção consistia em uma série de mundos de plástico semelhantes a peças de Lego entrelaçados de acordo com o gosto: o primeiro descrevia as terras árabes e muçulmanas como um todo bidimensional: se você empurrá-lo em um lugar, ele se move previsivelmente em outro. Depois vinha a curiosa suposição (revelando notável ignorância da história do século XX) de que todos ficariam tão impressionados com o choque e o pavor de uma campanha de bombardeios destrutivos em Bagdá que logo se sujeitariam a muitas centenas de quilômetros de distância; e, claro, havia a suposição ainda menos plausível de que o conflito palestino-israelense era apenas mais um problema no estilo da Guerra Fria, sem fatores autônomos ou locais, mas apenas refletindo e subordinado a forças globais que os Estados Unidos poderiam manipular à vontade.

Dialética. Mas qual é a ideologia que se impõe sobre a lógica nos Estados Unidos no começo do século XXI? Tenho meu candidato, que é o nacionalismo americano.

O nacionalismo americano me parece nunca ter ido embora. Achamos que vivemos em um mundo globalizado, mas isso ocorre porque pensamos econômica e não politicamente. Assim, não sabemos bem o que fazer com as ações que obviamente não são moldadas pela globalização ou na verdade pela economia. Há um paradoxo interessante aqui. Os Estados Unidos são o menos globalizado de todos os Estados desenvolvidos. Estão menos expostos ao impacto imediato das comunicações internacionais, ao movimento internacional das pessoas, ou mesmo às consequências de alterações internacionais em moedas e comércio. Embora estes afetem enormemente a economia americana, a maioria dos americanos não os vive realmente como internacionais, nem liga imediatamente suas circunstâncias pessoais ou locais a desenvolvimentos transnacionais.

Assim, raramente os americanos encontram uma moeda estrangeira, e tampouco se consideram afetados pela relação entre o dólar e outras moedas. Essa perspectiva provinciana tem consequências políticas inevitáveis

— o que é verdade sobre os eleitores é verdade sobre seus representantes. Os Estados Unidos, portanto, permanecem atolados em uma série de considerações míopes, mesmo que ainda sejam a única potência mundial e exerçam enorme influência militar em todo o globo. Há uma disjunção entre a política interna e as capacidades internacionais dos Estados Unidos que simplesmente não foi o caso de nenhuma das grandes potências do passado.

Muitos russos e chineses são ignorantes, suponho, de maneira bem semelhante a como você descreveu os americanos. A diferença é que, no presente momento, nem a Rússia nem a China de fato têm níveis americanos de influência nos assuntos internacionais. Mas ambas, tanto quanto se pode dizer a distância, são bastante nacionalistas.

Mas como exatamente o nacionalismo americano funciona na prática, e o que ele tem a ver com erros como a Guerra do Iraque? Uma coisa que me impressiona como caracteristicamente nacionalista é a confusão sobre quando ser cínico e quando ser ingênuo. Assim, as pessoas são extraordinariamente cínicas sobre tudo o que é dito em Paris, ao ponto de qualquer um que acreditasse em algo dito pelo presidente Chirac ser considerado inaceitável — apesar do fato de que, no geral, o cara era prudente e cauteloso, dizendo muitas coisas que acabaram se mostrando corretas. Enquanto isso, aceitamos propostas e políticas de Washington que são visivelmente fúteis, e que emanam de fontes e pessoas que sabemos não serem nem inteligentes nem razoáveis.

O nacionalismo americano está muito intimamente associado com a política do medo: recorde-se das leis de Estrangeiros e de Sedição [the Alien and the Sedition Acts] da década de 1790, dos Know-Nothings* do

---

* Membros do Know-Nothing Party (Partido dos Sabe-Nada), apelido do American Party, partido político americano que defendia fortes restrições à imigração e à proibição do voto para estrangeiros. O nome provém do fato de, na origem, o partido ser uma organização semissecreta, cujos membros, quando perguntados sobre suas atividades, deviam responder: "Não sei de nada." (N. doT.)

século XIX, do medo de estrangeiros que caracterizou os anos pós-Primeira Guerra, do macarthismo e dos próprios anos Bush-Cheney. Todos são exemplos desses momentos em que a conversa pública americana combina sensibilidade ultranacionalista a influência e ofensa externa com uma disposição de escarnecer da Constituição, tanto no espírito quanto na letra.

Quando Bush disse que estamos combatendo os terroristas "lá" para que não tenhamos de combatê-los "aqui", estava fazendo um movimento político muito caracteristicamente americano. Não é por certo um tropo retórico que faz sentido na Europa, por exemplo. Porque "lá", seja o Líbano, ou Gaza, ou Bagdá, ou Basra, está na verdade a apenas uma curta viagem de avião das fronteiras da UE; e o que você faz lá, a "eles", tem consequências imediatas para seus semelhantes muçulmanos, ou árabes, ou estrangeiros em Hamburgo ou nos subúrbios de Paris, em Leicester ou em Milão. Em outras palavras, se começarmos uma guerra entre valores ocidentais e fundamentalismo islâmico, da maneira tão familiar e evidente para comentaristas americanos, ela não vai ficar convenientemente em Bagdá. Vai se reproduzir também a trinta quilômetros da Torre Eiffel. Portanto, a noção de nós e eles, lá e aqui, que é crucial para o nacionalismo americano, em seu isolamento geográfico longamente estabelecido, está totalmente ausente das sensibilidades de outros países ocidentais — que têm nacionalismos próprios, é claro, mas que não podem mais assumir uma forma tão hermética.

> *Eu acho que se há um tropo global, ou pelo menos um tropo geral no mundo ocidental, é o da vitimização. Pessoas que anseiam por ela de maneiras que teriam parecido muito estranhas apenas vinte anos atrás.*

> *Nos Estados Unidos, muitas pessoas que estão à direita e votam nos republicanos se sentem vítimas, e por razões mais ou menos compreensíveis. Elas talvez não se vejam na economia global, como você diz, mas a globalização realmente as castigou, destruiu certo modo de vida rural. O Walmart fez uma bagunça nas regiões rurais e semirrurais dos Estados Unidos. As pessoas no campo de fato vivem pior agora do que viviam há trinta anos.*

A incapacidade dos americanos de viver no mesmo nível de seus pais é muito mais pronunciada no campo do que nas cidades. Então, essas pessoas se sentem como vítimas e têm uma razão para sentir-se assim, e o Partido Republicano articula esse sentimento de vitimização para elas. Em parte ele as anima, dizendo-lhes que um dia ainda vão ser ricas, e em parte ele explica por que ainda não são ricas em termos do Estado intrusivo, caro e ineficiente que os democratas supostamente sempre construíram.

E assim a lacuna entre o sentimento de vitimização de alguém no Kansas e a capacidade americana de projetar poder no resto do mundo é tornada absolutamente enorme. Acho que é essa lacuna que não pode ser reproduzida em nenhum outro lugar.

A suspeita de que a elite simplesmente não entende isso está profundamente incrustada no ressentimento populista americano. Ele remonta, pelo menos, a William Jennings Bryan e à eleição de 1896. Nesse sentido, a distância também importa. Na Holanda, você vai encontrar referência ao fato de que aquelas pessoas em Amsterdã não entendem isso. Mas aquelas pessoas em Amsterdã estão no máximo a 120 quilômetros de distância: enquanto as pessoas em Washington, Nova York ou Princeton, ou Berkeley por falar nisso, podem estar a milhares de quilômetros de distância e a milhares de anos-luz culturalmente do "isso" que não entendem.

Portanto, há dois sentidos em que o nacionalismo provinciano americano parece tanto remoto quanto incompreendido. Eles se combinam de modo bastante elegante no medo e na antipatia pela ONU: uma organização que é estrangeira, desconhecida e, de certa forma, muito distante (mais precisamente, em Nova York).

Dito isso, o mistério maravilhoso é que isso nunca foi efetivamente traduzido em políticas demagógicas reais da maneira como foi, em algum momento, na maioria dos países europeus. Ora, em parte, isso pode ser considerado uma consequência do sistema eleitoral. Mas também reflete simples realidades geográficas. Assim, como na Inglaterra, a xenofobia e o nacionalismo foram abrandados graças à sua sublimação em momentos cruciais em um partido conservador. Mas nos Estados Unidos o simples tamanho desempenha um papel: todos estão tão longe de todos os outros que a coerência e a energia organizacional necessárias para a demagogia política tendem a se dissipar. Ainda assim, em algumas ocasiões ela rompeu o que Marx teria chamado de tegumento exterior, na forma de Newt Gingrich, ou Dick Cheney, Glenn Beck ou os Know-Nothings, o macarthismo e assim por diante: conseguindo fazer apenas mal suficiente para ameaçar a qualidade da república, mas não bastante para ser visto como o que ele realmente é: um fascismo americano nativo.

> *Isso sugere certa missão para intelectuais americanos patrióticos, que seria a defesa das instituições e da Constituição. E também certo teste daqueles que se dizem patriotas: ou seja, eles estão defendendo instituições ou estão se agrupando em torno de uma pessoa que tende a apresentar argumentos excepcionalistas (ou totalmente bizarros, ignorantes, no caso de Sarah Palin) sobre o que deve acontecer a essas instituições?*

Os comentaristas americanos são muito bons em captar essas ameaças — depois do fato. Mas a chave é identificá-las no momento e a tempo. O que funciona contra isso agora é uma cultura generalizada do medo.

Os Estados Unidos são mais vulneráveis à exploração do medo para fins políticos do que qualquer outra democracia que conheço (com a possível exceção de Israel). Tocqueville viu isso, então não é que eu tenha descoberto algo original. Ocupamos um espaço público conformista. As tradições dissidentes de Nova York são periféricas a isso e quase não o afetam. Quanto a Washington: esse não é um lugar em que a dissidência, ou mesmo a atividade intelectual de qualquer outro tipo, é encorajada. Há de fato autodenominados intelectuais em D.C., mas a maioria está tão fascinada pelo desejo de influência que há muito perderam toda autonomia moral.

O medo funciona de muitas maneiras. Não é nada tão direto quanto a velha ansiedade diante da possibilidade de que o rei ou o comissário ou o chefe de polícia venha pegá-lo. Ele tem a ver com a relutância a transgredir a própria comunidade: o medo que me foi expressado por judeus liberais de que eles não ousam arriscar ser vistos como antissemitas ou anti-Israel. O medo de ser ser visto como antiamericano. O medo de romper com a opinião acadêmica *bien-pensant* sobre qualquer coisa, do politicamente correto às opiniões radicais convencionais. O medo de ser impopular em um país onde a popularidade é uma virtude, aferida inicialmente na escola secundária. O medo de ficar contra a maioria em um país onde a noção de maioria parece ser profundamente enaltecida na ideia de legitimidade.

Então, talvez possamos concluir com a questão do meio, de alcançar as pessoas em uma sociedade conformista. Você foi, de certa forma, afortunado no sentido de que pegou o que pode acabar se revelando o último suspiro do tipo de meio ensaístico clássico.

Deixe-me enfatizar mais uma vez a coincidência que vincula o avanço da alfabetização universal e o advento dos meios de comunicação escrita de massa ao surgimento do intelectual público. O intelectual típico, digamos, da década de 1890 até a de 1940 tinha a literatura como um trabalho cotidiano. Quer você olhe para Bernard Shaw ou Emile Zola, André Gide, Jean-Paul Sartre ou Stefan Zweig, eram pessoas que conseguiam traduzir seu talento literário em influência de massa. Então, da década de 1940 até a de 1970, os intelectuais com acesso e alcance comparáveis tendiam a ser algum tipo de cientista social: historiadores ou antropólogos, sociólogos, às vezes filósofos. Isso correspondeu à expansão do ensino superior e à emergência do professor universitário como intelectual. Nessas décadas, os intelectuais eram pessoas cujo trabalho cotidiano tinha menos probabilidade de escrever romance do que lecionar na universidade.

O surgimento do rádio, na década de 1950, na Inglaterra, foi outra mudança marcante. Ela correspondeu ao crescente temor de que a cultura de massa e a alfabetização em massa de alguma forma se degenerassem. As sociedades mais avançadas eram agora universalmente alfabetizadas, mas o público para o debate público inteligente estava na verdade encolhendo — graças, como parecia a muitos, à televisão, ao cinema, e à prosperidade material. *The Uses of Literacy* [Os usos da alfabetização], de Richard Hoggart, e alguns dos primeiros textos de Raymond Williams tratam disso. O temor de que se tivesse agora uma espécie de espaço público encharcado para comunicação, mas uma capacidade cada vez menor por parte dos leigos educados para responder a ele tornou-se generalizado.

Isso nos leva ao terceiro e mais recente estágio, que é a televisão. O intelectual característico da era da televisão tem de ser capaz de simplificar. Assim, o intelectual da década de 1980 em diante é alguém capaz de e disposto a abreviar, simplificar e concentrar suas observações em um objetivo: como consequência, passamos a identificar intelectuais como comentaristas de assuntos contemporâneos. Esses são uma função e um estilo muito diferentes daqueles do intelectual na época de Zola ou mesmo na época de Sartre e Camus. A internet apenas acentuou isso.

Um intelectual hoje enfrenta uma escolha. Você pode se comunicar no tipo de publicação que surgiu no final do século XIX: o semanário literário, o mensário político, o periódico científico. Mas você só atinge uma audiência com preocupações semelhantes que encolheu dentro de cada país — embora, para ser justo, também tenha se expandido internacionalmente graças à internet. A alternativa é ser um "intelectual da mídia". Isso significa dirigir seus interesses e observações para o cada vez menor período de tempo dedicado pelas pessoas a debates de televisão, blogs, tweets e coisas semelhantes. E — salvo naquelas raras ocasiões em que surge um problema moral ou há uma crise — o intelectual tem de escolher. Ele pode se retirar para o mundo do ensaio refletido e influenciar uma minoria selecionada; ou pode falar para o que espera que seja uma audiência de massa, mas de maneiras atenuadas e reduzidas. Porém, não é nada óbvio para mim que você pode fazer as duas coisas sem sacrificar a qualidade de sua contribuição.

Eu não quero terminar sem discutir uma figura que foi extraordinariamente importante e que decerto era um intelectual, mas que não se enquadra facilmente nas categorias que estamos usando. Trata-se do jornalista vienense Karl Kraus, editor do Die Fackel *e flagelo de várias classes políticas durante décadas.*

Kraus é interessante por causa de sua ênfase na linguagem, da pura negatividade reluzente de sua crítica: usando palavras para rasgar véus de ilusão e telas de automistificação. Kraus, apesar de toda a sua localização inequívoca na Viena do início do século XX, continua a ser um guia para nossas circunstâncias. Como observei antes, nos Estados Unidos contemporâneos os únicos críticos do poder verdadeiramente eficazes são os jornalistas — em especial, os investigativos. E Kraus era um jornalista, em primeiro lugar e sempre.

Se você perguntar quem desempenhou o papel do intelectual — falar a verdade ao poder — nos Estados Unidos de George Bush, não foi certamente Michael Ignatieffs; nem mesmo — por mais que eu pudesse me vangloriar — os Tony Judts ou outros intelectuais selecionados que buscaram desvelar as idiotices das políticas públicas. Foram Seymour Hersh, Mark Danner e outros: a seu modo modesto, os Krauses de nossa época.

Kraus previu isso um século atrás. Quanto mais democrática a sociedade, mais limitada a influência de intelectuais genuínos. A crítica literária ou impressa inteligente àqueles que têm autoridade funciona melhor quando a influência e o poder são negociados dentro de um círculo restrito. Assim, como Voltaire pôde abordar Frederico da Prússia, Zola foi sem dúvida lido por todos os políticos franceses de sua época. Mas hoje os intelectuais só têm êxito se conseguem achar um atalho ou uma via direta de acesso ao poder convencional — seja por saber escolher o alvo ou por pura sorte — e atingir um nódulo particularmente sensível na carne de algum responsável por decisões, ou a opinião pública. Além desse oportunismo, a única maneira de mobilizar o público contra quem exerce o poder sobre ele é revelar escândalos, destruir reputações ou criar um polo alternativo de informação. Em suma, agir como um Kraus moderno.

> *Se os intelectuais pretendem sustentar a veracidade contra a verdade maior, ou, para usar um termo dos anos Bush, contra a convicção da veracidade, eles têm de soar de certa maneira. Têm de cuidar da linguagem de alguma forma. Para que os intelectuais sobrevivam e tenham importância, sua linguagem deve ser transparente, como disse Orwell.*

Acho que a tarefa do intelectual é captar — algo que é evidentemente um talento que nem todo mundo tem — a alma da brevidade. Dizer algo importante, de preferência algo que vai contra a tendência predominante das crenças das pessoas; dizê-lo bem, para que o público entenda que a clareza de exposição está relacionada com a veracidade do conteúdo: mas apresentar o argumento de formas acessíveis. O ofuscamento intelectual é autodestrutivo. Há muitas vantagens em respeitar a capacidade das pessoas para compreender um argumento complicado, apresentando-o com clareza. E depois? Você tem de esperar que ainda haja espaço nos lugares público para essa contribuição: talvez não haja — os fóruns para tais comunicações podem morrer; talvez já estejam morrendo. Certamente, a maioria das pessoas que passam por intelectuais hoje não consegue nem escrever nem se comunicar com nenhum efeito consistente. E isso inclui algumas pessoas muito inteligentes.

> *A questão maior é se estamos em uma economia política em que os meios de comunicação foram centralizados — ao mesmo tempo em que parecem tornar-se descentralizados, eles se tornam centralizados — e se essa é uma das razões pelas quais é difícil conseguir transmitir um argumento divergente.*

Bem, poderíamos nos fazer essa pergunta com relação ao que estamos fazendo neste momento. Temos travado uma conversa longa e séria ao longo de meses. O que, então, vamos fazer com ela? Vamos colocá-la em um livro. Se tivermos sorte, nosso livro vai ser resenhado em todas as boas revistas intelectuais, bem como no *The New York Times* — e então, se essas resenhas forem positivas, e a Penguin for tão boa quanto se supõe na venda de livros, venderemos (e esse seria um feito surpreendente), digamos, 80 mil livros neste país. E vamos ser otimistas e acrescentar mais 40 mil (isso é muito otimista) para o resto do mercado de língua inglesa. E então podemos ter um desempenho decente no Brasil, na Europa continental e assim por diante. Em resumo, se nos sairmos muito bem, podemos ter vendas brutas de 250 mil livros em todo o mundo. Isso seria considerado uma realização absolutamente notável para um livro como este.

Mas você também pode desconsiderar essas vendas como uma mera *bagatelle*. Duzentos e cinquenta mil pessoas que, na maioria, já concordam conosco. E muitas das quais já conhecem um de nós ou ambos e — direta ou indiretamente — terão o prazer de ter suas opiniões refletidas de forma inteligente para elas. Nunca se sabe, há uma boa chance de que um de nós — espero que você — seja convidado por Charlie Rose para discutir o livro e suas ideias. Mas você sabe que não vamos chegar a um milhão ou nem mesmo a meio milhão em vendas, aconteça o que acontecer. E não devemos ter vergonha disso, porque se tivéssemos estaríamos na classe de Stephen King e teríamos traído nossa vocação.

E, portanto, a nosso modo, o que estamos fazendo é bizarro. Estamos participando de um exercício intelectual que não terá consequências muito importantes e o estamos fazendo apesar disso. Obviamente, essa é a condição da maioria das pessoas que escrevem: jogar uma carta no oceano na esperança vã de que ela seja apanhada. Mas, para os intelectuais, escrever e falar com pleno conhecimento de sua influência limitada é, pelo menos à primeira vista, um empreendimento curiosamente inútil. E contudo é o melhor que podemos esperar.

Afinal, qual é a alternativa? Escrever um texto sentimental sobre intelectuais para a *The New York Times Magazine*? Qualquer coisa que tenhamos a dizer sobre relativismo ou nacionalismo ou responsabilidade intelectual, ou mesmo juízo político, certamente seria lida por milhões de pessoas. Mas seria editada, destilada e reduzida a generalidades medianas aceitáveis. Ele seria seguido por uma troca de cartas concentradas de forma exclusiva em algum aspecto superficial e marginal de nossas conversas — algo que eu disse sobre Israel ou que você disse sobre o nacionalismo americano — que nos condenaria como americanos que se odeiam ou judeus antissemitas. E esse seria o fim.

Portanto, não sei como responder à sua pergunta. A verdadeira maneira de influenciar o mundo em geral? Sou bastante cético sobre o que os intelectuais podem fazer. Nossos melhores momentos só acontecem raramente: como Aron disse uma vez, nem todos conseguem ter um Caso Dreyfus. Mas se eu tenho orgulho de alguma de minhas contribuições não acadêmicas, ainda é disto: durante as discussões que levaram à Guerra do Iraque eu disse "não". Disse isso em um fórum razoavelmente importante num momento em que quase todos os outros — inclusive muitos de meus amigos e colegas — diziam "sim". Havia muitas pessoas que se sentiam como eu; que tinham as mesmas ideias que eu; que poderiam tê-las expressado igualmente bem — mas não estavam em condições de fazê-lo. Não foram convidadas para o programa de Charlie Rose, para escrever artigos de opinião para o *New York Times* ou ensaios para *The New York Review*. Fui privilegiado, e tenho orgulho de ter usado esse privilégio como devia.

> *Em seu livro* The Burden of Responsibility *você afirma que Camus, apesar de tudo, é um intelectual francês típico; que Aron, apesar do que todos pensavam, era um intelectual francês típico, e que Blum, embora fosse um político, também era um intelectual francês típico. E em cada momento o argumento sempre me pareceu um pouco forçado. Eu me pergunto se o que você realmente queria afirmar era não tanto que eles eram tipicamente* franceses, *mas que eram* intelectuais *porque assumiam a responsabilidade.*

O que eu queria transmitir sobre Camus, Blum e Aron era que se tratava de homens que defendiam a França precisamente no momento em que eram considerados marginais para o debate francês — e pessoas que falavam contra os interesses franceses. Eu estava caminhando para a ideia de que todos os três eram pensadores genuinamente independentes em um tempo e um lugar em que ser independente punha alguém em perigo real, além de relegá-lo às margens de sua comunidade e ao desprezo de seus colegas intelectuais.

Talvez, eu pensasse que essa história merecia ser relatada porque há um conto subterrâneo do século XX a ser contado sobre intelectuais que foram forçados pelas circunstâncias a ficar de fora e até mesmo contra sua comunidade natural de origem ou de interesse.

9.

A BANALIDADE DO BEM:
SOCIAL-DEMOCRATA

Em meados da primeira década do século XXI eu era professor na Universidade de Nova York com uma reputação internacional estabelecida e prestes a publicar um livro longo sobre a história da Europa no pós-guerra. Quando ele foi concluído, percebi — como costumamos fazer após o fato — que *Pós-guerra* se tornara o tipo de livro que eu queria que meus filhos lessem. O que penso agora em escrever é outro livro que eles poderiam ler se o espírito os levasse a isso: *Locomotion* [Locomoção], uma história dos trens.

Chegou a hora de escrever sobre mais que apenas as coisas que entendemos; é igualmente importante, se não mais, escrevermos sobre as coisas com que nos preocupamos. Eu já tinha feito um pouco desse tipo de escrita, mas só com referência a pessoas e ideias: tópicos que eu era pago, por assim dizer, para compreender. Demorei um pouco a me convencer de que alguém poderia estar interessado no que eu tinha a dizer sobre ferrovias.

O que eu queria escrever era um estudo da chegada da vida moderna por meio da história do trem ferroviário. E não apenas a vida moderna, mas o destino da sociabilidade moderna e da vida coletiva em nossas sociedades superprivatizadas. A ferrovia, afinal, era uma criadora de sociabilidade. A chegada das ferrovias facilitou o surgimento do que passamos a conhecer como vida pública: transporte público, lugares públicos, acesso público, edifícios públicos e assim por diante. A ideia de que pessoas que não eram obrigadas a viajar na companhia de outras podiam optar por fazê-lo — se fossem tomadas providências em relação a sensibilidade de status e conforto físico — era em si revolucionária. As implicações para o surgimento da classe social (e das distinções de classe), bem como para nosso senso de comunidade através da distância e do tempo, foram enormes. Parecia-me que um relato da ascensão e queda (e, na Europa, a ressurreição) da ferrovia podia ser uma maneira instrutiva de pensar no que deu errado em países como Estados Unidos e Grã-Bretanha.

Da política pública há um passo natural para a estética da vida pública: planejamento urbano, projeto de construção, o uso de espaços públicos e similares. Por que, afinal, a Gare de l'Est em Paris — um centro de transporte construído em 1856 — é perfeitamente funcional hoje, além de bastante agradável de ver, enquanto praticamente qualquer aeroporto (ou posto de gasolina) construído cem anos depois já está totalmente disfuncional, bem como grotesco na aparência? Por que as estações construídas no auge da autoconfiança modernista (St. Pancras em Londres, Centrale em Milão, Hlavní Nádraží em Praga) ainda são tão atraentes na forma e na função, enquanto Gare Montparnasse, Penn Station ou Brussels Central — todas produtos da "atualização" destrutiva da década de 1960 — fracassam em ambos os sentidos? Há algo na durabilidade da ferrovia, em sua infraestrutura, sua penumbra e seus usos, que representa e encarna muito do que era melhor e mais confiante no que diz respeito à modernidade.

Você disse que os trens eram parte integrante de seus primeiros anos, de uma maneira que os liga ao Estado de bem-estar social que foi tão formativo para você. Mas certamente o vínculo que você postula entre serviços públicos e benefícios privados não é evidente. O Estado não tem de fornecer esses recursos para ser funcional. Ele poderia, em contraste, ser administrado por pessoas que sustentam que a solidão é um recurso inesgotável para o crescimento econômico e que a atomização de cada um de nós é para o bem de todos. Era isso que os primeiros reformadores britânicos enfrentavam no século XIX, e é isso que enfrentamos agora, nos Estados Unidos. Isso é o que costumava ser chamado de a questão social. É esse o modo certo de falar sobre isso?

Falar da questão social nos lembra que não estamos livres dela. Para Thomas Carlyle, para os reformistas liberais do final do século XIX, para os fabianos ingleses ou os progressistas americanos, a questão social era esta: como você administra as consequências humanas do capitalismo? Como você fala não sobre as leis da economia, mas sobre as consequências da economia? Aqueles que faziam essas perguntas poderiam estar pensando de uma das duas maneiras, embora muitos pensassem de ambas: prudencial e ética.

A consideração prudencial é a de salvar o capitalismo de si mesmo, ou dos inimigos que ele gera. Como você impede o capitalismo de criar uma classe baixa raivosa, empobrecida, ressentida que se torne uma fonte de divisão ou declínio? A consideração moral se preocupava com o que antes era chamado de a condição da classe trabalhadora. Como poderiam os trabalhadores e suas famílias ser ajudados a viver decentemente sem prejudicar a indústria que lhes dava seus meios de subsistência?

A resposta básica para a questão social era planejamento. Eu me pergunto se poderíamos começar com a questão ética que pode estar na origem, ou seja, a proposição de que o Estado deveria se envolver nesse tipo de coisa.

Se você perguntasse qual é o pano de fundo intelectual para as preferências após a Segunda Guerra Mundial por economias planejadas, teria de começar com dois pontos de partida completamente diferentes. Um deles seria a reforma liberal progressista da década de 1890 à de 1910, nos Estados Unidos, na Inglaterra, na Alemanha, na França, em especial, na Bélgica e em países menores. Isso começou com liberais do final da era vitoriana como William Beveridge, que passaram a entender que a única maneira de salvar a sociedade vitoriana de seu próprio sucesso era intervir a partir de cima por meio de sistemas reguladores. O outro é a resposta na década de

1930 à Grande Depressão, em particular por parte de jovens economistas — principalmente nos Estados Unidos e na França, e em seguida também alguns na Europa Oriental —, que foi dizer que só o Estado poderia intervir de forma ativa contra as consequências do colapso econômico.

Colocando de outra forma: o planejamento é uma proposição do século XIX, em grande parte realizada no século XX. Tanta coisa do século XX, afinal, é a encenação, a sobrevivência, de formas novecentistas de responder à revolução industrial e à crise da sociedade de massas. As cidades em grande parte da Europa Ocidental e setentrional tinham crescido exponencialmente entre, digamos, 1830 e 1880. Assim, no final do século XIX havia cidades em toda a Europa de um tamanho que alguém com 50 anos de idade não poderia ter imaginado em sua infância. A escala do crescimento urbano tinha ultrapassado muito a da ação do Estado. Portanto, a ideia de que era melhor o Estado intervir na produção e no emprego cresceu muito depressa no último terço do século XIX.

Na Inglaterra, a questão foi postulada primeiro em termos quase exclusivamente éticos. O que se faz com o número muito grande de indígenas, empobrecidos, desfavorecidos, pessoas permanentemente pobres que haviam se mudado para cidades industriais e que, sem trabalho, o capitalismo florescente da época teria sido inconcebível? Essa questão era muitas vezes apresentada como religiosa: como a Igreja Anglicana (e outras) devia responder ao desafio de enormes demandas por caridade e ajuda em cidades industriais? É interessante como muitas das pessoas que mais tarde surgiriam no início do século XX como planejadores proeminentes, especialistas em políticas sociais, até mesmo ministros de governos trabalhistas ou liberais, começaram em estabelecimentos e organizações de caridade neocristãos destinados a aliviar a pobreza.

Na Alemanha, o outro grande país industrial do final do século XIX, a questão foi postulada em termos prudenciais. Como pode um Estado conservador evitar que desespero social se transforme em protesto político? Na Alemanha guilhermina, a resposta prudencial foi bem-estar: fosse com pagamento aos desempregados, proteção industrial em fábricas ou restrições à jornada de trabalho.

* * *

> *Se falamos da Prússia ou da Alemanha, parece que não podemos evitar a questão do marxismo e da social-democracia — porque, assim como o Estado prussiano está agindo para evitar algum tipo de política revolucionária, aqueles que vinham praticando a política revolucionária estão nesse momento chegando à conclusão de que talvez fosse melhor incentivar o Estado a intervir nas relações econômicas.*

O grande debate na social-democracia alemã, desde a morte de Marx, em 1883, até a eclosão da Primeira Guerra Mundial, em 1914, é sobre qual papel o Estado capitalista podia e devia desempenhar para aliviar, controlar e reformular as relações entre empregadores e empregados. Os debates sobre os programas de Gotha e Erfurt do Partido Social-Democrata, ou entre Karl Kautsky e Eduard Bernstein, podem ser entendidos dentro das tradições marxistas, como discutimos antes; mas também podem ser vistos como respostas dos socialistas, incoerentes e fragmentadas, às mesmas questões que preocupavam Bismarck e o Partido de Centro Católico na Alemanha.

> *Na Alemanha, os socialistas passaram a ter dúvidas sobre sua versão de progresso, que consiste no capitalismo criar certo tipo de classe trabalhadora: necessariamente grande e rebelde. Ao mesmo tempo, ao que parece, os liberais na Grã-Bretanha e em outros lugares estavam chegando à conclusão de que sua versão de progresso tinha suas próprias deficiências.*

Na Inglaterra, o debate é de fato sobre política. Aqui, singularmente, a ameaça de uma classe trabalhadora insurrecionária essencialmente se extinguiu na década de 1840. O movimento cartista dessa década não é o início do radicalismo trabalhista britânico; é o fim da história. Ao final do século XIX, o Reino Unido podia ostentar um proletariado de massa, mas já organizado e domesticado em sindicatos e, no fim, em um partido político baseado nos sindicatos, o Partido Trabalhista. A noção de que esse grande movimento trabalhista poderia abrigar alguma aspiração revolucionária estava moribunda havia muito tempo. Assim, o centro de gravidade das conversas sobre o Estado e a classe trabalhadora na Inglaterra é sempre, como poderíamos dizer, reformista.

E já então, na primeira década do século XX, William Beveridge está pensando sobre o que se deve fazer ou o que o Estado deve fazer por essa classe trabalhadora. Na década de 1940, Beveridge será visto como um dos fundadores do planejamento social moderno. Foi ele quem fez, como é sabido, a distinção entre o Estado de bem-estar social [welfare state] *e o de guerra* [warfare state]. *Mas suas preocupações iniciais eram com a pobreza como uma iniquidade moral.*

Beveridge, nascido em 1879, é um produto das aspirações reformistas do fim do período vitoriano. Como alguns de seus contemporâneos, ele foi para Oxford e se envolveu em debates sobre o problema da prostituição, do trabalho infantil, do desemprego, da falta de moradia e assim por diante. Ao deixar Oxford, Beveridge se dedicou a obras de caridade destinadas a superar essas patologias da sociedade industrial; em muitos casos, a palavra "cristã" figura na organização a que ele e seus amigos devotavam suas energias. O mesmo aconteceu com seu quase contemporâneo Clement Attlee, o futuro primeiro-ministro do Partido Trabalhista que poria em prática as ideias de Beveridge.

Para entender de onde vinham, precisamos de uma ideia da história do que hoje chamamos política social na Inglaterra. A Lei dos Pobres do reinado de Elizabeth e o sistema Speenhamland da década de 1590 tinham fornecido apoio caritativo teoricamente irrestrito aos indigentes ou desamparados, a ser pago com impostos locais, desde que os beneficiários estivessem dentro do distrito que era obrigado a apoiá-los. Assim, os pobres não podiam ser levados à força para uma *workhouse** nem forçados a trabalhar; tinham de receber os meios para se sustentar.

A Lei dos Pobres, de 1834, obrigava ao *trabalho*. Para obter auxílio, você tinha de ir até a *workhouse* local e trabalhar por um salário menor do

---

* Estabelecimento onde os pobres recebiam acomodação e realizavam tarefas, na maior parte das vezes árduas. (N. do T.)

que o disponível no mercado. A intenção era desencorajar as pessoas a aproveitar o auxílio à pobreza, e também deixar muito claro que havia algo indigno em ser reduzido a essa condição. A Lei dos Pobres, portanto, fazia uma distinção entre os chamados pobres merecedores e os não merecedores, criando assim categorias morais que não correspondiam à realidade econômica. E de fato ela forçava as pessoas à pobreza, uma vez que primeiro tinham de esgotar seus próprios recursos para só então se tornarem elegíveis para a assistência pública ou local. Como consequência, ela exacerbava o próprio problema que era aparentemente destinada a tratar. Desde muito cedo a nova Lei dos Pobres foi considerada uma mancha no rosto da sociedade inglesa. Ela estigmatizava aqueles a quem o capitalismo tinha temporariamente incapacitado sem que eles próprios tivessem nenhuma culpa.

O que une Beveridge e Attlee e acaba lingando-os a reformadores de origens muito diferentes era uma obsessão com a reforma da Lei dos Pobres.

> *Então, se o que interessa é o período vitoriano e a* longue durée *da história do trabalho inglesa, a Primeira Guerra Mundial, quando o Estado se mobiliza, e a Grande Depressão, quando os debates sobre macroeconomia realmente começam, são menos importantes do que pensamos?*

A maioria das justificativas intelectuais para um Estado de bem-estar social em alguma forma básica foi proposta antes da Primeira Guerra Mundial. Muitas das pessoas que seriam decisivas em sua introdução após a Segunda Guerra Mundial já eram adultas e atuavam nesse campo ou em campos relacionados antes de 1914. Isso vale não só para a Inglaterra, mas também para a Itália (Luigi Einaudi) e a França (Raoul Dautry).

Houve também importantes realizações institucionais antes da Primeira Guerra Mundial, na Alemanha e na Inglaterra. Os governos de Lloyd George-Asquith de 1908 a 1916 introduziram uma série de reformas, em essencial pensões e seguro-desemprego. As pensões eram chamadas de "Lloyd George", durante boa parte de minha vida. Mas essas reformas dependiam de tributação: de que outra forma esses benefícios seriam pagos? Além disso, em muitos países, era só a própria guerra ineditamente cara que poderia ter trazido o equivalente a um imposto de renda progressivo em todos os principais Estados europeus, porque a tributação e a inflação da guerra geraram os recursos que tornavam um Estado de bem-estar social menos dispendioso em relação ao total do gasto público.

A Primeira Guerra Mundial aumentou muito as despesas do governo, e também o modelo de controle governamental da economia, a direção governamental da mão de obra e das matérias-primas, o controle da entrada e da saída de mercadorias e assim por diante. Além disso, os franceses tentaram estabilizar sua moeda, que desabava rapidamente, e reduzir o gasto público; os britânicos voltaram ao padrão-ouro em meados da década de 1920 e tentaram deflacionar para superar a crise econômica do pós-guerra. Em outros lugares, mesmo os países que haviam avançado muito na direção de um Estado de bem-estar social se limitaram a manter benefícios e pagamentos sob controle rigoroso. Os níveis atingidos logo após o armistício não seriam ultrapassados, com poucas exceções locais, por duas décadas.

Se Beveridge é uma metade da história, o economista John Maynard Keynes é a outra. Pode-se argumentar que Beveridge representa uma sensibilidade cristã vitoriana que encontra sua oportunidade em 1942. Mas não se pode apresentar esse tipo de argumento sobre Keynes.

Keynes e Beveridge, "planejamento" e a "nova economia", tendem a ser tratados juntos. Há uma simetria geracional aí, e uma sobreposição das duas políticas: o pleno emprego, com base na política fiscal e monetária keynesiana, combinado com o planejamento beveridgiano. Mas precisamos ter muito cuidado porque Keynes veio de uma tradição muito diferente. E não só porque foi para Cambridge enquanto Beveridge foi para Oxford.

Balliol.

Bem, é Kings College, Cambridge e Balliol College, Oxford, — que são os únicos *colleges* que importam nesta história, é verdade.

Antes da Primeira Guerra Mundial, Keynes era um jovem *don* de Cambridge. Seus relacionamentos pessoais eram com frequência homossexuais e ele era associado de forma íntima ao emergente grupo de Bloomsbury, em Londres. As deliberadamente iconoclastas irmãs Stephen — Vanessa Bell e Virginia Woolf — o admiravam sem reservas. E, claro, os homens do Bloomsbury na maioria o amavam: só ele não era brilhante, espirituoso e atraente, como também uma figura pública em rápida ascensão. Durante e após a Primeira Guerra Mundial ele teve uma função importante no Tesouro — onde formou visões cada vez mais críticas das finanças públicas britânicas — e posteriormente foi enviado a Versalhes para trabalhar nas negociações de tratado após a guerra. Pouco depois de retornar, escreveu seu excelente panfleto crítico sobre o tratado e suas prováveis consequências e tornou-se uma figura de renome internacional. Portanto, em 1921, ainda na casa dos 30 anos e ainda não o autor da inovadora *Teoria geral*, Keynes já era famoso.

No entanto, como Beveridge, Keynes era inequivocamente um homem formado pelo século anterior. Em primeiro lugar, e como muitos dos melhores economistas de gerações anteriores, de Adam Smith a John Stuart Mill, Keynes era em essência um filósofo que por acaso lidava com dados econômicos. Poderia muito bem ter sido um filósofo, se as circunstâncias o tivessem posicionado de outra forma; na verdade, em seus anos em Cambridge, ele escreveu alguns textos propriamente filosóficos embora com uma inclinação matemática.

Como economista, Keynes sempre se viu respondendo à tradição do século XIX no raciocínio econômico. Alfred Marshall e os economistas que seguiram J.S. Mill tinham suposto que a condição-padrão dos mercados, logo, da economia capitalista em geral, era a estabilidade. Portanto, as instabilidades — fosse a depressão econômica, os mercados distorcidos, ou a interferência do governo — deviam ser esperadas como parte da ordem natural da vida econômica e política; mas não precisavam ser teorizadas como parte da natureza necessária da atividade econômica em si.

Mesmo antes da Primeira Guerra Mundial, Keynes estava começando a escrever contra esse pressuposto; após a guerra, fez pouca coisa além disso. Com o tempo, ele chegou à posição de que a condição-padrão de uma economia capitalista não pode ser entendida na ausência de instabilidade e das ineficiências que inevitavelmente a acompanham. A suposição econômica clássica, de que equilíbrio e resultados racionais eram a norma, e instabilidade e imprevisibilidade as exceções, era agora revertida.

Além disso, na teoria emergente de Keynes, o que quer que causasse a instabilidade não podia ser abordado a partir de uma teoria incapaz de levar em conta a instabilidade. A inovação básica aqui é comparável ao paradoxo de gödel: como poderíamos dizer hoje, não se pode esperar que os sistemas se resolvam sem intervenção. Portanto, não apenas os mercados não se autorregulam de acordo com uma mão hipoteticamente invisível, mas também acumulam distorções autodestrutivas ao longo do tempo.

O argumento de Keynes é um par elegantemente simétrico à afirmação de Adam Smith em *Teoria dos sentimentos morais*. Smith argumentou que o capitalismo em si não gera os valores que tornam possível seu sucesso; ele os herda do mundo pré-capitalista ou não capitalista, ou os toma emprestados (por assim dizer) da linguagem da religião ou da ética. Valores como confiança, fé, crença na confiabilidade dos contratos, suposições de que o futuro honrará compromissos passados, e assim por diante, não têm nada a ver com a lógica dos mercados em si, mas são essenciais para o funcionamento deles. A isso, Keynes acrescentou o argumento de que o capitalismo não gera as condições sociais necessárias para seu próprio sustento.

Portanto, Keynes e Beveridge são homens da mesma época, com formações comparáveis, mas diferentes, e tratam de problemas relacionados, embora distintos. Beveridge partia da sociedade, e não da economia: há certos bens sociais que só o Estado pode oferecer e fazer cumprir — por legislação, regulamentação e coordenação imposta. Keynes parte de preocupações muito diferentes, mas as abordagens deles se harmonizam: enquanto Beveridge dedicou sua carreira a atenuar as consequências sociais da distorção econômica, Keynes passou grande parte de sua vida adulta teorizando as circunstâncias econômicas necessárias em que as políticas de Beveridge poderiam ser aplicadas com efeito ótimo.

Vamos ficar com Keynes por um momento. A Primeira Guerra Mundial, especialmente a experiência dele nas negociações do tratado em Versalhes, e o livrinho sobre a paz fazem dele o que ele é. Mas depois há o livro de 1936, Teoria geral, *um dos mais importantes textos da economia política do século XX. Você manteria a tese de que esse é um desenvolvimento ulterior de ideias prévias de Keynes, ou vamos ter de discutir o crash de 1929 e a Grande Depressão que se seguiu?*

Não subestime o impacto da década de 1920. Keynes escrevia de forma bastante prolífica nessa época, e alguns de seus textos que seriam reformulados para compor a *Teoria geral* já estavam aparecendo antes de a Depressão começar. Ele tinha, bem antes de 1929, repensado, por exemplo, a relação entre política monetária e a economia. E, claro, Keynes era um crítico devastador do padrão-ouro muito antes de os países começarem a abandoná-lo, na conferência de Ottawa. Ele via que prender-se a um padrão-ouro privava os Estados da capacidade de desvalorizar as moedas, se necessário.

Além disso, Keynes entendia claramente em sua cabeça, bem antes de 1929, que a economia neoclássica não tinha resposta para o problema do desemprego. Os economistas neoclássicos, falando de forma genérica, pensam que a massa de pequenas decisões tomadas por consumidores e produtores em busca de seus fins gera uma racionalidade maior no nível da própria economia. Assim, demanda e oferta encontram certo equilíbrio e os mercados são fundamentalmente estáveis. Aparentes problemas sociais, como o desemprego, são de fato formas transitórias de informação econômica que permitem o funcionamento regular da economia como um todo.

A convicção de Keynes de que essa era uma descrição incompleta da realidade surgiu principalmente de suas observações das crises de desemprego britânica e alemã do início da década de 1920. O consenso neoclássico era favorável à passividade do governo diante de problemas econômicos. Keynes via já então o que os outros observariam durante a Grande Depressão: a resposta convencional — deflação, orçamentos apertados e espera — não era mais tolerável. Ela desperdiçava muitos recursos sociais e econômicos, e tendia a causar perturbações políticas profundas no novo mundo do pós-guerra. Se o desemprego não era o preço necessário a ser pago por mercados de capitais eficientes, mas simplesmente uma patologia endêmica do capitalismo de mercado, então, por que aceitá-lo? Essa foi uma questão nos textos de Keynes bem antes de 1929.

A *Teoria geral*, de 1936, coloca os poderes estatal, fiscal e monetário no centro do pensamento econômico — em vez de reconhecê-los como excrescências desagradáveis no corpo da teoria econômica clássica. Essa revisão de dois séculos de textos econômicos resumia o trabalho de Keynes desde a década de 1920 com o acréscimo crucial de contribuições de seus alunos, notadamente Richard Kahn, de Cambridge, que propunha o "multiplicador": foi graças a Kahn e a outros que Keynes se convenceu de que os governos poderiam de fato intervir de forma contracíclica e com efeitos duradouros. Não havia nenhuma lei que impusesse a aceitação da debacle econômica.

Portanto, a obra magna de Keynes, de 1936, reformulou completamente o pensamento macroeconômico sobre a política do governo. Essa reformulação é que foi importante, mais do que a teoria em si. Uma nova geração de decisores políticos estava agora equipada com uma linguagem e uma lógica que serviam de base para o argumento em favor da intervenção do Estado na vida econômica. A obra de Keynes era, portanto, tão ambiciosa e influente, como narrativa grandiosa do modo como o capitalismo funciona, quanto qualquer uma das grandes obras do século XIX que ela contradizia.

> *Muito pouco de seu relato dos questionamentos à economia liberal clássica exige que olhemos para além da Grã-Bretanha — e contudo, em 1936, certamente há tendências comparáveis em outros lugares, sejam elas o corporativismo no modelo português ou italiano; ou o planejamento dentro de uma economia essencialmente capitalista, como na Polônia, onde o planejamento começa em 1936...*

Sim, se nos ativermos à prática e aos programas, e não à alta teoria, muitas coisas que têm a aparência de práticas neokeynesianas na década de 1930 parecem estar acontecendo como prenúncio das explicações que Keynes daria para elas.

No entreguerras, a maioria dos jovens com alguma seriedade procurava formas alternativas de responder à ineficiência econômica — que não fosse simplesmente se desesperar como a esquerda e a direita do século XIX tinham feito e dizer: é isso que está errado no capitalismo, não podemos fazer nada; ou esse é o preço que pagamos pelo que está certo no capitalismo, não podemos fazer nada em relação a isso. Essas eram as duas posições convencionais e essenciais nas respostas econômicas e políticas até 1932. Mas, na Polônia, na Bélgica, na França e em outros lugares, jovens frustrados com as respostas da esquerda estavam criando partidos ou grupos dissidentes próprios, apoiando o gasto e a intervenção do governo.

Na verdade, a defesa do planejamento e da intervenção de cima estava tão disseminada que os argumentos contra eles já estavam em curso. Friedrich Hayek já trabalhava na argumentação que ele articularia mais plenamente em seu livro de 1945, *O caminho da servidão*. Nele, ele argumenta que qualquer tentativa de intervir no processo natural do mercado corre o risco de produzir — e na verdade, em uma versão de sua posição, certamente produzirá — resultados políticos autoritários. E a referência dele é sempre a Europa Central de língua alemã. Hayek argumenta que o que há de errado no Estado de bem-estar social do Partido Trabalhista, ou na economia keynesiana, em suas implicações políticas, é que vai acabar em totalitarismo. O problema não é que o planejamento talvez não funcione economicamente, mas que o preço político a ser pago vai ser muito alto.

> *Podemos parar aí por um momento? Isso já apareceu mais de uma vez, e toda a argumentação hayekiana parece um equívoco histórico que se situa próximo a um debate que é absolutamente crucial para todo o século e, na verdade, para debates importantes que continuam hoje.*
>
> *Acho as origens históricas de Hayek terrivelmente enigmáticas. Ele estava na Áustria, onde um Estado católico conservador e autoritário se declarava a favor de algo chamado corporativismo. Esse era um tipo de postura que se anunciava como economia política, mas não tinha nenhuma economia política. Corporativismo era o nome da ideologia do Estado, mas ele na Áustria era uma parceria entre o governo e várias partes da sociedade. Havia muito pouco em termos de política fiscal ou monetária intervencionista.*

* * *

Ao contrário, os austríacos eram incrivelmente convencionais e rígidos na política fiscal e monetária, exatamente como os hayekianos recomendavam, e é por isso que o país foi atingido de forma tão dura pela Depressão e seus governos ficaram tão impotentes. E foi também dessa forma que eles acumularam todas as suas reservas, em moeda estrangeira e ouro, que Hitler depois tomou, em 1938.

Então, eu nunca de fato entendi contra o que Hayek estava reagindo. A Áustria era um Estado politicamente autoritário, mas não tinha planejamento algum em um sentido keynesiano. A experiência austríaca parece realmente refutar *o argumento de Hayek. No mínimo, um pouco de planejamento poderia ter ajudado a economia austríaca, e tornado o autoritarismo local e depois Hitler — e tudo que se seguiu a partir dele — menos* prováveis.

Eu concordo. Se você ler O caminho da servidão, não vai encontrar muito esclarecimento a esse respeito. Mas quando você confronta o texto de Hayek com a obra de Karl Popper do mesmo período, um padrão começa a surgir. O que você vê é uma fusão de duas animosidades: antipatia pelo excesso de confiança do planejamento urbano social-democrata de Viena no início da década de 1920, e aversão pelos modelos corporativistas social-cristãos que o substituíram em nível nacional após o golpe reacionário de 1934.

Na Áustria, os sociais-democratas e os sociais-cristãos, nesse momento reunidos na Frente Patriótica, que detinha o governo, defendiam clientelas e objetivos muito diferentes. Portanto, quaisquer pretensas semelhanças de retórica ou programa parecem muito mais teóricas que históricas. Mas, do ponto de vista de Hayek — e aqui ele concorda com Popper e muitos outros contemporâneos austríacos —, ambos eram responsáveis, em suas diferentes maneiras, pelo colapso da Áustria nos braços do autoritarismo nazista em 1938.

Hayek é bastante explícito nesse aspecto: se você começar com políticas de bem-estar, de qualquer tipo — orientação dos indivíduos, tributação para fins sociais, controle dos resultados das relações de mercado —, vai acabar com Hitler. Não apenas com projetos habitacionais social-democratas ou subsídios direitistas para viticultores "honestos", mas com Hitler. Assim, em vez de correr tal risco, as democracias devem evitar todas as formas de intervenção que distorcem os mecanismos devidamente apolíticos de uma economia de mercado.

> *O problema desses argumentos, apresentados cinquenta ou até setenta anos depois, com referência a Hitler e coisas semelhantes, é que eles ignoram muita coisa da política de Viena ou da Áustria em 1934, quando lá a democracia foi realmente terminada. Esses grupos que supostamente são semelhantes devido a uma tendência geral para a intervenção do governo estão travando uma guerra civil um contra o outro. E a grande realização, a Viena Vermelha, está sendo literalmente destruída...*

Uma bomba após a outra...

> *...um prédio após o outro, pela artilharia que desce das colinas ao redor de Viena.*

Esse é o autismo político de Hayek, manifesto nessa incapacidade de distinguir as diferentes políticas de que ele não gostava. Essa fusão inicial, transportada para as décadas de 1980 e 1990, explica de certa forma as políticas econômicas que temos vivido nos últimos vinte e cinco anos. Hayek volta a entrar na moda, "justificado pela história", quando de fato sua própria justificação histórica para a economia de mercado apolítica estava totalmente errada.

> *Uma das coisas que aconteceram no meio-tempo, que é menos vistosa do que o duelo pelas décadas afora entre Keynes e Hayek, é a substituição do pleno emprego — que, tanto para Keynes quanto para Beveridge, era uma categoria muito importante — pela agora dominante categoria do crescimento econômico.*

O crescimento das economias maduras foi sempre considerado relativamente lento. Os economistas clássicos e neoclássicos entendiam que crescimento econômico rápido é o que acontece em sociedades atrasadas em rápida transformação. Assim, era razoável esperar um crescimento econômico rápido na Inglaterra do final do século XVIII, quando ela passa de uma base agrária para uma base industrial — exatamente como se esperaria na Romênia da década de 1950, quando se passa, reconhecidamente a um ritmo bem mais forçado, mas não tanto, de uma sociedade rural atrasada para uma sociedade industrial primitiva, pelo menos a princípio, e altamente produtiva.

As taxas de crescimento em sociedades industrializadas foram, assim, tipicamente de 7% ou mesmo 9% — muito semelhantes às da China hoje. Isso indica que altas taxas de crescimento econômico normalmente não sugerem prosperidade, estabilidade ou modernidade. Elas foram por muito tempo vistas como características transicionais. A taxa de crescimento típica na Europa Ocidental do final do século XIX e no início do XX tinha diminuído para um ritmo praticamente constante, assim como as taxas de juros eram moderadamente baixas e assim permaneceram. A razão pela qual as taxas de crescimento econômico eram tão altas na década de 1950, e pela qual os economistas ficaram obcecados por serem uma medida de sucesso e estabilidade, era a catástrofe econômica anterior.

Dito isso, devemos lembrar que a *Teoria geral* de Keynes era uma teoria "do emprego, do juro e da moeda". O desemprego era a preocupação dos britânicos e dos americanos, e na Europa Continental, dos belgas. Mas o emprego não era realmente o ponto de partida teórico para textos franceses ou alemães — que estavam muito mais preocupados com a inflação. A maneira como Keynes é importante para os decisores políticos europeus tinha menos a ver com o emprego em si do que com a teorização sobre o papel do governo na estabilização das economias por medidas contracíclicas, tal como gasto deficitário durante a recessão. Isso significava não apenas medidas para manter as pessoas empregadas, mas para manter a moeda estável e para assegurar que as taxas de juros não flutuassem de forma descontrolada e destruíssem a poupança. Portanto, o emprego, que é central para o pensamento inglês e americano, não é uma obsessão universal na Europa Continental. A estabilidade é.

Os economistas alemães estão preocupados principalmente com os vestígios da hiperinflação, e quando pensam politicamente estão pensando sobre a década de 1920, mas, na prática, Hitler está bastante preocupado com o emprego. Talvez este seja o momento em que poderíamos olhar historicamente para a diferença entre, digamos, Keynes, por volta de 1936, e o Plano Quadrienal alemão do mesmo ano.

Os fascistas e os nazistas supunham que era possível mesclar capitalismo baseado na propriedade, de um lado, e intervenção do governo, de outro. Industriais, proprietários, grandes fazendeiros, fabricantes individuais, donos de lojas poderiam ser perfeitamente autônomos, mas o governo poderia intervir nas relações deles com seus trabalhadores, poderia planejar os produtos que eles produziriam e determinar os preços aos quais eles os produziriam. Então, um governo poderia se envolver, intervir e atuar, sem lançar nenhuma dúvida sobre a natureza fundamentalmente capitalista do sistema econômico. Essa mistura era difícil de entender ideologicamente. Portanto, a política nazista ou fascista podia parecer pró-capitalista, ou anticapitalista, ou neokeynesiana. Ela era basicamente formada por gastos excessivos do governo — "excessivos" no sentido de acima dos recursos — para evitar crises políticas e sociais à custa da estabilidade futura, ou à custa de receitas futuras, a menos que fossem obtidas em outro lugar. E Keynes viu isso muito cedo.

Dentro dos pressupostos keynesianos, o que se procura é o restabelecimento do equilíbrio dentro de um sistema. Ao passo que, com base em hipóteses hitlerianas, só se pode estabelecer o equilíbrio em um futuro muito distante, depois que já roubou todos os judeus e criou sua utopia pastoral racial no Leste.

Para Keynes, o equilíbrio era um objetivo e na verdade uma virtude. E isso se dá em parte por motivos teóricos, mas eu diria que em parte também por motivos psicológicos. A perda de equilíbrio que Keynes e sua geração experimentaram com a Primeira Guerra Mundial e o colapso das certezas e da segurança eduardianas, e portanto vitorianas, são o sentimento mais importante a influenciar seus textos teóricos. Assim como aconteceu em seu apoio ao Estado de bem-estar social do pós-guerra, que ele sustentou não por motivos econômicos, muito menos ideológicos, mas porque entendeu e anteviu a esmagadora necessidade de segurança que as pessoas sentiriam após o fim da Segunda Guerra Mundial.

O equilíbrio era uma virtude para Keynes. A intervenção do governo era em essencial um modo de reequilibrar a economia. Nenhuma preocupação desse tipo passa sequer remotamente pelo pensamento nazista — no qual o equilíbrio é exatamente o que é destruído de uma vez por todas. Você não está interessado em equilibrar as contas, por assim dizer, de uma sociedade complexa; está simplesmente alcançando determinados objetivos — se necessário, à custa de certas partes dessa sociedade, de modo que as outras partes apreciem seus esforços.

> *Outra diferença fundamental é algo que Hannah Arendt nota, que em uma sociedade estável, do tipo que Keynes está imaginando, as pessoas são capazes de ter uma vida privada. Isso vem das primeiras páginas de* O mundo de ontem, *de Zweig, que é de onde começamos. Isso é parte do que significa ter estabilidade, que é você poder ter uma vida privada — uma esfera onde você não se preocupa com nada além de seus próprios assuntos, que em certa medida você pode previsivelmente planejar. Hitler, no entanto, estava de forma muito consciente tentando se certificar de que as pessoas não pudessem nunca mais pensar desse modo.*

Isso mesmo. Quer dizer, a ideia de querer tornar a vida decente impossível está precisamente ausente de qualquer coisa que Keynes podia imaginar. O que Keynes queria fazer era salvar a Inglaterra liberal das consequências de sua própria ideologia econômica. Bem, Hitler não está empenhado em salvar a Alemanha liberal de coisa nenhuma.

> *A outra comparação que pode ser explorada é aquela entre o planejamento liberal e o Plano Quinquenal de Stalin.*

É preciso extirpar da conversa qualquer suposição de que o planejamento em suas formas do Estado de bem-estar social pós-Segunda Guerra

Mundial devia alguma coisa à experiência soviética. No máximo, pode-se dizer que alguns dos indivíduos que — como intelectuais, mas não como decisores políticos — apoiavam o planejamento pensavam dessa forma, em alguma medida, porque achavam que o que viam na União Soviética era bom, e eles achavam que era bom porque Stalin planejava.

A história do planejamento é um traço comum de diferentes sociedades europeias, chegando a conclusões diferentes sobre onde e como é desejável usar o Estado para a realização desses propósitos éticos e pragmáticos. Essa própria pluralidade mostra quão desimportante foi realmente a experiência soviética: havia apenas um modelo soviético, no qual eles negavam o valor do pluralismo e nenhum decisor político europeu adotava o estilo soviético de planejamento, a menos que tivesse de fazê-lo: e essa é a história da Europa Oriental do pós-guerra, uma outra história.

O Estado de bem-estar social britânico como tal nunca foi planejado. Há o relatório Beveridge de 1942 e nele havia debates sobre planejamento. Mas o que de fato emergiu foi uma série de instituições, principalmente nacionalizações, que foram depois levadas às condições necessárias e suficientes para um melhor tipo de conjunto de relações entre Estado e sociedade. Ninguém, por assim dizer, organizou o planejamento. E ninguém tampouco planejou os detalhes. Ninguém na Grã-Bretanha se sentava e planejava quanto as ferrovias deviam investir, onde os vagões deviam ser fabricados, até que ponto a mão de obra devia ser desencorajada a operar nesta área e incentivada, ou reeducada, a operar naquela área.

Esse tipo de planejamento é mais europeu continental. O planejamento econômico escandinavo era muito mais indicativo e muito menos regulatório que o inglês, que era muito mais preocupado com tentar empurrar o investimento privado em certas direções. O planejamento francês era centralizado e indicativo e, portanto, preocupado com a geração de certos tipos de resultado sem impô-los diretamente. As políticas socioeconômicas da Alemanha Ocidental nos anos do pós-guerra eram muito mais localizadas, ou o incentivo vinha de iniciativas localizadas. A nacionalização importava muito menos na Alemanha Ocidental do que na Grã-Bretanha. Os italianos canalizavam dinheiro público por meio de enormes grupos que abrangiam múltiplas atividades, IRI, ENI e assim por diante, ou a Cassa del Mezzogiorno, para determinados objetivos regionais. Portanto, "planejamento" significa muitas coisas diferentes. Mas uma coisa que ele nunca significou foi enquadrar-se no modelo soviético de resultados necessários, declarados, em grande escala.

Para ver a diferença mais básica entre o caso soviético e outros é preciso olhar não apenas para o que as políticas eram, mas também para o modo como elas eram geradas. Os planos europeus ocidentais eram todos compromissos entre a necessidade técnica percebida do investimento em infraestrutura a longo prazo e o desejo político imediato de acabar com o descontentamento dos consumidores. Na Europa Oriental, onde o comunismo foi imposto, normalmente não era preciso eliminar esse descontentamento. Você podia se concentrar na construção de tudo o que sua teoria dizia que você precisava ter em grande quantidade — e o fato de que isso produziria enorme infelicidade para os consumidores era uma questão de indiferença em um sistema político fechado.

Os compromissos europeus ocidentais foram tornados politicamente palatáveis pela ajuda americana do pós-guerra conhecida como Plano Marshall. Se você tirasse o Plano Marshall do quadro, alguns países europeus, inclusive a Grã-Bretanha, teriam tido um problema real para alcançar certos objetivos de política pública sem provocar enormes protestos políticos. As greves na França em 1947 são um bom indicador disso.

O Plano Marshall não foi um exemplo de planejamento de política econômica internacional americana brilhante? E não deveria ser visto (como planejamento no nível de uma única economia europeia, que ele favoreceu e permitiu) não como algo que derivava de modelos políticos extremos, mas como algo que é projetado para evitar a popularidade deles?

George Marshall tinha sido chefe do Estado-Maior do Exército dos EUA durante a guerra e, em 1947, era secretário de Estado. Quando Marshall vai a Moscou, em março de 1947, para em capitais europeias ao longo do caminho. Ele sabia que o Partido Trabalhista britânico estava ficando sem fôlego, depois de dois anos de legislação febril. Na França, cada governo era mais fraco que o anterior, culminando no colapso da coalizão de esquerda, na primavera de 1947. Na Itália, os comunistas poderiam ter vencido eleições livres (as de 1948 foram fortemente inclinadas para os democratas-cristãos, com apoio papal e americano). Na Tchecoslováquia, eles já o haviam feito. Os comunistas estão se saindo muito bem em lugares como Bélgica, e mesmo, brevemente, Noruega.

Não havia absolutamente nenhuma garantia de que a Europa Ocidental emergiria como o "planalto ensolarado", para usar a expressão de Churchill, das décadas de 1950 e 1960. O pequeno boom do imediato pós-guerra havia amainado, e as economias estavam sofrendo escassez de bens e de moeda estrangeira. Elas não tinham meios de comprar aquilo de que precisavam se elas próprias não produzissem — e a maioria não produzia. Não podiam pegar empréstimos em dólar, e o dólar era cada vez mais a moeda internacional. Mesmo economias como a alemã ocidental ou a belga, que estavam realmente começando a se recuperar, eram estranguladas por uma escassez de reservas cambiais.

Alan Milward argumenta que a Europa estava sofrendo as consequências de seu próprio sucesso: a incipiente decolagem econômica do pós-guerra — em particular a recuperação industrial no oeste da Alemanha e nos Países Baixos — criava gargalos que, por sua vez, reintroduziam o desemprego. Isso era consequência, é claro, do empobrecimento da Europa. Ela não era mais capaz de alimentar sua própria recuperação econômica, mesmo em níveis tão baixos, e era totalmente dependente de moeda estrangeira e de matéria-prima importada.

Portanto, de uma perspectiva, o Plano Marshall simplesmente abriu uma válvula bloqueada. Mas, mesmo assim, sua importância não diminui. Ele foi — e esquecemos isto — principalmente uma resposta política, não econômica. A visão em Washington era a de que a Europa estava tão carente de autoconfiança política que seria incapaz de se recuperar economicamente e seria presa ou da ruptura comunista ou de uma volta ao fascismo. Enfatizo essa última: no caso alemão, em especial, observadores temiam seriamente uma revivescência nostálgica da simpatia pelo nazismo.

A ideia de que era preciso salvar a Europa economicamente para que ela não entrasse em colapso político não era um insight surpreendente. Nova era a ideia de que o modo como era possível salvar a Europa Ocidental e Central consistia em torná-las responsáveis por sua própria recuperação, mas com meios que fossem postos à sua disposição. Um outro debate é sobre se isso era autointeresse esclarecido da parte dos Estados Unidos. Podia muito bem ser assim, tanto a curto prazo — porque grande parte do dinheiro do Plano Marshall voltou para os Estados na forma de despesas, compras e assim por diante — quanto a longo prazo, porque o plano estabilizava a Europa e criava um importante aliado ali no Ocidente.

Mas talvez isso não importe. Se o Plano Marshall foi autointeresse, esclarecido ou não, ele certamente foi crucial. Imprimiu determinação em Bidault, como um assessor americano descreveu, falando do primeiro-ministro da França, que parecia estar titubeando e impotente diante de greves comunistas.

Com a recuperação, no mesmo momento, no mesmo fôlego ou falta de fôlego, vem o Estado de bem-estar social.

A legislação a que nos referimos quando falamos do advento do Estado de bem-estar social começa na maioria dos países em 1944 ou 1945, portanto o Plano Marshall não é pertinente aqui (mas note que o governo Truman apoiou principalmente reformas sociais europeias como estabilizadores democráticos). O ideal vem da Resistência, ou de partidos de esquerda do pós-guerra, ou na verdade da Democracia Cristã. O Estado de bem-estar social não é principalmente, exceto na Escandinávia, obra de sociais-democratas.

Mas eu enfatizaria mais uma vez o que disse sobre o planejamento: havia uma tendência comum por muitas variantes diferentes. De país para país a abordagem variava, assim como o método de financiá-la. Uma vez que entrou em operação, o Plano Marshall sem dúvida ajudou a cobrir os custos iniciais desses Estados de bem-estar social; mas devemos lembrar que ele só durou quatro anos e não foi gasto, em sua maior parte, em serviços sociais.

Então, talvez um melhor candidato a uma reação europeia comum ao Plano Marshall fosse a cooperação econômica.

O Plano Marshall envolvia um sistema de pagamentos internacionais destinado a garantir que os países beneficiários não pegassem simplesmente sua parte e tentassem se dar bem à custa dos vizinhos. Havia um fundo puramente nocional, no qual um país podia tomar empréstimos de um banco de pagamentos não existente e depois pagá-lo de volta com seus ganhos provenientes do comércio com outro país. Era um sistema muito simples, mas ele exigia cooperação comercial e desencorajava subvenções e protecionismo.

É difícil demonstrar a conexão — dificilmente podemos reprisar a história do pós-guerra sem ela para ver o que poderia ter acontecido —, mas acredito que o simples fato da cooperação nessa espécie de nível técnico, imposta por Washington, demonstrava que um continente que apenas recentemente tinha sido envolvido em destruição mútua podia cooperar. E não apenas cooperar, mas competir e colaborar segundo regras e normas acordadas. Isso teria sido impensável até a década de 1930.

É correto pensar nisso essencialmente como uma espécie de efeito colateral não pretendido pelo Plano Marshall, ou havia na verdade alguns europeus — franceses, alemães, belgas...

Que vinham pensando nessas...

... coisas, antes que elas acontecessem?

A boa notícia é que havia. A má notícia é que muitos deles tinham poluído a herança de colaboração econômica, porque estavam mais que dispostos a aceitar os termos que lhes foram impostos por teóricos nazistas e fascistas da união "europeia".

Portanto, alguns dos homens que dirigiam a França de Vichy emergiriam depois da guerra como os principais planejadores da Fança gaullista, ou da França republicana. Alguns dos jovens economistas brilhantes que estavam ativamente envolvidos na administração da economia da Alemanha Ocidental nos anos do pós-guerra tinham sido formuladores de nível médio de políticas econômicas na Alemanha nazista. Muitos dos jovens em torno de Pierre Mendès-France na França, ou Paul-Henri Spaak na Bélgica, ou Luigi Einaudi na Itália, tinham sido assessores econômicos apolíticos em comércio, em investimento, em indústria, em agricultura, para governos fascistas ou ocupados durante a guerra.

O que ligara esses inovadores reformistas fora o culto do planejamento europeu que atraía tantos burocratas jovens nos anos entre as guerras.

A própria palavra "Europa" — Europa unida, o plano europeu, unidade econômica europeia e assim por diante — era um pouco suspeita durante os primeiros dez anos após a guerra em razão de sua associação com a retórica nazista de uma Europa mais racional, para substituir a Europa democrática de memória ineficiente entre as guerras. Essa retórica tinha atingido um pico com a introdução da "Nova Europa" de Hitler, em 1942, como a base oficial para a colaboração em todos os países ocupados.

Essa é uma das razões pelas quais os escandinavos e em especial os ingleses ficaram compreensivelmente desconfiados da conversa loquaz sobre unidade europeia imediatamente após a derrota de Hitler. A outra fonte de ceticismo era a associação que "Europa unida", "unidade europeia" e coisas semelhantes tinham com em particular a Europa católica. Todos os seis ministros de Relações Exteriores que assinaram com a Comunidade Europeia do Aço e do Carvão, a base da cooperação econômica europeia institucionalizada, eram católicos: da Itália, da França, da majoritariamente católica Alemanha Ocidental e dos países do Benelux. Isso podia ser — e muitas vezes era — apresentado como uma trama europeia católica para reconstruir esses países em torno de uma espécie de modelo de colaboração econômica neocorporativista.

Então, eu gostaria de passar para como essa história se repete como farsa, que é agora, mas primeiro vamos dizer uma palavra sobre como ela se repete como tragédia: a década de 1970, digamos, quando o planejamento é desacreditado em um nível intelectual. Como isso acontece?

O planejamento nunca é totalmente desacreditado na França. E não teve de ser desacreditado na Alemanha porque lá nunca houve "planejamento" em nosso sentido da palavra. O modelo econômico da Renânia e o modelo de planejamento indicativo francês eram vistos como bem-sucedidos em seus respectivos países em um amplo espectro de opinião política. E eu diria que eles ainda são vistos assim hoje — pelo menos à luz da experiência anglo-saxônica ou anglo-americana ao longo dos últimos trinta anos. Pela maioria dos critérios internacionais, o padrão de vida na França e na Alemanha (para não falar de outros países cujas economias são similarmente estruturadas, como a Holanda ou a Dinamarca) supera notavelmente o dos Estados Unidos ou da Grã-Bretanha. Os modelos do pós-guerra simplesmente não estão desacreditados em toda parte; ou, mesmo quando são parcialmente desacreditados, ainda estão presentes nas diferentes reações à crise financeira que vemos hoje.

Fazemos bem em lembrar que foi só uma nova geração de teóricos econômicos e decisores políticos com inclinação anglo-americana que afirmou que o planejamento como tal era um fracasso. O planejamento — que, como vimos, podia significar qualquer coisa, nada e muita coisa no meio — perdeu seu monopólio da atração na Inglaterra, nos EUA e (por razões bastante diferentes) na Itália e na Europa pós-comunista. Em outros lugares, a discussão não está resolvida, para dizer o mínimo.

A desilusão inglesa com o planejamento foi um subproduto (não inteiramente justificado) da desilusão com a nacionalização e o controle estatal da economia. E isso, por sua vez, estendendo uma afirmação que considero legítima, foi o resultado do fato de que as realizações do boom do pós-guerra estavam basicamente esgotadas no final da década de 1960. Na década de 1970 as pessoas já nem se lembravam de por que tinha havido planejamento ou Estados de bem-estar social.

A passagem do tempo importava de outra maneira. A lógica dos Estados de bem-estar transgeracionais era difícil de ver com antecedência. Uma coisa é dizer que vamos assegurar que todos tenham um emprego; outra coisa, muito diferente, é dizer que vamos assegurar que todos tenham uma pensão. Essa diferença fica clara precisamente na década de 1970. Menos pessoas tinham empregos nessa década e a receita fiscal estava declinando, de modo que os custos crescentes dos serviços sociais se tornaram uma grande preocupação: cada vez mais pessoas começavam a completar a idade para receberem seus benefícios por tanto tempo esperados. Como consequência, os Estados de bem-estar social do pós-guerra colidiram com o fim do boom que eles haviam ajudado a produzir — e os descontentamentos da década de 1970 são o resultado.

Igualmente importante é o problema da inflação. Os keynesianos do pós-guerra eram na maior parte desinteressados na inflação ou no risco relacionado a uma dívida estatal sempre crescente. Tinham aceitado que o pleno emprego era o objetivo e o gasto do governo era o meio — sem entender exatamente que a política contracíclica atua nos dois sentidos: nos bons tempos, você deve cortar gastos. Mas é muito difícil diminuir gastos de governo. E assim se teve uma inflação maior.

É claro que não era tão simples. As origens da inflação da década de 1970 continuam controversas: algumas foram seguramente externas — por exemplo, o aumento nos preços do petróleo da década. Mas a combinação de recessão e inflação foi desanimadora e, em grande parte, imprevista. A consequência foi que os governos pareciam estar gastando somas cada vez maiores de dinheiro para alcançar cada vez menos objetivos.

Em termos mais gerais, o fracasso do planejamento soviético descredibilizou os esforços da Europa Ocidental aos olhos de uma nova geração de críticos. Isso se deu a despeito da ausência de qualquer relação histórica ou lógica entre os dois, ainda que as formas de planejamento da Europa Ocidental tivessem a intenção de ser, e fossem, o antídoto para a política comunista. O mito do sucesso do planejamento soviético do entreguerras foi substituído no curso das décadas de 1970 e 1980 por um relato universalmente aceito do planejamento socialista como fracasso absoluto. As implicações dessa inversão foram importantes: o fracasso e o colapso da União Soviética solaparam não apenas o comunismo, mas toda uma narrativa progressista de avanço e coletivização, em que o planejamento soviético e ocidental eram presumivelmente integrados, pelo menos aos olhos de seus admiradores.

Quando essa história perdeu sua âncora, muito mais ficou à deriva.

Em sua descrição tanto de Beveridge quanto de Keynes, você sugere uma relação entre economia, ética e política. E parece que o que encontramos no último quarto do século XX é uma crença renovada — que, às vezes, cheira a doutrinária, ou mesmo a dogmática — de que você pode derivar a ética ou a política da economia.

Está correto. Ou, mesmo que você não possa, isso não importa, porque a condição essencial de uma coletividade próspera é a produção, a estabilidade e o crescimento econômicos — e as consequências disso, sejam necessárias ou contingentes, estão fora de suas mãos.

* * *

Ao falar das origens do planejamento, você enfatizou as considerações prudenciais e éticas. Acho que uma condição para a influência intelectual nesses assuntos era um senso estético. O livro de Engels A situação da classe trabalhadora da Inglaterra *é muito descritivo. E depois, claro, há todo um gênero de romance vitoriano — pensamos em Dickens, mas também em Elizabeth Gaskell — que aborda a industrialização diretamente. Essa literatura cumpre a função de criar uma imagem do sofrimento da classe operária, fazendo a* sociedade parecer *diferente do que parecia antes.*

O século XX viu um eco dessa a literatura na escrita de Upton Sinclair (*Jungle* [Selva]), Studs Terkel (*Hard Times* [Tempos difíceis]), John Steinbeck (*As vinhas da ira*) e outros. Note as semelhanças de abordagem e tema — no caso de Terkel, até a ponto de tomar emprestado um título de Dickens.

Hoje, embora ainda sintamos repulsa estética por pobreza, injustiça, saúde ruim, nossas sensibilidades são muitas vezes limitadas ao que costumávamos chamar de Terceiro Mundo. Estamos conscientes da pobreza e da injustiça econômica — da absoluta *iniquidade* da distribuição injusta — em lugares como a Índia, ou as favelas de São Paulo, ou a África. Mas somos muito menos sensíveis às más distribuições comparáveis em recursos e oportunidades de vida nas favelas de Chicago, Miami, Detroit, Los Angeles ou mesmo Nova Orleans.

Nos Estados Unidos, subir na vida significa se afastar fisicamente de sinais de sofrimento. E, portanto, o declínio da cidade se torna uma fonte de declínio geral em vez de um estímulo à renovação.

Quando Dickens estava escrevendo os trechos ferroviários de *Little Dorrit*, por exemplo, ou quando Elizabeth Gaskell estava escrevendo *Norte e sul*, ambos estavam deliberadamente chamando a atenção de seus leitores para uma catástrofe social que se desenrolava diante de seus olhos, mas da qual tantos deles conseguiam desviar a atenção.

Precisamos de uma renovação semelhante da atenção ao que está debaixo de nosso nariz. Hoje, muitos de nós vivem em condomínios fechados, enclaves físicos que excluem uma espécie de realidade social e também preservam outro tipo, o da intrusão. Essas microssociedades fechadas tranquilizam seus beneficiários de que, já que estão pagando por seus próprios serviços, eles não são responsáveis pelas despesas e demandas da sociedade fora dos portões. Isso os torna relutantes a pagar por serviços e benefícios dos quais não veem nenhum ganho privado imediato.

O que se perde aqui, o que é corroído na aversão à tributação comum, é a própria ideia de sociedade como um terreno de responsabilidades compartilhadas. Obviamente, isso é completamente hipócrita, porque, quando você deixa o condomínio fechado, entra na rodovia interestadual, um serviço fornecido pelo governo que só poderia ser pago com tributação geral e assim por diante. E a polícia, que em última instância garante que esses bolsões de riqueza sejam possíveis, é paga com impostos locais.

O declínio da cidade é crucial aqui. Você está certo sobre isso. O surgimento da cidade moderna — e não da cidade medieval — foi exatamente contemporâneo ao surgimento da questão social. O geógrafo francês Louis Chevalier expôs esse fato cerca de cinquenta anos atrás: escrevendo sobre a Paris do início do século XIX em seu *Classes laborieuses et classes dangereuses* (Classes trabalhadoras e classes perigosas), ele demonstrou brilhantemente o que acontece quando uma cidade administrativa medieval se torna uma moderna metrópole da classe operária.

Ao passo que antes toda a comunidade urbana era interdependente, o novo centro industrial dividia suas classes constituintes. A burguesia comercial que domina a vida pública da cidade vive em terror crescente da própria população trabalhadora de que ela depende — mas com quem já não interage cotidianamente em termos humanos. A população trabalhadora se torna ao mesmo tempo uma fonte de riqueza e um desafio permanente a ela. A cidade se divide, mantida em conjunto pela necessidade comum, mas também pelo medo mútuo e pela crescente separação territorial.

Hoje, ainda temos medo e separação — mas o senso de necessidade comum e interesse compartilhado está se desgastando rapidamente. Há exceções a isso; Nova York é uma espécie de exceção. Mas a cidade clássica com uma classe alta, uma classe média, uma classe trabalhadora e um conjunto de relações geográficas que recobre o conjunto de relações sociais, em grande parte desapareceu neste país.

> *A cidade é o lugar onde é mais fácil logisticamente para o Estado distribuir recursos. E quanto mais longe da cidade você vai, mais difícil e caro se torna para o Estado agir, o que significa que as pessoas que pensam que obtêm o mínimo estão de fato obtendo o máximo. Os locais, em termos geográficos, onde as pessoas são menos dispostas a pagar impostos são aqueles que recebem seguro--desemprego do governo federal.*

Nenhum dos estados que carecem de água no Leste dos EUA poderia sobreviver um ano sem o equivalente americano ao que os europeus veem como subsídios regionais. E é claro que os europeus não são diferentes. Assim como Arizona ou Wyoming supõem estar livres da intromissão governamental ao mesmo tempo que dependem totalmente dela, temos o paradoxo da Irlanda e da Eslováquia. Eles estavam e estão entre os maiores beneficiários de subsídios regionais de Bruxelas (financiados pelas economias planejadas ou dirigidas da França, Alemanha e Holanda), embora localmente proclamem os atrativos do livre mercado e da regulação mínima.

> *Se você dissesse às pessoas em Dakota do Sul e Nevada que elas estão se beneficiando do equivalente ao Fundo de Desenvolvimento Regional da União Europeia, tenho certeza de que ficariam um tanto aborrecidas. Mas é assim, essencialmente, que os Estados Unidos funcionam.*

Eles funcionaram por um bom tempo assim, na verdade. Imagine o caso do produtor de milho de Nebraska: é claro que ele se beneficia enormemente de subsídios distorcidos de forma extrema para tudo, do milho à soja e à produção, bem como de água barata, gasolina barata e rodovias financiadas publicamente. Mas se ele não se beneficiasse de tanta liberalidade pública, a agricultura (sobretudo a agricultura familiar) morreria; e a agricultura familiar é uma parte crucial da identidade nacional dos Estados

Unidos (correspondendo muito de perto também à prática e à mitologia do subsídio francês; mas, pelo menos, os franceses reconhecem isso).

A aparência de autossuficiência individual faz parte do mito da fronteira americana. Destrua isso ou, antes, deixe que seja destruído, e você destruirá parte de nossas raízes. Esse é um argumento político defensável e até razoável — não há razão, em princípio, para que os americanos não paguem para manter o que consideram mais americano em sua herança. Mas, como argumento, isso não tem nada a ver com capitalismo, individualismo ou livre mercado. Ao contrário, é um argumento em favor de um certo tipo de Estado de bem-estar social — principalmente por causa de sua suposição inquestionável de que um certo tipo de individualismo sustentável requer uma boa dose de ajuda do Estado.

> *Você mencionou a ética e as fontes prudenciais da social-democracia, e eu lhe perguntei sobre a estética. Ocorre-me também que há uma questão de veracidade importante. Quando pensamos em Gaskell, ou Engels, ou Dickens, ou Upton Sinclair, pensamos em certas* expressões *introduzidas por eles que aderiram a nós: "tempos difíceis", por exemplo. E me pergunto se algo que está faltando hoje não é a mesma disposição ou capacidade dos intelectuais para formular o que está realmente acontecendo na economia e na sociedade.*

Essa capacidade se desfez em dois estágios. O primeiro, que eu dataria do final da década de 1950, foi o autodistanciamento dos intelectuais de uma preocupação com as evidentes injustiças observáveis da vida econômica. Parecia que essas injustiças observáveis estavam sendo bastante superadas, pelo menos nos lugares em que os intelectuais viviam. O foco naqueles "necessitados em Londres e Paris", como poderia ser o caso, parecia quase inócuo — sabe, "sim, sim, sim, mas é mais complicado que isso, as verdadeiras injustiças são", e depois mais alguma coisa. Ou a opressão real está na mente, e não na distribuição injusta da renda, ou o que quer que fosse. Assim, intelectuais de esquerda se tornaram mais inteligentes em encontrar injustiça — e menos interessados no que se parecia muito com a década de 1930 ou, se eles fossem mais historicamente conscientes, com o estilo de horror moral da década de 1890 diante da simples injustiça econômica e do sofrimento.

Mais recentemente, penso que de fato somos vítimas de uma mudança discursiva, desde o final da década de 1970, com relação à economia. Os intelectuais não perguntam se algo é certo ou errado, mas se a política é eficiente ou ineficiente. Não perguntam se uma medida é boa ou ruim, mas se ela melhora ou não a produtividade. A razão pela qual fazem isso não é necessariamente o fato de que eles estão desinteressados na sociedade, mas que passaram a assumir, de modo bastante acrítico, que o objetivo da política econômica é gerar recursos. Até que você tenha gerado recursos, não há nenhum sentido em ter uma conversa sobre distribuí-los.

Isso, parece-me, chega perto de uma espécie de chantagem branda: com certeza você não vai ser irrealista, irreal ou idealista ao ponto de colocar os fins antes dos meios? Somos, por conseguinte, advertidos de que tudo começa pela economia. Mas isso reduz os intelectuais — tanto quanto os trabalhadores sobre os quais eles estão discutindo — a roedores em uma esteira. Quando falamos em aumentar a produtividade ou os recursos, como sabemos quando parar? Em que ponto estamos suficientemente bem-dotados de recursos para voltar nossa atenção para a distribuição de bens? Como saberíamos quando chegou a hora de falar sobre direitos e necessidades, em vez de resultados e eficiências?

O efeito da dominância da linguagem econômica em uma cultura intelectual que sempre foi vulnerável à autoridade de "especialistas" agiu como um freio sobre um debate social mais moralmente informado.

> *Outra coisa estranha, eu acho, acontece quando os intelectuais começam pela economia. E isto é, apenas coisas que são produtos são de alguma forma reais. E os próprios substantivos que utilizamos mudaram, os significados mudaram. Se peço água num café na rua, o garçom quer saber que tipo de água engarrafada eu quero. Todos temos de beber água. Água é muito importante. Tomamos banho com ela, queremos que ela seja limpa. Mas não há nenhuma razão para que a água seja posta em garrafas. No mínimo, isso é bastante prejudicial. Os dentes das crianças se deterioram por falta de flúor. Você tem de usar o petróleo para*

fazer as garrafas e despeja óleo no oceano ao importar água de outros continentes. E tudo isso desvaloriza o bem público, que é a água da torneira, que já tínhamos conseguido alcançar.

Essa é uma deficiência de qualquer economia de mercado. Marx observou a fetichização das mercadorias no século XIX, e ele não foi o primeiro; Carlyle também o fez.

Mas acho que isso é um subproduto particular de nosso culto contemporâneo da privatização: a sensação de que o que é privado, o que é pago, é de algum modo melhor exatamente por essa razão. Isso é uma inversão de um pressuposto comum nos primeiros dois terços do século, certamente dos cinquenta anos intermediários da década de 1930 à década de 1980: o de que certos bens só poderiam ser devidamente fornecidos numa base coletiva ou pública e tanto melhor que fosse assim.

A transformação de nossas sensibilidades nesse aspecto teve todos os tipos de efeito colateral. Quando as pessoas pensam que prefeririam comprar o produto privado e não serem tributados pelo público, fica mais difícil tributar para um bem público. Essa, então, é uma perda para todos, mesmo os muito ricos, porque o Estado simplesmente pode fazer certas coisas melhor e mais barato do que qualquer outra entidade. A família no condomínio fechado pode beber água engarrafada, mas as pessoas cozinham, fazem limpeza e tomam banho com água de torneira pública, que nenhuma empresa privada jamais acharia rentável lhes fornecer sem garantias e suportes de preços públicos.

Isso nos aproxima de uma questão que ocupou economistas políticos e teóricos sociais do início do século XX. Em que momento é legítimo um governo dizer que determinado bem ou serviço é melhor provido publicamente? Quando é certo criar um monopólio público natural? Mas desde 1980, mais ou menos, a questão foi proposta de forma diferente: por que deve haver monopólios públicos? Por que nem tudo deve ser aberto ao lucro? É com essa suspeita visceral de qualquer tipo de monopólio público em qualquer coisa que poderia em princípio ser tornada privada que vivemos agora, ou temos vivido nos últimos 25 anos. E, aliás, não acho que isso vá mudar por causa da superalardeada crise no capitalismo que vivemos agora. Acho que o que vamos ver mais é a aceitabilidade do governo como regulador — mas o governo como monopolizador de certos tipos de bens e serviços não veremos.

* * *

> *A água é um exemplo particularmente marcante para mim, porque mostra até que ponto você pode degenerar a civilização e ainda achar que está progredindo ao tornar tudo privado. A ética de que se você aparecer em algum lugar e pedir um copo de água ele deve lhe ser dado é muito antiga. E a versão moderna disso, que predominou durante a maior parte de minha vida neste país, era que havia fontes de água em locais públicos. Que agora estão lentamente desaparecendo.*

O mesmo argumento vale para outros ganhos civilizacionais, mais recentes, mas que até este último quarto de século também eram tidos como adquiridos. Os americanos já não se lembram de ter transporte público bom, embora em muitos lugares eles antes tivessem. Na Grã-Bretanha, você pode ver como a privatização dos transportes muda a sociedade. Os ônibus da Green Line fizeram de mim um londrino, fizeram de mim um menino inglês, talvez tanto quanto a escola fez.

Não há nada semelhante para um menino em Londres hoje. Quando eu era jovem, andava nos ônibus da Green Line para ir à escola. Eles eram bem-cuidados e agradáveis e definiam uma cidade com suas rotas. Hoje, a proprietária e gestora dos ônibus da Green Line é a "Arriva", a pior das empresas privadas agora responsáveis pelo fornecimento de serviços de trem e ônibus a passageiros britânicos. Sua finalidade principal parece ser ligar suburbanos isolados a enormes shoppings, muitas vezes sem qualquer referência à lógica da geografia urbana. Não há nenhuma rota que cruze Londres.

> *Eu gostaria de levar esse argumento para um nível mais abstrato. Parece-me que, além de diversos bens dos quais se poderia falar — transporte, água, alimentação também, aliás, ou ar —, há uma questão básica de preservação de algumas categorias de discurso econômico.*

> *Esse poderia ser um tipo de papel para intelectuais que têm a missão orwelliana de tentar usar os termos certos, ou endossar a ideia de Aron de preservar os conceitos. Uma categoria vem à mente desde a crise financeira: riqueza. Se você possui uma casa e*

essa casa perde valor, você perdeu riqueza ou alguém perdeu riqueza. Ao passo que, se uma organização de capital financeiro faz uma aposta e perde a aposta, ela também perdeu riqueza, como usamos o termo "riqueza" hoje. Embora não haja nada realmente vinculado a isso, porque metade das pessoas que fazem apostas, com qualquer que seja a porcentagem, tem de perdê-las. E os resgates acontecem como se não houvesse nenhuma diferença entre esses tipos de riqueza, grosso modo.

Ou, em vez de tentar salvar uma palavra como riqueza, poder-se-ia tentar aplicar uma palavra como planejamento. Parece-me que o capitalismo financeiro se safa com facilidade em sua oposição ao planejamento governamental. Afinal, o capitalismo financeiro é uma espécie de planejamento. Não é planejamento feito por uma pessoa, e é de certa maneira orgânico, mas é o modo como alocamos capital. E não é livre. O setor financeiro da economia americana levou mais de um terço dos lucros corporativos em 2008. E 7% do total pago em salários.

Eu salientaria, a propósito, que, se você acrescentasse a isso a porcentagem bem maior embolsada pela chamada indústria de assistência médica, cuja maior parte é, claro, dedicada à administração e não a fazer bem às pessoas e subtraísse os dois do desempenho econômico americano no último quarto de século, veria que os EUA teriam um desempenho muito inferior ao da maior parte do mundo desenvolvido. Portanto, grande parte da nossa autoimagem como uma sociedade avançada e rica se baseia precisamente na distorção que você descreveu.

Isso suscita um debate sobre risco. Uma sociedade paga um prêmio na forma de recompensas injustas para pessoas que não fazem nada por ela além de gerar riqueza de papel. O argumento em favor disso é que essa riqueza de papel é a "graxa" formal sob as rodas da economia real. E, assim nos é dito, a única razão pela qual as pessoas estão dispostas a assumir os riscos envolvidos na geração (ou perda) de enormes quantidades de riqueza de papel é que as recompensas são muito substanciais. Há versões mais complexas desse argumento, mas essa é sua forma básica.

Agora vamos traduzir esse argumento na lógica do cassino: que é, afinal, o capitalismo no nível financeiro. Alguém aposta em determinado resultado. As pessoas apostam nele, porque têm boas razões para acreditar, ou querem acreditar, ou viram outros em quem confiam apostar nele. Elas estão assumindo um grande risco. Mas quanto maior o risco que elas assumem em teoria, maior a recompensa que podem obter.

Imagine se alguém entrasse e dissesse ao apostador: "Você é grande demais para falir." Ou: "Nós lhe garantimos que vamos absorver X% de sua perda, porque nós, o cassino, precisamos que você continue a jogar. Então, por favor, continue jogando com a garantia de que sua desvantagem é reduzida." O argumento do risco desapareceria — e, em consequência, o cassino em breve fecharia suas portas.

Então, vamos voltar aos mercados de capitais: no esquema de hoje, as perdas dos maiores apostadores são cobertas suficientemente para garantir que as pessoas vão, de fato, continuar a assumir os riscos, mas sem nenhuma desvantagem. O que significa que os riscos que correrão serão cada vez menos justificados. Se você não precisa se preocupar com tomar a decisão errada, há uma maior probabilidade de tomá-la.

Nesse sentido, pelo menos, estou de acordo com os hiperdefensores do mercado: há uma ameaça real para a integridade do capitalismo se ele for excessivamente sancionado por garantias do governo. Sabemos por experiência que a propriedade estatal da produção industrial pode ser ineficiente porque ninguém se preocupa muito com perder. A proposição tem pelo menos a mesma força no setor financeiro.

> *A comparação com o jogo de azar é interessante não apenas no topo, no nível dos capitalistas financeiros e do Estado, mas também na base, no nível da sociedade e das empresas e famílias. Ou seja, acho que outra coisa que está acontecendo é que a ideia de risco na sociedade americana mudou um pouco.*
>
> *O risco, talvez eu esteja romantizando, costumava significar algo. Por exemplo, você assume um risco, porque deixa seu trabalho para iniciar um negócio. Ou assume um risco, porque faz uma segunda hipoteca*

sobre sua casa a fim de investir em um pequeno negócio. Não significava o mesmo que apenas apostar. O mercado imobiliário nos últimos anos se aproximou de uma espécie de jogo de azar. As pessoas podiam adquirir coisas com tanta facilidade que estavam basicamente fazendo apostas: agindo de modo muito semelhante ao que ocorre nos próprios mercados financeiros, comprando bens de que não precisavam e que não podiam pagar na esperança especulativa de alguém aliviá-las desses bens no futuro próximo.

Isso coincide com a legitimação do jogo de azar como tal. (O que, a propósito, me parece um dos termos que precisam ser preservados, porque aqueles que estão por trás do jogo de azar [gambling] gostariam de chamá-lo simplesmente de "jogo" ["gaming"] e torná-lo algo inofensivo e normal.) Mas o que aconteceu também parece ter requerido que os americanos não entendessem matemática. Parece ter exigido uma certa quantidade de pensamento mágico sobre números. O que, em certo sentido, sabe, se centenas de milhões de dólares estão em jogo, mas não são seus, é perigoso, por um lado. Mas, se dezenas de milhares de dólares e sua vida estão em jogo, é muito mais perigoso.

Eu gostaria de poder concordar com você sobre a correlação entre incompetência educacional secundária americana em matemática e ilusões econômicas. Mas acho que o que ela realmente demonstra é isto: a vasta maioria dos seres humanos hoje simplesmente não é competente para proteger os próprios interesses. Curiosamente, esse não era de forma alguma o caso no século XIX. Os tipos de erro que as pessoas podiam cometer em detrimento delas próprias eram mais elementares e, portanto, mais facilmente evitados. Supondo que você fosse prudente o suficiente para manter-se afastado de vendedores bons de lábia e de vigaristas evidentes, as regras sobre empréstimos eram tão draconianas (mesmo que apenas por motivos religiosos) que muitas das indulgências de hoje simplesmente não estavam disponíveis ao homem comum.

Isso nos leva ao jogo de azar. Como a dívida, ele era desaprovado e na maior parte proibido. Havia uma suposição ampla e correta de que o jogo de azar levava à criminalidade e era, portanto, uma patologia social a ser evitada. Mas é claro que ele também era considerado, em uma longa tradição cristã, como errado em si mesmo: dinheiro não devia gerar dinheiro.

Poderíamos nos beneficiar ao retomar essa perspectiva. Vejamos ou não o jogo de azar como um pecado, não podemos negar que ele é um retrocesso na política social: o jogo de azar é uma tributação regressiva, seletiva, indireta. Você está basicamente incentivando os pobres a gastar dinheiro na expectativa de riqueza, enquanto os ricos, mesmo que optem por gastar a mesma quantidade de dinheiro, não sentiriam a perda.

Na sua pior forma, o jogo de azar agora é oficialmente estimulado por alguns países (Inglaterra, Espanha), bem como por muitos estados americanos, sob o disfarce de loterias públicas. Em vez de admitir a necessidade de certos equipamentos públicos — as artes, o esporte, o transporte —, nós agora evitamos a tributação impopular cobrindo tais gastos com recursos das loterias. Desproporcionalmente, elas são jogadas e, portanto, sustentadas pelos segmentos menos informados e mais pobres da sociedade.

Trabalhadores britânicos que talvez nunca em sua vida estiveram dentro de um teatro, uma ópera ou um balé, agora estão subsidiando, com sua propensão para o jogo, as atividades culturais de uma minúscula elite cuja carga tributária foi reduzida na mesma proporção. Contudo, dentro da memória viva o oposto se aplicava: nos dias social-democratas das décadas de 1940 e 1950, os ricos e a classe média que eram tributados para garantir a disponibilidade de bibliotecas e museus para todos.

Isso é regressão em qualquer sentido, incentivada por governos ineficazes com pavor de aumentar impostos, relutantes a cortar serviços e que exploram os instintos mais baixos e não as capacidades mais elevadas de quem vota neles. Estou inteiramente consciente de que é imprudente e ineficaz proibir totalmente os jogos de azar: sabemos, da experiência passada com álcool e drogas, que essas proibições genéricas podem ter efeitos perversos. Mas uma coisa é admitir a imperfeição humana, outra, bem diferente, é explorá-la de forma impiedosa como um substituto para a política social.

A vida moderna é realmente tão complicada? O que a maioria dos americanos faz é se endividar em vários cartões de crédito. Se a pessoa entendesse o que significa juros cumulativos, isto é, se ela conseguisse fazer o cálculo mais elementar ou mesmo tivesse entendido suas tabelas de multiplicação, talvez fosse capaz de evitar. A melhor defesa da classe trabalhadora em geral é a aritmética. E isso, portanto, a política social, apenas olhando para ela dessa maneira, tem de incluir, certificando-se de que as pessoas possam fazer seus próprios cálculos.

Bem, eu certamente acredito nisso. E também acredito que, em um quadro mais amplo, a política social deve consistir em criar o eleitorado mais educado possível: precisamente porque os cidadãos de hoje estão mais expostos ao abuso e têm mais "autoridade" para abusar do que jamais tiveram.

Mas mesmo cidadãos bem-educados não são uma proteção suficiente contra uma economia política abusiva. Tem de haver um terceiro ator aí, além do cidadão e da economia, que é o governo. E o governo tem de ser legítimo: no sentido de estar em conformidade com o entendimento das pessoas da base sobre a qual escolhem seus governantes, e de suas ações corresponderem a suas palavras.

Uma vez que se tenha esse governo legítimo, parece não só adequado, mas realmente possível dizer às pessoas: se você fizesse os cálculos, veria que estavam lhe vendendo uma promessa enganosa. Mas, mesmo que você não possa fazer o cálculo, nós vamos lhe dizer que é esse o caso. E vamos proibi-lo de certos tipos de transação financeira, da mesma forma como vamos proibi-lo de dirigir seguindo para o norte, na Quinta Avenida de Nova York: para seu próprio interesse e para o bem comum.

Aqui chegamos aos argumentos contra a possibilidade da social-democracia, que são de dois tipos. Um, se você quiser, estrutural; o outro, contingente. O argumento estrutural é que essa sensação de legitimidade é difícil de adquirir, ou mesmo impossível, em um país grande e diverso como os Estados Unidos. A confiança coletiva através de gerações, profissões, capacidades e recursos não ocorre com facilidade em uma sociedade enorme e complexa. Portanto, não é por acaso que as sociais-democracias mais bem-sucedidas são Noruega, Suécia, Dinamarca, Áustria, até certo ponto Holanda, Nova Zelândia etc.: sociedades pequenas e homogêneas.

O argumento da contingência contra a possibilidade da social-democracia diz que ela foi historicamente possível, mas apenas em circunstâncias que não podemos reproduzir. A combinação entre a memória da Grande Depressão, a experiência do fascismo, o medo do comunismo e o boom do pós-guerra tornou a social-democracia possível, mesmo em sociedades muito grandes como a França, a Alemanha Ocidental, a Grã-Bretanha, ou o Canadá, que é uma sociedade grande fisicamente, embora não socialmente. Não aceito completamente esse contra-argumento — a história foi mais complicada, e as motivações, mais duradouras —, mas o respeito.

E, no entanto, fico impressionado com a seletividade dos americanos sobre quando aceitam argumentos históricos e quando não o fazem. Assim, o argumento histórico de que não devemos ter uma social-democracia é levado muito a sério, embora o argumento histórico de que a social-democracia produziu coisas muito boas não é levado a sério.

E também fico impressionado com a maneira como a vida intelectual americana nos últimos anos passou a se subordinar aos interesses europeus, ao mesmo tempo que comentaristas americanos eminentes insistem em que superamos a Europa. Com isso, quero dizer que quase todos os comentários sobre a política social aqui nos EUA a colocam em um contexto comparativo: como nos saímos em comparação à Europa? A implicação é inevitável: em certos aspectos, pelo menos, temos medo de ter entrado na sombra da Europa.

Quase ninguém parece dizer algo como: somos os Estados Unidos da América; portanto deveríamos ser, tomando emprestada uma expressão, uma Grande Sociedade. Deveria haver um New Deal. Não porque a social-democracia na Europa é boa ou ruim, mas porque nós, americanos, poderíamos fazer uma coisa maravilhosa.

Desde a década de 1930 até a de 1960, o saldo da discussão social e política americana ia no outro sentido. A suposição-padrão era que, se os EUA tinham recursos para se tornar uma boa sociedade, deviam querer fazê--lo. Mesmo os opositores e críticos dos níveis johnsonianos de investimento social se opunham a ela, por assim dizer, por razões de autointeresse localizadas. Se ela fosse boa demais para os negros, não era querida no Sul. Se fosse radicalmente redistributiva, não era querida por instituições que seriam obrigadas a repensar seus padrões de recrutamento, e assim por diante.

Mas a inovação social radical não costumava enfrentar oposição baseada em motivos hayekianos a priori, como poderia ocorrer hoje. E aqueles que se opunham de forma incoerente, como Barry Goldwater, pagavam um alto preço político. Passaram-se vinte anos antes que a nova abordagem conservadora pudesse ser integrada no "reaganismo" e ganhasse a aparência de dominante. Aqui, como tantas vezes, deparamos com um esquecimento americano até sobre seu passado muito recente.

Eu culpo a esquerda tanto quanto a direita. A retórica johnsoniana de finalidade social coletiva, enraizada em uma versão americana do reformismo liberal vitoriano e eduardiano, juntou-se desconfortavelmente com a Nova Esquerda. Essa última era muito mais atraída por interesses autoafirmativos de segmentos distintos da sociedade. Eu endossaria a crítica contemporânea ao Partido Democrata da era McGovern: não porque ela supostamente buscava promover os interesses de cada categoria hifenizada em que se pudesse pensar (muitas das quais tinham necessidade urgente de promoção), mas porque ao fazê-lo ela solapava sua própria herança retórica e esquecia como falar sobre a sociedade coletiva.

As reformas de bem-estar de Clinton da década de 1990 estavam radicalmente em desacordo com todas as tradições de reforma centrada no Estado do consenso liberal de esquerda anglo-americano e europeu da década de 1890 até a de 1970. O que eles fizeram foi reintroduzir noções industriais iniciais de uma cidadania dividida: os cidadãos que trabalham e os cidadãos menores, que não trabalham. Assim, o emprego retorna à política social como a medida da plena participação nos assuntos públicos: se você não tem emprego, não é bem um cidadão completo. E isso era algo de que três gerações de reformadores sociais e econômicos, da década de 1910 até a de 1960, lutaram muito para escapar. Clinton reintroduziu exatamente isso.

A política de hifenização, eu acho, acentua divisões de classe. O feminismo, como nós o praticamos neste país, serve a advogadas que ganham muito dinheiro, serve a professoras, estudantes universitárias em algum nível psicológico, talvez — mas como o feminismo nos Estados Unidos não começa com a licença--maternidade e a creche, que é o único lugar em que acho que de fato poderia começar de forma sensata para a maioria das mulheres, ele exclui as pessoas que estão criando filhos e especialmente aquelas que são mães solteiras. Da mesma forma, a política racial, e sou a favor dela, é muito bem-sucedida em levar a burguesia negra e latina para as instituições de ensino e depois para o governo, e assim por diante. E tenho certeza de que isso é uma coisa boa. Mas ela também separa a questão da raça da questão da classe, o que é muito ruim para muitos afro-americanos.

O pensamento social americano evita completamente o problema das divisões sociais determinadas economicamente, porque os americanos acham mais confortável e politicamente incontroverso se concentrar em divisões utilizáveis de outro tipo.

Mas seu exemplo das creches é bom — vamos nos concentrar nele por um minuto. É muito difícil que as creches e, de forma mais geral, os serviços sociais destinados a facilitar a igualdade de oportunidades para as mães, sejam fornecidas ad hoc, empresa por empresa. Qualquer empregador, ao fornecer um recurso como esse a seus funcionários, pode temer estar se colocando em desvantagem econômica em relação à pessoa que não o fornece. A pessoa que não o fornece pode ganhar mais dinheiro, porque não tem o custo de fornecer esse serviço — ou pode pagar mais a suas trabalhadoras, porque tem mais dinheiro disponível, lhes permitindo que privadamente, se puderem, encontrem a creche necessária, mas no meio-tempo atraindo-as de seu concorrente que presta um serviço social e paga uma remuneração menor.

Ora, na maior parte da Europa, a provisão pelo governo de creche universal paga com imposto contorna esse problema. Ela cria um fardo adicional para todo mundo todos por meio da tributação, mas fornece um serviço específico sem nenhum custo econômico para certa classe de beneficiários.

Como bem sabemos, sempre haverá aqueles que se ofendem profundamente com a própria ideia de tributar todos para beneficiar alguns. Mas é essa mesma ideia que está no cerne do Estado moderno. Tributamos todos para oferecer educação a alguns. Tributamos todos para fornecer pensões a alguns. Tributamos todos para fornecer policiais ou bombeiros de quem, a qualquer momento, apenas algumas pessoas se beneficiarão. Tributamos para construir estradas que nem todos utilizarão ao mesmo tempo. Temos (ou tínhamos) serviço de trem para um local remoto que parece beneficiar as pessoas nesse local remoto, mas que junto traz todos os locais remotos para a sociedade, assim tornando-a um lugar melhor para todos.

Agora, a noção de tributar todos para beneficiar alguns — ou, na verdade, alguns para beneficiar todos — está ausente dos cálculos centrais dos formuladores de políticas sociais americanos. As consequências ficam claras no raciocínio confuso até mesmo dos reformadores mais bem-intencionados. Tomemos, por exemplo, a linha feminista quanto às creches e outras facilidades de que as mulheres poderiam se beneficiar. Em vez de supor que o objetivo maior do exercício é a revisão da tributação e dos serviços sociais de modo a beneficiar todos, a posição feminista dominante é de buscar uma legislação destinada exclusivamente a favorecer as mulheres.

Era falacioso na década de 1970 os radicais hifenizados suporem que a busca da realização de seu interesse poderia ser feita sem afetar o interesse da coletividade. Eles ecoavam, irônica e inconscientemente, as próprias demandas de seus adversários políticos. Ajudavam a privatizar a política e privatizar o interesse próprio.

> *Sou antiquado o suficiente para pensar que boa parte da esquerda americana é objetivamente reacionária.*

Se você quiser apresentar um argumento antiquado, pode dizer o seguinte: o fato de tantas feministas proviram da classe média alta — onde a *única* desvantagem que sofriam era precisamente a de ser mulher, muitas vezes não mais que uma desvantagem marginal — explica sua incapacidade de ver que havia uma classe maior de pessoas para quem ser mulher não era de modo algum o maior dos desafios.

> *O feminismo teve sucesso no sentido de que há muitas advogadas e empresárias, e vários telhados de vidro foram despedaçados. Nesse*

nível ele foi um sucesso impressionante. No entanto, você também tem muitas, muitas mulheres com famílias e sem homens ou com homens econômica e socialmente inúteis. Elas caíram através do piso de vidro e estão sentadas em meio aos cacos e ao sangue. Suas vidas, com as longas horas de trabalho, as creches e a assistência médica precárias ou inexistentes, encarnam a noção americana de que qualquer coisa é possível, mas também revelam muito claramente a tragédia desse tipo de privatização. E comecei a me preocupar com o fato de que nosso otimismo americano realmente só serve como uma espécie de racionalização para não ajudar as pessoas que precisam.

A referência à privatização é à crucial. O que significa "privatização"? Ela tira do Estado a capacidade e a responsabilidade de eliminar as deficiências na vida das pessoas; e também tira o mesmo conjunto de responsabilidades da consciência de seus concidadãos, que já não sentem um fardo compartilhado em relação a dilemas comuns. A única coisa que resta é o impulso de caridade derivado de uma sensação individual de culpa em relação a outros indivíduos que sofrem.

Temos boas razões para supor que esse impulso de caridade é uma resposta cada vez menos adequada às deficiências de recursos dispersos de forma desigual em sociedades ricas. Portanto, mesmo que a privatização fosse o sucesso econômico reivindicado para ela (e decididamente não é), ela continua a ser uma catástrofe moral em construção.

Eu gostaria de invocar nesse contexto a distinção de Beveridge entre estado de guerra e Estado de bem-estar social, porque parece que foi o estado de guerra nos últimos, digamos, quarenta anos que tornou um Estado de bem-estar social ou a social-democracia difícil nos EUA. O exemplo de Johnson é óbvio: era difícil construir uma Grande Sociedade e pagar pela Guerra do Vietnã. Mas mais recentemente, depois do Vietnã, com o desenvolvimento do Exército totalmente voluntário, algo muito interessante aconteceu.

O próprio Exército se tornou uma espécie de organização de bem-estar eficaz. Isso quer dizer que ele fornece educação e mobilidade ascendente para muitas pessoas que de outra forma não teriam isso. E também fornece hospitais estatais que funcionam muito bem — ou, pelo menos, funcionavam muito bem até que a administração Bush cortasse seu financiamento no meio de uma guerra para que as pessoas não pudessem apresentar o argumento que estou apresentando agora.

E assim, em tempos de paz, o Exército é um exemplo muito bom de política de Estado que permite a mobilidade ascendente. Mas é muito menos isso quando estamos de fato travando uma guerra e mandando essas pessoas que estão na margem, e às vezes nem sequer são cidadãos, para morrer e matar. Nesse momento, o estado de guerra se torna Estado de bem-estar social corporativo. A Guerra do Iraque redistribuiu uma enorme quantidade de dinheiro de impostos para um número muito pequeno de beneficiários corporativos.

Nesse aspecto, como em outros, os Estados Unidos são tangenciais à experiência ocidental como um todo. Em outras partes do Ocidente desenvolvido, os estados de guerra da era moderna se transformaram em estados de bem-estar permanentes. Os tipos de gasto do governo que teriam sido impensáveis em tempos de paz haviam se tornado inevitáveis em tempos de guerra — a princípio durante a Primeira Guerra Mundial e em seguida, definitivamente, depois de 1939. O que os governos aprenderam a fazer na guerra foram obrigados a reproduzir para fins pacíficos. Surpreendentemente, descobriram que esse era um modo extremamente eficiente de atingir seus objetivos, apesar da oposição ideológica.

Os Estados Unidos parecem bastante diferentes, como você diz. No curso do que equivale a uma série de "pequenas guerras" permanentes que datam da década de 1950, o governo dos EUA tomou dinheiro emprestado para combater conflitos que ele prefere não reconhecer muito abertamente. O custo dessas guerras foi, portanto, suportado por gerações futuras, ou na forma de inflação, ou como um encargo e uma limitação de todas as outras despesas públicas: bem-estar e serviços sociais acima de tudo.

Se o estado de guerra é uma forma aceitável para os americanos conservadores restringirem o surgimento da política de bem-estar é porque a guerra neste país ainda não é vivida como catástrofe. O Vietnã, com certeza, teve custos sociais: a própria classe política se dividiu, surgiram clivagens intergeracionais duradouras, e a política externa foi obstruída por algum tempo por essas considerações internas. Mas ninguém, que eu saiba, argumentou que isso deveria ter levado a uma revisão das premissas do governo e de seu papel na sociedade, do modo como a Segunda Guerra Mundial ocasionou uma revolução política na Grã-Bretanha, por exemplo.

É difícil ver como isso poderia mudar. Mesmo no auge do absurdo iraquiano, a maioria dos americanos era favorável a enormes gastos do governo para fins militares subarticulados ou francamente desonestos, enquanto afirmava acreditar na redução geral da tributação, presumivelmente incluindo a tributação destinada a pagar despesas militares. Os americanos não mostravam nenhum interesse em aumentar o papel do governo em suas vidas, sem se dar conta de que tinham acabado de incentivá-lo de modo entusiástico a fazer exatamente isso da maneira mais importante da qual o governo pode intervir na vida de seus cidadãos, ou seja, travando uma guerra. Isso revela uma dissonância cognitiva coletiva americana que é muito difícil de superar politicamente. Se há alguma razão cultural para que os Estados Unidos deixem de seguir os melhores exemplos de outras sociedades ocidentais, é essa.

Você tem falado com neutralidade sobre os pontos de vista expressados por membros da sociedade americana, o que é mais seguro, mas os pontos de vista deles sobre a legitimidade da ação do governo derivam do nacionalismo americano.

Há dois tipos de nacionalismo. Há o tipo de nacionalismo que diz: você e eu estamos familiarizados com o serviço postal e também estamos familiarizados com nosso plano de pensão, e esse é o tipo de coisa sobre o qual podemos conversar no metrô a caminho do escritório, onde nenhum de nós vai trabalhar depois das sete horas, porque essa é a lei.

* * *

E há também o tipo de nacionalismo que diz: pago muito pouco imposto, embora seja muito rico, e você paga impostos, embora seja trabalhador, sou levado de carro ao trabalho e você pega ônibus, e nós temos muito pouco sobre o que conversar — e de qualquer forma nunca nos encontramos. Mas, quando algo muito ruim acontece, vou encontrar um bom argumento patriótico que te convença de que você precisa proteger meus interesses e de que seus filhos, embora não os meus, precisam matar e morrer.

Bem, vamos olhar para essas duas formas de identificação nacional. O que me impressiona na última forma é que a razão pela qual ela funciona ou não funciona é mais cultural que política. Há aspectos dos pressupostos culturais sobre o que é ser americano, quais expectativas um americano deve ter legitimamente, e assim por diante, que são muito diferentes do que significa ser holandês. E isso seria verdade mesmo que, como é de fato o caso, os dois países fossem notavelmente similares em relação a leis, instituições, vida econômica e assim por diante.

A diferença cultural entre a Europa e os Estados Unidos, e a mágica do nacionalismo americano que une os cidadãos ricos e pobres, é o sonho americano. Os europeus continentais geralmente podem dizer com precisão onde pessoalmente se situam em comparação com outros em termos de renda e são modestos em suas expectativas de aposentadoria. Nos EUA, muitas, muitas pessoas mais acreditam que estão no topo do que realmente estão, e outro grande grupo acredita que vai estar no topo quando se aposentar. Assim, os americanos estão muito menos dispostos a olhar para alguém que é muito rico ou muito privilegiado e ver injustiça: eles simplesmente se veem em alguma encarnação futura otimista.

Os americanos pensam: vamos deixar o sistema mais ou menos onde ele está, porque eu não gostaria de sofrer com altos impostos quando me tornar rico. Esse é um quadro de referência cultural que explica uma série de coisas nas atitudes em relação ao gasto público: eu não me importaria de ser tributado para pagar por um sistema ferroviário que apenas ocasionalmente uso se sentisse que estou sendo tributado igualmente com outros por um benefício que é em princípio compartilhado entre todos nós. Posso me ressentir mais com isso se tiver a expectativa de que um dia vou ser o tipo de pessoa que nunca vai usar esse serviço público.

Brilhante na construção dos Estados de bem-estar social, porém, foi que o principal beneficiário foi a classe *média* (no sentido europeu de incluir a elite profissional e qualificada). Foi a classe média que teve sua renda subitamente liberada, porque tinha acesso à educação gratuita e à assistência médica gratuita. Foi a classe média que ganhou verdadeira segurança privada por meio da provisão pública de seguro, pensões e coisas semelhantes. O Estado de bem-estar social cria a classe média nesse sentido, e a classe média então defende o Estado de bem-estar social. Mesmo Margaret Thatcher sentiu isso quando começou a falar sobre privatizar o serviço de saúde — e descobriu que seus próprios eleitores de classe média eram, de todos, os que mais se opunham.

> *A parte crítica parece estar na criação dessa classe média, em primeiro lugar. Sem ela, você tem pessoas que não querem pagar impostos porque querem ser ricas, e pessoas que não veem sentido em pagar impostos porque são ricas. Vejo a classe média como o grupo que, sem uma riqueza enorme, não está preocupada com pensões, educação e assistência médica. Por esse padrão, que é na verdade bastante modesto, não existe uma classe média americana.*

> *Temo que seu ponto de vista sobre o estado de guerra trazer o governo para nossa vida tenha uma formulação mais forte. Dado que o governo americano é intervencionista no exterior, mas não em casa, a guerra cria uma certa perversidade. Insistir em travar guerras e ao mesmo tempo se recusar a aumentar os impostos para pagar por elas foi simplesmente uma forma indireta de convidar o governo chinês a entrar em nossa vida. Se não estamos dispostos a pagar por nossas guerras, isso significa que vamos nos endividar com a China, com todos os riscos para o poder e a liberdade futuros que isso acarreta. Surpreendeu-me quase ninguém dizer isso quando a Guerra do Iraque começou.*

Talvez haja uma verdade ainda mais profunda nisso. Há um risco de que estejamos acolhendo uma espécie de capitalismo chinês na vida americana. O sentido mais simples em que isso é verdade foi amplamente observado: a China empresta dinheiro ao governo, mantém a economia aquecida e põe dólares nos bolsos dos americanos para que eles então possam sair e comprar produtos chineses.

Mas há outra dimensão. O governo chinês hoje está se retirando da vida econômica, exceto em níveis estratégicos, com o fundamento de que a máxima atividade econômica de certo tipo é claramente benéfica no curto prazo para a China e de que regulá-la além dos propósitos de manter a concorrência não seria do interesse de ninguém. Ao mesmo tempo, ela é um Estado autoritário: censurador e repressivo. É uma sociedade capitalista que não é livre. Os Estados Unidos não são uma sociedade capitalista que não é livre, mas as maneiras como os americanos concebem as coisas que permitiriam e as coisas que não permitiriam apontam em uma direção muito semelhante.

Os americanos permitiriam que o Estado fizesse uma gama notável de coisas intrusivas a fim de protegê-los contra o "terrorismo" ou manter as ameaças a distância. Nos últimos anos (e não apenas nos últimos anos; olhe para a década de 1950, a década de 1920 ou as leis de Estrangeiros e de Sedição da década de 1790), os cidadãos americanos mostraram uma indiferença assustadora para com o abuso pelo governo da constituição ou a repressão de direitos, desde que eles próprios não fossem diretamente afetados.

Mas ao mesmo tempo esses mesmos americanos se opõem visceralmente a que o governo desempenhe qualquer papel na economia ou na vida deles. Embora, é claro, como já discutimos, o Estado já tenha intervido na economia de uma dúzia de maneiras diferentes em benefício próprio, ou em benefício de alguém. Há um sentido, em outras palavras, em que os americanos são muito mais dispostos, pelo menos na lógica de suas ações, a gostar da ideia de capitalismo de estilo chinês do que a gostar da ideia de social-democracia de mercado de estilo europeu. Ou será que isso é ir longe demais?

> *Bem, isso é coerente com certo cenário de pesadelo, que é tornado ainda mais provável pelo uso da terminologia econômica em vez da terminologia política. Uma das coisas que não são contestadas, e você também mencionou isso, é a ideia de "forças do mercado global". Em que "forças do mercado global" é cada vez mais uma*

aproximação do que os chineses fazem. Ou, pior ainda, do que eles gostariam que fizéssemos.

Isso nos leva de volta para além dos anos social-democráticos de meados do século, para o acordo do século XIX entre a esquerda e a direita sobre o mercado. A ideia era que, em última análise, o mercado tinha de ser deixado à própria sorte: ou porque ele funciona a favor do melhor a longo prazo, ou porque deve-se deixá-lo se esgotar se ele em algum momento tiver de ser substituído por algo melhor. Mas essa dicotomia é tão falsa hoje quanto era quando dominava os debates "comunismo versus capitalismo" em décadas passadas.

O defeito da visão tudo-ou-nada de forças do mercado global é que ela torna impossível para os Estados individuais operarem as políticas sociais que eles próprios escolham: é claro que, para algumas pessoas, esse resultado é desejável e até pretendido. Já estamos tão acostumados com essa suposição, que o primeiro argumento contra a social-democracia — ou mesmo a simples regulação econômica — é que a competição global e a luta por mercados a torna impossível.

Seguindo essa lógica, se a Bélgica, para pegar um caso aleatório, decidisse organizar suas normas econômicas e sociais de tal forma que seus trabalhadores fossem mais bem-cuidados do que os trabalhadores da Romênia ou do Sri Lanka, ela simplesmente perderia empregos para ambos os países. Então, goste ou não, o socialismo europeu, como o notório Tom Friedman disse uma vez, seria derrotado pelo capitalismo asiático. Uma perspectiva com que Friedman, um verdadeiro determinista, se regozijava — mas que, caso fosse verdadeira, se revelaria extraordinariamente desagradável para todas as partes. No entanto, não é óbvio para mim que a proposição é de fato verdadeira. Por certo, ela não é coerente com a experiência recente.

Pense no que aconteceu depois de 1989. Naquela época, costumava-se usar o argumento de que a social-democracia europeia ocidental seria eliminada nas mãos do capitalismo de livre mercado da Europa Oriental. Os trabalhadores qualificados da República Tcheca, da Hungria ou da Polônia, em qualquer área, rebaixariam os altos salários e outros benefícios de trabalhadores ocidentais: os empregos seriam todos sugados para o leste.

Na prática, esse processo durou dez anos no máximo. Nesse momento, aqueles mesmos empregos, na Hungria ou na República Tcheca, estão sob a ameaça da concorrência barata da Ucrânia, da Moldávia e assim por diante. A razão devia ser óbvia para os próprios defensores do mercado: em uma economia internacional aberta, se houvesse negociação coletiva livre e liberdade de movimento, até mesmo os produtores mais baratos acabariam pagando custos comparáveis aos de seus concorrentes ocidentais mais caros.

A escolha — que a maioria desses países enfrenta agora — é entre a regulação consensual sobre salários, jornada, condições de trabalho etc., e a aceitação da proteção de fato. As alternativas seriam as políticas prejudiciais aos vizinhos de concorrência acirrada e a desvalorização.

Se a Bélgica começasse a fracassar porque o Sri Lanka estava tomando seus empregos, nenhum governo belga poderia simplesmente dizer: não temos escolha senão reduzir os níveis salariais para os do Sri Lanka ou retirar todos os benefícios maravilhosos que temos porque eles nos tornam não competitivos com o Sri Lanka. Por quê? Porque a política triunfa sobre a economia. Qualquer governo tão complacente com as "necessidades" da globalização seria derrotado na eleição seguinte por um partido comprometido em rejeitá-las. E, assim, a política de autointeresse nos países desenvolvidos trabalha contra a presumida lógica econômica do mercado global.

E, o que é igualmente notável, observe que a política pode encontrar um caminho na economia. O padrão de vida na maior parte da Europa Ocidental, com exceção da Grã-Bretanha, só tem melhorado desde 1989, e muito. E, claro, o padrão de vida na Europa Oriental também melhorou.

Há outro tipo de resposta ao argumento das "forças do mercado global": que algumas das coisas que parecem ser concessões políticas à classe trabalhadora ou aos pobres são, na verdade, justificáveis em termos puramente orçamentários ou econômicos. Uma delas é a assistência médica pública. O Estado que é responsável por ela é melhor (como sabemos) que o setor privado em manter os custos baixos. E, como o Estado pensa em orçamentos de longo prazo, em vez de lucros trimestrais, a melhor maneira de não elevar os custos é manter as pessoas saudáveis. Portanto, onde há assistência médica pública há intensa atenção à prevenção.

Avner Offer, economista de Oxford, escreveu recentemente um livro muito interessante mostrando que isso era verdade também em muitas outras áreas. Que, de fato, o autointeresse de um capitalismo estável e bem-regulado residia precisamente em limitar as consequências de seu próprio sucesso. Só porque você tem assistência médica universal as empresas podem operar com eficiência. Também podem, embora isto talvez não seja importante, demitir as pessoas sem privá-las de um nível decente de cobertura médica — desemprego sem acesso a assistência médica é algo que nenhuma sociedade jamais deveria aceitar.

Também foi mostrado, e ilustrado repetidas vezes, que sociedades com formas extremas de renda disfuncional ou distribuição de recursos se tornam sociedades em que, com o tempo, a economia é ameaçada pelo desequilíbrio social. De modo que não é apenas bom para a economia, ou para os trabalhadores, mas também para uma abstração chamada capitalismo não levar longe demais a lógica de seu próprio mau funcionamento. Isso foi aceito nos Estados Unidos por um bom tempo. As disparidades que separavam ricos e pobres, na década de 1970, neste país, não estavam radicalmente fora de sintonia com aquelas comuns nos países mais ricos da Europa Ocidental.

Hoje, elas estão. Os Estados Unidos exibem um abismo crescente separando os poucos ricos dos muitos pobres ou sem estabilidade; entre oportunidade e sua ausência, entre vantagem e privação, e assim por diante, algo que naturalmente caracterizou sociedades pobres ao longo do tempo foi registrado. O que acabo de dizer dos EUA seria uma descrição precisa do Brasil hoje, por exemplo, ou da Nigéria (ou, mais precisamente, da China). Mas não seria uma descrição precisa de nenhuma sociedade europeia a oeste de Budapeste.

O estranho no discurso moral nos Estados Unidos contemporâneos é que ele começa no lugar errado. Devíamos perguntar o que nós queremos como nação, o que é um bem social, e depois imaginar se o Estado ou o mercado é melhor para produzi-lo ou gerá-lo. Em vez disso, se o governo é bom em alguma coisa, é sempre apresentado um forte argumento de que essa coisa está contaminada por sua associação com o governo. Mas e se realmente começássemos de maneira honesta pela coisa em si? Saúde, por exemplo. Quem não gosta de saúde?

O dinheiro torna os bens mensuráveis. Ele embaça qualquer discussão sobre a respectiva posição delas em uma conversa ética ou normativa sobre propósitos sociais. Acho que serviria bem a todos nós "matar todos os economistas" (parafraseando Shakespeare): muito poucos deles aumentam a soma de conhecimento social ou científico, mas uma maioria substancial contribui ativamente para confundir seus concidadãos sobre como pensar socialmente. As exceções são bem conhecidas, então talvez pudéssemos desculpá-las.

Mas seu argumento sobre bens sociais é interessante. Há dois tipos de questão. A primeira, é claro, é simplesmente o problema de determinar o que são bens sociais. Mas uma vez que você decida o que ele é, há outra questão, que é qual a melhor maneira de distribuí-lo. É perfeitamente coerente, em princípio, decidir que saúde é algo que todas as pessoas devem ter, mas que ela é melhor distribuída de forma privada em um mercado baseado no lucro. Não acredito nisso nem por um minuto, mas não é logicamente incoerente e está sujeito a testes.

Mas qual é a maneira mais exemplar de oferecer algo e deixar claro que é um bem social? Depois da privatização, o que costumava ser uma cor uniforme para trens britânicos se tornou um caleidoscópio de logotipos e anúncios. Isso deixou muito claro que o transporte ferroviário não era um serviço público. Ora, se os trens devem ou não ser todos pontuais, e ter a mesma eficiência e segurança, sejam privados ou públicos, não diminui o fato de que o que você perdeu é um sentido do serviço coletivo que comumente possuímos e dos benefícios daquilo que compartilhamos. Essa é uma das coisas a levar em conta quando perguntamos como ele deve ser prestado.

Acho que uma das questões, na prática, é a demonstração de que o Estado pode de fato prover certos bens. E acho que muito da política americana se baseia nisso. Os republicanos argumentam que o Estado não é capaz de prover. E provam isso ao não fornecer aquelas coisas ou danificando-as quando existem, como no caso dos hospitais de veteranos, durante a Guerra do Iraque. A Amtrak é outro exemplo: uma espécie de sistema de trem zumbi que é mantido cambaleando para demonstrar que o transporte público é, e deve, ser sempre disfuncional.

Acredito que, para convencer as pessoas da necessidade de o Estado fornecer algo, você precisa de uma crise: provocada pela ausência desse fornecimento. As pessoas coletivamente nunca pensarão que um serviço do qual têm apenas necessidade ocasional deva ser tornado disponível de forma permanente. Somente quando ele é inconvenientemente indisponível para *elas* pode-se defender a provisão universal.

As sociais-democracias estão entre as sociedades mais abastadas do mundo hoje, e nenhuma delas se deslocou sequer remotamente na direção de qualquer coisa parecida com um retorno ao autoritarismo de estilo alemão, que Hayek via como o preço que pagariam por entregar a iniciativa ao Estado. Então, sabemos que os dois argumentos mais fortes contra um Estado engajado na construção de uma boa sociedade — que ele não pode funcionar economicamente e que ele deve levar à ditadura — estão simplesmente errados.

A bem da discussão, eu admitiria que as sociedades que caíram no autoritarismo eram muitas vezes fortemente dependentes da iniciativa do Estado. Portanto, não podemos simplesmente descartar a causa de Hayek. E, numa linha semelhante, temos de reconhecer a realidade das restrições econômicas. As sociais-democracias não podem se esgotar em utopia mais que qualquer outra forma política. Mas isso não é motivo para menosprezá-las. Apenas confirma que devem ser incluídas em qualquer discussão racional do futuro das economias de mercado.

Vida, liberdade e busca da felicidade. As pessoas nos Estados de bem-estar social da Europa Ocidental relatam níveis mais altos de felicidade do que nós; são certamente mais saudáveis e vivem mais neste momento. É difícil acreditar que qualquer sociedade de fato queira que seus membros voltem para antes de Hobbes: tenham vidas que sejam solitárias, pobres, sórdidas, brutais e curtas.

A causa contra a social-democracia nos Estados Unidos, e este é um argumento real, tem de ser em torno da liberdade. Mas, mesmo assim, existem sentidos em que a sociedade americana não é livre em razão da ausência de certos bens públicos. Alguns deles podem ser indiscutivelmente fornecidos. Como parques em cidades. Sabe, se você não pode ir a algum lugar seguro e sentar quando está cansado, você é menos livre do que alguém que pode.

O que os europeus têm e os americanos não têm há muito tempo é segurança: econômica, física, cultural. No mundo cada vez mais aberto de hoje, no qual nem os governos nem os indivíduos podem se garantir contra concorrência ou ameaça, a segurança está se tornando rapidamente por si só um bem social. Como a fornecemos, e a que custo, para as nossas liberdades, vai ser uma questão central do novo século. A resposta europeia é se concentrar no que passamos a chamar de segurança "social"; a resposta anglo-americana preferiu limitar-se a busca e apreensão. Resta ver qual será mais eficaz a longo prazo.

Semanticamente, é interessante como no inglês americano "segurança social" e "segurança nacional" são coisas completamente diferentes. Ao passo que, na prática política, tenho certeza de que as pessoas que se sentem seguras sobre vários aspectos de sua vida são menos ameaçadas por choques externos. Acho que os americanos são vulneráveis à política do terror precisamente porque ela elimina o único sentido em que eles pensam que estão seguros, ou seja...

Fisicamente. Acho isso absolutamente correto. Entramos de novo em uma era de medo. Foi-se a sensação de que as habilidades com que você entra em uma profissão ou emprego seriam as competências relevantes para toda a sua vida profissional. Foi-se a certeza de que você poderia esperar razoavelmente que uma aposentadoria confortável se seguisse a uma carreira profissional bem-sucedida. Todas essas inferências demográfica, econômica, estatisticamente legítimas do presente para o futuro — que caracterizaram a vida americana e europeia nas décadas do pós-guerra — foram varridas.

Então, a era do medo em que agora vivemos é o medo de um futuro desconhecido, assim como o de estranhos que possam vir soltar bombas. É o medo de que nosso governo não possa mais controlar as circunstâncias de nossa vida. Ele não pode nos transformar em um condomínio fechado contra o mundo. Perdeu o controle. Essa paralisia do medo, que acho que os americanos experimentam muito profundamente, foi reforçada pela percepção de que a segurança que pensavam que tinham agora não têm. Foi por essa razão que muitos americanos se dispuseram a jogar sua sorte em Bush por oito anos: oferecendo apoio a um governo cujo apelo residia exclusivamente na mobilização e na exploração demagógica do medo.

Parece-me que o ressurgimento do medo, e as consequências políticas que ele evoca, oferecem os argumentos mais fortes, em favor da social-democracia, que se poderiam apresentar: tanto como uma proteção para indivíduos contra ameaças reais ou imaginárias à sua segurança, quanto como uma proteção para a sociedade contra ameaças muito prováveis à sua coesão, por um lado, e à democracia, por outro.

Lembre-se de que na Europa, acima de tudo, aqueles que foram mais bem-sucedidos em mobilizar esses medos — de estranhos, de imigrantes, de incerteza econômica ou violência — são principalmente os políticos convencionais, demagógicos antiquados, nacionalistas, xenófobos. A estrutura da vida pública americana torna mais difícil, para pessoas como essas, influenciar o governo como um todo, uma das maneiras nas quais os EUA foram afortunados de modo singular. Mas o Partido Republicano contemporâneo começou a mobilizar justamente esses medos nos últimos tempos e pode muio bem levá-los de volta ao poder.

O século XX não foi necessariamente como nos ensinaram vê-lo. Não foi, ou não apenas, a grande batalha entre democracia e fascismo, ou comunismo versus fascismo, ou esquerda versus direita, ou liberdade versus totalitarismo. Minha sensação é de que durante boa parte do século estávamos envolvidos em debates implícitos ou explícitos sobre a ascensão do Estado. Que tipo de Estado as pessoas livres queriam? O que estavam dispostas a pagar por ele e a que propósitos queriam que ele servisse?

Nessa perspectiva, os grandes vencedores do século XX foram os liberais do século XIX, cujos sucessores criaram o Estado de bem-estar social em todas as suas formas extremamente variáveis. Eles conseguiram algo que, já na década de 1930, parecia quase inconcebível: forjaram Estados democráticos e constitucionais fortes, de alta tributação e ativamente intervencionistas, que podiam abranger sociedades de massa complexas, sem recorrer à violência ou à repressão. Seríamos tolos se abandonássemos de forma descuidada essa herança.

Portanto, a escolha que enfrentamos na próxima geração não é capitalismo versus comunismo, ou o fim da história versus o retorno da história, mas a política de coesão social em torno de propósitos coletivos contra a erosão da sociedade pela política do medo.

Pode-se argumentar? Se essa é a questão, importa o que os intelectuais pensam sobre ela? Vale a pena discutir? Nossas duas preocupações ao longo de toda a nossa conversa foram a história e os indivíduos, o passado e as maneiras como as pessoas fizeram o passado se abrir moral ou intelectualmente. Há uma abertura aqui? A social-democracia parece ser uma causa de fato complicada nos EUA. Ou talvez em geral.

Quer dizer, mesmo que você olhe para a Europa, o único lugar onde ela aconteceu em grande escala, você pode dizer: bem, os sociais-democratas fizeram um compromisso com os liberais após a Primeira Guerra Mundial, ou por volta da época da Primeira Guerra Mundial, e depois os democratas-cristãos firmaram um compromisso com os sociais-democratas, ou realmente assumiram a agenda deles, após a Segunda Guerra Mundial, enquanto os americanos, no meio-tempo, firmaram um compromisso com alguns dos europeus na forma do Plano Marshall. O que sugere que não se pode fazer a coisa toda...

* * *

Sem duas guerras mundiais.

Sem um par de guerras mundiais e certa legitimação divina do exterior no fim. Mas ninguém vai nos derrotar em uma guerra travada em nosso continente, e ninguém vai nos oferecer um Plano Marshall. O que fazemos, seja criar assistência médica, seja vender o país à China, nós mesmos fazemos.

Isso não é em favor de não tentar argumentar. Mas em favor de argumentar historicamente.

Toda a história dos Estados Unidos é de otimismo compreensível, embora fora de lugar. Mas grande parte dos motivos para esse otimismo — para a boa fortuna singular dos Estados Unidos, o que levou Goethe a sua famosa observação sobre a sorte dos Estados Unidos — agora ficou para trás.

Países, impérios, mesmo o Império Americano, têm histórias e elas apresentam certa forma para eles. Algumas das coisas que as pessoas por muito tempo tomaram como verdades profundas sobre os Estados Unidos acabam se revelando acaso histórico: combinações de espaço, tempo, oportunidade demográfica e eventos mundiais. Os anos do boom da sociedade industrial americana não duraram mais que um par de décadas, e algo muito semelhante agora se verifica ter sido verdade também para a sociedade de consumo americana do pós-guerra. Se olharmos para a história das duas últimas décadas, vemos algo bem diferente: uma história de estagnação sociológica e econômica americana camuflada por oportunidades extraordinárias para uma minoria minúscula, e que, portanto, na média, tinha a aparência de crescimento contínuo.

Os Estados Unidos mudaram, e é importante que vejamos essa mudança como abertura de possibilidades de discussão e melhoria ao invés de fechá-las. Enquanto o velho otimismo e o excesso de confiança antes trabalhavam a nosso favor, agora são uma desvantagem. Estamos em declínio, mas sobrecarregados com a retórica das infinitas possibilidades: uma combinação perigosa, uma vez que incentiva a inércia.

Como já observei, os EUA foram infelizes na ausência de crise verdadeiramente catártica. Nem a Guerra do Iraque de 2003 nem a implosão financeira de 2008 cumpriram essa função. Os americanos estão confusos e irritados por tanta coisa parecer errada, mas ainda não assustados o suficiente para fazer algo a respeito disso — ou produzir um líder político capaz de movê-los nessa direção. Em alguns sentidos curiosos, somos um país tão velho — nossa constituição e os arranjos institucionais estão entre os mais antigos das sociedades avançadas — que não conseguimos superar esses obstáculos.

Nenhum intelectual que participe do debate público americano vai chegar muito longe se limitando a exemplos europeus ou questões europeias. Então, se eu tivesse de pedir aos americanos que refletissem sobre os atrativos da social-democracia *para eles*, começaria com considerações devidamente americanas. *Cui bono?* Quem se beneficia com isso? As questões de risco, equidade e justiça, que são normalmente invocadas nos Estados Unidos em favor de política social regressiva, precisam ser trazidas à tona em favor de política social progressista.

Não adianta nada dizer que é errado que os Estados Unidos tenham uma política de transporte ruim ou que devemos investir mais pesadamente em assistência médica universal: nada é bom em si e por si neste país, nem mesmo saúde e transporte. Tem de haver uma história, e ela tem de ser uma história americana. Precisamos ser capazes de convencer nossos concidadãos das virtudes do transporte de massa, da assistência médica universal, ou na verdade da tributação mais justa (isto é, mais alta). Precisamos refazer o argumento sobre a natureza do bem público.

Este vai ser um longo caminho. Mas seria irresponsável fingir que há alguma alternativa séria.

POSFÁCIO

Quando Tim Snyder me abordou pela primeira vez, em dezembro de 2008, para propor uma série de conversas, eu fui cético. Três meses depois de ter sido diagnosticado com esclerose lateral amiotrófica, eu estava inseguro sobre meus planos para o futuro. Tinha pretendido começar a trabalhar em um novo livro: uma história intelectual e cultural do pensamento social do século XX, que eu vinha contemplando havia alguns anos. Mas a pesquisa envolvida — sem mencionar o ato em si de escrever — já era algo que poderia muito bem se revelar além de minha capacidade. O livro em si já existia na minha cabeça, e em medida substancial em minhas anotações. Mas não estava claro se algum dia eu iria concluí-lo.

Além disso, o próprio conceito de uma conversa tão extensa era desconhecido para mim. Como a maioria dos escritores públicos, eu tinha sido entrevistado pela mídia — mas quase sempre com referência a um livro que eu havia publicado, ou então a uma questão de assuntos públicos. A proposta do professor Snyder era bem diferente. O que ele sugeria era uma longa série de conversas, gravadas e depois transcritas, que cobririam vários temas que dominaram meu trabalho ao longo dos anos — inclusive o assunto do meu pretendido livro.

Discutimos a ideia intensamente por algum tempo — e eu fui convencido. Em primeiro lugar, minha doença neurológica não iria embora, e se eu quisesse continuar a trabalhar como historiador precisaria aprender a "falar" meus pensamentos: a esclerose lateral amiotrófica não tem nenhum efeito sobre a mente e é em grande parte indolor, então a pessoa fica livre para pensar. Mas ela paralisa os membros: escrever se torna no máximo uma atividade indireta. A pessoa dita. Isso é perfeitamente eficiente, mas necessita de alguma adaptação. Como um estágio intermediário, a conversa gravada começou a parecer uma solução bastante prática e até imaginativa.

Mas houve outras razões para que eu concordasse com este projeto. Uma coisa são as entrevistas, outra são as conversas. Você pode fazer algo inteligente mesmo partindo da pergunta mais estúpida de um jornalista; mas não pode ter uma conversa digna de ser registrada com alguém que não sabe do que está falando ou não está familiarizado com as coisas que você está tentando transmitir.

Mas o professor Snyder, como eu já sabia, era um caso incomum. Somos de gerações diferentes — nos conhecemos quando ele ainda era aluno de graduação na Brown University e eu estava lá de visita para fazer uma palestra. Também viemos de lugares muito diferentes: nasci na Inglaterra e vim para este país na meia-idade; Tim nasceu nos grotões de Ohio. No entanto, temos uma gama notável de interesses e preocupações em comum.

Tim Snyder exemplifica algo que venho pedindo desde 1989: uma geração americana de estudiosos da metade oriental da Europa. Por quarenta anos, desde o fim da Segunda Guerra Mundial até a queda do comunismo, o estudo da Europa Oriental e da União Soviética, no mundo de língua inglesa, foi basicamente o assunto de refugiados da região. Isso não era em si um impedimento a um excelente estudo acadêmico: graças a Hitler e a Stalin, algumas das melhores mentes de nossa época foram pessoas expulsas ou emigradas da Alemanha, da Rússia e das terras entre elas. Essas mentes transformaram não só o estudo de seus próprios países, mas as disciplinas de economia, filosofia política e muito mais. Qualquer um que estudasse a história ou a política da vasta faixa de territórios europeus de Viena aos Urais, de Tallinin a Belgrado, quase inevitavelmente tinha a sorte de trabalhar sob a supervisão de um desses homens ou mulheres.

Mas eles eram um recurso minguante: na maioria aposentados em meados da década de 1980 e aparentemente insubstituíveis. A ausência do ensino da língua nos EUA (e em menor grau na Europa Ocidental), a dificuldade de viajar para as terras comunistas, a impossibilidade de fazer pesquisa séria por lá e, talvez acima de tudo, a falta de atenção ao lugar nas universidades ocidentais (resultando em poucos empregos), tinham contribuído para desestimular o interesse entre historiadores nascidos no local.

Apesar de não ter nenhum laço familiar ou emocional com a Europa Oriental, Tim foi para Oxford e fez um doutorado em história polonesa — supervisionado por Timothy Garton Ash e Jerzy Jedlicki e se consultando Leszek Kolakowski. Com o passar dos anos, ele adquiriu uma notável facilidade nas línguas da Europa Centro-Oriental e uma familiaridade com os países e a história da região incomparável na sua geração. Publicou uma série singular de livros — dos quais o mais recente, *Bloodlands: Europe Between Hitler and Stalin* [Terras sangrentas: a Europa entre Hitler e Stalin], foi lançado em 2010. Além disso, graças ao seu primeiro livro — *Nationalism, Marxism and Modern Central Europe: A Biography of Kazimierz Kelles-Krauz (1872-1905)* [Nacionalismo, marxismo e Europa Central moderna: uma biografia de Kazimierz Kelles-Krauz (1872-1905)] (1998) —, ele está familiarizado não só com a história social e política da região, mas também com a história do pensamento político na Europa Central: um tema mais amplo e mais obscuro ainda para a maioria dos leitores ocidentais.

Se íamos "falar" do século XX, eu claramente ia precisar de alguém que não só fosse capaz de me interrogar sobre minha área de especialização, mas que pudesse trazer para a conversa um conhecimento comparável das áreas com que só tenho uma familiaridade indireta. Escrevi sobre a Europa Central e Oriental com certa extensão. Mas, com exceção do tcheco (e do alemão), não posso afirmar ter nenhum conhecimento das línguas da região; e também não fiz pesquisa primária lá, apesar de viagens frequentes. Meu estudo acadêmico inicialmente se limitou à França, antes de se expandir para a maior parte da Europa Ocidental e para a história das ideias políticas. O professor Snyder e eu éramos assim idealmente complementares.

Compartilhamos não apenas interesses históricos, mas preocupações políticas. Apesar das diferenças geracionais, vivemos os "anos difíceis" pós-1989 com inquietação semelhante: primeiro o otimismo e a esperança da "Revolução de Veludo", depois a presunção desanimadora dos anos Clinton e finalmente as políticas e práticas catastróficas da era Bush-Blair. Nas políticas externa e interna, igualmente, as décadas desde a Queda do Muro nos pareciam ter sido desperdiçadas: em 2009, apesar do otimismo provocado pela eleição de Barack Obama, estávamos ambos apreensivos em relação ao futuro.

O que tinha acontecido com as lições, memórias e conquistas do século XX? O que permanecia e o que podia ser feito para recuperá-las? Em todos os lugares as pessoas — contemporâneos e estudantes — supunham que o século XX havia ficado para trás: um histórico miserável, que era melhor esquecer, de ditadura, violência, abuso de poder autoritário e supressão de direitos individuais. O século XXI, afirmava-se, faria melhor — no mínimo porque seria baseado em um Estado mínimo, um "mundo plano" de vantagem globalizado para todos e liberdades irrestritas para os mercados.

À medida que nossas conversas se desenrolaram, dois temas surgiram. O primeiro era mais estritamente "profissional": um registro de dois historiadores discutindo a história recente e tentando entendê-la um pouco em retrospecto. Mas um segundo conjunto de preocupações sempre se intrometia: o que perdemos ao deixar o século XX para trás? O que do passado recente é melhor abandonar, e o que poderíamos esperar recuperar e usar para construir um futuro melhor? Esses são os debates mais engajados, em que as preocupações e preferências pessoais contemporâneas necessariamente invadem a análise acadêmica. Eles são, nesse sentido, menos profissionais, mas nem por isso menos importantes. O resultado foi uma série de conversas extremamente animadas: eu não podia esperar nada melhor.

Este livro "fala" o século XX. Mas por que um século? Seria tentador simplesmente descartar o conceito como um clichê conveniente, e reelaborar nossas cronologias de acordo com outras considerações; inovação econômica, mudanças políticas ou alterações culturais. Mas isso seria um pouco enganoso. Precisamente porque é uma invenção humana, a organização do tempo por décadas ou séculos tem importância nos assuntos humanos.

As pessoas levam a sério os momentos de virada, e em consequência disso adquirem algum significado.

Às vezes, é uma questão de acaso: os ingleses do século XVII eram muito conscientes da transição do século XVI para o XVII porque ela coincidia com a morte de Elizabeth e a ascensão ao trono de James I — um momento de fato significativo nos assuntos políticos ingleses. Algo muito semelhante aconteceu em 1900. Para os ingleses acima de tudo — ele precedeu imediatamente a morte da rainha Vitória, que governara por 64 anos e dera seu nome a uma era —, mas também para os franceses, agudamente conscientes de mudanças culturais que coletivamente formaram uma era com todo o direito: o fin-de-siècle.

Mas, mesmo que nada de mais aconteça, esses marcos seculares quase sempre constituem, em retrospecto, um ponto de referência. Quando falamos do século XIX, sabemos do que estamos falando precisamente porque a época assumiu um conjunto distinto de qualidades — e tinha feito isso muito antes de seu fim. Ninguém supõe que "em, ou por volta de, 1800" o mundo tenha mudado de alguma forma mensurável. Mas em 1860 era perfeitamente claro para os contemporâneos o que distinguia sua época da de seus antepassados do século XVIII — e essas distinções passavam a ter importância na compreensão que as pessoas tinham de seus tempos. Devemos levá-las a sério.

E quanto ao século XX? O que podemos dizer sobre ele — ou, como Zhou Enlai teria observado de forma espirituosa sobre a Revolução Francesa, é muito cedo para saber? Não temos a opção de adiar uma resposta, pois o século XX, sobretudo, foi rotulado, interpretado, invocado e castigado mais que qualquer outro. O relato recente mais conhecido dele — de Eric Hobsbawm — descreve o "breve século XX" (desde a Revolução Russa de 1917 até o colapso do comunismo, em 1989) como uma "era dos extremos". Essa versão bastante sombria — ou, de qualquer forma, desenganada — dos acontecimentos é ecoada na obra de uma série de jovens historiadores: veja, como um caso representativo, Mark Mazower, que intitulou seu relato do século XX europeu de *Dark Continent* [Continente sombrio].

O problema com esses sumários de um histórico sinistro, além do mais dignos de crédito, é justamente que eles se apegam muito de perto ao modo como as pessoas experimentaram os eventos no momento. A época começou com uma catastrófica guerra mundial e acabou no colapso da maioria dos sistemas de crenças da era: em retrospecto, ela dificilmente pode esperar um tratamento afetuoso. Dos massacres armênios à Bósnia, da ascensão de Stalin à queda de Hitler, da frente ocidental à Coreia, o século XX é um conto incessante de desgraça e sofrimento coletivo humanos do qual saímos mais tristes, porém, mais sábios.

Mas, e se não começarmos de uma narrativa de horror? Em retrospecto, mas não só dessa forma, o século XX assistiu a melhoramentos notáveis na condição geral da humanidade. Como consequência direta de descobertas médicas, mudança política e inovação institucional, a maioria das pessoas no mundo tinha maior expectativa de vida e vivia de forma mais saudável do que qualquer um poderia ter previsto em 1900. Elas também eram, por estranho que possa parecer à luz do que acabo de escrever, mais seguras — pelo menos na maior parte do tempo.

Talvez isso deva ser pensado como uma qualidade paradoxal da época: em muitos Estados estabelecidos, a vida melhorou de forma dramática. Mas, por causa de um aumento sem precedentes nos conflitos interestatais, os riscos associados com a guerra e a ocupação aumentaram notavelmente. Assim, de uma perspectiva, o século XX simplesmente continuou os melhoramentos e avanços dos quais o século XIX se orgulhava. Mas, de outra, ele foi uma reversão desanimadora à anarquia e à violência internacionais do século XVII — antes que a criação da Vestfália (1660) estabilizasse o sistema internacional por dois séculos e meio.

O significado de eventos, tal como eles se desenrolaram para os contemporâneos, parecia muito diferente do modo como aparecem para nós agora. Isso pode parecer óbvio, mas não é. A Revolução Russa e a consequente expansão do comunismo para o leste e o oeste forjaram necessariamente uma narrativa convincente, em que o capitalismo estava condenado à derrota — fosse no futuro próximo ou em algum momento vindouro não especificado. Mesmo para aqueles que se desesperavam com essa perspectiva, ela não parecia de maneira alguma improvável e suas implicações deram forma à época.

Isso podemos entender prontamente — 1989 não está tão longe para que tenhamos esquecido quão plausível a perspectiva comunista parecia a tantos (pelo menos até que a experimentassem). O que esquecemos completamente é que a alternativa mais crível ao comunismo nos anos entre as guerras não era o Ocidente capitalista liberal, mas o *fascismo* — em particular em sua forma italiana, que enfatizava a relação entre regime autoritário e modernidade, ao mesmo tempo que renegava (até 1938) o racismo da versão nazista. Quando se iniciou a Segunda Guerra Mundial, havia muito mais pessoas do que agora gostamos de pensar para quem a escolha entre fascismo e comunismo era a única que importava — e o fascismo era um competidor forte.

Uma vez que ambas as formas de totalitarismo estão agora extintas (institucional, ainda que não intelectualmente), temos dificuldade de lembrar um tempo em que eram muito mais críveis do que as democracias constitucionais que elas em conjunto desprezavam. Em nenhum lugar estava escrito que essas últimas ganhariam a batalha de corações e mentes, muito menos guerras. Em suma, embora estejamos certos em supor que o século XX foi dominado pela ameaça de violência e extremismo ideológico, não podemos compreendê-lo, a menos que entendamos que essas coisas atraíam muito mais pessoas do que gostaríamos de supor. Que o liberalismo com o tempo saísse vitorioso — embora em grande parte graças à sua reconstrução sobre bases institucionais muito diferentes — foi um dos desenvolvimentos verdadeiramente inesperados da época. O liberalismo — como o capitalismo — provou ser surpreendentemente adaptável: por que isso deveria ter sido assim é um dos principais temas de nosso livro.

Para não historiadores, parece vantajoso ter vivido os acontecimentos que se está narrando. A passagem do tempo cria desvantagens: as provas materiais podem ser escassas, a visão de mundo de nossos protagonistas pode ser estranha para nós, categorias habituais ("Idade Média", "Idade das Trevas", "Iluminismo") podem confundir mais do que explicar. A distância também pode ser uma desvantagem: a falta de familiaridade com línguas e culturas pode deixar perdidas até mesmo os mais diligentes. Os persas de Montesquieu podem ver mais fundo em uma cultura do que os locais, mas não são infalíveis.

No entanto, a familiaridade traz seus próprios dilemas. O historiador pode permitir que percepções biográficas colorem a imparcialidade analítica. Somos ensinados que os estudiosos devem ficar fora de seus textos, e em geral esse é um conselho prudente — são um testemunho disso as consequências quando o historiador se torna mais importante (pelo menos aos seus próprios olhos) do que a história. Mas todos somos produtos da história e portamos os preconceitos e as memórias de nossa vida; há ocasiões em que eles podem ter alguma utilidade.

No meu caso, nascido em 1948, sou um contemporâneo virtual da história que venho escrevendo nos últimos anos. Observei em primeira mão pelo menos alguns dos eventos mais interessantes da segunda metade do século passado. Isso não garante uma perspectiva objetiva nem mesmo informações mais confiáveis; no entanto, facilita certo frescor na abordagem. Mas estar lá incita a um grau de envolvimento que está ausente no estudioso desapegado: acho que é isso que as pessoas querem dizer quando descrevem meus textos como "opiniáticos".

E por que não? Um historiador (ou mesmo qualquer outra pessoa) sem opinião não é muito interessante, e seria na verdade estranho se o autor de um livro sobre seu próprio tempo não tivesse visões intrusivas sobre as pessoas e as ideias que o dominaram. A diferença entre um livro opiniático e um que é distorcido pelos preconceitos do autor me parece ser esta: o primeiro reconhece a origem e a natureza de seus pontos de vista e não tem nenhuma pretensão de objetividade absoluta. No meu caso, tanto em *Pós-guerra* como nos textos memorialísticos mais recentes, tomei o cuidado de fundamentar minha perspectiva em meu tempo e local de nascimento — minha educação, família, classe e geração. Nenhum deles deve ser interpretado como uma explicação, muito menos como uma escusa para interpretações distintivas; estão lá para fornecer ao leitor um meio de avaliá-las e contextualizá-las.

Ninguém, claro, é simplesmente um produto do seu tempo. Minha carreira por vezes acompanha tendências intelectuais e acadêmicas, por vezes corre tangencialmente a elas. Criado em uma família marxista, eu era praticamente imune aos entusiasmos excessivos de meus contemporâneos da Nova Esquerda. Tendo passado o equivalente a dois anos em Israel, envolvido com o sionismo, fui apenas indiretamente afetado por alguns dos entusiasmos mais desenfreados da década de 1960. Sou grato a Tim por trazer à luz essas variações: elas eram bastante obscuras para mim; na verdade, confesso que lhes tinha dado relativamente pouca atenção até agora.

Ao estudar a história francesa em Cambridge — um canteiro de novos estudos acadêmicos em história das ideias e historiografia inglesa, mas em grande parte moribunda quando se tratava de história europeia contemporânea —, eu pude seguir meu próprio caminho. Como consequência, nunca me tornei parte de uma "escola" no sentido de meus contemporâneos que trabalhavam com Sir John Plumb em Cambridge ou Richard Cobb em Oxford. Tornei-me, assim, por falta de alternativa, o que sempre tinha sido por afinidade: uma espécie de ousider do mundo profissionalizante da história acadêmica.

Há desvantagens nisso, assim como em ingressar numa elite socioacadêmica vindo de fora. Fica-se sempre um pouco desconfiado dos "insiders", com suas bibliografias, métodos e práticas herdadas. Isso se revelou mais desvantajoso nos Estados Unidos, onde o conformismo profissional é mais valorizado do que é (ou era) na Inglaterra. Muitas vezes, eu era indagado em Berkeley e em outros lugares sobre o que pensava de tal e tal livro que havia encantado meus colegas mais jovens e tinha de admitir que nunca ouvira falar dele: jamais trabalhei me dedicando à "literatura da área". Por outro lado, esses mesmos colegas eram apanhados de surpresa ao descobrir que eu estava lendo filosofia política quando o meu "compartimento" oficial era História Social. Quando eu era jovem, isso me deixava muito inseguro, mas na meia-idade era motivo de orgulho.

Olhando para trás, fico muito feliz de ter me atido à história e rejeitado a tentação que me era proposta por mestres e *dons* de me tornar um estudioso de literatura ou política. Alguma coisa na história — a ênfase em explicar a mudança através do tempo, e o caráter aberto do assunto — me atraiu com a idade de 13 anos e ainda me atrai. Quando finalmente cheguei a escrever uma história narrativa dos meus tempos, estava bastante convencido de que essa era a única maneira de lhes dar sentido, e continuo tão convencido como sempre.

Um dos *dons* idosos que me ensinaram em Cambridge uma vez me censurou por minha fascinação com as estruturas físicas e geológicas (eu estava trabalhando no estudo do socialismo na Provence e muito impressionado com a importância da paisagem e do clima): "A geografia", ele me informou, "trata de mapas [*maps*]. A história trata de pessoas [*chaps*]". Nunca esqueci isso, porque é uma verdade evidente — fazemos nossa história — e também porque é muito palpavelmente falso: o cenário em que fazemos essa história não pode ser tomado como dado e requer uma descrição completa e afetuosa, em que os mapas podem muito bem desempenhar um papel central.

No fundo, a distinção mapa/pessoa [*map/chap*], embora seja evidentemente verdadeira, também é enganosa. Somos todos produtos de mapas, reais e metafóricos. A geografia de minha infância — os lugares aonde fui, as coisas que vi — moldou a pessoa que me tornei tanto quanto meus pais ou professores. Mas o "mapa" de minha juventude e adolescência também é importante. Sua judaicidade distintiva, mas também qualidades muito inglesas; no Sul de Londres da década de 1950 — ainda impregnado de *costumes* e relações eduardianos, e onde o lugar contava tanto (eu era de Putney, não da vizinha Fulham): sem essas coordenadas, o que veio depois é difícil de explicar. A Cambridge da década de 1960, com sua mistura de *noblesse oblige* e mobilidade ascendente meritocrática; o mundo acadêmico da década de 1970, com seu composto instável de marxismo em decomposição e entusiasmos personalistas: todos esses formam o contexto para meus textos e minha trajetória subsequente, e quem estiver interessado em entendê-los provavelmente achará esse mapa um guia útil.

Se eu não tivesse escrito cerca de uma dúzia de livros e centenas de ensaios de um caráter deliberadamente imparcial, talvez me preocupasse com que essas conversas e reflexões fossem um pouquinho solipsistas. Não escrevi uma autobiografia, embora nos últimos meses tenha publicado esboços para um livro de memórias, e continuo muito convencido de que o modo-padrão adequado ao historiador é a invisibilidade retórica. Mas, tendo sido incentivado a me intrometer um pouco em meu passado, confesso que o considero bastante útil para compreender minha contribuição ao estudo de outros passados. Espero que outros possam sentir o mesmo.

Nova York, 5 de julho de 2010

OBRAS DISCUTIDAS

Nota: Esta não é uma bibliografia no sentido convencional, dado que este livro tem origem em uma conversa. É uma lista de referências completas de obras a que os autores se referem, em edições acessíveis quando possível. A data entre colchetes é a da publicação original.

Agulhon, Maurice. *La République au village: les populations du Var de la Révolution à la Seconde République*. Paris: Plon, 1970.
Annan, Noel. *Our Age: Portrait of a Generation*. Londres: Weidenfeld & Nicholson, 1990.
Arendt, Hannah. *Eichmann in Jerusalem: A Report on the Banality of Evil*. Nova York: Penguin Books, 2006 [1963].
_____. *The Human Condition*. Chicago: University of Chicago Press, 1998 [1958].
_____. *Origins of Totalitarianism*. Nova York: Harcourt, Brace, Jovanovich, 1951.
Arnold, Matthew. *Culture and Anarchy: An Essay in Political and Social Criticism*. Cambridge: Chadwyck-Healey, 1999 [1869].
Arnold, Matthew. "Dover Beach", in *New Poems*. Londres: Macmillan and Co., 1867.
Aron, Raymond. *Introduction à la philosophie de l'histoire. Essai sur les limites de l'objectivité historique*. Paris: Gallimard, 1986 [dissertação de doutorado, 1938].
Baldwin, Peter, org. *Reworking the Past: Hitler, the Holocaust, and the Historians' Debate*. Boston: Beacon Press, 1990.

Benda, Julien. *La trahison des clercs*. Introdução de André Lwoff. Paris: B. Grasset, 1977 [1927].
Berlin, Isaiah. "On Political Judgment". *The New York Review of Books*, 3 de outubro, 1996.
Beveridge, William. *Full Employment in a Free Society*. Londres: Allen and Unwin, 1944.
Browning, Christopher R. *Ordinary Men: Reserve Police Battalion 101 and the Final Solution in Poland*. Nova York: Harper Perennial, 1998 [19921.
Buber-Neumann, Margarete. *Under Two Dictators: Prisoner of Stalin and Hitler*. Tradução de Edward Fitzgerald. Introdução de Nikolaus Wachsmann, Londres: Pimlico, 2008 [1948].
Čapek, Karel. *Talks with T. G. Masaryk*. Tradução de Dora Round. Organização de Michael Henry Heim. North Haven, Conn.: Catbird Press, 1995 [1928-1935].
Churchill, Winston. *Boer War: London to Ladysmith via Pretoria and Jan Hamilton's March*. Londres: Pimlico, 2002 [1900].
_____. *Marlborough: His Life and Times*. Nova York: Scribner, 1968 [1933-1938].
_____. *My Early Life: A Roving Commission*. Londres, Scribner, 1930.
_____. *The World Crisis*, vols. 1-5. Nova York: Charles Scribner's Sons, 1923-1931.
Davies, Norman. *Europe: A History*. Nova York: Oxford University Press, 1996.
_____. "The New European Century". *The Guardian*, 3 de dezembro, 2005.
Deutscher, Isaac. *The Non-Jewish Jew and Other Essays*. Oxford: Oxford University Press, 1968.
_____. *The ProphetArmed: Trotsky, 1879-1921*. Nova York: Oxford University Press, 1954.
_____. *The Prophet Outcast: Trotsky, 1929-1940*. Nova York: Oxford University Press, 1963.
_____. *The Prophet Unarmed: Trotsky, 1921-1929*. Nova York: Oxford University Press, 1959.
Dickens, Charles. *Hard Times*. Nova York: Dover Classics, 2001 [1853].
Eliot, T. S. "The Wasteland" [1922], in *Collected Poems, 1909-1962*. Nova York: Harcourt Brace & Company, 1963.
Engels, Friedrich. *Anti-Dühring: Herr Eugen Dühring's Revolution in Science*. Nova York: International Publishers, 1972 [1878].
_____. *The Condition of the Working Class in England*. Tradução de W. O. Henderson e W. H. Chaloner. Stanford: Stanford University Press, 1968 [1887].
_____. *Socialism: Utopian and Scientific*. Tradução de Edward Aveling. Westport, Conn.: Greenwood Press, 1977 [1880].
Friedländer, Saul. *The Years of Extermination: Nazi Germany and the Jews, 1939-1945*. Nova York: Harper Perennial, 2008.
Furet, François. *Le passé d'une illusion*. Paris: Robert Laffont/Calmann-Lévy, 1995.
_____. *Penser la Révolution française*. Paris: Gallimard, 2007 [1978].
Garton Ash, Timothy. *The Polish Revolution: Solidarity*. New Haven, Conn.: Yale University Press, 2002 [1983].
Gaskell, Elisabeth. *North and South*. Nova York, Penguin, 2003 [1855].
Gibbon, Edward. *The Decline and Fall of the Roman Empire*. Nova York: Modern Library, 1932 [1776-1788].
Ginzburg, Evgeniia. *Into the Whirlwind*. Tradução de Paul Stevenson e Manya Harari. Londres: Collins, Harvill, 1967.
_____. *Within the Whirlwind*. Tradução de Ian Boland. Nova York: Harcourt Brace Jovanovich, 1981.
Goldsmith, Oliver. *The Deserted Village*. Introdução de Vona Groarke. Oldcastle, Co. Meath: Gallery Books, 2002 [1770].

Grass, Günther. *Crabwalk*. Tradução de Krishna Winston. Nova York: Harcourt, 2002.

Gross, Jan. *Fear: Anti-Semitism in Poland after Auschwitz. An Essay in Historical Interpretation*. Nova York: Random House, 2006.

_____. *Neighbors: The Destruction of the Jewish Community in Jedwabne, Poland*. Princeton: Princeton University Press, 2001 [2000].

_____. *Polish Society Under German Occupation: The Generalgouvernement, 1939-1944*. Princeton: Princeton University Press, 1979.

_____. *Revolution from Abroad: The Soviet Conquest of Poland's Western Ukraine and Western Belorussia*. Princeton: Princeton University Press, 2002 [1988].

Grossman, Vasilii Semenovich. "Treblinka Hell", in *The Road*. Traduzido por Robert Chandler. Nova York: New York Review of Books, 2010 [1945].

Havel, Václav. "The Power of the Powerless" [1979], in *From Stalinism te Pluralism: A Documentary History of Eastern Europe since 1945*. Organizado por Gale Stokes. Nova York: Oxford University Press, 1996.

Hayek, Friedrich. *The Road to Serfdom*. Nova York: Routledge, 2001 [1944].

Hobsbawm, Eric J. *The Age of Extremes: The Short Twentieth Century, 1914-1991*. Londres: Vintage Books, 2006.

_____. *The Age of Revolution: 1789-1848*. Nova York: New American Library, 1962.

_____. *Interesting Times: A Twentieth-Century Life*. Londres: Alien Lane, 2002.

Hoggart, Richard. *The Uses of Literacy*. Introdução de Andrew Goodwin. New Brunswick, NJ.: Transaction Publishers, 1998 [1957].

Hook, Sydney. *Out of Step: An Unquiet Life in the 20th Century*. Nova York: Harper & Row, 1987.

Hugo, Victor. *Les Châtiments*. Organizado por René Journet. Paris: Gallimard, 1998 [1853].

Ingarden, Roman. *Spór o istnienie Świata*. Cracóvia: Naki. Polskiej Akademii Umiejętności, 1947.

Judt, Tony. *The Burden of Responsibility: Blum, Camus, Aron, and the French Twentieth Century*. Chicago: University of Chicago Press, 1998.

_____. "A Clown in Regal Purple", *History Workshop Journal*, vol. 7, no. 1(1979).

_____. "Could the French Have Won?" Resenha de *Strange Victory: Hitler's Conquest of France*, de Ernest R. May. *The New York Review of Books*, 22 de fevereiro, 2001.

_____. "Crimes and Misdemeanors", *The New Republic*, vol. 217, no. 12 (1997).

_____. "The Dilemmas of Dissidence", *East European Politics and Societies*, vol. 2, no. 2 (1988).

_____. *A Grand Illusion?: An Essay on Europe*. Nova York: Hill and Wang, 1996.

_____. "Israel: The Alternative", *The New York Review of Books*, 23 de outubro, 2003.

_____. *Marxism and the French Left: Studies in Labor and Politics in France 1830-1982*. Oxford: Clarendon Press, 1986.

_____. *Past Imperfect: French Intellectuals, 1944-1956*. Berkeley: University of California Press, 1992.

_____. *Postwar: A History of Europe Since 1945*. Nova York: The Penguin Press, 2005.

_____. *Reappraisals: Reflections on the Forgotten Twentieth Century*. Nova York: The Penguin Press, 2008.

_____. *La reconstruction du Parti Socialiste, 1920-1926*. Introdução de Annie Kriegel. Paris: Presses de la Fondation nationale des sciences politiques, 1976.

_____. *Socialism in Provence, 1871-1914: A Study in the Origins of the Modern French Left*. Nova York: Cambridge University Press, 1979.

Kafka, Franz. *The Castle.* Tradução de Anthea Bell. Nova York: Oxford University Press, 2009 [1926].

———. *The Trial.* Tradução de Mike Mitchell. Nova York: Oxford University Press, 2009 [1925].

Keegan, John. *The Face of Battle.* Nova York: Viking Press, 1976.

Kennedy, Paul. *The Rise of the Anglo-German Antagonism, 1860-1914.* Londres: G. Allen & Unwin, 1980.

Keynes, John Maynard. *The Economic Consequences of the Peace.* Londres: Macmillan, 1971 [1919].

———. *The General Theory of Employment, Interest, and Money.* Londres: Macmillan, 1973 [1936].

———. "My Early Beliefs", in *Two Memoirs: Dr. Melchior, A Defeated Enemy, and My Early Beliefs.* Introdução de David Garnett. Londres: Rupert Hart-Davis, 1949 [1938].

Koestler, Arthur. *Darkness at Noon.* Tradução de Daphne Hardy. Nova York: Bantam Books, 1968 [1940].

———. *The God That Failed.* Ooranização de Richard Crossman. Nova York: Harper, 1949.

———. "The Little Flirts of Saint-Germain-des-Près", in *The Trail of the Dinosaur & Other Essays.* Nova York: Macmillan, 1955.

———. *Scum of the Earth.* Nova York: The Macmillan Company, 1941.

———. *Spanish Testament.* Londres: V. Gollancz Ltd., 1937.

Kolakowski, Leszek. *Main Currents of Marxism: Its Origins, Growth and Dissolution.* Tradução de P. S. Falla. Nova York: Oxford University Press, 1981 [1979].

Kovály, Heda Margolius. *Under a Cruel Star: A Life in Prague, 1941-1968.* Nova York: Holmes & Meier, 1997 [1973].

Kriegel, Annie. *Aux origines du communisme français: contribution à l'histoire du mouvement ouvrier français,* vols. 1-2. Paris: Mouton, 1964.

———. *Ce que j'ai cru comprendre.* Paris: Robert Laffont, 1991.

Kundera, Milan. *The Book of Laughter and Forgetting.* Nova York: Knopf, 1980 [1978].

———. "The Tragedy of Central Europe". *New York Review of Books,* 26 de abril, 1984.

Marx, Karl. *Capital: a critique of political economy,* vols. 1-3. Harmondsworth, Eng.: Penguin Books em associação com New Left Review, 1976-1981 [1867].

———. *The Civil War in France.* Introdução de Frederick Engels. Chicago: C. H. Herr, 1934 [1871].

———. *The Class Struggles in France, 1848-1850.* Nova York: International Publishers, 1969 [1850, 1895].

———. *The Eighteenth Brumaire of Louis Bonaparte, with explanatory notes.* Nova York: International Publishers, 1987 [1852].

———. *Value, Price, and Profit.* Organização de Eleanor Marx Aveling. Nova York: International Publishers, 1935 [1865].

———. *Wage-labor and Capital.* Introdução de Frederick Engels. Chicago: C. H. Kerr, 1935 [1847].

Marx, Karl, e Friedrich Engels. *The Communist Manifesto: A Modern Edition.* Introdução de Eric Hobsbawm. Nova York: Verso, 1998 [1848].

Mazower, Mark. *Dark Continent: Europe's Twentieth Century.* Nova York: Knopf, 1999.

Miłosz, Czeslaw. *The Captive Mind.* Tradução de Jane Zielonko. Nova York: Vintage Books, 1990 [1953].

Orwell, George. *Animal Farm.* Nova York: Harcourt, Brace and Company, 1946 [1945].

———. *Nineteen Eighty-Four.* Nova York: Plume, 2003 [1949].

———. *Orwell in Spain: The Full Text of Homage to Catalonia, with Associated Articles, Reviews, and Letters.* Organização de Peter Davison. Londres: Penguin, 2001 [1938].

Rawls, John. *A Theory of Justice.* Cambridge, Mass.: Belknap Press of Harvard University Press, 1999 [1971].

Roy, Claude. *Moi je.* Paris: Gallimard, 1969.

_____. *Nous.* Paris: Gallimard, 1972.

Schorske, Carl E. *Fin-de-siècle Vienna: Politics and Culture.* Nova York: Vintage, 1981.

Sebastian, Mihail. *Journal, 1935-1944.* Tradução de Patrick Camiller. Introdução de Radu Ioanid. Chicago: Ivan R. Dee, 2000.

Semprún, Jorge. *Quel beau dimanche.* Paris: B. Grasset, 1980.

Shakespeare, William. *The Winter's Tale.* Organizado por Harold Bloom. Nova York: Bloom's Literary Criticism, 2010 [1623].

Shore, Marci. "Engineering in an Age of Innocence: A Genealogy of Discourse inside the Czechoslovak Writer's Union". *East European Politics and Societies,* vol. 12, no. 3 (1998).

Sirinelli, Jean-François. *Génération intellectuelle: khâgneux et normaliens dans l'entre-deux-guerres.* Paris, Fayard, [1988].

Skinner, Quentin. *The Foundations of Modern Political Thought.* Nova York: Cambridge University Press, 1978.

Snyder, Timothy. *Bloodlands: Europe Between Hitler and Stalin.* Nova York: Basic Books, 2010.

_____. *Nationalism, Marxism, and Modern Central Europe: A Biography of Kazimierz Kelles-Krauz.* Cambridge, Mass.: Harvard University Press, 1998.

Souvarine, Boda. *Stalin: A Critical Survey of Bolshevism.* Nova York: Alliance Book Corporation, Longmans, Green & Co., 1939 [1935].

Spender, Stephen. *World Within World: The Autobiography of Stephen Spender.* Introdução de John Bayley, New York: Modern Library, 2001 [1951].

Steinbeck, John. *The Grapes of Wrath.* Londres: Penguin Classics, 1992 [1939].

Taylor, A.J.P. *The Origins of the Second World War.* Nova York: Simon & Schuster, 1996 [1961].

Terkel, Studs. *Hard Times: An Oral History of the Great Depression.* Nova York: Pantheon Books, 1970.

Toruńczyk, Barbara. *Rozmowy w Maisons-Laffitte, 1981.* Varsóvia: Fundacja Zeszytów Literackich, 2006.

Tyrmand, Leopold. *Dziennik 1954.* Londres: Polonia Book Fund, 1980.

Wat, Aleksander, "Ja z jednej, strony i ja za drugiej strony mego mopsożelaznego piecyka" [1920], in *Aleksander Wat: poezje zebrane.* Organização de Anna micińska e Jan Zeliński. Cracóvia, 1992.

Waugh, Evelyn. *Vile Bodies.* Nova York: The Modern Library, 1933 [1930].

Wsissberg-Cybulski, Alexander. *The Accused.* Tradução de Edward Fitzgerald. Nova York: Simon and Schuster, 1951.

Wieseltier, Leon. "What Is Not to Be Done", *The New Republic,* 27 de outubro, 2003.

Willis, F. Roy. *France, Germany, and the New Europe, 1945-1963.* Stanford, Calif.: Stanford University Press, 1965.

Zola, Émile. *Émile Zola's J'Accuse: A New Translation with a Critical Introduction by Mark K. Jensen.* Soguel, CA: Bay Side Press, 1992 [1891].

Zweig, Stefan. *The World of Yesterday: An Autobiography by Stefan Zweig.* Lincoln: University of Nebraska Press, 1964 [1943].

ÍNDICE

11 de Setembro de 2001, ataques terroristas, 288, 294, 304, 327
18 brumário de Luís Bonaparte, O (Marx), 97, 234
1984 (Orwell), 207

ação afirmativa, 310
Achdut Ha'avodah, 125
Adenauer, Konrad, 57, 150
Adler, Alfred, 48
África do Sul, 77
África, 374
Agulhon, Maurice, 162, 171
Alemanha Ocidental, 57, 61, 150, 366, 368, 370-371, 386
Alemanha Oriental, 56, 70, 208, 247
Alemanha, 62-63, 112, 113, 180, 188, 189, 194-196, 198, 219, 249, 352, 371, 377
    invasão da Polônia pela, 85-86, 228, 332
    invasão da União Soviética pela, 238
    ocupação da, 283
    planejamento econômico na, 365, 366, 372-373

Ver também nazismo
"aliyah", significado de, 128
Althusser, Louis, 242
América Latina, 236, 237, 242
Amis, Martin, 270
Anderson, Perry, 241
Anistia Internacional, 252
Annan, Noel, 72
Anti-Dühring (Engels), 95
antifascismo, 13, 177, 196, 202, 231, 247
antissemitismo, 33, 53, 65, 131, 196, 293, 294
Arendt, Hannah, 34, 51, 52, 53, 54, 55, 56, 61
Arnold, Matthew, 91
Aron, Raymond, 54, 55, 70, 129, 160, 162, 172, 235, 245, 246, 247, 248, 270, 346
arquitetura, face política na, 183
Asquith, Herbert Henry, 88, 354
Assistência médica, indústria de, 381, 394, 397, 404, 405
Attlee, Clement, 164, 353, 354
Auden, W. H., 69
Auschwitz, 21, 24, 27, 28, 29, 50, 144, 292

Áustria, 46, 47, 90, 137, 193, 194, 264, 360, 362, 385
  guerra civil na, 42, 47, 69
Austríaco, Império. *Ver* Habsburgo, monarquia
Aux origines du communisme français (Kriegel), 161

Balcerowicz, Leszek, 264
"banalidade do mal", 51, 52
Barrès, Maurice, 305
Beauvoir, Simone de, 75, 129, 234, 245, 307
Bebel, August, 98
Bélgica, 182, 184, 193, 195, 360, 368, 370, 371
Belloc, Hillaire, 72
Benda, Julien, 306
Ben-Gurion, David, 143
bens sociais, 399
Bentley, John, 132
Bergen-Belsen, 25
Berlim, Bloqueio de, 239
Berlim, Muro de, 409
Berlin, Isaiah, 17, 73-74, 150, 214, 325, 334-335
Bernanos, Georges, 237
Bernstein, Eduard, 98, 113
Beveridge, William, 164, 350, 353, 354, 355, 356, 357, 366, 373, 390
Bidault, Georges, 369
Bienveillantes, Les (Littell), 121
Blair, Tony, 409
Bloch, Marc, 15
Bloodlands (Snyder), 408
Bloomsbury, 72, 92
Blum, Léon, 87, 105, 158, 160, 164, 165, 166, 197, 200-201, 232, 236, 270, 295, 347
Blunt, Anthony, 79-80
Bonaparte, Louis Napoleon, 171, 324
Brasillach, Robert, 122, 165, 178, 190
Brecht, Bertolt, 119
Bretton Woods, sistema de, 249
Breytenbach, Breyten, 311
Brejnev, Leonid, 241
Britânico, Império, 73, 75-77
Brooks, David, 328, 329
Brother from another planet (filme), 217
Browning, Christopher, 52
Bryan, William Jennings, 340
Brzozowski, Stanislaw, 108
Buber-Neumann, Margarete, 211
Buchenwald, 106

Budapeste, 30, 32, 36, 254
Bulgária, 208
Bund, 93, 106
Burden of responsibility, The (Judt), 269, 270, 347
Burgess, Guy, 78, 79, 80
Burke, Edmund, 88
Bury, J.P.T., 159
Bush, George W., 120, 323, 335, 339, 409
Bush, governo, 16, 391
Butterfield, Herbert, 276, 277

Camboja, 244
Cambridge, Cinco de, 77-80
Cambridge, Universidade de, 50, 72, 73, 74, 78, 80, 127-128, 129, 130, 131, 133, 137, 158-159, 163, 167, 168, 171, 226-227, 243, 257, 273, 274, 355, 414, 415
Caminho da servidão, O (Hayek), 46, 360, 361
Camus, Albert, 75, 270, 307, 343, 347
Canadá, 386
Čapek, Karel, xi, 11, 225
Capital, O (Marx), 94
capitalismo, 33, 43, 102, 103, 108, 123, 195, 235, 242, 263, 276, 350, 354, 364, 377, 381-383, 398, 412
Captive mind, The (Miłosz), 258, 259, 263
Carlyle, Thomas, 283, 350
Carta 77, 252
cartão de crédito, dívida em, 384-385
Carter, Jimmy, 252
cartista, movimento, 352
Casa do Povo, 183
Castelo, O (Kafka), 38
catolicismo, 90, 193
Ce que j'ai cru comprendre (Kriegel), 117, 221
Chalabi, Ahmad, 332
Chambers, Whittaker, 117
Châtiments, Les (Hugo), 189
Cheney, Dick, 339
Chesterton, G. K., 72
Chevalier, Louis, 375
China, 242, 338, 363, 394, 404
Chirac, Jacques, 338
Chirot, Daniel, 226
Churchill, Randolph, 86
Churchill, Winston, 44, 65, 68, 86-87, 182, 292-293
Cioran, Emil, 178, 179
Citroën, empresa de automóveis, 26

CIA (Central Intelligence Agency), 346
Classe média, 394
Classes laborieuses et classes dangereuses, 375
Clinton, Bill, 292, 387, 409
Cobb, Richard, 165, 167, 303, 414
Cobbett, Richard, 102
Codreanu, Corneliu Zelea, 190, 192
Cohen, Morris, 133
Cohn-Bendit, Dany, 97
comércio, 187, 316-317
Comissão sobre Pensamento Social (Universidade de Chicago), 270
Communist Party Historians Group (Inglaterra), 78
Comunidade Europeia do Aço e do Carvão, 371
comunismo, 9, 40, 53, 123, 161-162, 182, 190, 237, 257, 385, 402-403, 412
Ver também marxismo, marxistas
Condição humana, A (Malraux), 51
Congress on Cultural Freedom, 246
Conrad, Joseph, 76
Consequências econômicas da paz, As (Keynes), 42, 44
constitucionalismo, 55-56, 325-326
Constituição, EUA, 154
contextualização, historiadores e, 303-304
Conto de inverno (Shakespeare), 77
Coreia do Norte, 239
Coreia do Sul, 239
Coreia, Guerra da, 293-294, 411
corporativismo, 360, 361
Council on Foreign Relations, 274
crash de 1929, 358
creches, 388-390
crise econômica (2008), 404-405
cristianismo, 104, 113, 146, 154-155
Cromwell, Oliver, 300
Cuba, 243

Dahrendorf, Ralf, 172
d'Amboise, Jacques, 268
Danner, Mark, 332, 344
Dark continent (Mazower), 247, 410
Darkness at noon (Koestler), 95, 117-118, 206
darwinismo, 98, 104
Dautry, Raoul, 354
Davies, Norman, 40, 271-272
de Gaulle, Charles, 248, 249, 370
de Man, Henri, 187

de Valera, Éamon, 21
Déat, Marcel, 187, 190
Declínio e queda do Império Romano (Gibbon), 282, 283
deflação, 68, 358
Degrelle, Léon, 195
democracia, 70, 71, 178, 320-328, 403
democratas cristãos, 232, 249, 369, 403
desemprego, 68, 353-354, 358, 358, 398
Deutscher, Isaac, 94
Dickens, Charles, 374, 377
"Dilemas da dissidência, Os" (Judt), 226
Dinamarca, 372, 385
Direct Grant, escolas, 129-130
direitos civis, movimento pelos, 254
Direitos humanos, 251, 264
Disraeli, Benjamin, 88-89
Dissent, 315
Dombrowski, Nicole, 269
Dreyfus, Caso, 16, 304-305, 316, 327, 333, 346
Drieu la Rocheile, Pierre, 122, 178, 181, 190
Dror, 124, 133
Dubinsky, Maya, 124, 127, 134
Dubinsky, Zvi, 124
Dudakoff, Jeannette Greenberg, 19, 20
Dudakoff, Solomon, 19, 20
Dunn, John, 148, 166, 335
Durkheim, Émile, 160, 277
Dworkin, RoKnald, 214

East European Politics and Societies, 226
Escandinávia, 112, 366, 369, 371
Eichmann em Jerusalém (Arendt), 52, 53
Eichmann, Adolf, 50-51
Einaudi, Luigi, 164, 354
Eliade, Mircea, 178, 191
Eliot, T. S., 72, 82, 90, 91, 92
Elizabeth I, rainha da Inglaterra, 353
Eminescu, Mihai, 189
emprego, 372, 373
Encounter, 246
Engels, Friedrich, 94-95, 103, 104, 105, 108, 113, 374, 377
Era das revoluções, A (Hobsbawm), 95
Escola de Chicago, 48
escravidão, 284, 289, 310
Eslováquia, 376
Espanha, 82, 101, 122, 165, 193, 201, 231, 232, 235, 237, 383-384

Estado de direito, 321, 326
Estado do bem-estar, 46, 231, 249, 355, 360, 369, 403
Estados Unidos, 41, 44, 56, 178, 196, 235, 245, 311-312, 372, 398-404
   como algo inventado, 318-319
   como o menos globalizado dos Estados desenvolvidos, 337
   desigualdade nos, 398-399
   eleições nos, 322, 323-324, 325, 340
   Europa vs., 339, 393
   judeus nos, 143, 154, 155
estudos de cultura, 172-173
Eu de um lado, eu do outro lado do meu fogão de ferro bruto (Wat), 81
Europe (Davies), 40
Europe: a history (Davies), 271, 272
europeia, identidade, 318
excepcionalismo inglês, 12-13
existencialismo, 52-53, 55-234

fabianos, 72, 333
fascismo, 9, 13, 82-83, 122, 123, 177-180, 181, 194, 204, 221, 238, 364, 370, 386, 402, 412
   desintegração do, 184
   fraqueza nacional e, 187-188
   teorias econômicas do, 188
Fear (Gross), 219
feminismo, 387, 388-389
Fenomenologia, 54-55, 255
Feuerbach, Ludwig, 97
Finnegans wake (Joyce), 282
Ford, Fundação, 246
Forster, E. M., 80, 133
França de Vichy, 50, 82. 230, 232, 234, 294
França, 122, 137, 105, 237, 238, 249, 256, 299, 355, 371
   esquerda na, 11, 101, 182
   fascistas e protofascistas na, 184, 193
   greves na, 368, 370
   intervenção econômica na, 352, 361, 372-73
   minorias étnicas na, 147
   na ONU, 333
   nacionalismo na, 189
   nos anos do pós-guerra, 233-236
   ocupação da, 50-51, 86, 228-229, 283-294
   padrão de vida na, 377
   socialismo na, 159-160, 161, 163-65, 197-98, 199-201, 377

   subsídios europeus da, 377, 378
   Ver também França de Vichy
France, Germany and the new Europe (Willis), 168
francês, universalismo, 12-13
Francisco José II, imperador da Áustria, 37
franco-russa, aliança, 84, 198
Frente Patriótica, 361
Frente Popular, 53, 158, 164, 165, 177-178, 196, 197, 198-199, 204, 229, 231, 232, 233, 237
Freud, Sigmund, 48-49, 71
Friedman, Thomas, 331-332, 396
Fukuyama, Francis, 288
Fundações do pensamento político moderno, As (Skinner), 281
fundamentalismo islâmico, 339
Furet, François, 117, 227, 270
futuristas, 180
Fynbo, Agnes, 28

Garton Ash, Danuta, 222
Garton Ash, Timothy, 11, 222-223, 408
Gaskell, Elizabeth, 374, 377
Gaza, 136
Génération intellectuelle (Sirinelli), 129
Geremek, Bronislaw, 39
Gibbon, Edward, 282, 283
Gide, André, 115, 342
Giedroyc, Jerzy, 256, 258
Ginzburg, Evgeniia, 209
Gladstone, William, 87
globalização, 44, 45, 217, 338, 341, 397, 399, 410
Gluck, Mary, 15
Glucksman, André, 308
God that failed, The (Koestler), 95, 206
Goebbels, Joseph, 324-325
Goethe, Johann Wolfgang von, 404
Golã, colinas do, 134
Goldmann, Lucien, 241, 270
Goldwater, Barry, 387
Gorbachev, Mikhail, 226, 265
Gore, Al, 294
Gottwald, Klement, 260-261
Grã-Bretanha, 57, 82, 84, 102, 150, 182, 235, 386, 387, 410-411
   Estado de bem-estar social na, 47
   na Segunda Guerra Mundial, 232
Gramsci, Antonio, 100, 108, 241
Grand illusion (Judt), 271

Grande Depressão, 68, 187, 351, 354, 358, 361, 386
Grande Fome, 58, 164
Grande Sociedade, 390
Grass, Günther, 62
Greene, Graham, 76
Gross, Jan, 59, 218-219, 225, 228, 285, 287
Grossman, Vasily, 58
Grudzińska-Gross, Irena, 219, 220, 222, 228
Grupo da Quarta Internacional, 175
Guardian, 272
Guéhenno, Jean-Marie, 333
Guerra civil em França, A (Marx), 97
Guerra Civil Espanhola, 69, 78, 194, 202, 203, 204, 205, 223, 232, 237
Guerra Civil, EUA, 284
Guerra dos Seis Dias, 133, 136, 151, 248
Guerra Fria, 57, 94, 116, 150, 230, 235, 238, 244-245, 258, 261, 337
Gulag, 209

Habermas, Jürgen, 39, 55, 56, 61, 248
Habsburgo, monarquia, 30, 31, 33, 34, 35, 40, 254
Hakibbutz Hame'uhad, 124
Hard times (Terkel), 374
Hashomer Hatzair, 93
Havel, Václav, 16, 250, 251, 253, 254, 255, 257, 261, 262, 308
Hayek, Friedrich, 46, 90, 261-262, 264, 360-362, 287, 400
Healey, Denis, 96
Hegel, G.F.W., 54, 71, 102-103, 111, 119, 288, 307
Heidegger, Martin, 53, 55, 253
Helsinque, Ata Final de (1975), 251
Hersh, Seymour, 332, 344
Herzl, Theodor, 137
Hilden, Patricia, 174, 175, 217, 220, 228
hiperinflação, 363-264
historiadores, 275-299, 303-304
Historial, 297-298
Hitler, Adolf, 29, 45, 54, 60, 61-62, 69, 82, 83-84, 149, 194, 196, 203, 204, 208, 237, 238, 278, 291, 292, 361-362, 364, 407, 411
Hobsbawm, Eric, 46, 70, 72, 74, 78, 80-81, 95, 97, 117, 118, 120, 121, 173, 410
Hoggart, Richard, 418
Holanda, 184, 193, 299, 340, 372, 376, 385
Holocausto, 12, 13, 21, 24-25, 27, 28, 29-30, 40, 50, 53, 58-59, 63, 65, 137, 139, 140, 141-142, 143, 148, 149-150, 152-153, 210, 212, 219, 255, 272, 291-292
Homage to Catalonia (Orwell), 78, 202, 207
Homans, Jennifer, 268-269, 270
Hook, Sidney, 117, 244-245, 247, 248
Hoover Institution, 228, 229
Hrushevs'kyi, Mykhailo, 298
Hugo, Victor, 189
Human Rights Watch, 252
Hungria, 30, 38, 116, 162, 184, 191, 208, 239-240, 250, 262
Hussein, Saddam, 143, 288
Husserl, Edmund, 55
Hyndman, Henry, 98

Ignatieff, Michael, 308, 330, 344
Iluminismo, 99, 109, 123, 205, 309
impostos, 355, 391, 405
Índia, 73, 79, 374
inflação, 372-373
Inglaterra, Batalha da, 23
Inglaterra, Igreja da, 91, 351
Instituto de Ciências Humanas (IWM), 270
Internacional Comunista, 196
interpretação *whig* da história, 276
Ionescu, Nae, 191
Irã, 332
Iraque, Guerra do, 16, 142, 283, 288, 308, 322, 324-325, 327-333, 335, 336, 391, 394, 400, 404
Irlanda, 376
Isaacs, Lee, 134
Isherwood, Christopher, 69
Israel, 41, 94, 120, 124-129, 133, 156, 162, 176, 248, 272, 295, 336-337, 341, 413
  e a Solução de um Estado Único, 135-137
  nascimento de, 139, 148
Itália, 82, 101, 122, 181, 183, 185-186, 193, 194, 235, 238, 241, 354, 359, 366, 367, 370-371
Iugoslávia, 262

Jabotinsky, Vladimir, 138-139
Jaspers, Karl, 51, 55, 56, 61
Jaurès, Jean, 98
Je suis partout, 165
Jedlicki, Jerzy, 408
Johnson, Lyndon, 96, 249, 386, 390
José II, imperador da Áustria, 37
judeus, 29-37, 40-43, 57-60, 64, 90

ambiguidade na história dos, 37-38
divisão entre os, 25, 32
e a civilização alemã, 32-33, 35
em regimes autoritários, 36
na Polônia, 81
na Romênia, 191
nos EUA, 143-150, 154, 155-156
três estágios das história dos, 40
Ver também Holocausto
João Paulo II, papa (Karol Wojtyla), 255-256, 270
Judt, Deborah, 27, 65, 170
Judt, Joseph Isaac, 20, 22, 23, 29, 32-33, 93
Judt, Stella Sophie Dudakoff, 19, 20, 23-25, 126, 171
Judt, Tony:
    doença de, 10-11, 15, 407
    e o judaísmo, 25-27, 30
    educação de, 64-66, 158-168
    em Berkeley, 174-176, 213, 273, 298, 415
    em Davis, 168-169
    em Emory, 217-219, 220
    em Israel, 124-29, 133-45, 414
    em Oxford, 176, 213-214, 217, 225, 226, 227, 228, 267, 273, 298
    infância de, 19, 27-28
    na NYU, 267-68, 273-75, 298, 349
    pesquisa de, na França, 169-71
    primeira lembrança de, 24
julgamentos-espetáculo, 115, 117, 208, 209-210, 211
Jung, Carl, 48
Jünger, Ernst, 179, 181, 190
Jungle, The (Sinclair), 374

Kádár, János, 240, 262
Kafka, Franz, 36, 38, 212, 190
Kahn, Richard, 359
Kaldor, Nicholas, 33, 169, 257
Kant, Immanuel, 277, 308, 309, 317, 320
Karpiński, Wójciech, 220
Katyn, 238
Kautsky, Karl, 98, 113
Kavan, Jan, 224-225
Kellner, Peter, 96
Kennedy, Paul, 84
Keynes, John Maynard, 42-43, 44, 46, 67, 99, 133, 164, 188, 190, 242, 261, 355-361, 362, 363, 364, 365, 372

Khrushchev, Nikita, 239, 241, 243
Kibbutz Hakuk, 125, 128
Kibbutz Machanayim, 128-134
kibutzim, 125-129, 133-135
King, Mervyn, 132
Klaus, Václav, 262, 264
Know-Nothings, 339-339
Koestler, Arthur, 48, 54, 75, 95, 116-117, 118, 202-203, 205-206, 207, 210, 212, 237, 239, 246, 248, 270, 307
Kohout, Pavel, 126, 260, 261
Kolakowski, Leszek, 215, 222, 240, 264, 408
Konrád, György, 251
Kornai, János, 261
Korsch, Karl, 241
Kosovo, 329
Kovály, Heda Margolius, 95-96
KPD (Partido Comunista Alemão), 196
Kriegel, Annie, 117, 161, 162, 167, 211
Kristeva, Julia, 258
Kultura, 256, 258
Kundera, Milan, 126, 254, 255, 257, 260

Labriola, Antonio, 108
Leavis, F. R., 92
Lei da Educação, Reino Unido (1944), 129, 130
Lei dos Pobres de 1834, 353-354
Leis de Emancipação Católica, 90
Leis de Estrangeiros e de Sedição, 338, 395
Lenin, V. I., 94, 98, 100, 101, 105, 106, 107, 108, 113, 114, 116, 174, 177, 182, 215, 239, 244, 307, 331
Levi, Primo, 270
Lévy, Bernard-Henri, 147
Líbano, 120, 136
Líbano, Segunda Guerra do, 120
liberais, Reino Unido, 84, 86 351
liberalismo, 9, 16, 99, 178, 231, 247, 248-252, 312-313, 402, 403, 412
    crítica do, 178
    interpretação histórica do, 276
    na Guerra Fria, 244-250, 260-261
    socialismo vs., 110, 276
Lichtheim, George, 162, 167
Lieberman, Joe, 294
Liebknecht, Wilhelm, 98
Liga das Nações, 178
Likud, 145
Littell, Jonathan, 121

Little Dorrit (Dickens), 374
Lloyd George, David, 68, 88, 110, 354
Locke, John, 263
Londres, bombardeio de, 27
Longuet, Jean, 163
Lueger, Karl, 33
Lukács, György, 108, 241
Lukes, Steven, 224
Lutas de classe na França de 1848 a 1850, As (Marx), 97
Luxemburgo, Rosa, 105, 113, 164, 241

macarthismo, 246, 339
Macaulay, Thomas, 88, 283
Maclean, Donald, 80
Main currents of Marxism (Kolakowski), 215
Malraux, André, 247
Mandelbaum, Michael, 324
Manifesto do Partido Comunista (Marx e Engels), 95
"Manuscritos econômico-filosóficos" (Marx), 242
Mao Zedong, 243
Marber, Brukha Yudt, 28
Marber, Patrick, 28
Marber, Sasha, 28
Margolius, Rudolf, 96
Maria Antonieta, 298
Marlborough, primeiro duque de, 86, 87
Marshall, Alfred, 356
Marshall, George, 367
Marshall, Plano, 367, 368-370, 403-404
Marx, Karl, 94, 96-97, 102-103, 104-106, 163, 182, 215, 241-242, 277, 324, 352, 379
Marxism and the French left (Judt), 227, 270
marxismo, marxistas, 11, 13, 15, 16, 48-49, 54-55, 99, 102, 106, 107-108, 110, 171, 172-173, 176, 178, 182, 184, 214, 221, 239, 240, 265-266, 352, 415
   renascimento em 1936, 237
   revisionismo do, 250
   a União Soviética tal como vista pelos, 240-242, 244
   ocidental, 241
Masaryk, Tomáš, 11, 37, 225, 305, 306
materialismo dialético, 105
Mauriac, François, 270
May, Ernest, 293
Mazower, Mark, 247, 410
Mazzini, Giuseppe, 122

McGovern, George, 387
memória, 294-296
Memorial, 296
mercado imobiliário, 383
mercadoria, fetichização da, 379
mercados livres, 262-263, 277, 287, 377, 388
Merleau-Ponty, Maurice, 129, 329, 307
Michalski, Krzysztof, 271
Michelet, Jules, 283, 298
Michnik, Adam, 16, 250, 253, 258
Mill, John Stuart, 99, 356
Miller, Judith, 332, 333
Miłosz, Czesław, 11, 257, 263
Milward, Alan, 368
minorias étnicas, 144, 147
Mitford, irmãs, 83
Mitten, Richard, 216
Mitterrand, François, 161
modernidade, 51
modernização, teoria da, 172
Molotov-Ribbentrop, Pacto, 85, 116, 237-238
Moore, G. E., 99
moralidade, 307-308, 312
Morris, Christopher, 171
Morris, William, 181
Mosley, Oswald, 83, 84, 187, 194
mudança climática, 316, 321
Munique, Pacto de, 142, 291, 292
Museu Memorial do Holocausto, Estados Unidos, 286
Mussolini, Benito, 82, 177, 178, 182, 194, 203, 204, 235
My century (Wat), 11
My early belief (Keynes), 99
My early life (Churchill), 87

nacionalismo, 9, 122, 189, 339, 392
Nações Unidas, 329-330, 332, 340
nações, 308-309
Nagel, Thomas, 307
National Dance Institute, 268
Nationalism, modernism, and modern Central Europe (Snyder), 409
nacional-socialismo, 411-412
   planejamento econômico pelo, 364, 365
nazismo, 16, 21, 32, 39, 42, 45, 50-51, 52, 54, 55, 57, 62, 83, 84-85, 121, 122-123, 160, 164, 185, 194, 197, 211, 212, 235, 307, 370, 411
Neighbors (Gross), 219, 285, 287

New Deal, 188, 247
New Republic, 156, 272
New Statesman, 224
New York Review of Books, The, 15, 135, 156, 269, 270, 272, 294, 302, 304, 316
New York Times Book Review, The, 269
New York Times Magazine, The, 346
New York Times, The, 137, 282, 333, 345
New Yorker, 269, 281, 332
Nicolae Ceaușescu, 183, 267
Nietzsche, Friedrich, 98, 99, 307
Nixon, Richard, 243, 249
Norte e sul (Gaskell), 374
Noruega, 85, 195, 196, 368, 385
Nova Zelândia, 385
Nozick, Robert, 214
Nuremberg, demonstrações, 83

Obama, Barack, 295, 326, 409
Offer, Avner, 398
Omdurman, Batalha de, 86
Ordinary men (Browning), 52
Origins of the Second World War (Taylor), 278
ortodoxia cristã, 192
Orwell, George, 74, 75, 76, 78, 83, 95, 202, 203, 204, 206-208, 212, 223, 237, 324, 380
Otelo (Shakespeare), 225
Ottawa, conferência de, 358
Our age (Annan), 72
Out of step (Hook), 117
Oxford, Universidade de, 70, 72, 73, 129, 130, 165, 176, 214-215, 217, 225, 226, 227, 228, 267, 273, 353

Palestina, 25, 337
"Palhaço em púrpura régia, Um" (Judt), 176, 226
Partido Comunista Francês (PCF), 196-197
Partido Comunista, França, 196-198, 199, 201, 238
Partido Comunista, Grã-Bretanha, 97
Partido Comunista, Itália, 238
Partido Conservador (*tories*), Reino Unido, 86, 193
Partido de Centro Católico, Alemanha, 352
Partido Democrata, EUA, 387
Partido Radical francês, 193, 200-201
Partido Republicano, EUA, 325, 339-340, 400, 402
Partido Socialista francês, 161, 163
Partido Socialista, Grã-Bretanha, 94, 95

Partido Trabalhista, Reino Unido, 68, 83, 87, 95, 96, 102, 130, 159, 352, 353, 360, 367
Past imperfect (Judt), 16, 227, 229-230, 234, 269, 278, 283
PCF, grupo parlamentar. *Ver* Partido Comunista Francês
Penser la Révolution française (Furet), 227
Pétain, Henri, 235
Philby, Kim, 78, 80
Philips, Jacquie, 133, 160, 168, 169
planejamento social, 13, 46, 353, 359-367, 371-372, 380, 381
Plano Quinquenal, 365
plausibilidade, 278, 288
Plekhanov, Georgii, 98
Plumb, John, 414
pluralismo, 17, 215, 231
Pol Pot, 243
Poliakoff, Martyn, 131
Polish revolution, The (Garton Ash), 223
Polônia, 34, 35, 36, 37-43, 52, 60, 81, 139, 153-154, 184, 186, 189, 196, 198, 208, 210, 218-219, 223-224, 225-226, 238, 255, 259, 262, 271
  antissemitismo na, 60, 218, 287
  invasão alemã da, 85-86, 228, 232
  planejamento econômico na, 359, 360
  rebeliões na, 221, 250, 252-253
Popper, Karl, 46, 288, 361
Portugal, 193, 359
Pós-guerra (Judt), 9, 11, 15, 49, 171, 270, 271, 272, 283, 300, 302, 348
Praga, 224, 250, 252
Praga, Primavera de, 224, 250, 252
Preuves, 246
Primeira Guerra Mundial, 30, 46, 84, 128, 181, 195, 198, 352, 354, 355-357, 391
  irrupção da, 180, 353
  sequência da, 43-44, 67, 139, 185, 339, 364
Primeiro homem, O (Camus), 270
Primrose Jewish Youth Club, 27
Prisoner of Hitler and Stalin (Buber-Neumann), 211
privatização, 264, 379-380, 390, 399
Processo, O (Kafka), 38, 226
progressismo, 247, 350
proletariado, 173
prostituição, 353

Quel beau dimanche (Semprún), 106
Quisling, Vidkun, 195

Ranke, Leopold von, 298
Rappoport, Charles, 163
Rathenau, Walther, 87
Rawls, John, 214, 312-313
Reagan, Ronald, 246, 252
Reconstruction du Parti Socialiste, 1920-26, La (Judt), 162
Reflexões de um século esquecido (Judt), 269, 303
reforma, 90
Remarque Institute, 274-275
Remnick, David, 330
Rémond, René, 160
Renault, greves na, 97
Renault, Louis, 26
República Tcheca, 262
République au village, La (Agulhon), 162, 171
Resistência francesa, 60-61, 106, 162, 230, 370
revisionista, 139, 154
Revolução Chinesa, 242
Revolução Cultural, 243
Revolução de Veludo, 409
Revolução dos bichos, A (Orwell), 207
Revolução Francesa, 160, 165, 172, 193, 198, 227-228, 223, 234, 298, 410
Revolução Industrial, 119
Revolução Russa, 98, 113, 114-115, 174, 183, 198, 233, 234, 238, 242, 243, 410, 411
Revoluções em 1989, 15, 16, 62, 63, 267, 409
Revolution from abroad (Gross), 219
Rice, Condoleezza, 120, 283
Rise of the Anglo-German antagonism 1860-1914 (Kennedy), 84
Robinson Crusoe (Defoe), 282
romantismo, 122, 189, 282
Romênia, 34, 35, 37, 59, 122, 139, 153, 177, 178, 183, 185, 186, 153, 177, 178, 183, 185, 186, 189, 190-193, 194-195, 205, 208, 226, 267, 363
Roosevelt, Franklin D., 249, 293
Rose, Charlie, 329, 333, 346
Rosenberg, Julius e Ethel, 80
Roth, Joseph, 31, 35
Roy, Claude, 115
Rumsfeld, Donald, 329
Rússia, 84, 137, 138-139, 153, 285, 338
  em aliança com a França, 198

Said, Edward, 311
Sartre, Jean-Paul, 16, 52-53, 54, 69, 70, 75, 92, 129, 160, 178, 229, 230, 245, 307, 342, 343

Sayles, John, 217
Schacht, Hjalmar, 188
Scholem, Gershom, 39
Schorske, Carl, 31, 42
Scum of the earth (Koestler), 206
Sebastian, Mihail, 191
Segunda Guerra Mundial, 41, 42, 46, 53, 58, 62, 93, 142, 149, 191, 193, 228, 229, 231, 235, 238, 245, 247, 278, 291, 298, 365, 412
Segunda Internacional, marxismo da, 98, 99, 107, 108
segurança social, 401-402
seguro nacional, 110
Seigel, Jerrold, 268
Selwyn, Casey, 285
Semprún, Jorge, 106
Sewell, William, 176
Shakespeare, William, 66, 77
Shaw, Bernard, 342
Shklar, Judith, 56
Shore, Marci, 11, 255, 260
Silone, Ignazio, 117, 247
Silvers, Robert, 270, 302
Simons, Thomas W. Jr., 15-16
Sinclair, Upton, 374, 377
Singer, Isaac Bashevis, 150
Sionismo Trabalhista, 125
sionismo, 12, 37, 94, 124-128, 133, 136, 137, 143-144, 147, 148, 162, 176, 221, 223, 333, 413
Síria, 134
Sirinelli, Jean-François, 129
Situação da classe trabalhadora na Inglaterra, A (Engels), 374
Skinner, Quentin, 166, 281
Smith, Adam, 263, 356, 357
Smolar, Aleksander, 220
social-democracia, 16-17, 98, 107, 110, 112, 178, 215, 301, 348, 392, 396
  crítica da, 178, 401
  legitimidade da, 403-404
social-democratas, 249
Socialism in Provence (Judt), 169, 226
socialismo, 9
  a história interpretada pelo, 276
  liberalismo vs., 110, 276
  na França, 158-159, 160, 162-164, 197, 199-201
Socialismo: utópico e científico (Engels), 95, 104
Solanum, Helen, 228-229

Solidariedade, 218, 220, 223, 253, 262
Somme, Batalha do, 82
Soros, George, 332
Souvarine, Boris, 163
Spanish testament (Koestler), 206
Speenhamland, sistema, 353
Spencer, Herbert, 104, 105
Spender, Stephen, 67, 68-69, 70-72
Sperber, Manès, 48, 117, 270
Spielberg, Steven, 146
Stalin, Joseph, 45, 53, 57, 58, 85, 94, 151, 162, 164, 175, 196, 197, 198, 200, 202, 204, 206, 208, 210, 237, 238, 243, 244, 260, 291, 307, 407, 411
    julgamentos-espetáculo de, 115, 117, 208-210, 211
    morte de, 239
    Plano Quinquenal de, 365
Stalingrado, Batalha de, 58, 328
Steinbeck, John, 374
Sternheim, Esther, 25
Sternhell, Zeev, 180
Strachey, John, 187
Stresemann, Gustav, 178
Suécia, 385
Suíça, 275

Taylor, A.J.P., 94, 278
Tchecoslováquia, 37-38, 72, 94-95, 139, 208, 224, 225-226, 238-239, 240, 241, 250-252, 253-254, 260-261, 272, 368
Teoria da justiça (Rawls), 312
Teoria dos sentimentos morais (Smith), 357
Teoria geral (Keynes), 356, 358, 363
Terkel, Studs, 374
terrorismo, 339
    ataques de 11 de Setembro, 288, 289, 293, 304, 327
Thatcher, Margaret, 89-90, 213-214, 261, 265, 266, 394
Thompson, E. P., 173, 224
Thomson, David, 159
Thorez, Maurice, 197
Tocqueville, Alexis de, 341
Todorov, Tzvetan, 258
Toruńczyk, Barbara (Basia), 220, 221, 222, 256
totalitarismo, 50-51, 207

Trabalho assalariado e capital (Marx), 94-95
Trachtenberg, Marc, 299

Trahison des clercs (Benda), 306
transporte, 317, 380, 405
Travis, David, 216, 220
Treblinka, 24, 58
trens, 348-349, 399
Trial of the dinosaur, The (Koestler), 118
Tristram Shandy (Sterne), 282
Trotsky, Leon, 94, 174-175, 241, 243
Truman, governo, 369
Tyrmand, Leopold, 263

Ucrânia, 153, 203, 209, 252, 320, 322
Under a cruel star (Kovály), 95-96
União Britânica de Fascistas, 83
União Europeia, 324
União Soviética, 45, 57-59, 71, 72, 114-115, 117-118, 182-183, 195, 197, 207-208, 209-211, 231, 236, 241-243, 245, 264
    espiões britânicos para a, 78-80
    colapso da, 230, 256, 407, 410
    fracasso do planejamento na, 373
    invasão alemã da, 238
    invasão da Hungria pela, 116, 162, 239
Uses of literacy, The (Hoggart), 342
utilitarismo, 99

Valor, preço e lucro (Marx), 94
Varnhagen, Rahel, 51
Varsóvia, 93, 250
Varsóvia, Levante de, 81
Varsóvia, Pacto de, 241
Vaticano, 193
Versalhes, Tratado de, 357
Vestfália, acordo de, 411
"véu de ignorância", 312
Viena Fin-de-Siècle (Schorske), 31
Viena, 30, 31, 33, 34, 36, 40, 46-47, 61, 69-70, 100, 254
Vietnã, Guerra do, 96, 293, 330, 392
Vile bodies (Waugh), 67
Vinhas da ira, As (Steinbeck), 324

Wallerstein, Immanuel, 316
Walzer, Michael, 330
Washington Post, The, 269
Wat, Aleksander, 11, 81-82
Waugh, Evelyn, 67, 72
Weber, Max, 51
Weimar, Alemanha, 69-71, 117

Weissberg, Alexander, 210
Weygand, Maxime, 235
Wieseltier, Leon, 156, 330
Williams, Bernard, 305
Williams, Raymond, 343
Willis, F. Roy, 168
Wilson, Harold, 87-88, 159
Winter, Jay, 297
Wojtyla, Karol (papa João Paulo II), 255, 270
Wolff, Larry, 256
Wolfowitz, Paul, 146
World of yesterday, The (Zweig), 30, 45, 365
World within world (Spender), 69

Yale, Universidade, 299
Yom Kippur, Guerra do, 151

Yudt, Enoch, 21-22, 24, 26, 93
Yudt, Fanny, 22
Yudt, Ida Avigail, 20
Yudt, Max, 22
Yudt, Thomas Chaim, 22
Yudt, Willy, 22

Zeszyty Literachie, 220
Zhou Enlai, 410
Žižek, Slavoj, 316
Zola, Émile, 16, 305, 306, 342, 343-344
Zweig, Stefan, 30, 31, 42, 45, 254, 342, 365

Conheça mais sobre nossos livros e autores no site
www.objetiva.com.br
Disque-Objetiva: (21) 2233-1388

Este livro foi impresso na
LIS GRÁFICA E EDITORA LTDA.
Rua Felício Antôn... Ilves, 370 – Bonsucesso
CEP 07175-45... ...hos – SP
Fone: (11) 33... ...ax: (11) 3382-0778
lisgrafica@lisgr... ...r – www.lisgrafica.com.br